PAUL TILLICH · SYSTEMATISCHE THEOLOGIE

PAUL TILLICH

# SYSTEMATISCHE THEOLOGIE

BAND I

EVANGELISCHES VERLAGSWERK
FRANKFURT AM MAIN

Übersetzung der amerikanischen Ausgabe des Buches „Systematic Theology, Volume I."
von Paul Tillich, erschienen bei The University of Chicago Press, Chicago, Illinois 1951.
Die deutsche Ausgabe besorgte A. Rathmann. An der Übersetzung waren beteiligt:
Renate Albrecht, Maria Rhine, Gertie Siemsen, Gertraut Stöber, Prof. D Dr. Schrey

ISBN Leinenausgabe 3 7715 0003 6

7. Auflage 1983
Erschienen 1958 im Evangelischen Verlagswerk, Stuttgart
Alle Rechte vorbehalten
Printed in the Federal Republik of Germany
Druck: J. F. Steinkopf Druck+Buch GmbH, Stuttgart

MEINEN
EHEMALIGEN STUDENTEN
IN AMERIKA
UND DEUTSCHLAND

# VORREDE

Dieser Band ist eine Übersetzung des ersten Bandes meiner „Systematic Theology", die 1951 in Amerika und England erschienen ist. In den Jahren, die seit seinem ersten Erscheinen vergangen sind, hat das Buch, vor allem in den Vereinigten Staaten, weite Verbreitung und starke Beachtung, auch jenseits der theologischen Kreise, gefunden. Das ist vor allem darin begründet, daß seit vielen Jahren in Amerika kein theologisches System geschrieben und veröffentlicht worden ist. Es ist ferner dadurch veranlaßt, daß das vorliegende System einen Weg sucht, der sowohl den theologischen Liberalismus der letzten Periode amerikanischer Theologie als auch die Neuorthodoxie vermeidet, die sich in den letzten Jahrzehnten in Kontinental-Europa durchgesetzt hat. Ein solcher Versuch kam und kommt den Forderungen der amerikanischen Situation weithin entgegen. Offenbar bestehen diese Voraussetzungen im deutschen Sprachgebiet nicht. Eine reiche Literatur in systematischer Theologie liegt vor, und der Kampf gegen den Liberalismus des 19. Jahrhunderts scheint zu einem vollen Sieg geführt zu haben. Dennoch zeigt das Wiedererwachen der historisch-kritischen Frage im Streit um Rudolf Bultmanns Entmythologisierungsprogramm, daß echte Probleme nicht zum Schweigen gebracht werden können, auch wenn sie zeitweise in den Untergrund gedrängt sind. Aus dieser Überzeugung heraus habe ich einer deutschen Ausgabe des ersten Bandes meiner „Systematischen Theologie" zugestimmt.

Es ist meine Hoffnung, daß im Laufe von 1–2 Jahren der zweite Band erscheinen und gleichzeitig in England und Deutschland veröffentlicht werden kann. Er wird in drei Teilen: „Die Existenz und der Christus"; „Das Leben und der Geist"; „Die Geschichte und das Reich Gottes" das System zum Abschluß bringen.

Die Übersetzung hat sich durch verschiedene Umstände, vor allem meine durch Zeitmangel bedingte Unfähigkeit, sie selbst vorzunehmen, lange verzögert. Ich danke den vier Damen, früheren Schülerinnen von mir, für die mühevolle Arbeit des Übersetzens und Professor Schrey für die endgültige Ausgleichung und Überarbeitung der ihm vorliegenden Manuskripte. Es liegt eine gewisse Ironie in der Tatsache, daß dieses Buch, für das ich indirekt und direkt seit der Mitte der zwanziger Jahre in Vorlesungen an deutschen Universitäten gearbeitet und das ich zuerst in deutscher Sprache gedacht habe, nun ins Deutsche zurückübersetzt werden mußte. Aber vielleicht hat es dadurch Gesichtspunkte in sich verarbeitet, die nur durch das Teilhaben an zwei Kulturen gewonnen werden können.

New York, März 1955.

*Paul Tillich*

## VORWORT ZUR ZWEITEN AUFLAGE

Die zweite Auflage ist von mir selbst mit Hilfe von Frau Renate Albrecht durchgesehen und überarbeitet worden. Die Durchsicht fiel in die gleiche Zeit, in der die englische Fassung des zweiten Bandes: „Existence and the Christ" von mir fertiggestellt wurde. Es ist nicht immer leicht, in zwei Sprachen zu denken und in zwei Sprachbereichen zu arbeiten. Doch hat meine gleichzeitige Arbeit am zweiten Band rückwirkend die Durchsicht des ersten Bandes fruchtbar beeinflußt und zu endgültigen Formulierungen geführt.

Ich möchte dem Verlag meinen Dank aussprechen, daß er so bald eine neue Auflage ermögliche, und ich möchte Frau Albrecht für die unendliche Mühe und Geduld danken, mit der sie Änderungen vorgeschlagen und mit mir besprochen hat.

Cambridge, Massachusetts, November 1956.

*Paul Tillich*

# EINLEITUNG

## A

DER STANDPUNKT

### 1. Botschaft und Situation

Theologie ist eine Funktion der christlichen Kirche, sie muß den Erfordernissen der Kirche entsprechen. Ein theologisches System muß zwei grundsätzliche Bedürfnisse befriedigen: Es muß die Wahrheit der christlichen Botschaft aussprechen, und es muß diese Wahrheit für jede neue Generation neu deuten. Theologie steht in der Spannung zwischen zwei Polen: der ewigen Wahrheit ihres Fundamentes und der Zeitsituation, in der diese Wahrheit aufgenommen werden soll. Die meisten Theologien genügen nur einer von diesen beiden Grundbedingungen. Entweder opfern sie Teile der Wahrheit, oder sie reden an der Zeit vorbei. Es gibt auch theologische Systeme, die beide Fehler zugleich machen. Besorgt, die ewige Wahrheit zu verfehlen, setzen sie sie kurzerhand mit einer großen Theologie der Vergangenheit gleich, mit überlieferten Begriffen und Lösungen, und versuchen nun, diese einer neuen und gewandelten Situation aufzupfropfen. Sie verwechseln die ewige Wahrheit mit einer ihrer zeitlichen Ausformungen. Eben darum handelt es sich bei der Orthodoxie in Europa, die man in Amerika unter dem Namen Fundamentalismus kennt. Wenn es dann geschieht, daß sich dieser Fundamentalismus mit einem Vorurteil gegen theologisches Denken überhaupt verbindet, wie z. B. im evangelischen Biblizismus, dann wird die theologische Wahrheit von gestern als unwandelbare Botschaft gegen die theologische Wahrheit von heute und morgen verteidigt. Der Fundamentalismus versagt vor dem Kontakt mit der Gegenwart, und zwar nicht deshalb, weil er der zeitlosen Wahrheit, sondern weil er der gestrigen Wahrheit verhaftet ist. Er macht etwas Zeitbedingtes und Vorübergehendes zu etwas Zeitlosem und ewig Gültigem. Er hat in dieser Hinsicht dämonische Züge. Denn er verletzt die Ehrlichkeit des Suchens nach der Wahrheit, ruft bei seinen denkenden Bekennern eine Bewußtseins- und Gewissensspaltung hervor und macht sie zu Fanatikern, weil sie dauernd Elemente der Wahrheit unterdrücken müssen, deren sie sich dunkel bewußt sind.

Die amerikanischen Fundamentalisten und die europäischen Orthodoxen können sich auf die Tatsache berufen, daß ihre Theologie in weiten Kreisen bereitwilligst akzeptiert und vertreten wird, und zwar gerade wegen der geschichtlichen oder „biographischen" Situation, in der sich viele Menschen heute befinden. Das ist eine unbestreitbare Tatsache, aber die daraus abgeleitete Rechtfertigung ist falsch. Die Situation als der eine Pol aller theologischen Arbeit bedeutet nicht den empirischen psychologischen oder soziologischen Zustand, in dem sich ein Individuum oder eine Gruppe von Menschen gerade befindet. Sie bedeutet vielmehr die Summe der wissenschaftlichen und künstlerischen, der wirtschaftlichen, politischen und sittlichen Formen, in denen diese Gruppe das Selbstverständnis ihrer Existenz zum Ausdruck bringt. Die Situation, in die hinein die Theologie zu reden hat, wenn sie relevant reden will, ist nicht einfach die Situation des Individuums als Individuum oder einer Gruppe als Gruppe. Theologie ist etwas anderes als Verkündigung oder Seelsorge. Deshalb ist die Brauchbarkeit einer Theologie für die Predigt oder die Seelsorge keinesfalls das Kriterium ihrer Wahrheit. Die Tatsache, daß orthodoxe oder fundamentalistische Formeln in einer Zeit begeistert aufgenommen werden, in der sich einzelne wie die Gemeinschaft Verfallszuständen gegenübersehen, ist durchaus kein Beweis für ihren theologischen Wert, ebenso wenig wie die allgemeine Zustimmung zur liberalen Theologie in Zeiten der Konsolidierung ein Beweis für deren Wahrheit ist. Die Situation, um die es in der Theologie geht, ist vielmehr das schöpferische Selbstverständnis der Existenz, wie es sich in jeder Periode unter den verschiedensten psychologischen und soziologischen Umständen vollzieht. Gewiß ist die so verstandene Situation von den oben genannten Elementen nicht unabhängig. Aber die Theologie hat es mit dem geistig-kulturellen Gesamtausdruck zu tun, den diese Elemente theoretisch und praktisch gefunden haben, nicht mit ihnen als Faktoren und Bedingungen dieses Gesamtausdrucks. Es ist z. B. nicht die Tatsache — sei es der Verbreitung, sei es der besseren Erkenntnis — der Geisteskrankheiten, mit der sich die Theologie befaßt, sondern es ist die Frage, was Geisteskrankheit als individuelle oder soziale Erscheinung für das Verständnis des Menschen und seine Beziehung zu Gott bedeutet. Die Situation, zu der die Theologie sprechen muß, ist die schöpferische Selbstbesinnung des Menschen in einer besonderen Geschichtsperiode. Theologie kümmert sich z. B. nicht um die politische Spaltung zwischen Ost und West, sondern um den religiösen und ethischen Sinn dieser Spaltung. Fundamentalismus und Orthodoxie lehnen das ab und verfehlen damit die eigentlich theologische Aufgabe.

Die sogenannte kerygmatische Theologie ist dem Fundamentalismus und der Orthodoxie insofern verwandt, als sie die unveränderliche Wahrheit des Kerygmas, der Botschaft oder Verkündigung, im Gegensatz zu den wechselnden Forderungen der Situation stark betont. Sie versucht, die Mängel des Fundamentalismus zu vermeiden, indem sie alles theologische Denken, auch das orthodoxe, dem Kriterium der Verkündigung unterstellt. Diese Verkündigung ist in der Bibel enthalten, aber nicht mit der Bibel identisch. Sie hat in der klassischen Überlieferung christlicher Theologie ihren Ausdruck gefunden, ist aber nicht identisch mit einer speziellen Form dieser Überlieferung. Die reformatorische Theologie und in unseren Tagen die neureformatorische Theologie Barths und seiner Schule sind Musterbeispiele kerygmatischer Theologie. Zu seiner Zeit wurde Luther heftig von den Orthodoxen von damals angegriffen, und heute geht es Barth und seinen Schülern mit den Fundamentalisten genau so. Daran sieht man, daß es nicht ganz zutreffend ist, Luther „orthodox" und Barth „neuorthodox" zu nennen. Luther war in Gefahr, orthodox zu werden, und das Gleiche gilt von Barth, aber sie wollten es beide nicht. Beiden geht es ernsthaft darum, die ewige Botschaft in Bibel und Tradition wieder zu entdecken und einer entstellten Tradition und einem mechanischen Mißbrauch der Bibel entgegenzusetzen. Luthers Kritik am römischen System der Vermittlung und der Heilsstufen, die Herausstellung der biblischen Kategorien „Gericht" und „Gnade", seine Wiederentdeckung der paulinischen Botschaft und gleichzeitig sein mutiges Hervorheben des ungleichen Wertes der biblischen Bücher waren echte kerygmatische Theologie. Barths Kritik an der neuprotestantisch-bürgerlichen Synthese von christlicher Botschaft und modernem Denken, seine Wiederentdeckung des christlichen Paradoxes und gleichzeitig die Freiheit seiner pneumatischen Auslegung des Römerbriefes und seine Annahme radikaler historischer Kritik waren echte kerygmatische Theologie. In beiden Fällen handelt es sich um das Herausstellen der ewigen Wahrheit gegenüber der menschlichen Situation und ihren Forderungen. In beiden Fällen hatte dieses Herausstellen prophetische, im Tiefsten erschütternde und umwandelnde Gewalt. Ohne solche kerygmatische Reaktionen könnte sich die Theologie in den Relativitäten der Situation verlieren, ja sie könnte selber zu einem Teil der Situation werden — wie z. B. der religiöse Nationalismus der „Deutschen Christen" oder der religiös gefärbte Fortschrittsglaube der sogenannten „Humanisten" in Amerika.

Und doch läßt sich die Situation aus der theologischen Arbeit nicht ausschalten. Luther war unbefangen genug, sein eigenes nominalistisches und Melanchthons humanistisches Denken bei der Formulierung seiner theologischen Lehren heranzuziehen. Aber das Problem der Situation war ihm doch nicht immer gegenwärtig genug, um ein Abgleiten in orthodoxe Denkformen zu verhindern. Auf diese Weise bereitete er der protestantischen Orthodoxie den Weg für die Zukunft. Barths Größe liegt darin, daß er sich immer wieder im Lichte der Situation korrigiert und ernstlich darauf bedacht ist, nicht sein eigener Schüler zu werden. Dabei ist ihm indes nicht immer gegenwärtig, daß er damit aufhört, rein kerygmatische Theologie zu treiben. Da er jede konkrete Wahrheit direkt von der höchsten Wahrheit abzuleiten versucht, wenn er z. B. die Pflicht, Hitler mit Krieg zu überziehen, direkt von der Auferstehung ableitet[1], fällt er auf ein Denken zurück, das man neuorthodox nennen kann und das alle Tendenzen zu einer Repristinationstheologie in Europa stärken mußte. Der Pol, der Situation heißt, kann in der Theologie nicht ohne gefährliche Konsequenzen vernachlässigt werden. Nur radikale Teilnahme an der Situation, an der Existenzdeutung des modernen Menschen, kann das gegenwärtige Schwanken der kerygmatischen Theologie zwischen prophetischer Freiheit und orthodoxer Fixierung überbrücken. Mit anderen Worten: Die kerygmatische Theologie bedarf der apologetischen Theologie als notwendiger Ergänzung.

## 2. Die apologetische Theologie und das Kerygma

Apologetische Theologie heißt: antwortende Theologie. Sie antwortet auf Fragen, die die Situation stellt, und sie antwortet in der Macht der ewigen Botschaft und mit den begrifflichen Mitteln, die die Situation liefert, um deren Fragen es sich handelt.

Der Begriff „apologetisch" stand in der Alten Kirche in sehr hohem Ansehen. Er hat dieses Ansehen eingebüßt. Den Grund dafür boten die Methoden, die das Christentum gegen Angriffe des modernen Humanismus, Naturalismus und Historismus zu verteidigen suchten. Eine besonders anfechtbare und abstoßende Form der Apologetik war das sogenannte *„argumentum ex ignorantia"*, mit dem man ver-

---

[1] Karl Barth, Ein Brief nach Großbritannien aus der Schweiz. Eine Schweizer Stimme. 1945.

## Die apologetische Theologie und das Kerygma

suchte, Lücken in unserer wissenschaftlichen oder historischen Erkenntnis zu entdecken und dann Gott und seine Taten inmitten einer sonst völlig berechenbaren und „immanenten" Welt unterzubringen suchte. Jedesmal wenn die Wissenschaft einen Schritt weiter machte, mußte man wieder einen Stützpunkt aufgeben. Aber diese ununterbrochenen Rückzugsgefechte haben einige eifrige Apologeten trotz allem nicht entmutigt, in den allerneusten Entwicklungen der physikalischen und historischen Forschung wiederum neue Lücken zu finden, in denen sich Gott unterbringen läßt. Dieses würdelose Verfahren hat alles, was Apologetik heißt, in Verruf gebracht.

Im übrigen gibt es aber noch einen tieferen Grund für das Mißtrauen gegen apologetische Methoden, besonders auf seiten der kerygmatischen Theologen. Will man nämlich eine echte Antwort auf eine Frage geben, so muß man mit dem, der sie stellt, etwas Gemeinsames haben. Apologetik setzt gemeinsamen Boden voraus, wie unbestimmt dieser auch sein mag. Kerygmatische Theologen aber neigen dazu, jeden gemeinsamen Boden mit Menschen außerhalb ihres „theologischen Zirkels" abzuleugnen. Sie sind besorgt, solch gemeinsamer Boden könnte die Einzigartigkeit des Kerygmas zerstören. Sie verweisen auf die frühchristlichen Apologeten, die den gemeinsamen Boden in der Bejahung des *logos* sahen; sie verweisen auf die alexandrinische Schule, die ihn im Platonismus fand; sie verweisen auf Thomas von Aquino, der seine Theologie auf Aristoteles gründete; sie verweisen schließlich besonders auf den gemeinsamen Boden, den die apologetische Theologie mit der Philosophie der Aufklärung, mit der Romantik, mit dem Hegelianismus und Kantianismus, mit dem Humanismus und Naturalismus zu haben glaubte. Sie versuchen zu zeigen, daß das, was für gemeinsamen Boden gehalten wurde, in Wirklichkeit der Boden der „Situation" war, und daß die Theologie ihren eigenen Boden verlor, wenn sie sich in die Situation hineinbegab. Apologetische Theologie in allen diesen Formen, und das heißt praktisch alle nichtorthodoxe Theologie seit dem Anfang des 18. Jahrhunderts, ist für die Vertreter der modernen kerygmatischen Theologie ein Verrat am Kerygma, an der unwandelbaren Wahrheit. Wenn dies eine zutreffende Interpretation der Theologiegeschichte ist, dann ist die kerygmatische Theologie die einzig wahre Theologie. Dann darf man sich auf die Situation überhaupt nicht einlassen, dann ist eine Antwort auf die Fragen, die sie stellt, nicht zu geben, wenigstens nicht in Begriffen, die als Antwort verstanden werden können. Dann muß die Botschaft den Menschen in ihrer jeweiligen Situation zugeschleudert werden wie ein Stein. Das ist unter gewissen psycho-

*Der Standpunkt*

logischen Voraussetzungen zweifellos eine sehr wirksame Methode der Predigt, z. B. bei Erweckungen; es kann sogar sehr wirkungsvoll sein, wenn aggressive theologische Ausdrücke gebraucht werden. Aber das ist kein Dienst an der theologischen Funktion der Kirche; außerdem ist es undurchführbar. Selbst die kerygmatische Theologie muß sich der begrifflichen Werkzeuge bedienen, die ihr die Zeit anbietet. Sie kann nicht einfach die Sätze der Bibel wiederholen. Und selbst wenn sie das versuchte, könnte sie an dem Problem, das durch die situationsbedingte Ausdrucksweise der verschiedenen biblischen Verfasser gestellt ist, nicht vorbeigehen. Das alles umfassende Ausdrucksmedium jeder Situation ist die Sprache, damals wie heute, und einfach deshalb kann die Theologie dem Situationsproblem nicht ausweichen. Die kerygmatische Theologie muß ihre ausschließliche Transzendenz aufgeben und den Versuch der apologetischen Theologie ernstnehmen, auf die Fragen zu antworten, die sich in der jeweiligen Situation stellen.

Andererseits wird die apologetische Theologie die Warnung nicht in den Wind schlagen dürfen, die mit der Existenz und dem Anspruch der kerygmatischen Theologie gegeben ist. Gründet sie sich nicht auf das Kerygma als auf die Substanz und das Kriterium jedes ihrer Sätze, dann gibt sie sich selbst auf. In den letzten zwei Jahrhunderten hat das Problem der Apologetik die theologische Arbeit bestimmt. „Die christliche Botschaft und der moderne Geist" — das ist seit dem Ende der klassischen Orthodoxie das Thema der Theologie schlechthin gewesen. Unermüdlich wurde die Frage behandelt, ob die christliche Verkündigung dem modernen Geist annehmbar gemacht werden könne, ohne daß sie dabei ihrer Einzigartigkeit und ihrer eigentlichen Substanz verlustig ginge. Die Mehrheit der Theologen hat an diese Möglichkeit geglaubt, eine Minderheit hat sie bestritten, sei es im Namen der christlichen Botschaft, sei es im Namen des modernen Geistes. Kein Zweifel: Die Stimmen, die den Kontrast, die *„Diastase"* betonten, klangen lauter und auch eindrücklicher; ein „Nein" klingt in der Regel kräftiger als ein „Ja". Trotzdem war es doch die ununterbrochene Arbeit derer, die an ein Zusammen, an eine Synthese glaubten, die die Theologie lebendig erhalten hat. Ohne sie wäre das traditionelle Christentum eng und abergläubisch geworden, und die allgemeine Kultur wäre ihren Weg gegangen ohne den „Pfahl im Fleisch", dessen sie bedarf: nämlich einer echten Theologie von geistigem Rang. Die heutzutage in neuorthodoxen Kreisen Mode gewordene summarische Verurteilung der theologischen Arbeit der letzten beiden Jahrhunderte ist grundverkehrt, wie Barth selbst das in seinem

Der theologische Zirkel

Buch: „Die protestantische Theologie im 19. Jahrhundert" festgestellt hat. Trotzdem ist es notwendig, von Fall zu Fall danach zu fragen, ob die apologetische Methode die christliche Botschaft aufgelöst hat oder nicht. Es geht weiter darum, eine theologische Methode zu finden, bei der Botschaft und Situation auf eine solche Weise aufeinander bezogen sind, daß keine von beiden beeinträchtigt wird. Läßt sich eine solche Methode finden, dann kann die Frage nach dem Christentum und dem modernen Geist mit viel besseren Aussichten als bisher angegangen werden. Das folgende System ist ein Versuch, mit Hilfe der „Methode der Korrelation" Botschaft und Situation zu vereinigen. Es sucht die Fragen, die in der Situation enthalten sind, mit den Antworten, die in der Botschaft enthalten sind, in Korrelation zu bringen. Es leitet die Antworten nicht aus den Fragen ab, noch gibt es Antworten, die nichts mit der Frage zu tun haben. Es setzt Fragen und Antworten, Situation und Botschaft, menschliche Existenz und göttliche Selbstoffenbarung in Korrelation.

Zweifellos ist solch eine Methode kein Instrument, das willkürlich gehandhabt werden könnte. Sie ist weder ein Trick noch ein mechanischer Kunstgriff. Sie ist selbst eine theologische Aussage und wie alle theologischen Aussagen nur möglich mit Leidenschaft und Mut zum Wagnis. Und letztlich ist sie ein Teil des Systems selbst, das sich auf sie gründet. System und Methode gehören zusammen und müssen miteinander beurteilt werden. Dieses Urteil würde positiv sein, wenn in kommenden Generationen Theologen und Nichttheologen anerkennten, daß es ihnen behilflich war, die christliche Botschaft als Antwort auf die Fragen zu verstehen, die ihrer und jeder menschlichen Existenz zugrunde liegen.

# B

## DAS WESEN DER SYSTEMATISCHEN THEOLOGIE

### 1. Der theologische Zirkel

Es gibt Beweise genug, daß die Versuche nicht zum Ziel führen, die die Theologie als empirisch-induktive oder als metaphysisch-deduktive Wissenschaft oder als Kombination aus beidem entwerfen wollen. In jeder derartigen Theologie gibt es einen Punkt, an dem individuelle Erfahrung, traditionelle Wertung und persönliches Be-

## Das Wesen der systematischen Theologie

teiligtsein den Ausschlag geben. Dieser Punkt bleibt den Verfassern solcher Theologien oft selbst verborgen, ist jedoch für diejenigen offensichtlich, die sie mit anderen Erfahrungen und anderer persönlicher Bindung betrachten. Wird der empirisch-induktive Weg beschritten, so muß man fragen, woher der Autor sein Material bekommt. Lautet die Antwort, daß er es von allen Seiten und aus allen möglichen Erfahrungen bekommt, so muß man fragen, welcher Realitäts- oder Erfahrungsbegriff die empirische Grundlage seiner Theologie ist. Wie auch die Antwort ausfallen mag, es liegt ein apriorischer Erfahrungsbegriff zugrunde. Dasselbe gilt vom metaphysisch-deduktiven Weg, wie er vom klassischen Idealismus beschritten wurde. Die letzten Prinzipien in der idealistischen Theologie sind rationaler Ausdruck dessen, was uns unbedingt angeht. Wie alles, was in die metaphysisch letzten Gründe vorstößt, sind sie zugleich von religiöser Bedeutung. Ein System, das aus ihnen abgeleitet wird, ist von der heimlichen Theologie in ihnen bestimmt.

Sowohl beim empirisch-induktiven als auch beim metaphysisch-deduktiven Weg, wie bei den sehr viel häufigeren Fällen ihrer Mischung kann man beobachten, daß das Apriori, das beide, die Empirie und die Metaphysik, bestimmt, in einer mystischen Erfahrung begründet ist. Sei es das „Sein an sich" der Scholastik oder die „universale Substanz" des Spinoza, das „Jenseits von Subjektivität und Objektivität" von W. James oder die „Identität von Geist und Natur" bei Schelling, das „Universum" Schleiermachers oder das „kosmische Ganze" Hockings, der „wertschaffende Prozeß" Whiteheads oder die „progressive Integration" Wiemans, der „absolute Geist" Hegels oder die „kosmische Person" Brightmans — all diese Begriffe beruhen auf einer unmittelbaren Erfahrung von einem letzten Sein und Sinn, deren man intuitiv gewahr werden kann. Wenn der Idealismus und der Naturalismus theologische Begriffe entwickeln, unterscheiden sie sich sehr wenig in ihrem Ausgangspunkt. Beide beruhen auf einem Identitätspunkt zwischen dem erfahrenden Subjekt und dem Unbedingten, das im religiösen Erlebnis oder im Welterlebnis erfahren wird. Die theologischen Vorstellungen der Idealisten wie der Naturalisten wurzeln in einem „mystischen Apriori", einem Erkennen von etwas, das die Kluft zwischen Subjekt und Objekt transzendiert. Und wenn im Verlauf eines wissenschaftlichen Prozesses dieses Apriori entdeckt wird, ist seine Entdeckung nur darum möglich, weil es von Anfang an darin gegenwärtig war. Das ist der Zirkel, dem kein Religionsphilosoph entgehen kann. Und es ist keineswegs ein *circulus vitiosus*, denn jedes Verständnis geistiger Dinge ist zirkulär.

## Der theologische Zirkel

Der Zirkel jedoch, innerhalb dessen der Theologe arbeitet, ist enger als der des Religionsphilosophen. Er fügt dem „mystischen Apriori" das Kriterium der christlichen Botschaft hinzu. Der Religionsphilosoph will in seinen Begriffen allgemein und abstrakt bleiben, wie schon der Begriff „Religion" andeutet, der Theologe dagegen ist bewußt und mit Absicht spezifisch und konkret. Der Unterschied ist natürlich nicht absolut. Da die Erfahrungsgrundlage jeder Religionsphilosophie zum Teil durch die Kulturtradition bestimmt ist, zu der sie gehört (sogar die Mystik ist kulturell bedingt), umfaßt sie unweigerlich konkrete und spezielle Elemente. Der Philosoph versucht jedoch in seiner Eigenschaft als Philosoph von diesen Elementen zu abstrahieren und allgemeingültige Begriffe hinsichtlich der Religion zu schaffen. Der Theologe andererseits behauptet die Allgemeingültigkeit der christlichen Botschaft trotz ihres konkreten und speziellen Charakters. Er rechtfertigt diesen Anspruch nicht, indem er von der Konkretheit der Botschaft abstrahiert, sondern indem er ihre unwiederholbare Einzigartigkeit betont. Er betritt den theologischen Zirkel mit einer konkreten Überzeugung. Er betritt ihn als ein Glied der christlichen Kirche zur Erfüllung einer der wesentlichsten Funktionen der Kirche, nämlich ihres theologischen Selbstverständnisses.

Der Theologe will mehr sein als ein Religionsphilosoph. Er will die christliche Botschaft mit Hilfe seiner Methode allgemeingültig begründen. Das stellt ihn vor eine Alternative. Er kann die christliche Botschaft unter einen Religionsbegriff subsumieren. Dann gilt das Christentum als ein Beispiel religiösen Lebens neben anderen, gewiß als die höchste Religion, aber nicht als die endgültige und einzigartige. Eine solche Theologie hält sich außerhalb des theologischen Zirkels. Sie hält sich innerhalb des religionsphilosophischen Zirkels und seinen unbestimmten Horizonten, die eine Zukunft offen lassen für neue und vielleicht höhere Formen der Religion. Der Theologe bleibt trotz seines Wunsches, Theologe zu sein, Religionsphilosoph. Oder er wird wirklich Theologe, ein Interpret seiner Kirche und ihres Anspruchs auf Einmaligkeit und Allgemeingültigkeit. Dann betritt er den theologischen Zirkel und sollte zugeben, daß er es wirklich getan hat. Er sollte dann aufhören, den Anspruch zu erheben, seine Theologie auf empirisch-induktive oder metaphysisch-deduktive Weise gewonnen zu haben.

Aber selbst wenn sich der Theologe bewußt und offen auf den theologischen Zirkel eingelassen hat, steht er vor einem anderen ernsten Problem. Innerhalb des theologischen Zirkels muß er eine existentielle Entscheidung getroffen haben, er muß in der Situation des Glaubens stehen. Doch kann niemand von sich selbst sagen, daß er in der Glaubenssituation steht. Niemand kann sich selbst als Theologen bezeichnen, selbst wenn er zum Lehrer der Theologie berufen ist. Jeder Theologe ist sowohl ergriffen als auch entfremdet, er steht immer im Glauben *und* im Zweifel, er befindet sich innerhalb *und* außerhalb des theologischen Zirkels. Manchmal überwiegt die eine Seite, manchmal die andere, und er ist niemals sicher, welche Seite wirklich überwiegt. Daher kann nur ein Kriterium Anwendung finden: ein Mensch kann so lange Theologe sein, als er den Inhalt des theologischen Zirkels als das anerkennt, was ihn unbedingt angeht. Ob das der Fall ist, hängt nicht von seinem geistigen, moralischen oder emotionalen Zustand ab, auch nicht von der Intensität und Gewißheit des Glaubens oder von der Kraft der Wiedergeburt oder dem Grad der Heiligung. Vielmehr hängt es allein von seinem unbedingten Betroffensein durch die christliche Botschaft ab, sogar dann, wenn er geneigt ist, sie anzugreifen oder abzulehnen.

Dieses Verständnis der „theologischen Existenz" löst den Konflikt zwischen den orthodoxen und den pietistischen Theologen über die *theologia irregenitorum* (Theologie der Nichtwiedergeborenen). Die Pietisten haben gewußt, daß man ohne Glauben, Entscheidung, Bindung, ohne sich im theologischen Zirkel zu befinden, nicht Theologe sein kann. Sie haben jedoch die theologische Existenz mit der Erfahrung der Wiedergeburt gleichgesetzt. Die Orthodoxen haben dagegen protestiert aus dem Grund, weil niemand seiner Wiedergeburt gewiß sein kann, und weiter, weil es in der Theologie um objektive Sachverhalte geht, die von jedem Denker innerhalb und außerhalb des theologischen Zirkels gehandhabt werden können, soweit nur die geistigen Voraussetzungen gegeben sind. Heutzutage stehen die Orthodoxen und die Pietisten gemeinsam gegen die angeblich ungläubigen kritischen Theologen, während das Erbe des orthodoxen Objektivismus – der Absicht, wenn auch nicht der Leistung nach – von der empirischen Theologie übernommen wurde. Im Hinblick auf diesen immer wieder auflebenden Streit muß erneut festgestellt werden, daß der Theologe in den theologischen Zirkel gehört. Aber nur das ist das Kriterium seiner Zugehörigkeit: daß die christliche Botschaft ihn unbedingt angeht.

Die Lehre vom theologischen Zirkel hat eine methodische Konsequenz: weder die Einleitung noch ein anderer Teil des theologischen Systems ist die logische Grundlage für die anderen Teile. Jeder Teil hängt mit dem anderen zusammen. Die Einleitung setzt die Christologie und die Lehre von der Kirche voraus und umgekehrt. Die Anordnung richtet sich lediglich nach praktischen Gesichtspunkten.

## 2. Zwei formale Kriterien jeder Theologie

Die letzte Bemerkung bezieht sich ausdrücklich auch auf die Einleitung dieses Buches, die ein Versuch ist, Kriterien für jedes theologische Unternehmen zu liefern. Die Kriterien sind formal, da sie von den konkreten Einzelheiten des theologischen Systems absehen. Sie sind jedoch von der Ganzheit der christlichen Botschaft abgeleitet. Form und Inhalt können unterschieden, aber nicht voneinander getrennt werden (das ist der Grund, warum auch die formale Logik dem philosophischen Zirkel nicht entrinnen kann). Die formalen Kriterien sind nicht die Basis eines deduktiven Systems, sondern sie sind die methodischen Wächter an der Grenze der Theologie.

Wir haben den Ausdruck „was ihn unbedingt angeht" ohne Erklärung gebraucht. Es ist die abstrakte Übersetzung des großen Gebotes: „Der Herr, unser Gott, ist *ein* Gott. Und du sollst Gott, deinen Herrn, lieben von ganzem Herzen, von ganzer Seele, von ganzem Gemüte und von allen deinen Kräften." Das religiöse Betroffensein ist unbedingt und total, es macht alle anderen Arten von Betroffensein vorläufig. Das, was uns unbedingt angeht, ist von allen zufälligen Bedingungen der menschlichen Existenz unabhängig. Es ist total, kein Teil unser selbst und unserer Welt ist davon ausgeschlossen. Hier gibt es kein Ausweichen. Was uns unbedingt angeht, läßt keinen Augenblick der Gleichgültigkeit und des Vergessens zu. Es ist ein Gegenstand unendlicher Leidenschaft.

Das Wort „angehen" weist auf den „existentiellen" Charakter der religiösen Erfahrung hin. Wir können nicht angemessen vom „Gegenstand der Religion" sprechen, ohne gleichzeitig seinen Gegenstandscharakter zu verneinen. Das, was unbedingt ist, gibt sich selbst nur dem Zustand unbedingten Betroffenseins. Das Unbedingte ist kein „höchstes Ding", das wir in unverbindlicher Objektivität erörtern könnten. Es ist der Gegenstand völliger Hingabe, der auch die Aufgabe unserer Subjektivität fordert. Es ist das Objekt „unendlichen Interesses" (Kierkegaard), das uns zu *seinem* Objekt macht, wenn wir versuchen, es zu *unserm* Objekt zu machen. Aus diesem Grund haben wir Ausdrücke wie „*das* Höchste", „*das* Unbedingte", „*das* Universale", „*das* Unendliche" vermieden und haben von unbedingtem und totalem Betroffensein gesprochen. Selbstverständlich ist in jedem Betroffensein *etwas*, das betrifft, aber dieses „Etwas" sollte nicht als ein Gegenstand erscheinen, der *auch* erkannt und behandelt werden könnte, ohne daß er uns angeht. Darum ist dieses das erste formale Kriterium der Theologie: *Der Gegenstand der Theologie ist das, was* uns unbedingt angeht. *Nur solche Sätze sind theologisch, die sich mit einem Gegenstand beschäftigen, sofern er uns unbedingt angeht.* Die negative Bedeutung dieses Satzes ist klar. Die Theologie muß sich auf das richten, was uns unbedingt angeht, und darf keine Rolle in der Arena vorläufiger Anliegen spielen. Die Theologie kann und soll keine Urteile über den ästhetischen Wert eines Kunstwerkes, über den wissenschaftlichen Wert einer physikalischen Theorie oder einer historischen Meinung, über die beste Methode medizinischer Heilung oder sozialen Wiederaufbaus, über die Lösung politischer oder internationaler Konflikte abgeben. Der Theologe als Theologe ist kein Sachverständiger in irgendwelchen Angelegenheiten von vorläufiger Bedeutung. Und umgekehrt, diejenigen, die Sachverständige in solchen Angelegenheiten sind, sollten als solche nicht den Anspruch erheben, auch in der Theologie Sachverständige zu sein. Das erste formale Prinzip der Theologie bewacht nicht nur die Grenzlinie zwischen unbedingtem und vorläufigem Betroffensein, es schützt die Theologie vor Übergriffen der Kulturgebiete ebenso wie diese vor Übergriffen der Theologie.

Aber das ist noch nicht die ganze Bedeutung des formalen Prinzips. Es kann zwar aus ihm nicht der Inhalt dessen, was uns unbedingt angeht, abgeleitet werden, aber es hat Konsequenzen für die Beziehungen zwischen dem, was uns bedingt angeht, und dem, was uns unbedingt angeht. Drei Beziehungen sind möglich: Die erste Beziehung ist gegenseitige Indifferenz, die zweite ist eine Beziehung, in der etwas Vorläufiges zu etwas Letztem, Unbedingten wird, und die dritte ist eine Beziehung, in der etwas Vorläufiges zum Träger dessen wird, was uns unbedingt angeht, ohne daß es selbst unbedingtes Gewicht erhält. Die erste Beziehung überwiegt im gewöhnlichen Leben mit seinem Hin und Her zwischen bedingten, bruchstückhaften, endlichen Situationen und Erfahrungen und solchen Augenblicken, in denen die Frage nach dem letzten Sinn des Lebens von uns Besitz ergreift. Eine solche Trennung widerspricht jedoch dem unbedingten und totalen Charakter des religiösen Anliegens. Sie stellt unser unbedingtes Anliegen auf gleiche Stufe mit bedingten Anliegen und beraubt es dadurch seiner Unbedingtheit. Eine solche Haltung widerspricht der Unbedingtheit der biblischen Gebote und des ersten theologischen Kriteriums. Die zweite Beziehung ist ihrem wirklichen Charakter nach götzendienerisch. Götzendienst ist die Erhebung von etwas Vorläufigem zu etwas Letztem und Unbedingtem. Etwas wesensmäßig Bedingtes wird als unbedingt genommen, etwas, das seinem Wesen nach ein Teil ist, erhält den Charakter von etwas Universalem, und

## Zwei formale Kriterien jeder Theologie

etwas wesenhaft Endlichem wird unendliche Bedeutung verliehen. Das beste Beispiel dafür ist der heutige Götzendienst des religiösen Nationalismus. In der dritten Beziehung wird wie in der zweiten das Bedingte zum Träger des Unbedingten, aber das Bedingte wird nicht zu unbedingter Gültigkeit erhoben, noch wird es neben das Unbedingte gestellt, sondern in ihm und durch es hindurch verwirklicht sich das Unendliche. Von solcher Möglichkeit ist nichts ausgeschlossen. In jedem Vorläufigen und durch jedes Vorläufige hindurch kann das Letzte, Unbedingte sich verwirklichen. Wenn dies geschieht, wird das Vorläufige zu einem möglichen Gegenstand der Theologie. Die Theologie geht aber nur insofern damit um, als es ein Medium, ein Träger ist, der über sich selbst hinausweist.

Bilder, Gedichte und Musik können Gegenstand der Theologie werden, nicht unter dem Gesichtspunkt ihrer ästhetischen Form, sondern im Hinblick auf ihre Fähigkeit, durch ihre ästhetische Form gewisse Aspekte dessen auszudrücken, was uns unbedingt angeht. Physikalische, historische oder psychologische Einsichten können Gegenstand der Theologie werden, nicht wegen ihres Charakters als Formen der Erkenntnis, sondern wegen ihrer Fähigkeit, etwas von letzter Bedeutung zu enthüllen. Soziale Ideen und Handlungen, Gesetzesvorschläge und Verfahren, politische Programme und Entscheidungen können Gegenstand der Theologie werden, aber nicht hinsichtlich ihrer sozialen, gesetzlichen oder politischen Form, sondern im Hinblick auf ihre Fähigkeit, etwas uns unbedingt Angehendes durch ihre soziale, gesetzliche und politische Form zu verwirklichen. Persönlichkeitsprobleme und -entwicklungen, Erziehungsziele und -methoden, körperliche und geistige Heilungen können Gegenstand der Theologie werden, aber nicht unter dem Gesichtspunkt ihrer autonomen Form, sondern unter dem Gesichtspunkt ihrer Fähigkeit, durch ihre autonome Form etwas von letztem und unbedingtem Gewicht zu vermitteln.

Es entsteht nun die Frage: Was ist der Inhalt von dem, was uns unbedingt angeht? Die Antwort kann offensichtlich kein spezielles Objekt sein, nicht einmal Gott, denn auch das zweite Kriterium der Theologie muß formal und allgemein sein. Wenn mehr über die Natur dessen, was uns unbedingt angeht, ausgesagt werden soll, muß es von einer Analyse des Begriffs „was uns unbedingt angeht" abgeleitet werden. *Das, was uns unbedingt angeht, ist das, was über unser Sein oder Nichtsein entscheidet. Nur solche Sätze sind theologisch, die sich mit einem Gegenstand beschäftigen, sofern er über unser Sein oder Nichtsein entscheidet.* Das ist das zweite formale Kriterium der Theologie.

Nichts kann von unbedingter Bedeutung für uns sein, das nicht die

Macht hat, unser Sein zu bedrohen und zu retten. Der Ausdruck „Sein" bezeichnet in diesem Zusammenhang nicht Existenz in Raum und Zeit. Existenz ist fortgesetzt bedroht und gerettet durch Dinge und Ereignisse, die keine unbedingte Bedeutung für uns haben. Aber der Ausdruck „Sein" bedeutet das Ganze der menschlichen Wirklichkeit, die Struktur, den Sinn und das Ziel der Existenz. All dies ist bedroht, es kann verloren oder gerettet werden. „Sein oder Nichtsein" — so verstanden — ist ein Anliegen von unbedingter, totaler und unendlicher Bedeutung. Unbedingt betroffen sein heißt: Betroffensein in der Ganzheit unseres Seins, nicht in einem Teil, sei es im Willen, sei es im Gefühl. Das, was den Menschen unbedingt angeht, ist das, was sein „Sein" bedingt, aber selbst *über* allen Bedingungen steht. Es ist das, was über seine letzte Bestimmung jenseits aller Zufälligkeiten der Existenz entscheidet.

Das zweite formale Kriterium der Theologie handelt nicht von einem speziellen Inhalt, einem Symbol oder einer Lehre. Es bleibt formal und daher offen für Inhalte, die das, „was über Sein oder Nichtsein entscheidet", auszudrücken imstande sind. Gleichzeitig schließt es aus der Theologie Inhalte aus, die nicht die Macht haben, „über Sein oder Nichtsein zu entscheiden". Gleichviel, ob es ein Gott ist, den man als ein Seiendes neben anderem Seienden auffaßt (selbst, wenn es das „höchste Seiende" wäre), oder ein „Engel", der in einem himmlischen Bereich wohnte (der sogenannten „geistigen Sphäre" des Okkultismus), oder ein Mensch, der übernatürliche Kräfte besitzt (auch wenn er ein „Gottmensch" genannt wird) — keiner von diesen ist ein Gegenstand der Theologie, wenn er der Kritik des zweiten formalen Kriteriums der Theologie nicht standzuhalten vermag, wenn er für uns nicht eine Angelegenheit von Sein oder Nichtsein ist.

## 3. Theologie und Christentum

Theologie ist die methodische Auslegung der Inhalte des christlichen Glaubens. Das ist schon in den vorangegangenen Aussagen über den theologischen Zirkel und über die Theologie als Funktion der christlichen Kirche enthalten. Nun erhebt sich die Frage, ob es eine Theologie außerhalb des Christentums gibt, und wenn ja, ob die Idee der Theologie in der christlichen Theologie in vollkommener und endgültiger Weise erfüllt ist. Tatsächlich erhebt die christliche Theologie diesen Anspruch. Ist es jedoch mehr als ein bloßer Anspruch, mehr als ein natürlicher Ausdruck der Tatsache, daß der Theologe innerhalb

*Theologie und Christentum*

des theologischen Zirkels arbeitet? Hat er Geltung auch jenseits der Peripherie dieses Zirkels? Es ist die Aufgabe der apologetischen Theologie, nachzuweisen, daß der christliche Anspruch auch vom Standpunkt außerhalb des theologischen Zirkels Geltung hat. Die apologetische Theologie muß zeigen, daß Strömungen in allen Religionen und Kulturen sich auf die christliche Antwort zubewegen. Das bezieht sich auf die Lehren wie auf die theologische Interpretation der Theologie.

Im weitesten Sinne des Wortes ist die Theologie, der *logos* oder das rationale Wort in bezug auf Gott, so alt wie die Religion. Das Denken durchdringt alle geistigen Tätigkeiten des Menschen. Der Mensch wäre ohne Worte, Gedanken, Begriffe kein geistiges Wesen. Dies gilt im besonderen auch in der Religion, der allumfassenden Funktion im geistigen Leben des Menschen. Es war ein Mißverständnis von Schleiermachers Religionsbegriff (Religion = Gefühl der schlechthinnigen Abhängigkeit) und ein Symptom religiöser Schwäche, als die Nachfolger Schleiermachers die Religion in den Bereich des Gefühls als einer psychologischen Funktion unter anderen versetzten. Die Verbannung der Religion in die nichtrationale Ecke der subjektiven Empfindungen, um die Bereiche des Denkens und Tuns frei von religiöser Einwirkung zu halten, war eine bequeme Art, den Konflikten zwischen religiöser Tradition und modernem Denken zu entgehen. Aber diese Methode war das Todesurteil für die Religion, das die Religion selbst nicht anerkannte und nicht anerkennen konnte.

Jeder Mythos enthält einen theologischen Gedanken, der herausgearbeitet werden kann und schon in früher Zeit herausgearbeitet wurde. Die priesterliche Zusammenfassung verschiedener Mythen eröffnet häufig tiefe theologische Einsichten. Mystische Spekulationen, z. B. der Vedanta-Hinduismus, vereinigen meditative Erhebung mit theologischer Durchdringung. Metaphysische Spekulationen, wie in der klassischen griechischen Philosophie, verbinden rationale Analyse mit theologischer Schau. Ethische, juristische und rituelle Auslegungen des göttlichen Gesetzes schaffen eine andere Form von Theologie auf dem Boden des prophetischen Monotheismus. All das ist „Theo-logie", *logos* vom *theos*, eine rationale Auslegung der religiösen Substanz der Riten, Symbole und Mythen.

Die christliche Theologie bildet davon keine Ausnahme. Sie tut dasselbe, doch in einer Art, die den Anspruch erhebt, *die* Theologie schlechthin zu sein. Der Grund für diesen Anspruch ist die christliche Lehre, daß der göttliche *logos* — das göttliche Offenbarungswort und die Wurzel alles menschlichen *logos* — Fleisch geworden, daß das

Prinzip der göttlichen Selbstoffenbarung in dem Ereignis „Jesus als der Christus" manifest geworden ist. Ist diese Botschaft wahr, dann hat die christliche Theologie ein Fundament erhalten, das das Fundament jeder anderen Theologie transzendiert und das selbst nicht transzendiert werden kann. Die christliche Theologie hat etwas erhalten, das absolut konkret und zugleich absolut universal ist. Kein Mythos, keine mystische Schau, kein metaphysisches Prinzip, kein heiliges Gesetz hat die Konkretheit eines persönlichen Lebens. Im Vergleich mit einem persönlichen Leben ist alles andere relativ abstrakt. Und doch hat keines dieser relativ abstrakten Fundamente der Theologie die Universalität des *logos*, der selbst das Prinzip der Universalität ist. Im Vergleich mit dem *logos* ist alles andere relativ partikular. Christliche Theologie ist *die* Theologie, insofern sie auf der Spannung zwischen dem absolut Konkreten und dem absolut Universalen beruht. Die priesterlichen und prophetischen Theologien können sehr konkret sein, doch fehlt ihnen die Universalität. Mystische und metaphysische Theologien können sehr universal sein, doch fehlt ihnen die Konkretheit.

Es erscheint paradox, wenn man sagt, daß nur dasjenige, was absolut konkret ist, auch absolut universal sein kann und umgekehrt; es beschreibt aber die Situation genau. Etwas, das rein abstrakt ist, hat eine begrenzte Universalität, da es auf die Wirklichkeiten beschränkt ist, von denen es abstrahiert worden ist. Etwas, das rein partikular ist, hat eine begrenzte Konkretheit, weil es andere Teilrealitäten ausschließen muß, um sich in seiner Konkretheit zu behaupten. Nur was die Kraft hat, alles Partikulare darzustellen, ist absolut konkret. Und nur, was die Kraft hat, alles Abstrakte darzustellen, ist absolut universal. Das führt zu einem Punkt, wo das absolut Konkrete und das absolut Universale identisch sind. Und das ist der Punkt, an dem die christliche Theologie einsetzt, der Punkt, der beschrieben wird als der „*logos*, der Fleisch wurde".

Die Logoslehre als die Lehre von der Identität des absolut Konkreten mit dem absolut Universalen ist nicht eine theologische Lehre unter anderen; sie ist die einzig mögliche Begründung einer christlichen Theologie, die den Anspruch erhebt, *die* Theologie zu sein. Es ist nicht nötig, das absolut Universale den *logos* zu nennen; andere Begriffe, die aus anderen Traditionen stammen, könnten diesen Begriff ersetzen. Dasselbe gilt von dem Begriff „Fleisch" mit seinen hellenistischen Anklängen. Jedoch kommt es darauf an, die Schau des Urchristentums zu akzeptieren, daß Jesus als der Christus alles Partikulare vertritt und die Identität zwischen dem absolut Konkreten und dem absolut Universalen darstellt. Sofern er absolut konkret ist,

*Theologie und Christentum*

kann die Beziehung zu ihm eine völlig existentielle sein. Sofern er absolut universal ist, umfaßt die Beziehung zu ihm potentiell alle möglichen Beziehungen und kann daher unbedingt und unendlich sein. Der biblische Beleg für die eine Seite findet sich in den Briefen des Paulus, wenn er vom „Sein in Christus" spricht (2. Kor. 5, 17). Wir können nicht *in* etwas Partikularem sein, weil das Partikulare sich selbst von anderem Partikularen ausschließt. Wir können nur *in* dem sein, das zugleich absolut konkret und absolut universal ist. Der biblische Beleg für die universale Seite findet sich ebenfalls in den paulinischen Schriften, wenn Paulus von der Unterwerfung der kosmischen Mächte unter Christus spricht (Röm. 8). Nur was zugleich absolut universal und absolut konkret ist, kann den kosmischen Pluralismus bezwingen.

Es war nicht kosmologisches Interesse (Harnack), sondern eine Frage auf Leben und Tod für die Urkirche, die zur Verwendung der stoisch-philonischen Logoslehre führte, um die universale Bedeutung des Ereignisses „Jesus der Christus" auszudrücken. Damit verkündigte die Kirche ihren Glauben an den Sieg Christi über die dämonisch naturhaften Mächte, die den Polytheismus konstituieren und die Erlösung verhindern. Aus diesem Grunde kämpfte die Kirche verzweifelt gegen den Versuch des Arianismus, Christus zu einer der kosmischen Mächte — wenn auch der höchsten — zu machen, da er ihn damit sowohl seiner absoluten Universalität (er ist weniger als Gott) als auch seiner absoluten Konkretheit (er ist mehr als Mensch) beraubte. Der Halbgott Jesus der arianischen Theologie ist weder universal genug noch konkret genug, um die Basis der christlichen Theologie zu sein.

Es ist klar, daß diese Argumente die Behauptung des Glaubens, daß in Jesus dem Christus der *logos* Fleisch geworden ist, nicht beweisen. Sie zeigen jedoch, daß, falls diese Behauptung angenommen wird, die christliche Theologie ein Fundament hat, das tiefer ist als alles, was in der Religionsgeschichte als Grundlage einer Theologie betrachtet werden kann.

### 4. *Theologie und Philosophie: Eine Frage*

Die Theologie erhebt den Anspruch, einen besonderen Erkenntnisbereich darzustellen, der sich mit einem besonderen Gegenstand befaßt und eine besondere Methode anwendet. Dieser Anspruch verpflichtet den Theologen, Rechenschaft abzulegen, in welcher Weise er die

Theologie zu den anderen Arten von Erkenntnis in Beziehung setzt. Er muß zwei Fragen beantworten: Welche Beziehung besteht zwischen der Theologie und den Einzelwissenschaften und zwischen der Theologie und der Philosophie? Die erste Frage wurde indirekt durch die vorausgehenden Sätze über die formalen Kriterien der Theologie beantwortet. Wenn nur das, was uns unbedingt angeht, Gegenstand der Theologie ist, so hat sie nichts mit wissenschaftlichen Verfahren und Ergebnissen zu tun, und diese wiederum haben nichts mit Theologie zu tun. Die Theologie hat weder das Recht noch die Pflicht, gegenüber physikalischen oder historischen, soziologischen oder psychologischen Untersuchungen Vorbehalte zu machen. Und kein Ergebnis einer solchen Untersuchung kann direkt fördernd oder zerstörend für die Theologie sein. Der Beziehungspunkt von wissenschaftlicher Forschung und Theologie liegt in dem philosophischen Element, das sowohl die Wissenschaften als auch die Theologie enthalten. Daher verschmilzt die Frage nach der Beziehung von Theologie und Einzelwissenschaften mit der Frage nach der Beziehung von Theologie und Philosophie.

Die Schwierigkeit dieser Frage liegt zum Teil darin, daß es keine allgemein angenommene Definition von Philosophie gibt. Jede Philosophie schlägt eine Definition vor, die dem Interesse, dem Zweck und der Methode des Philosophen entspricht. Unter diesen Umständen kann der Theologe nur eine Definition von Philosophie vorschlagen, die weit genug ist, um die meisten bedeutenden Philosophien, die in der sogenannten Geschichte der Philosophie vorkommen, zu umfassen. Es wird daher vorgeschlagen, als Philosophie den Erkenntnisweg zur Wirklichkeit zu bezeichnen, auf dem die Wirklichkeit als solche Gegenstand des Erkennens ist. Wirklichkeit als solche oder Wirklichkeit als Ganzes ist nicht das Ganze der Wirklichkeit, sondern es ist die Struktur, die die Wirklichkeit zu einem Ganzen und daher zu einem möglichen Objekt der Erkenntnis macht. Das Wesen der Wirklichkeit als solcher zu erforschen bedeutet: jene Strukturen, Kategorien und Begriffe erforschen, die beim erkennenden Begegnen mit jedem Bereich der Wirklichkeit vorausgesetzt werden. Von diesem Gesichtspunkt aus ist die Philosophie definitionsgemäß kritisch. Sie sondert das vielfältige Material der Erfahrung von jenen Strukturen, die Erfahrung möglich machen. In dieser Hinsicht besteht kein Unterschied zwischen konstruktivem Idealismus und empirischem Realismus. Die Frage nach dem Charakter der allgemeinen Strukturen, die Erfahrung erst möglich machen, ist immer dieselbe. Es ist *die* philosophische Frage.

Diese kritische Definition von Philosophie ist bescheidener als jene

## Theologie und Philosophie: Eine Frage

philosophischen Versuche, ein vollständiges System der Wirklichkeit zu geben, das sowohl die Ergebnisse aller Einzelwissenschaften als auch die allgemeinen Strukturen vorwissenschaftlicher Erfahrung umfaßt. Ein solcher Versuch kann von „oben" oder von „unten" gemacht werden. Hegel arbeitete von „oben", als er die kategorialen Formen in seiner Logik mit dem seiner Zeit zur Verfügung stehenden Material wissenschaftlicher Erkenntnis erfüllte und das Material den Kategorien anpaßte. Wundt arbeitete von „unten", als er allgemeine und metaphysische Prinzipien aus dem verfügbaren wissenschaftlichen Material seiner Zeit abstrahierte und mit ihrer Hilfe das gesamte empirische Wissen ordnete. Aristoteles arbeitete sowohl von oben als von unten, als er metaphysische und naturwissenschaftliche Forschungen in gegenseitiger Wechselbeziehung durchführte. Das war auch das, was Leibniz vorschwebte, der eine universale Rechenmethode entwarf, um mit ihrer Hilfe die gesamte Wirklichkeit der mathematischen Analyse und Synthese zu unterwerfen. Aber in all diesen Fällen wurden die Grenzen des menschlichen Geistes, seine Endlichkeit, die ihn hindert, das Ganze zu erfassen, sichtbar. Kaum war das System fertig, als auch schon die wissenschaftliche Forschung seine Grenzen überschritt und es nach allen Richtungen hin zerriß. Nur die allgemeinen Prinzipien blieben übrig, sie wurden immer wieder diskutiert, in Frage gestellt, verwandelt, aber nie zerstört. Sie überstrahlten die Jahrhunderte, wurden von jeder Generation neu gedeutet, sie erwiesen sich als unerschöpflich und veralteten niemals. Diese Prinzipien sind der Gegenstand der Philosophie.

Andererseits ist diese Auffassung von Philosophie weniger bescheiden als der Versuch, die Philosophie auf Erkenntnislehre und Ethik zu reduzieren, worin das Ziel der Neukantianer und der ihnen verwandten Schulen im 19. Jahrhundert bestand. Sie ist auch weniger bescheiden als der Versuch, die Philosophie auf die formale Logik zu beschränken, wie es das Ziel des logischen Positivismus und ihm verwandter Schulen im 20. Jahrhundert war. Beide Versuche, der ontologischen Frage aus dem Wege zu gehen, blieben ohne Erfolg. Die späteren Anhänger der neukantischen Philosophie erkannten, daß jede Erkenntnistheorie Ontologie enthält. Das kann auch nicht anders sein. Da die Erkenntnis ein Akt ist, der selbst am Sein, oder genauer gesagt an einer „ontischen Beziehung" teilhat, so muß jede Analyse des Erkenntnisaktes auf eine Seinsauslegung bezogen werden (vergl. Nicolai Hartmann).

Auch das Wertproblem wies auf eine ontologische Grundlegung der Gültigkeit der Werturteile hin. Wenn die Werte kein *„fundamen-*

## Das Wesen der systematischen Theologie

*tum in re*" haben (vergl. Platos Identifikation des Guten mit den Wesensstrukturen, den Ideen), schweben sie im luftleeren Raum einer transzendenten Geltung, oder sie sind pragmatischen Erprobungen, die zufällig und willkürlich sind, ausgesetzt; es sei denn, sie enthielten eine heimliche Wesensontologie. Es erübrigt sich, die pragmatisch-naturalistische Linie des philosophischen Denkens zu diskutieren, denn sie hat sich — trotz der antimetaphysischen Äußerungen einiger ihrer Anhänger — in ausgesprochen ontologischen Begriffen wie Leben, Wachstum, Prozeß, Erfahrung, Sein (im umfassendsten Sinne des Wortes verstanden) ausgedrückt. Jedoch ist es nötig, die oben vorgeschlagene ontologische Definition der Philosophie den radikalen Versuchen, welche die Philosophie auf semantische Logik reduzieren wollen, gegenüberzustellen. Die Frage ist, ob man durch die Ausschaltung beinahe aller traditionellen philosophischen Probleme — wie es der logische Positivismus tut — der Ontologie erfolgreich entrinnen kann. Man fühlt, daß eine solche Haltung einen zu hohen Preis zahlt: die Philosophie wird dadurch irrelevant. Doch darüber hinaus kann man noch folgendes Argument anführen. Wenn die Verengung der Philosophie auf Semantik oder Wissenschaftslehre eine Sache des Geschmacks ist, braucht sie nicht ernst genommen zu werden. Wenn sie jedoch in einer Analyse der menschlichen Erkenntnisgrenzen begründet ist, dann beruht sie wie jede Erkenntnistheorie auf ontologischen Voraussetzungen. Es bleibt immer mindestens ein Problem, über das der logische Positivismus, wie alle semantischen Philosophien, eine Entscheidung treffen muß: Welches ist die Beziehung der Zeichen, Symbole oder logischen Operationen zur Wirklichkeit? Jede Antwort auf diese Frage sagt auch etwas über die Struktur des Seins aus. Sie ist ontologisch. Und eine Philosophie, die so radikal kritisch gegenüber allen anderen Philosophien ist, sollte selbstkritisch genug sein, um ihre eigenen ontologischen Voraussetzungen zu sehen und aufzudecken.

Die Philosophie stellt die Frage nach der Wirklichkeit als solcher. Sie fragt nach der Struktur des Seins. Und sie antwortet in Kategorien, Strukturgesetzen und Allgemeinbegriffen. Sie muß die Antwort in ontologischen Begriffen geben. Die Ontologie ist kein spekulativer oder phantastischer Versuch, eine Welt hinter der Welt aufzubauen; sie ist die Analyse jener Strukturen des Seins, die wir in jeder Begegnung mit der Wirklichkeit vorfinden. Das war auch der ursprüngliche Sinn von Metaphysik; aber die Vorsilbe „meta" hat heute die unausrottbare Vorstellung hervorgerufen, als gehe es um eine Verdoppelung dieser Welt durch einen transzendenten Seinsbereich. Des-

## Theologie und Philosophie: Eine Frage

halb ist es vielleicht weniger mißverständlich, wenn man von Ontologie statt von Metaphysik spricht. Die Philosophie fragt notwendig nach der Wirklichkeit als solcher, es geht ihr um die Struktur des Seins. Die Theologie stellt notwendig dieselbe Frage, denn das, was uns unbedingt angeht, muß zur Wirklichkeit als solcher gehören, es muß zum Sein gehören. Sonst könnten wir ihm nicht begegnen, und es könnte uns nichts angehen. Es kann natürlich nicht ein Ding neben anderen Dingen sein, denn dann würde es uns nicht unbedingt angehen. Es muß der Grund unseres Seins sein, das, was über unser Sein oder Nichtsein entscheidet, die letzte und unbedingte Macht des Seins. Aber die Macht des Seins, sein unendlicher Grund oder das Sein-Selbst drückt sich in der Struktur des Seins aus. Deshalb können wir ihm begegnen, von ihm ergriffen werden, es erkennen und uns ihm zuwenden. Wenn die Theologie sich mit dem beschäftigt, was uns unbedingt angeht, dann setzt sie in jedem Satz die Struktur des Seins, seine Kategorien, Gesetze und Begriffe voraus. Die Theologie kann also der Frage nach dem Sein ebensowenig entgehen wie die Philosophie. Der Versuch des Biblizismus, nichtbiblische ontologische Ausdrücke zu vermeiden, ist ebenso zum Scheitern verurteilt wie entsprechende philosophische Versuche. Die Bibel selbst benutzt immer Kategorien und Begriffe, die die Struktur der Erfahrung beschreiben. Auf jeder Seite eines jeden religiösen oder theologischen Textes erscheinen diese Begriffe: Zeit, Raum, Ursache, Ding, Subjekt, Natur, Bewegung, Freiheit, Notwendigkeit, Leben, Wert, Erkenntnis, Erfahrung, Sein und Nichtsein. Der Biblizismus kann versuchen, die landläufige Bedeutung dieser Begriffe zu wahren, aber dann hört er auf, Theologie zu sein. Er muß dann die Tatsache umgehen, daß die philosophische Bedeutung dieser Kategorien die Sprache des täglichen Lebens seit vielen Jahrhunderten beeinflußt hat. Es ist überraschend, wie naiv theologische Biblizisten einen Ausdruck wie „Geschichte" gebrauchen, wenn sie vom Christentum als einer geschichtlichen Religion oder von Gott als dem „Herrn der Geschichte" sprechen. Sie vergessen, daß die Bedeutung, die sie mit dem Wort Geschichte verbinden, durch Jahrtausende der Geschichtsschreibung und der Geschichtsphilosophie geprägt wurde. Sie vergessen, daß geschichtliches Sein eine Weise des Seins zusätzlich zu anderem Sein ist, und daß, um es z. B. von dem Wort „Natur" zu unterscheiden, eine allgemeine Kenntnis von der Struktur des Seins vorausgesetzt wird. Sie vergessen, daß das Problem der Geschichte mit den Problemen von Zeit, Freiheit, Zufall, Zweck usw. verknüpft ist, und daß jeder dieser Begriffe eine Entwicklung ähnlich der des Geschichtsbegriffes durchgemacht hat. Der Theologe muß die Bedeutung der Begriffe, die er benutzt, ernstnehmen. Sie müssen ihm in ihrer ganzen Breite und Tiefe bekannt sein. Deshalb muß der systematische Theologe zum mindesten ein kritischer, wenn nicht sogar ein schöpferischer Philosoph sein.

Die Struktur des Seins und die Kategorien und Begriffe, die diese Struktur beschreiben, gehen jeden Philosophen und jeden Theologen mehr oder weniger ausdrücklich an. Weder der eine noch der andere kann die ontologische Frage vermeiden. Versuche auf beiden Seiten, diese Frage zu vermeiden, haben sich als vergeblich erwiesen. Angesichts dieser Lage wird die Frage um so drängender: Welches ist die Beziehung zwischen der ontologischen Frage, wie sie der Philosoph stellt und der ontologischen Frage, wie sie der Theologe stellt?

### 5. Theologie und Philosophie: Eine Antwort

Philosophie und Theologie stellen die Frage nach dem Sein. Aber sie fragen danach von verschiedenen Ausgangspunkten her. Die Philosophie beschäftigt sich mit der Struktur des Seins an sich, die Theologie mit dem Sinn des Seins für uns. Aus diesem Unterschied entstehen konvergierende und divergierende Tendenzen im Verhältnis zwischen Theologie und Philosophie.

Die erste Divergenz ist ein Unterschied in der Erkenntnishaltung des Philosophen und des Theologen. Obwohl er vom philosophischen *eros* getrieben wird, versucht der Philosoph doch, Distanz gegenüber dem Sein und seinen Strukturen einzunehmen. Er versucht, persönliche, soziale und historische Umstände auszuschalten, durch die eine objektive Betrachtung der Wirklichkeit beeinflußt werden könnte. Seine Leidenschaft ist die Leidenschaft für eine Wahrheit, die allgemein offen und allgemeiner Kritik unterworfen ist, die sich mit jeder neuen Einsicht wandelt, offen und mitteilbar ist. In all diesen Beziehungen fühlt sich der Philosoph vom Naturwissenschaftler, Historiker, Psychologen usw. nicht unterschieden. Er arbeitet mit ihnen zusammen. Das Material für seine kritische Analyse erhält er weitgehend durch die empirische Forschung. Wie alle Wissenschaften ihren Ursprung in der Philosophie haben, so tragen sie ihrerseits zur Philosophie bei; sie geben dem Philosophen neues und genau ausgearbeitetes Material an die Hand, das weit über das hinausgeht, was er von einer vorwissenschaftlichen Erkenntnis der Wirklichkeit erlangen kann. Natürlich kritisiert der Philosoph als Philosoph die Erkenntnis der Einzelwissenschaften nicht, noch erweitert er sie. Diese Erkenntnis bildet die Grundlage für seine Beschreibung der Kategorien, Strukturgesetze und Begriffe, die die Struktur des Seins konstituieren. In dieser Hinsicht ist der Philosoph vom Spezialwissenschaftler ebenso abhängig wie von seiner eigenen vorwissenschaftlichen Beobachtung der Wirklichkeit, oft sogar noch mehr. Dieser Wissenschaftsbezug (im weitesten Sinne des Wortes) stärkt die distanzierte Haltung des Philosophen. Selbst wenn es sich um die intuitiv-synthetische Seite seines Arbeitens handelt, versucht er, Einflüsse auszuschalten, die nicht ausschließlich von seinem Erkenntnisgegenstand her bestimmt sind[1].

Ganz im Gegensatz dazu ist der Theologe von seinem Erkenntnisgegenstand nicht abgerückt, sondern in ihn einbezogen. Er betrachtet seinen Gegenstand (der den Charakter eines Gegenstandes transzendiert) mit Leidenschaft, Furcht und Liebe. Das ist nicht der *eros* des Philosophen oder seine Leidenschaft für die objektive Wahrheit; es ist die Liebe, die *agape,* die die Heilswahrheit in persönlicher Entscheidung annimmt. Die Grundhaltung des Theologen ist Bindung an den Inhalt, den er erklärt. Distanzierung wäre ein Verleugnen des wahren Wesens seines Erkenntnisgegenstandes. Die Haltung des Theologen ist *existentiell*. Er ist in den Gegenstand seiner Erkenntnis einbezogen — mit seiner ganzen Existenz, mit seiner Endlichkeit und seiner Angst, mit seinen Selbstwidersprüchen und seiner Verzweiflung, mit den heilenden Kräften in ihm und in seiner sozialen Situation. Der Ernst jedes theologischen Satzes ergibt sich aus diesen existentiellen Elementen. Kurz, der Theologe ist durch seinen Glauben bestimmt. Jede Theologie hat zur Voraussetzung, daß sich der Theologe im theologischen Zirkel befindet. Das widerspricht dem offenen, unbegrenzten und wandelbaren Charakter der philosophischen Wahrheit. Es unterscheidet sich auch von der Weise, in der der Philosoph von der wissenschaftlichen Forschung abhängt. Der Theologe hat keine direkte Beziehung zum Wissenschaftler (einschließlich des Historikers, Soziologen und Psychologen). Er befaßt sich mit ihm nur, soweit es um philosophische Konsequenzen geht. Wenn er die existentielle Haltung aufgibt, wie es einige sogenannte empirische Theologen getan haben, kommt er notgedrungen zu Sätzen, deren Wahrheit von niemandem anerkannt wird, der nicht die existentiellen Voraussetzungen des angeblich empirischen Theologen teilt. Theologie ist notwendig existentiell, und keine Theologie kann dem theologischen Zirkel entrinnen.

---

[1] Der Begriff eines „philosophischen Glaubens" scheint von diesem Gesichtspunkt aus fragwürdig. Siehe Karl Jaspers, Der philosophische Glaube, 1948.

## Das Wesen der systematischen Theologie

Die zweite Divergenz zwischen Theologie und Philosophie ist der Unterschied in ihren Quellen. Der Philosoph sieht auf das Ganze der Wirklichkeit, um in ihr die Gestalt der Wirklichkeit als eines Ganzen zu entdecken. Er versucht kraft seiner kognitiven Funktion in die Strukturen des Seins einzudringen. Er nimmt an — und die Wissenschaft bestätigt beständig diese Annahme —, daß eine Identität oder wenigstens eine Analogie zwischen objektiver und subjektiver Vernunft, zwischen dem *logos* der Wirklichkeit als ganzem und dem *logos*, der in ihm wirkt, besteht. Der *logos* ist also gemeinsam. Jedes vernünftige Wesen nimmt an ihm teil, benutzt ihn, um Fragen zu stellen und um die erhaltenen Antworten zu kritisieren. Es gibt keinen besonderen Ort, die Struktur des Seins zu entdecken, es gibt keinen besonderen Ort, an dem man stehen müßte, um die Kategorien der Erfahrung zu entdecken. Der Ort, von dem aus man schauen muß, ist allenthalben, der Standort ist überhaupt kein Ort. Er ist reine Vernunft.

Der Theologe andererseits muß Ausschau halten, wo das, was ihn unbedingt angeht, sich manifestiert, und er muß dort stehen, wo ihn diese Manifestation erreicht und ergreift. Seine Erkenntnisquelle ist nicht der universale *logos*, sondern der *logos*, der „Fleisch wurde", das heißt der *logos*, der sich in einem bestimmten historischen Ereignis manifestiert. Und das Medium, durch das er die Manifestation des *logos* erfährt, ist nicht die allgemeine Vernunft, sondern die Kirche, ihre Traditionen und ihre gegenwärtige Wirklichkeit. Er spricht in der Kirche über den Grund der Kirche, und er spricht, weil er durch die Macht dieses Grundes und durch die Gemeinschaft, die auf ihm sich aufbaut, ergriffen ist. Der konkrete *logos*, den er anschaut, wurde ihm durch gläubige Bindung zuteil und nicht, wie der universale *logos*, auf den der Philosoph schaut, durch rationale Distanzierung.

Die dritte Divergenz zwischen Philosophie und Theologie bezieht sich auf ihren beiderseitigen Inhalt. Selbst wenn sie über denselben Gegenstand sprechen, meinen sie etwas Verschiedenes. Der Philosoph beschäftigt sich mit den Kategorien des Seins in bezug auf den Stoff, der von ihnen seine Struktur erhält. Er befaßt sich mit der Kausalität in Physik und Psychologie. Er analysiert die biologische oder historische Zeit; er erörtert den astronomischen und ebenso den mikrokosmischen Raum. Er beschreibt das erkenntnistheoretische Subjekt und die Beziehung von Person und Gemeinschaft. Er gibt eine Darstellung der Wesenszüge des Lebens und Geistes in ihrer gegenseitigen Abhängigkeit und Selbständigkeit. Er legt die Grenzen von Natur und Geschichte fest und versucht, in die Ontologie und Logik des Seins

## Theologie und Philosophie: Eine Antwort

und Nichtseins einzudringen. Es ließen sich noch unzählige andere Beispiele anführen. Alle würden die kosmologische Struktur der philosophischen Sätze widerspiegeln. Der Theologe jedoch bezieht dieselben Kategorien und Begriffe auf die Frage nach einem „Neuen Sein". Seine Aussagen haben soteriologischen Charakter. Er diskutiert die Kausalität in bezug auf eine „*prima causa*", den Grund der ganzen Reihe von Ursachen und Wirkungen; er befaßt sich mit der Zeit in bezug zur Ewigkeit und mit dem Raum in bezug zu des Menschen existentieller Heimatlosigkeit. Er spricht über die Selbstentfremdung des Subjekts, über das geistige Zentrum des persönlichen Lebens und über die Gemeinschaft als eine mögliche Verkörperung des „Neuen Seins". Er setzt die Strukturen des Lebens mit dem schöpferischen Grund des Lebens und die Strukturen des Geistes mit dem göttlichen Geist in Beziehung. Er spricht von dem Teilhaben der Natur an der „Heilsgeschichte" und über den Sieg des Seins über das Nichtsein. Auch hier wären die Beispiele unendlich zu vermehren. Sie zeigen die tiefe Kluft von Philosophie und Theologie in ihrem Inhalt.

Die Divergenz zwischen Philosophie und Theologie wird durch eine ebenso deutliche Konvergenz der beiden ausgeglichen. Auf beiden Seiten sind konvergierende Tendenzen am Werk. Der Philosoph, wie auch der Theologe, „existiert", und er kann über die Konkretheit seiner Existenz und über seine heimliche Theologie nicht hinwegspringen. Er ist von seiner psychologischen, soziologischen und historischen Situation bedingt. Und er lebt wie jedes menschliche Wesen in der Macht eines letzten Betroffenseins, ob er sich dessen voll bewußt ist oder nicht, ob er es wahrhaben will oder nicht. Es gibt keinen Grund, warum auch der wissenschaftliche Philosoph das nicht zugeben sollte, denn ohne ein letztes Betroffensein würde es seiner Philosophie an Leidenschaft, Ernsthaftigkeit und schöpferischer Kraft fehlen. Wohin wir auch blicken, wir finden überall in der Geschichte der Philosophie Ideen und Systeme, die den Anspruch erheben, von letzter Bedeutung für die menschliche Existenz zu sein. Gelegentlich enthüllt die Religionsphilosophie das, was hinter einem System als letztes Anliegen verborgen ist. Häufiger ist es die Art der ontologischen Prinzipien oder ein besonderer Abschnitt in einem System, wie z. B. die Erkenntnistheorie, Naturphilosophie, Politik und Ethik, Geschichtsphilosophie usw., die über das, was den Autor unbedingt angeht und seine versteckte Theologie am meisten zu enthüllen vermögen. Jeder schöpferische Philosoph ist ein heimlicher, oft sogar ausdrücklicher Theologe. Er ist Theologe in dem Maße, in dem seine existentielle Situation und das, was ihn unbedingt angeht, seine

Philosophie bestimmen. Er ist Theologe in dem Maße, in dem seine Intuition des universalen göttlichen *logos* durch eine partikulare Erscheinung des *logos* geformt ist. Solche partikulare Erscheinung des *logos* ist gebunden an einen bestimmten Ort und eine bestimmte Zeit, offenbart aber zugleich den Sinn des Ganzen. Und er ist Theologe in dem Maße, in dem der partikular erscheinende *logos* hingebende Teilnahme an einer besonderen Gemeinschaft ist. Es gibt kaum einen bedeutenden Philosophen, der nicht diese Zeichen eines Theologen aufweist. Aber der Philosoph will nicht Theologe sein. Er will dem universalen *logos* dienen. Er versucht, sich von seiner existentiellen Situation abzuwenden und einem Ort über allen Orten zuzuwenden. Der Widerstreit zwischen dem Streben, universal zu werden, und dem Schicksal, partikular zu bleiben, charakterisiert jede philosophische Existenz. Er ist ihre Last und ihre Größe.

Der Theologe trägt eine ähnliche Last. Anstatt sich von seiner existentiellen Situation und dem, was ihn unbedingt angeht, abzuwenden, wendet er sich beiden zu. Er tut das nicht, um ein Bekenntnis von ihnen abzulegen, sondern um die universale Geltung, die Logosstruktur dessen, was ihn unbedingt angeht, deutlich zu machen. Aber er kann das nur in einer Haltung des Abstandes gegenüber seiner existentiellen Situation und im Gehorsam gegenüber dem universalen *logos* tun. Das verpflichtet ihn, gegen jede Ausdrucksform dessen, was ihn unbedingt angeht, kritisch zu sein. Er kann keine Überlieferung und keine Autorität bejahen außer durch „Nein" und „Ja". Und es ist stets möglich, daß er nicht völlig vom „Nein" zum „Ja" übergehen kann. Er kann sich nicht dem Chor derer anschließen, die ungebrochen in der Bejahung leben. Er muß das Wagnis auf sich nehmen, daß er vielleicht über die Grenze des theologischen Zirkels getrieben werden könnte. Deshalb ist er den Frommen und Mächtigen in der Kirche verdächtig, obwohl sie selbst von dem Werk früherer Theologen, die in derselben Situation waren, leben. Weil die Theologie nicht nur dem konkreten, sondern auch dem universalen *logos* zu dienen hat, kann sie ein Stein des Anstoßes für die Kirche und eine dämonische Versuchung für den Theologen werden. Der Abstand, den jedes redliche theologische Arbeiten erfordert, kann die ebenso notwendige Verbundenheit des Glaubens zerstören. Diese Spannung ist Last und Größe aller theologischen Arbeit.

Dieser Dualismus von Divergenz und Konvergenz im Verhältnis von Theologie und Philosophie führt zu der doppelten Frage: Muß es notwendig einen Konflikt zwischen beiden geben, oder besteht die Möglichkeit einer Synthese beider? Beide Fragen müssen verneint wer-

## Theologie und Philosophie: Eine Antwort

den. Es ist weder ein Konflikt nötig, noch ist eine Synthese möglich. Ein Konflikt setzt eine gemeinsame Basis, auf welcher gekämpft wird, voraus. Aber es gibt keine gemeinsame Basis zwischen Theologie und Philosophie. Wenn der Theologe und der Philosoph miteinander streiten, so geschieht das entweder auf einer philosophischen oder einer theologischen Basis. Die philosophische Basis besteht in der ontologischen Analyse der Seinsgestalt. Wenn der Theologe diese Analyse nötig hat, muß er sie entweder vom Philosophen übernehmen, oder er muß selbst Philosoph werden. Gewöhnlich tut er beides. Wenn er die philosophische Arena betritt, sind sowohl Widersprüche als auch Übereinstimmungen mit anderen Philosophen unvermeidbar. Aber das ereignet sich alles auf der philosophischen Ebene. Der Theologe hat nicht das Recht, im Namen dessen, was für ihn von letzter Bedeutung ist, oder von der Plattform des theologischen Zirkels aus zu einer philosophischen Ansicht Stellung zu nehmen. Er ist verpflichtet, im Namen des universalen *logos* und von dem Ort aus, der kein Ort ist: von der reinen Vernunft her, eine philosophische Entscheidung zu treffen. Es ist gegen die Ehre des Theologen, und es ist für den Philosophen unannehmbar, wenn in einer philosophischen Diskussion der Theologe plötzlich sich auf eine andere Autorität als die der reinen Vernunft beruft. Ein Streit auf der philosophischen Ebene ist ein Streit zwischen zwei Philosophen, von denen der eine außerdem noch ein Theologe ist, aber es ist niemals ein Streit zwischen Theologie und Philosophie.

Oft wird jedoch der Streit auf der theologischen Ebene ausgetragen. Der heimliche Theologe im Philosophen streitet mit dem Theologen von Beruf. Diese Situation kommt häufiger vor, als es die meisten Philosophen gewahr werden. Da sie ihre Begriffe mit der redlichen Absicht, nur dem universalen *logos* zu gehorchen, entwickelt haben, geben sie die existentiell bedingten Elemente in ihren Systemen nur ungern zu. Sie meinen, daß solche Elemente, obgleich sie ihrem Werk Farbe und Richtung geben, seinen Wahrheitswert mindern würden. In einer solchen Situation muß der Theologe den Widerstand des Philosophen gegen eine theologische Analyse seiner Ideen brechen. Er kann dies durch einen Hinweis auf die Geschichte der Philosophie, welche zeigt, daß in jedem Philosophen von Rang existentielle Leidenschaft (letztes Betroffensein) und rationale Kraft (Gehorsam gegen den universalen *logos*) miteinander vereinigt sind und daß der Wahrheitswert einer Philosophie von der Verschmelzung dieser beiden Elemente in jedem ihrer Begriffe abhängt. Die Einsicht in diese Situation ist gleichzeitig Einsicht in die Tatsache, daß zwei Philo-

## Das Wesen der systematischen Theologie

sophen, von denen der eine außerdem ein Theologe ist, miteinander streiten können und ebenso zwei Theologen, von denen der eine außerdem ein Philosoph ist. Das ist aber niemals ein Konflikt zwischen Philosophie und Theologie, weil es keine gemeinsame Basis für einen solchen Konflikt gibt. Der Philosoph mag den philosophischen Theologen überzeugen oder nicht, und der Theologe mag den theologischen Philosophen bekehren oder nicht. In keinem Falle steht der Theologe als solcher gegen den Philosophen als solchen und umgekehrt.

Ebenso wie kein Konflikt zwischen Theologie und Philosophie möglich ist, gibt es zwischen beiden auch keine Synthese – aus demselben Grunde. Eine gemeinsame Basis fehlt. Die Vorstellung einer Synthese zwischen Theologie und Philosophie hat zu dem Traum einer „christlichen Philosophie" geführt. Dieser Ausdruck ist zweideutig. Er kann eine Philosophie bedeuten, deren existentielle Basis das historische Christentum ist. In diesem Sinne ist alle moderne Philosophie christlich, auch dann, wenn sie humanistisch, atheistisch oder bewußt antichristlich ist. Kein Philosoph innerhalb der abendländisch-christlichen Kultur kann seine Abhängigkeit vom Christentum leugnen, ebensowenig wie ein griechischer Philosoph seine Abhängigkeit von der apollinisch-dionysischen Kultur hätte verbergen können, selbst dann nicht, wenn er ein radikaler Kritiker der homerischen Götter gewesen wäre. Die moderne Auffassung von Wirklichkeit und ihre philosophische Analyse unterscheiden sich von entsprechenden Versuchen in vorchristlicher Zeit, ganz gleich, ob man in seiner Existenz von dem Gott des Berges Zion oder von dem Christus auf Golgatha bestimmt wird oder nicht. Man begegnet der Wirklichkeit in ganz verschiedener Weise, die Erfahrung hat andere Dimensionen und Ausrichtungen als im kulturellen Klima Griechenlands. Niemand ist imstande, aus diesem Zauberkreis herauszuspringen. Nietzsche, der es versuchte, kündigte das Kommen des Antichrists an. Aber der Antichrist hängt von Christus ab, gegen den er sich erhebt. Die frühen Griechen, nach deren Kultur Nietzsche sich sehnte, hatten den Christus nicht zu bekämpfen, bereiteten vielmehr unbewußt sein Kommen vor, indem sie die Fragen schufen, auf die er die Antwort gab, und die Kategorien bereitstellten, in denen die Antwort zum Ausdruck gebracht werden konnte. Die moderne Philosophie ist nicht heidnisch. Der Atheismus und die antichristlichen Bewegungen sind ebenfalls nicht heidnisch. Sie sind antichristlich in christlichen Begriffen. Die Spuren der christlichen Tradition können nicht ausgelöscht werden, sie sind ein *„character indelebilis"*. Selbst das Heidentum des Nationalsozialismus war nicht

## Theologie und Philosophie: Eine Antwort

wirklich ein Rückfall ins Heidentum (ebensowenig wie Bestialität eine Rückkehr zur Bestie ist). Der Ausdruck „christliche Philosophie" ist aber oft in einem anderen Sinne gemeint. Er soll eine Philosophie bezeichnen, die nicht auf den universalen *logos* schaut, sondern auf vermeintliche oder wirkliche Forderungen einer christlichen Theologie. Das kann auf zweierlei Weise geschehen: entweder ernennen die kirchlichen Autoritäten oder ihre theologischen Denker einen Philosophen der Vergangenheit zu ihrem „philosophischen Heiligen", oder sie verlangen, daß die zeitgenössischen Philosophen ihre Philosophie unter bestimmten Bedingungen und mit einem bestimmten Ziel entwickeln. In beiden Fällen wird der philosophische *eros* getötet. Wenn Thomas von Aquino offiziell zu *dem* Philosophen der römisch-katholischen Kirche ernannt wird, dann hat er aufgehört, für die katholischen Philosophen in dem durch die Jahrhunderte fortschreitenden philosophischen Dialog ein echter Partner zu sein. Und wenn heute von den protestantischen Philosophen verlangt wird, sie sollen die Idee der Persönlichkeit als ihr höchstes ontologisches Prinzip bejahen, weil es dem Geist der Reformation am meisten entspricht, dann wird das Werk dieser Philosophen verstümmelt. Es gibt nichts im Himmel und auf Erden noch jenseits davon, dem sich der Philosoph unterwerfen müßte außer dem universalen *logos* des Seins, wie er sich ihm in der Erfahrung mitteilt. Aus diesem Grunde muß die Idee einer „christlichen Philosophie" in dem engeren Sinne einer Philosophie, die programmatisch christlich ist, abgelehnt werden. Die Tatsache, daß jede moderne Philosophie auf christlichem Boden erwachsen ist und Spuren der christlichen Kultur zeigt, in der sie lebt, hat nichts mit dem widerspruchsvollen Ideal einer „christlichen Philosophie" zu tun.

Das Christentum benötigt keine christliche Philosophie in diesem engeren Sinne des Wortes. Der christliche Anspruch, daß der in Jesus als dem Christus konkret gewordene *logos* zugleich der universale *logos* ist, schließt auch den weiteren Anspruch ein, daß, wo immer der *logos* am Werk ist, er mit der christlichen Botschaft übereinstimmt. Keine Philosophie, die dem universalen Logos gehorsam ist, kann im Widerspruch zu dem konkreten Logos stehen, dem Logos, der „Fleisch geworden ist".

# C

## DER AUFBAU DER THEOLOGIE

Theologie ist die methodische Auslegung des christlichen Glaubens. Diese Definition gilt für jede theologische Disziplin. Es ist daher nicht sehr glücklich, wenn der Name „Theologie" nur für die systematische Theologie verwendet wird. Exegese und Homiletik sind ebenso theologisch wie die Systematik, und die Systematik kann das Theologische ebenso verfehlen wie die anderen Disziplinen. Das Kriterium jeder theologischen Disziplin liegt darin, ob sie die christliche Botschaft als eine Aussage von letzter Bedeutung versteht.

Die Spannung zwischen dem universalen und dem konkreten Pol des christlichen Glaubens führt zur Einteilung der theologischen Arbeit in historische und konstruktive Gruppen der einzelnen Gebiete. Schon die Teilung des Neuen Testamentes in Evangelien, Apostelgeschichte und Briefe war davon ein Vorklang. Bemerkenswert ist jedoch, daß im 4. Evangelium eine vollständige Verschmelzung der historischen und konstruktiven Elemente vorhanden ist. Das deutet auf die Tatsache hin, daß in der christlichen Botschaft Geschichte theologisch und Theologie geschichtlich ist. Trotzdem ist aus Zweckmäßigkeitsgründen eine Teilung in historische und konstruktive Wissensgebiete nicht zu umgehen, da jedes von ihnen eine bestimmte nichttheologische Seite aufweist. Geschichtliche Theologie schließt Geschichtsforschung ein, systematische Theologie enthält philosophische Erörterungen. Aber in einem Punkt müssen der historische und der philosophische Theologe, die beide der theologischen Fakultät angehören, übereinstimmen: Sie müssen beide — mit ihrem jeweiligen Rüstzeug — der theologischen Aufgabe dienen, die christliche Botschaft auszulegen. Aber in ihrer Zusammenarbeit liegt noch mehr. Der historische Theologe setzt in seiner Arbeit unaufhörlich einen systematischen Gesichtspunkt voraus, sonst wäre er ein Religionshistoriker, kein historischer Theologe. Dieses Ineinander des historischen und des konstruktiven Elements ist ein ausschlaggebendes Merkmal der christlichen Theologie.

Die historische Theologie läßt sich in die biblischen Fächer, Kirchengeschichte, allgemeine Religions- und Kulturgeschichte aufteilen. Biblizistische Theologen neigen dazu, nur der ersten Gruppe vollen theologischen Rang zuzusprechen und die dritte Gruppe vollständig

*Der Aufbau der Theologie*

auszuschließen. Auch Barth betrachtet die Kirchengeschichte nur als Hilfswissenschaft. Das ist eine systematisch-theologische Auffassung, die, im Licht kritischer Prinzipien gesehen, falsch ist, denn alle drei Gruppen verbinden ein nichttheologisches mit einem theologischen Element. Zu den biblischen Fächern gehört viel nichttheologische Forschungsarbeit, in der Religions- und Kulturgeschichte kann eine radikal theologische Deutung dessen, was uns unbedingt angeht, vorliegen, und beides trifft auch für die Kirchengeschichte zu. Trotz der grundlegenden Bedeutung der biblischen Disziplinen ist es nicht zu rechtfertigen, den beiden anderen Gruppen vollgültigen theologischen Rang abzusprechen. Diese Behauptung wird von der Tatsache gestützt, daß die drei Gruppen weitgehend zusammenhängen. In mancher Hinsicht sind die biblischen Schriften nicht nur ein Teil der Kirchengeschichte, sondern auch der Religions- und Kulturgeschichte. Der Einfluß der nichtbiblischen Religionen und Kulturen auf die Bibel und auf die Kirchengeschichte ist zu deutlich, als daß er geleugnet werden könnte (siehe z. B. den Zeitraum zwischen den beiden Testamenten). Das Kriterium dafür, ob ein Fach theologisch ist oder nicht, liegt nicht in dessen angeblich übernatürlichem Ursprung, sondern in seiner Bedeutung für das, was uns unbedingt angeht.

Systematische Theologie ist schwerer aufzubauen als historische Theologie. Bevor ein befriedigender Aufbau des Systems möglich ist, müssen Wahrheitsfragen und Zweckmäßigkeitsfragen beantwortet werden. Das erste Problem entsteht dadurch, daß der in der klassischen Tradition vorhandene Abschnitt über „natürliche Theologie" durch eine allgemeine und autonome Religionsphilosophie ersetzt wurde (endgültig seit Schleiermacher). Aber während die „natürliche Theologie" sozusagen die Einleitung der Offenbarungstheologie war — in ihrem Lichte und unter ihrer Kontrolle geschaffen —, ist die Religionsphilosophie eine unabhängige Disziplin. Oder, genauer, Religionsphilosophie ist ein von der gesamten Philosophie abhängiger Teil und keineswegs eine theologische Disziplin. Schleiermacher war sich dieser Situation bewußt und sprach von theologischen „Lehnsätzen" aus der Ethik, wobei er unter Ethik Kulturphilosophie verstand[1]. Aber Schleiermacher beantwortete die Frage nach der Beziehung dieser philosophischen Lehnsätze zur theologischen Wahrheit nicht. Wenn die philosophische Wahrheit außerhalb des theologischen Zirkels liegt, wie kann sie die theologische Methode bestimmen? Wenn sie aber innerhalb des theologischen Zirkels liegt, ist sie nicht autonom,

---

[1] Friedrich Schleiermacher, Der christliche Glaube, § 3 ff.

## Der Aufbau der Theologie

und die Theologie brauchte sie nicht zu „entleihen". Dieses Problem hat alle jene modernen Theologen beunruhigt, die nicht an der traditionellen vorkritischen natürlichen Theologie festhielten (wie es die Katholiken und orthodoxen Protestanten tun), die aber auch nicht *jede* natürliche Theologie und die Religionsphilosophie ablehnten und ausschließlich an der Offenbarungstheologie festhielten (wie es die neuorthodoxen Theologen tun).

Die Lösung, die dem vorliegenden System zugrunde liegt und die nur mit Hilfe des ganzen Systems hinreichend erklärt werden kann, akzeptiert die philosophische und theologische Kritik an der natürlichen Theologie in ihrem herkömmlichen Sinn. Sie akzeptiert auch die neu-orthodoxe Kritik an einer allgemeinen Religionsphilosophie als Grundlage der systematischen Theologie. Zugleich versucht sie, den im Hintergrund der natürlichen Theologie und der Religionsphilosophie liegenden theologischen Motiven gerecht zu werden. Sie nimmt das philosophische Element in die Struktur des Systems selbst hinein als den Stoff, aus dem Fragen entwickelt werden. Die Fragen werden theologisch beantwortet. Das Problem „natürliche Theologie oder Religionsphilosophie" findet durch einen dritten Weg eine Antwort, nämlich durch die *Methode der Korrelation* (siehe Seite 73). Für den Aufbau der systematischen Theologie hat das zur Folge, daß Religionsphilosophie als besonderes Gebiet nicht in den Bereich der systematischen Theologie gehört. Diese Entscheidung bedeutet jedoch nicht, daß die Probleme, die gewöhnlich zur sogenannten Religionsphilosophie gehören, im theologischen Lehrplan außer Betracht bleiben sollen.

Ein zweites Problem im Aufbau der systematischen Theologie ist die Stellung der Apologetik. Die modernen Theologen haben sie gewöhnlich mit der Religionsphilosophie gleichgesetzt, während in der traditionellen Theologie der Abschnitt über natürliche Theologie viel apologetisches Material enthielt. Die Ablehnung dieser beiden Methoden macht eine dritte Lösung notwendig. Ein Beitrag zur Lösung liegt im zweiten Kapitel dieser Einleitung: „Die apologetische Theologie und das Kerygma" vor. Dort ist darauf hingewiesen, daß systematische Theologie „antwortende Theologie" ist. Sie muß die Fragen beantworten, die in der allgemeinmenschlichen und der besonderen geschichtlichen Situation liegen. Apologetik ist deshalb ein allgegenwärtiges Element und keine besondere Abteilung der systematischen Theologie. Die *Methode der Korrelation,* die in dem gegenwärtigen System angewandt wird, hebt ausdrücklich die entscheidende Rolle des apologetischen Elementes in der systematischen Theologie hervor.

*Der Aufbau der Theologie*

Diese Lösung gilt ebenso für die ethischen Elemente in der systematischen Theologie. Erst nach der letzten orthodoxen Periode unter dem Einfluß der modernen Philosophie wurde die Ethik von der Dogmatik getrennt. Das positive Ergebnis war eine sehr viel reichere Entwicklung der theologischen Ethik, der negative Erfolg war ein ungelöster Konflikt mit der philosophischen Ethik. Trotz der Tatsache, daß einige theologische Fakultäten gut ausgebaute Abteilungen für christliche Ethik haben, macht sich heute eine Tendenz bemerkbar, die theologische Ethik in die Einheit des Systems zurückzunehmen. Diese Tendenz wurde von der neu-orthodoxen Bewegung, die eine unabhängige theologische Ethik ablehnt, unterstützt. Eine Theologie, die, wie das vorliegende System, den existentiellen Charakter der Theologie betont, muß diese Linie konsequent bis zu Ende verfolgen. Das ethische Element ist ein notwendiges und oft vorherrschendes Element in jedem theologischen Satz. Schon solche formalen Sätze wie die kritischen Prinzipien sind ein Hinweis auf die Entscheidung des ethischen Menschen über „Sein oder Nichtsein". Die Lehren von Endlichkeit und Existenz oder von Angst und Schuld sind ihrem Wesen nach ebenso ontologisch wie ethisch, und in den Kapiteln über „Die Kirche" und „Der Christ" ist das ethische Element im sozialen und persönlichen Sinne vorherrschend. Das sind nur Beispiele, die zeigen, daß eine „existentielle" Theologie die Ethik so weitgehend mit einbezieht, daß ein besonderer Abschnitt über theologische Ethik nicht notwendig ist. Trotzdem kann die Beibehaltung besonderer Abteilungen für christliche Ethik aus Zweckmäßigkeitsgründen gerechtfertigt sein.

Das dritte und bedeutendste Element der systematischen Theologie ist das dogmatische Element. Lange Zeit vertrat es mit seinem Namen die ganze systematische Theologie. „Dogmatik" ist die Darstellung der Lehrtradition für unsere gegenwärtige Lage. Das Wort „Dogmatik" betont die Wichtigkeit des formulierten und offiziell anerkannten Dogmas für die Arbeit des systematischen Theologen. Und in diesem Sinne ist die Terminologie gerechtfertigt, weil der Theologe eine Funktion der Kirche in der Kirche und für die Kirche ausübt. Und die Kirche ruht auf einer Grundlage, deren Formulierung in den Glaubensbekenntnissen gegeben ist und durch sie gehütet wird. Das Wort „Dogma" selbst hat ursprünglich diese Funktion ausgedrückt. In den spätgriechischen Philosophen-Schulen bezeichnet es die zur Tradition einer bestimmten Schule gehörenden Lehrmeinungen. Dogmata waren ganz bestimmte philosophische Lehrsätze. In diesem Sinne hatte auch die christliche Gemeinde ihre Dogmata. Doch hat das Wort eine andere

Bedeutung in der Geschichte des christlichen Denkens bekommen. Die Funktion der Glaubensbekenntnisse als Schutz gegen kirchenzerstörende Ketzereien machte ihre Annahme zu einer Sache, bei der es um Leben und Tod für das Christentum ging. Der Ketzer wurde als dämonischer Feind der christlichen Botschaft betrachtet. Mit der vollständigen Vereinigung von Kirche und Staat nach Konstantin wurden die Lehrgesetze der Kirche zugleich Zivilgesetze des Staates, und der Ketzer wurde als Verbrecher betrachtet. Die furchtbaren Folgen dieser Situation, das dämonische Vorgehen der katholischen wie der protestantischen Staaten und Kirchen gegen theologisch ehrliches Suchen nach Wahrheit und wissenschaftliche Autonomie haben die Worte „Dogma" und „Dogmatik" so weit in Mißkredit gebracht, daß es kaum mehr möglich ist, ihre eigentliche Bedeutung wiederherzustellen. Damit wird die Bedeutung der formulierten „Dogmata" für die systematische Theologie nicht herabgesetzt, aber es macht den Gebrauch des Ausdrucks „Dogmatik" unmöglich. „Systematische Theologie" erscheint als der angemessenste Ausdruck für eine Disziplin, die Apologetik, Dogmatik und Ethik umfaßt.

Ohne das, was man mit „praktischer Theologie" bezeichnet, ist der Aufbau der theologischen Arbeit nicht vollständig. Obwohl Schleiermacher sie als die Krone der Theologie pries, ist sie kein dritter Teil, der noch zu den historischen und systematischen Teilen hinzukommt. Sie ist die „technische Theorie", welche die beiden anderen auf das Leben der Kirche anwendbar macht. Eine technische Theorie beschreibt die zweckmäßigsten Mittel zur Erreichung eines gegebenen Zieles. Das Ziel der praktischen Theologie ist das Leben der Kirche. Während die Lehre der Kirche über ihr Wesen und ihre Aufgaben zu der systematischen Theologie gehören, beschäftigt sich die praktische Theologie mit den Einrichtungen, durch die das Wesen der Kirche verwirklicht und ihre Aufgaben durchgeführt werden. Sie befaßt sich mit ihnen nicht vom historischen Gesichtspunkt aus und gibt keine Darstellung von dem, was in der Kirche geschehen ist und noch geschieht, sondern sie betrachtet sie unter dem technischen Gesichtspunkt und fragt, wie am wirksamsten zu handeln sei. Wenn der praktische Theologe die Geschichte des protestantischen Chorals untersucht, arbeitet er im Bereich der historischen Theologie. Und wenn er einen Aufsatz über die ästhetische Funktion der Kirche schreibt, arbeitet er im Bereich der systematischen Theologie. Wenn er aber das Material und die Prinzipien, die er durch sein historisches oder systematisches Studium gewonnen hat, benutzt, um Vorschläge zum Choralsingen oder Entwürfe für Kirchenbauten zu machen, arbeitet er im Bereich

## Der Aufbau der Theologie

der praktischen Theologie. Es ist der technische Gesichtspunkt, der die praktische von der theoretischen Theologie unterscheidet. Wie bei jeder Wirklichkeitserkenntnis findet auch in der Theologie eine Aufspaltung in reine und angewandte Erkenntnis statt. Und da die reinen Wissenschaften für das moderne Empfinden, im Gegensatz zur Antike, keinen höheren Wert als die technischen Wissenschaften besitzen, so steht auch die praktische Theologie mit der theoretischen Theologie auf einer Stufe. Und da schließlich ein unaufhörlicher Wissensaustausch zwischen den geistigen und den technischen Fortschritten auf allen wissenschaftlichen Gebieten stattfindet, so hängen auch praktische und theoretische Theologie zusammen. Das folgt auch aus dem existentiellen Charakter der Theologie, denn der Unterschied zwischen Theorie und Praxis verschwindet angesichts dessen, was uns unbedingt angeht.

Der Aufbau der praktischen Theologie ist in der Lehre von den Funktionen der Kirche enthalten. Jede Funktion der Kirche folgt notwendig aus ihrem Wesen. Sie hat ein bestimmtes Ziel, für dessen Erreichung Institutionen geschaffen sind, so gering sie auch entwickelt sein mögen. Jede Funktion benötigt eine praktische Disziplin, um die bestehenden Einrichtungen zu erklären, an ihnen Kritik zu üben, sie zu ändern und notfalls neue an ihre Stelle zu setzen. Die Theologie selbst ist eine solche Funktion, und ihre Verwirklichung in den Einrichtungen und im Leben der Kirche ist eines der vielen Anliegen der praktischen Theologie.

Ebenso wie die historische und systematische Theologie hat auch die praktische Theologie eine nichttheologische Seite. Um die Institutionen, die im Leben der Kirche hervorgetreten sind, zu erörtern, braucht der praktische Theologe: 1. unser heutiges Wissen von den allgemeinen psychologischen und soziologischen Strukturen des Menschen und der Gesellschaft; 2. ein praktisches und theoretisches Verständnis der psychologischen und soziologischen Situation besonderer Gruppen; und 3. eine Kenntnis der kulturellen Errungenschaften und Probleme innerhalb seines besonderen Interessengebietes: Erziehung, Kunst, Musik, Medizin, Politik, Wirtschaft, soziale Arbeit, Film, Rundfunk, Fernsehen usw.

Auf diese Art kann die praktische Theologie eine Brücke zwischen der christlichen Botschaft und der menschlichen Situation im allgemeinen und besonderen werden. Sie kann dem systematischen Theologen neue Fragen stellen, Fragen, die aus dem kulturellen Leben seiner Zeit entstehen, und sie kann den historischen Theologen dazu anregen, neue Forschungen unter Gesichtspunkten anzustellen, die sich aus dem tatsächlichen Bedürfnis seiner Zeitgenossen ergeben. Sie kann die Kirche vor Traditionalismus und Dogmatismus bewahren und die Gesellschaft dazu bringen, die Kirche ernst zu nehmen. Aber all das kann sie nur erreichen, wenn sie in Einheit mit der historischen und systematischen Theologie arbeitet und getrieben ist von Leidenschaft für das, was uns unbedingt angeht und was zugleich konkret und universal ist.

# D

## METHODE UND AUFBAU DER SYSTEMATISCHEN THEOLOGIE

### 1. Die Quellen der systematischen Theologie

Jede methodische Betrachtung leitet sich aus der tatsächlich geleisteten Erkenntnisarbeit ab. Methodische Besinnung ist stets Folge der Anwendung einer Methode, niemals geht sie ihr voraus. Diese Tatsache ist in heutigen Diskussionen über die „empirische" Methode in der Theologie oft übersehen worden. Die Anhänger dieser Methode machten sie zu einer Art Fetisch und hofften, daß sie bei jeder Erkenntnisweise und jedem Erkenntnisgegenstand sich bewähren würde. In Wirklichkeit hatten sie den Aufbau ihrer Theologie schon gefunden, ehe sie über die angewandte Methode nachdachten. Und die von ihnen beschriebene Methode könnte nur sehr künstlich und mit großer Schwierigkeit „empirisch" genannt werden. Die folgenden methodischen Betrachtungen beschreiben die in dem hier dargebotenen System tatsächlich angewandte Methode. Da die Methode von einem Vorverständnis des theologischen Gegenstandes, der christlichen Botschaft, hergeleitet ist, nimmt sie entscheidende Sätze des Systems voraus. Das ist ein unvermeidlicher Zirkel. Ob die „Methode der Korrelation" (der Name ist für die Sache nicht entscheidend) empirisch ist oder konstruktiv oder sonst etwas, ist unwichtig, solange sie ihrem Gegenstand angemessen ist.

Wenn es die Aufgabe der systematischen Theologie ist, die Inhalte des christlichen Glaubens zu erklären, erheben sich alsbald drei Fragen: Welches sind die Quellen der systematischen Theologie? Welches ist das Medium, durch das sie zugänglich werden? Nach welcher Norm werden die Quellen gehandhabt?

Die erste Antwort auf diese Fragen könnte die Bibel sein. Die Bibel ist die originale Urkunde von den Ereignissen, auf denen das Chri-

## Die Quellen der systematischen Theologie

stentum beruht. Obwohl dies nicht geleugnet werden kann, ist die Antwort ungenügend. Wenn wir die Frage nach den Quellen der systematischen Theologie stellen, müssen wir die Behauptung des neuorthodoxen Biblizismus zurückweisen, wonach die Bibel die einzige Quelle ist. Die biblische Botschaft könnte nicht verstanden werden und hätte nicht aufgenommen werden können, wenn sie nicht in der Religion und Kultur der Menschheit vorbereitet gewesen wäre. Und die biblische Botschaft wäre nicht eine Botschaft für jeden Menschen, einschließlich des Theologen selbst geworden, ohne die Erfahrung der Kirche und eines jeden Christen. Deshalb darf man nicht das „Wort Gottes" oder den „Akt der Offenbarung" als Quelle der systematischen Theologie bezeichnen, ohne zugleich zu betonen, daß das „Wort Gottes" nicht auf die Worte eines Buches beschränkt ist und daß der „Akt der Offenbarung" nicht identisch ist mit der „Inspirierung" eines „Buches der Offenbarung", selbst dann nicht, wenn dies Buch das Dokument des entscheidenden „Wortes Gottes", die Erfüllung und das Kriterium aller Offenbarungen ist. Die biblische Botschaft umfaßt mehr (und auch weniger) als die biblischen Bücher. Deshalb hat die systematische Theologie noch weitere Quellen außer der Bibel.

Die Bibel ist jedoch die grundlegende Quelle der systematischen Theologie, weil sie die originale Urkunde von den Ereignissen ist, auf denen das Christentum beruht. Wenn wir für die Bibel das Wort „Urkunde" gebrauchen, müssen wir die juristische Bedeutung dieses Wortes ausschalten. Die Bibel ist kein juristisch abgefaßter, formulierter und verbriefter Bericht über einen göttlichen „Rechtsakt", auf Grund dessen Rechtsansprüche entschieden werden könnten. Der dokumentarische Charakter der Bibel beruht auf der Tatsache, daß sie das ursprüngliche Zeugnis derer enthält, die am Offenbarungsgeschehen teilhatten. Ihr Teilhaben bestand darin, daß sie von den Ereignissen ergriffen wurden, die eben dadurch Offenbarungsereignisse wurden. Die Inspiration der biblischen Schriftsteller besteht in ihrer aufnehmenden und schöpferischen Reaktion auf Ereignisse, die Offenbarungsereignisse werden konnten. Die Inspiration der Verfasser des Neuen Testamentes ist ihre Annahme Jesu als des Christus und mit ihm des Neuen Seins, von dem sie Zeugen wurden. Da es nur Offenbarung gibt, wenn jemand da ist, der sie als Offenbarung empfängt, so ist der Akt des Aufnehmens ein Teil des Offenbarungsgeschehens selbst. Die Bibel ist beides: ursprüngliches Ereignis und ursprüngliche Urkunde; sie bezeugt das, von dem sie ein Teil ist.

Das biblische Material als Quelle der systematischen Theologie wird auf eine methodische Weise vom historischen Theologen vermittelt.

Die Bibeltheologie erschließt in Zusammenhang mit den anderen Disziplinen der historischen Theologie die Bibel als grundlegende Quelle der systematischen Theologie. Aber wie sie das tut, ist keineswegs selbstverständlich. Der Bibeltheologe bietet uns, soweit er Theologe ist — und das schließt einen systematischen Standpunkt ein — keine reinen Fakten, er gibt uns theologisch gedeutete Fakten. Seine Exegese ist pneumatisch oder, wie wir es heute nennen würden, „existentiell". Er spricht von den Resultaten seiner wissenschaftlich-philologischen Interpretation als von etwas, das ihn unbedingt angeht. In seiner Arbeit an den biblischen Texten verbindet er die Philologie mit seiner Ehrfurcht vor dem Gegenstand. Es ist nicht leicht, beiden Gesichtspunkten gerecht zu werden. Ein Vergleich von einigen neueren wissenschaftlichen Kommentaren zum Römerbrief, z. B. von C. H. Dodd oder Sanday und Headlam mit Karl Barths pneumatisch-existentieller Interpretation macht die unüberbrückbare Kluft zwischen beiden Methoden deutlich. Alle Theologen, und besonders die systematischen Theologen, leiden unter dieser Situation. Die systematische Theologie braucht eine biblische Theologie, die ohne Einschränkung historisch-kritisch ist und die doch stets im Blick hat, daß es sich um etwas handelt, was uns unbedingt angeht. Es ist möglich, diese Forderung zu erfüllen, denn das, was uns unbedingt angeht, hängt nicht an einem besonderen Ergebnis der historischen und philologischen Forschung. Eine Theologie, die von im voraus feststehenden Ergebnissen der historischen Forschung abhängt, ist an etwas Bedingtes, das Unbedingtheit beansprucht, und damit an etwas Dämonisches gebunden. Der dämonische Charakter einer Forderung, die vom Historiker bestimmte Ergebnisse verlangt, wird darin sichtbar, daß sie seine wissenschaftliche Integrität zerstört. Ein Theologe, der ergriffen ist von dem, was ihn unbedingt angeht, ist befreit von dem Zwang zu jeder „heiligen Unehrlichkeit". Es ermöglicht ihm, sowohl radikale als auch konservative Bibelkritik zu akzeptieren. Nur solch freies historisches Arbeiten, verbunden mit einer existentiellen Haltung, kann dem systematischen Theologen die Bibel als seine grundlegende Quelle erschließen.

Die Entstehung der Bibel ist ein Ereignis in der Kirchengeschichte — ein Ereignis in einem relativ späten Stadium der ältesten Kirchengeschichte. Beim Gebrauch der Bibel als Quelle benutzt deshalb der Theologe eigentlich eine Schöpfung der Kirchengeschichte als Material. Er muß das jedoch bewußt tun. Die systematische Theologie hat eine direkte und klare Beziehung zur Kirchengeschichte. In diesem Punkt besteht ein echter Unterschied zwischen der katholischen und der protestantischen Auffassung, und jeder systematische Theologe muß sich

## Die Quellen der systematischen Theologie

hier entscheiden. Die Entscheidung ist für jeden, der durch die Autorität der Römischen Kirche gebunden ist, leicht. Sie ist auch leicht für diejenigen, die glauben, daß der Protestantismus radikalen Biblizismus bedeutet, und die diesen für eine theologisch mögliche Position halten. Aber die meisten Theologen in den nichtrömischen Kirchen sind nicht gewillt, diese Haltung einzunehmen. Sie sind sich klar darüber, daß die radikal biblizistische Haltung eine Selbsttäuschung ist. Es kann sich niemand über zwei Jahrtausende Kirchengeschichte hinwegsetzen. Jeder, der sich mit einem biblischen Text beschäftigt, wird in seinem religiösen Verständnis von dem Verständnis aller vorhergehenden Generationen geleitet. Selbst die Reformatoren waren von der römischen Tradition, gegen die sie protestierten, abhängig. Sie benutzten besondere Elemente der kirchlichen Tradition und griffen mit ihnen andere Elemente an, um damit die Entstellung, die sich der gesamten Tradition bemächtigt hatte, zu bekämpfen, aber sie sprangen nicht heraus aus der Tradition und in die Situation von Matthäus und Paulus hinein, und sie konnten es auch nicht. Die Reformatoren waren sich dieser Situation bewußt, und die systematisierende Orthodoxie war es auch noch. Jedoch der evangelische Biblizismus der Vergangenheit und der Gegenwart ist sich nicht klar darüber und schafft eine „Bibeltheologie", die in Wirklichkeit von bestimmten dogmatischen Entwicklungen der nachreformatorischen Zeit abhängig ist. Durch historische Untersuchungen ist der Unterschied zwischen der dogmatischen Haltung der evangelischen Kirchen, wie sie vor allem in Amerika existieren, und dem ursprünglichen Sinn der Bibeltexte leicht nachzuweisen. Die Kirchengeschichte kann nicht umgangen werden; deshalb ist es sowohl eine religiöse als auch eine wissenschaftliche Notwendigkeit, die Beziehung der systematischen Theologie zur kirchlichen Tradition offen und deutlich herauszustellen.

Ein anderer, für die meisten nichtrömischen Theologen nicht gangbarer Weg besteht in der Unterwerfung der systematischen Theologie unter die Entscheidungen von Konzilien und Päpsten. Die katholische Dogmatik benutzt solche überlieferten Lehrentscheidungen, die Rechtskraft erlangt haben (de fide), als die wahre Quelle der systematischen Theologie. Mit oder ohne nachträgliche Beweise setzt sie dogmatisch voraus, daß diese Lehren, deren Geltung durch das Kirchenrecht garantiert ist, im wesentlichen mit der biblischen Botschaft übereinstimmen. Die Arbeit der systematischen Theologie besteht in der getreuen und zugleich polemischen Interpretation der Glaubenssätze. Das ist der Grund für die dogmatische Sterilität der römisch-katholischen Theologie im Gegensatz zu ihrer liturgischen und ethischen

Produktivität und der großen Gelehrsamkeit, die sie auf den Gebieten der Kirchengeschichte, die von dogmatischen Verboten frei sind, entwickelt. Es ist für den ökumenischen Charakter der systematischen Theologie von Bedeutung, daß griechisch-orthodoxe Theologen trotz Anerkennung der Autorität der Tradition ihre Legalisierung durch päpstliche Autorität ablehnen. Das gibt der griechisch-orthodoxen Theologie schöpferische Möglichkeiten, von denen die römischen Theologen ausgeschlossen sind. Die protestantische Theologie protestiert im Namen des protestantischen Prinzips gegen die Gleichsetzung dessen, was uns unbedingt angeht, mit irgendeiner Schöpfung der Kirche. Das bezieht sich auch auf die biblischen Schriftsteller, insofern ihr Zeugnis für das, was uns unbedingt angeht, auch ein bedingter Ausdruck ihrer eigenen geistigen Situation ist. Die protestantische Theologie kann alles durch die Kirchengeschichte bereitgestellte Material benutzen. Sie kann griechische, römische, deutsche und moderne Begriffe und Vorstellungen bei der Auslegung der biblischen Botschaft heranziehen, sie kann von Protestentscheidungen der Sekten gegen die offizielle Theologie Gebrauch machen, aber sie ist an keine dieser Begriffe und Entscheidungen gebunden.

Ein besonderes Problem entsteht dadurch, daß niemand in der Lage ist, das ganze Material objektiv zu benutzen, weil die konfessionellen Strukturen als ein unbewußtes oder bewußtes Prinzip der Auswahl am Werk sind. Man kann das nicht umgehen, und es hat auch eine gute Seite. Das kirchliche und theologische Klima, in dem ein Theologe aufgewachsen ist, oder für das er sich später persönlich entschieden hat, vermittelt ihm Verständnis durch persönliche Vertrautheit. Ohne diese Vertrautheit ist es nicht möglich, das kirchengeschichtliche Material existentiell zu gebrauchen. Der systematische Theologe begegnet im konkreten Leben seiner Kirche, in ihrer Liturgie, ihren Liedern, ihren Predigten und Sakramenten dem, was ihn unbedingt angeht — dem Neuen Sein in Jesus als dem Christus. Deshalb ist die konfessionelle Tradition für den systematischen Theologen eine entscheidende Quelle, so ökumenisch er sie auch handhaben mag.

Die biblische Quelle wird dem systematischen Theologen durch eine kritische und existentielle biblische Theologie zugänglich. In derselben Weise wird ihm die Kirchengeschichte zugänglich durch eine historisch-kritische und existentielle „Geschichte der christlichen Theologie", der früher sogenannten „Dogmengeschichte" (ein Ausdruck, der freilich mehr enthält als „Geschichte der christlichen Theologie"). Die „Geschichte der christlichen Theologie" kann eine mit persönlicher Distanz verfaßte Beschreibung der Ideen theologischer Denker im Laufe der

## Die Quellen der systematischen Theologie

Jahrhunderte sein. Einige der kritischen „Geschichten der christlichen Theologie" sind nicht weit entfernt von dieser Haltung. Der historische Theologe jedoch muß zeigen, daß zu allen Zeiten christliche Theologie sich um das bewegt hat, was uns unbedingt angeht. Die systematische Theologie bedarf einer „Geschichte der christlichen Theologie", die von einem radikal-kritischen und zugleich existentiell orientierten Standpunkt aus geschrieben ist.

Eine umfassendere Quelle der systematischen Theologie als alle bisher betrachteten ist das Material, das uns die Religions- und Kulturgeschichte an die Hand gibt. Ihr Einfluß auf den systematischen Theologen beginnt mit der Sprache, in der er spricht, und mit der kulturellen Erziehung, die ihm zuteil wurde. Sein geistiges Leben ist durch seine soziale und individuelle Begegnung mit der Wirklichkeit geformt. Diese Begegnung findet ihren Ausdruck in der Sprache, Dichtkunst, Philosophie, Religion usw. derjenigen Kulturtradition, in der er aufgewachsen ist und von der er in jedem Moment seines Lebens sowohl in seiner theologischen Arbeit als auch sonst Inhalte übernimmt. Außer dieser unmittelbaren und unvermeidlichen Berührung mit seiner Kultur und Religion beschäftigt sich der systematische Theologe mit ihnen direkt. Er bedient sich der Kultur und Religion absichtlich als Ausdrucksmittel; er weist auf sie hin zur Erhärtung seiner Behauptungen; er bekämpft sie als Widersprüche zur christlichen Botschaft und vor allem: Er formuliert die existentiellen Fragen, die in ihnen liegen und auf welche seine Theologie die Antwort sein will.

Angesichts der Tatsache, daß wir fortgesetzt und unaufhörlich kulturelle und religiöse Inhalte als Quelle der systematischen Theologie benutzen, erhebt sich die Frage: Wie ist es möglich, daß diese Inhalte in einer Weise der Verarbeitung zugänglich gemacht werden, die eine Parallele darstellt zu der Methode, durch welche der biblische Theologe das biblische Material zur Verfügung stellt und der Historiker der christlichen Theologie das dogmatische Material? Auf diese Frage gibt es bisher noch keine Antwort, da weder eine theologische Religionsgeschichte noch eine theologische Kulturgeschichte theoretisch begründet oder praktisch durchgeführt worden ist.

Eine theologische Religionsgeschichte sollte theologisch das Material deuten, das durch die Untersuchung und Analyse des vorreligiösen und religiösen Lebens der Menschheit bereitgestellt wurde. Sie sollte die Motive und Typen des religiösen Ausdrucks herausarbeiten .und zeigen, wie sie aus dem religiösen Anliegen folgen, und daher notwendig in allen Religionen einschließlich des Christentums, soweit es eine Religion ist, auftreten. Eine theologische Religionsgeschichte sollte auch dämonische Entstellungen und neue Tendenzen in den Weltreligionen aufzeigen, die auf die christliche Lösung hinweisen und den Weg vorbereiten für die Annahme der christlichen Botschaft unter den Anhängern nichtchristlicher Religionen. Man könnte sagen, eine theologische Religionsgeschichte sollte gemäß dem missionarischen Prinzip getrieben werden, dem Prinzip des Neuen Seins in Jesus als dem Christus, das die Antwort ist auf die Frage, die offen und geheim von den Religionen der Menschheit gestellt wird. Einiges Material einer solchen theologischen Religionsgeschichte erscheint in dem hier gebotenen theologischen System.

Eine theologische Kulturgeschichte kann kein fortlaufender historischer Bericht sein (dasselbe gilt auch von der theologischen Religionsgeschichte). Es kann nur das sein, was ich gern eine „Theologie der Kultur" nenne[1]. Diese ist der Versuch, die Theologie hinter allem kulturellen Ausdruck zu analysieren und das unbedingte Betroffensein im Grunde einer Philosophie, eines politischen Systems, eines Kunststils oder einer Reihe ethischer oder sozialer Prinzipien zu entdecken. Diese Aufgabe ist mehr analytisch als synthetisch, mehr historisch als systematisch. Sie ist eine Vorbereitung für die Arbeit des systematischen Theologen. Gegenwärtig wird eine Theologie der Kultur von nichttheologischer Seite ununterbrochen hervorgebracht, von theologischer Seite jedoch weniger machtvoll. Sie ist zu einem wichtigen Teil kritischer Analysen der gegenwärtigen Weltsituation geworden sowie politischer und geistiger Bewegungen auf den verschiedensten Gebieten. Die theologische Analyse ist in Verbindung mit der Geschichte des modernen Denkens, der Kunst, der Wissenschaft, der sozialen Bewegungen, kurz der „Geistesgeschichte" getrieben worden. Sie sollte jedoch in einer mehr methodischen Form von den Theologen bearbeitet werden. Sie sollte als „Theologie der Kultur" in allen theologischen Lehrinstituten gelehrt werden, z. B. als theologische Geschichte der Philosophie, der Künste usw. Über die Methode einer solchen theologischen Analyse der Kultur könnte folgendes gesagt werden: Der Schlüssel zum theologischen Verständnis einer Kulturschöpfung ist ihr Stil. Stil ist ein Begriff aus dem Gebiet der Kunst, er kann jedoch in allen Kulturgebieten angewandt werden. Es gibt einen Stil des Denkens, der Politik, des sozialen Lebens usw. Der Stil einer Periode drückt sich in ihren Kulturformen aus, in der Wahl ihrer

---

[1] Paul Tillich, Über die Idee einer Theologie der Kultur, in: Kantstudien (Berlin, Pan-Verlag, Rolf Heise, 1920); siehe auch mein Buch: „Die religiöse Lage der Gegenwart", 1926.

*Erfahrung und systematische Theologie*

Gegenstände, in der Haltung ihrer schöpferischen Persönlichkeiten, in ihren Einrichtungen und Sitten. Stilkunde ist im selben Maße Kunst wie Wissenschaft, und es bedarf religiöser Intuition, um in die Tiefe eines Stils zu schauen und auf die Ebene durchzudringen, wo die Beziehung zum Unbedingten in ihren treibenden Kräften sichtbar wird. Das jedoch sind die Forderungen, die an den theologischen Kulturhistoriker gestellt werden, und in Erfüllung dieser Aufgabe erschließt er der systematischen Theologie eine schöpferische Quelle.

Dieser Überblick über die Quellen der systematischen Theologie hat ihre beinahe unbegrenzte Fülle gezeigt: Bibel, Kirchengeschichte, Geschichte der Religion und Kultur. Überdies hat er deutlich gemacht, daß es Gradunterschiede in diesem ungeheuren Quellenmaterial gibt, entsprechend seiner näheren oder ferneren Beziehung zu dem zentralen Ereignis, auf dem der christliche Glaube beruht: der Erscheinung des Neuen Seins in Jesus als dem Christus. Aber zwei entscheidende Fragen sind noch nicht gestellt und beantwortet worden: die Frage nach dem Medium, durch welches das Material dem systematischen Theologen zugänglich wird, und die Frage nach der Norm, die er beim Auswerten der Quellen anwendet.

## 2. Erfahrung und systematische Theologie

Die Quellen der systematischen Theologie können nur für denjenigen zu Quellen werden, der an ihnen teilhat, das heißt: durch Erfahrung teilhat. Erfahrung ist das Medium, durch das die Quellen zu uns sprechen, durch das wir sie aufnehmen können. Die Frage der Erfahrung ist deshalb überall da eine zentrale Frage gewesen, wo es um Wesen und Methode der Theologie ging. Die Theologen der frühen franziskanischen Schule waren sich dessen bewußt, was heute der „existentielle" Bezug zur Wahrheit genannt wird. Für sie war Theologie praktisches Wissen, das auf einer Partizipation des erkennenden Subjekts an den geistigen Wirklichkeiten beruht, ein „Fühlen und Schmecken" *(haptus* und *gustus)* dessen, mit dem man zu tun hat. Alexander von Hales und Bonaventura waren im strengen Sinn „Erfahrungstheologen". Sie verwandten viel Mühe auf die Untersuchung der Eigenart der religiösen Erfahrung im Unterschied zu anderen Formen der Erfahrung. Hinter ihren Bemühungen stand das mystisch-augustinische Prinzip der unmittelbaren Erkenntnis des „Seins-Selbst", das zugleich die „Wahrheit-Selbst" ist *(esse ipsum — verum ipsum).* Während die herrschende Theologie unter der Führung von Thomas von Aquino und Duns Scotus die mystische Unmittelbarkeit der früheren Franziskaner durch distanzierte Analyse ersetzte, verlor die augustinisch-franziskanische Schule niemals ihre Kraft. Das Prinzip der Erfahrung wurde von den Sektenbewegungen der vorreformatorischen und reformatorischen Zeit bewahrt, die weithin mit dem Enthusiasmus der radikalen Franziskaner zusammenhingen. Ein evangelischer Schwärmer wie Thomas Münzer hat beinahe alle charakteristischen Züge von dem, was wir heute „existentielle Erfahrung" nennen, einschließlich der Elemente der Angst und Verzweiflung, der „Grenzsituation", der Erfahrung der Sinnlosigkeit; und andererseits hatte er die ekstatische Erfahrung der Macht des Heiligen Geistes, der ihn in den praktischen Entscheidungen seines persönlichen und sozialen Lebens trieb und führte. Obwohl der Sieg der kirchlichen und biblischen Autorität in allen europäischen Kirchen und das Erstarken der klassischen Orthodoxie das Erfahrungsprinzip unterdrückten, wurde es doch niemals vollständig beseitigt. Das Prinzip der Erfahrung erschien in voller Stärke wieder im europäischen Pietismus und bei den anglo-amerikanischen Independenten, im Methodismus und der Erweckungsbewegung. In diesen Formen überlebte es die Aufklärungszeit und fand seinen klassischen Ausdruck in Schleiermachers theologischer Methode.

Keine Theologie der Gegenwart sollte einer Auseinandersetzung mit Schleiermachers „Methode der Erfahrung" aus dem Wege gehen, sei es im zustimmenden oder ablehnenden Sinne. Einer der Gründe für die beunruhigende Wirkung der neu-orthodoxen Theologie lag in ihrem vollständigen Abgehen von Schleiermachers Methode und damit ihrer Verleugnung von zwei Jahrhunderten theologischer Entwicklung (einem Jahrhundert vor und einem Jahrhundert nach Schleiermacher). Es ist die entscheidende Frage der Theologie heute, ob oder bis zu welchem Grade diese Verleugnung gerechtfertigt ist. Sie wäre gewiß nicht gerechtfertigt, wenn sie nur auf einem falschen Schleiermacherverständnis beruhte. Aber es geht um mehr als das in dem neu-orthodoxen Urteil. Eine psychologische Deutung von Schleiermachers berühmter Definition der Religion ist falsch und sogar unfair, denn es wäre nicht schwer gewesen, sie zu vermeiden. Wenn Schleiermacher Religion definierte als das „Gefühl schlechthinniger Abhängigkeit", so war mit dem Wort „Gefühl" das unmittelbare Bewußtsein von etwas Unbedingtem im Sinne der augustinisch-franziskanischen Tradition gemeint. Diese Tradition war ihm religiös vermittelt worden durch seine Herrnhuter Erziehung, philosophisch durch Spinoza und Schelling. „Gefühl" bezieht sich in dieser Tradition nicht

*Erfahrung und systematische Theologie*

auf eine psychologische Funktion, sondern auf das Bewußtsein dessen, was Intellekt und Willen, Subjekt und Objekt überschreitet. „Abhängigkeit" war in Schleiermachers Definition auf der christlichen Ebene „teleologische" Abhängigkeit — eine Abhängigkeit, die sittlichen Charakter hat, die Freiheit einschließt und eine pantheistische und deterministische Deutung der Erfahrung des Unbedingten ausschließt. Schleiermachers „Gefühl schlechthinniger Abhängigkeit" kommt dem sehr nahe, was in diesem System Ergriffensein von dem, was unserem Sein Grund und Sinn gibt, genannt wird. So verstanden, steht es über fast aller üblichen Kritik, die dagegen gerichtet wurde[1].

Andererseits muß an Schleiermachers Methode in seiner „Glaubenslehre" Kritik geübt werden. Er versucht darin, alle Inhalte des christlichen Glaubens von dem abzuleiten, was er das „religiöse Bewußtsein" des Christen nennt. In ähnlicher Weise versuchten seine Schüler, vor allem die lutherische Erlanger Schule mit den Theologen Hofmann und Frank, ein ganzes System der Theologie aufzustellen, in dem sie die Inhalte von der Erfahrung des wiedergeborenen Christen ableiteten. Das war eine Illusion, wie Franks System klar beweist. Das Ereignis, auf das sich die Christenheit gründet (er nannte es „Jesus von Nazareth") ist nicht aus der Erfahrung abgeleitet, es ist *gegeben* in der Geschichte. Erfahrung ist nicht die Quelle, aus der die Inhalte der systematischen Theologie genommen werden können, sondern das Medium, durch das sie existentiell empfangen werden.

Eine andere Form von Erfahrungstheologie, die dieser Kritik nicht ausgesetzt ist, kommt aus dem amerikanischen Christentum. Sie unterscheidet sich von der kontinentalen Erfahrungstheologie durch ihre Verbindung mit dem philosophischen Empirismus und Pragmatismus. Sie versucht, eine „empirische Theologie" auf der Basis reiner Erfahrung im Sinne der philosophischen Empiristen zu schaffen. Für die Methode der systematischen Theologie hängt alles davon ab, in welchem Sinn der Begriff „Erfahrung" gebraucht wird. Eine sorgfältige Analyse der heutigen philosophischen und theologischen Diskussion zeigt, daß er in drei verschiedenen Weisen gebraucht wird: in ontologischem, wissenschaftlichem und mystischem Sinn. Der ontologische Sinn von Erfahrung ist eine Konsequenz des philosophischen Positivismus. Das positiv Gegebene ist nach dieser Theorie die einzige Wirklichkeit, von der wir sinnvoll sprechen können. Und positiv gegeben bedeutet: in der Erfahrung gegeben. Wirklichkeit ist identisch mit

---

[1] Es ist zu begrüßen, daß Barth Brunners Buch über Schleiermacher „Die Mystik und das Wort" (Tübingen, J. C. B. Mohr, 1924) gerade aus diesem Grunde abgelehnt hat.

Erfahrung. Der Pragmatismus, wie er von William James und teilweise von John Dewey entwickelt worden ist, deckt das philosophische Motiv auf, das hinter dieser Erhebung der Erfahrung zum höchsten ontologischen Rang steht. Das Motiv ist die Überwindung der Kluft zwischen ontologischem Subjekt und ontologischem Objekt; denn einmal aufgerissen, kann sie nicht wieder geschlossen werden, die Möglichkeit der Erkenntnis kann nicht erklärt werden, und die Einheit des Lebens und seiner Prozesse bleibt ein Geheimnis. Der dynamische Naturalismus der gegenwärtigen Philosophie enthält den ontologischen Begriff der Erfahrung, ob nun dieser Naturalismus mehr realistisch, idealistisch oder mystisch gefärbt ist.

Wenn Erfahrung in diesem Sinne als Quelle der systematischen Theologie gebraucht wird, kann in dem theologischen System nichts erscheinen, was die Gesamtheit der Erfahrung überschreitet. Ein göttliches Wesen im traditionellen Sinne ist in solch einer Theologie ausgeschlossen. Da andererseits das Ganze der Erfahrung nicht von letzter und unbedingter Bedeutung sein kann, muß eine besondere Erfahrung oder eine besondere Qualität der Erfahrungsganzheit die Quelle der systematischen Theologie sein. Zum Beispiel: Die wertschaffenden Prozesse *(value-producing processes,* Whitehead) oder die einigenden Prozesse *(uniting processes,* Wieman) oder der Charakter der Ganzheit *(character of wholeness,* Hocking) können die eigentlich religiöse Erfahrung genannt werden. Aber wenn man das tut, muß man eine Vorstellung davon haben, was eine religiöse Erfahrung ist, sonst könnte man sie nicht in der Erfahrungsgesamtheit erkennen. Das heißt, es muß eine Art von Erfahrung vorhanden sein, ein unmittelbares Teilhaben an der religiösen Wirklichkeit, die jeder theologischen Analyse der Wirklichkeit als eines Ganzen vorausgeht. Und das ist die tatsächliche Situation. Die Erfahrungstheologen, die den ontologischen Begriff der Erfahrung benutzen, leiten ihre Theologie nicht von dieser Erfahrung ab. Sie leiten sie von ihrem Teilhaben an einer konkreten religiösen Wirklichkeit ab, von ihrer religiösen Erfahrung im mystischen Sinn von Erfahrung. Und sie versuchen, die entsprechenden Elemente in der Erfahrungsgesamtheit zu entdecken. Sie suchen eine kosmologische Bestätigung ihres persönlichen religiösen Lebens.

Trotz dieses Zirkelschlusses hat die Erfahrungstheologie dieses Typs einen entscheidenden Beitrag zur systematischen Theologie geliefert. Sie hat gezeigt, daß die religiösen Objekte nicht Objekte unter anderen sind, sondern Ausdruck einer Qualität oder Dimension unserer allgemeinen Erfahrung. In diesem Punkt stimmt die amerikanische Erfahrungstheologie mit der kontinentalen phänomenologischen

Theologie überein (z. B. Rudolf Otto und Max Scheler). Wo die Frage gestellt wird: „Was bedeutet das Heilige?" an Stelle der Frage: „Existiert Gott?" sind wir in der Gedankenlinie, in der Pragmatismus und Phänomenologie übereinstimmen[1].

Die zweite Bedeutung, in der der Begriff „Erfahrung" gebraucht wird, stammt aus der experimentell nachprüfbaren Erfahrung der Naturwissenschaften. Erfahrung in diesem Sinne konstituiert eine gegliederte und geordnete Welt. Sie bezeichnet nicht das Gegebene als solches, sondern das Gegebene in seiner erkennbaren Struktur. Sie vereinigt rationale Elemente mit solchen der Perzeption und ist das Ergebnis eines niemals endenden Prozesses des Experimentierens und Prüfens. Einige der Erfahrungstheologen versuchten, diese Methode der naturwissenschaftlichen Erfahrung auf die Theologie anzuwenden, aber es gelang ihnen nicht und konnte aus zwei Gründen niemals gelingen: Erstens, der Gegenstand der Theologie (nämlich das, was uns unbedingt angeht, und seine konkreten Ausdrucksformen) ist kein Gegenstand im Gesamt der wissenschaftlichen Erfahrung. Er kann nicht entdeckt werden durch distanzierte Beobachtung oder durch Schlußfolgerungen, die aus solchen Beobachtungen abgeleitet sind. Er kann nur gefunden werden in Akten der Hingabe und des Teilhabens. Zweitens, er kann nicht durch naturwissenschaftliche Beweisverfahren geprüft werden. In diesen Methoden hält sich der prüfende Mensch außerhalb der Prüf-Situation. Und wenn dies teilweise unmöglich ist, wie z. B. in der Mikrophysik, stellt er diesen Effekt bei seinen Auswertungen in Rechnung. Der Gegenstand der Theologie kann nur verifiziert werden in Partizipation, in der sich der forschende Theologe selbst aufs Spiel setzt. Diese Aufgabe ist niemals beendet, selbst nicht in der Erfahrung eines ganzen Lebens. Ein Element des Wagnisses bleibt und macht eine experimentelle Bestätigung in Raum und Zeit unmöglich.

Dies bestätigen uns die Ergebnisse derjenigen Theologen, die den wissenschaftlichen Erfahrungsbegriff gebrauchen. Wenn eine erkenntnistheoretische Analyse der Erfahrung zu umfassenden Begriffen führt wie „kosmische Person" *(cosmic person,* Brightman) oder „kosmischer Geist" *(cosmic mind,* Boodin) oder „schöpferischer Prozeß" (Wieman), so sind diese Begriffe weder „wissenschaftlich" noch theologisch. Sie sind ontologisch. Sie beschreiben nicht ein Seiendes neben anderem Seienden, sie weisen auf eine Qualität des „Seins-Selbst" hin.

---

[1] Vgl. auch meine „Religionsphilosophie" im Lehrbuch der Philosophie von Max Dessoir (Berlin, Ullstein, 1925).

Dies wird nicht durch wissenschaftliche Erfahrung erreicht, sondern durch eine Schau, in der sich wissenschaftliche und nichtwissenschaftliche Elemente verbinden. Andererseits sind diese Begriffe nicht theologisch. Gewiß können und müssen sie von der systematischen Theologie gebraucht werden. Aber „die kosmische Person" und der „schöpferische Prozeß" sind von sich aus nichts, was uns unbedingt angeht. Sie sind philosophische Möglichkeiten, aber nicht mehr. Sie sind keine religiösen Notwendigkeiten, sie sind theoretisch, nicht existentiell. Wenn sie jedoch religiöse Bedeutung beanspruchen – eine echte Möglichkeit aller ontologischen Begriffe – ist ihre wissenschaftliche Funktion aufgegeben, und sie müssen theologisch als symbolische Ausdrucksformen dessen, was uns unbedingt angeht, diskutiert werden. Keinesfalls kann die wissenschaftliche Erfahrung als solche eine Grundlage und Quelle für die systematische Theologie abgeben.

Die mystische Erfahrung oder die Erfahrung durch Partizipation ist das wahre Problem der Erfahrungstheologie. Sie wird heimlich von dem ontologischen wie dem wissenschaftlichen Begriff der Erfahrung vorausgesetzt. Ohne Erfahrung durch Partizipation würde weder das Ganze der Erfahrung noch die einzelne Erfahrung irgend etwas über das Unbedingte offenbaren können. Aber die Frage ist: Was offenbart die Erfahrung durch Partizipation? Für die Reformatoren war die Erfahrung keine Quelle der Offenbarung. Der göttliche Geist bezeugt in uns die biblische Botschaft. Neue Offenbarungen gibt der göttliche Geist nicht. Es wird nichts Neues durch die Erfahrung der Macht des göttlichen Geistes in uns vermittelt. Während dies die Auffassung der Reformatoren ist, leiten die „Schwärmer" neue Offenbarungen von der Gegenwart des göttlichen Geistes ab. Für sie ist die Erfahrung des Menschen, der den göttlichen Geist besitzt, Quelle der religiösen Wahrheit und damit der systematischen Theologie. Der Buchstabe der Bibel und die Lehren der Kirche bleiben Buchstabe und Gesetz, wenn der Geist sie nicht dem einzelnen Christen auslegt. Die Erfahrung als inspirierende Gegenwart des göttlichen Geistes ist nach dieser Auffassung letztlich Quelle der Theologie.

Die Schwärmer der Reformationszeit dachten jedoch nicht an geistliche Erfahrungen, die über die christliche Botschaft hinausgingen. Sogar wenn sie, Joachim von Floris folgend, auf ein „drittes Zeitalter" in der Geschichte der Offenbarungen hofften (das Zeitalter des Geistes), beschreiben sie dieses nicht als nachchristliche Periode. Der Geist ist der Geist des Sohnes, der über das zweite Zeitalter, und der Geist des Vaters, der über das erste Zeitalter herrscht. Die dritte Periode ist eine Umwandlung der zweiten, aber ohne Wandlung der Substanz. Das

*Erfahrung und systematische Theologie*

war noch die Auffassung von Schleiermacher, aber es ist nicht mehr die der heutigen Erfahrungstheologie. Die Begegnung mit den großen nichtchristlichen Religionen, der Entwicklungsgedanke, die Offenheit für das Neue, die für die Methode des Pragmatismus bezeichnend ist, hatten zur Folge, daß die Erfahrung nicht nur zur hauptsächlichsten Quelle der systematischen Theologie, sondern eine unerschöpfliche Quelle wurde, aus der immer wieder neue Wahrheiten genommen werden können. Die Offenheit für neue Erfahrungen, die selbst über die Grenzen der christlichen Erfahrungen hinausgehen, ist heute die Haltung des Erfahrungstheologen. Er fühlt sich nicht an den Zirkel gebunden, dessen Zentrum das Ereignis Jesus als der Christus ist. Natürlich arbeitet er als Theologe auch in einem Zirkel, aber in einem Zirkel, dessen Peripherie dehnbar und dessen Mitte veränderlich ist. „Offene Erfahrung" ist für diese Form der Erfahrungstheologie Quelle der systematischen Theologie.

Entgegen diesen Vorstellungen wendet sich die Neu-Orthodoxie zurück zu den Reformatoren, und der evangelische Biblizismus geht zurück zu den reformatorischen Sekten. Beide bestreiten, daß eine religiöse Erfahrung, die über den christlichen Kreis hinausgeht, eine Quelle der systematischen Theologie sein könnte, und die Neu-Orthodoxie leugnet, daß die Erfahrung überhaupt eine Quelle der systematischen Theologie werden kann.

Wenn jedoch Erfahrung als das *Medium* angesehen wird, in dem die objektiven Quellen empfangen werden, dann ergibt sich folgende Position: Die christliche Theologie ist gegründet auf dem einzigartigen Ereignis: Jesus, der Christus, das trotz seiner unendlichen Bedeutung in seiner Konkretheit die Norm für jede religiöse Erfahrung bleibt. Dieses Ereignis ist der Erfahrung vorgegeben und nicht aus ihr abgeleitet. Deshalb *empfängt* die Erfahrung, aber sie schafft nicht neu. Ihre schöpferische Kraft ist auf die Umwandlung dessen beschränkt, was sie empfängt. Aber solche Umwandlung ist nicht beabsichtigt. Der Akt der Entgegennahme beabsichtigt das Entgegennehmen und nur dies. Wenn Umwandlung beabsichtigt ist, wird die Entgegennahme Fälschung. Der systematische Theologe ist an die christliche Botschaft gebunden, die er aus anderen Quellen als aus seiner Erfahrung herleiten muß und die er unter das Kriterium der Norm stellt (siehe nächstes Kapitel). Dadurch wird jede beabsichtigte Subjektivität ausgeschlossen, jedoch gibt es der Subjektivität des Theologen jenen Einfluß, den ein Medium auf das, was vermittelt wird, hat. Das Medium färbt die Darstellung und bestimmt die Deutung dessen, was es empfängt. Zwei Extreme müssen in diesem Prozeß vermieden werden:

Der Einfluß des Mediums — die Erfahrung des Theologen — sollte nicht so klein sein, daß das Ergebnis eine Wiederholung statt einer Umwandlung ist, und er sollte nicht so groß sein, daß das Ergebnis eine Neuschöpfung statt einer Umwandlung ist. Während der erste Fehler in verschiedenen früheren Perioden der „Geschichte der Theologie" vorherrschend war, wurde der zweite Fehler deutlicher sichtbar in der Moderne. Der letzte Grund für diesen Wandel ist ein Wandel in der theologischen Lehre vom Menschen. Die religiöse Erfahrung des Menschen könnte nur dann eine unabhängige Quelle der systematischen Theologie werden, wenn der Mensch eins wäre mit der Quelle aller religiösen Erfahrung, der Kraft des göttlichen Geistes in ihm selbst. Nur wenn sein Geist und der göttliche Geist in ihm eins wären, könnte seine Erfahrung den Charakter der Offenbarung haben. Solche Einheit ist in der modernen Lehre vom Menschen vorausgesetzt. Aber wie die Reformatoren den Schwärmern gegenüber es realistisch hervorgehoben haben, ist solche Einheit keine Tatsache. Sogar der Heilige muß hören auf das, was der göttliche Geist seinem Geist sagt, denn der Heilige ist gleichzeitig ein Sünder. Es kann Offenbarung durch ihn stattfinden, wie das durch die Propheten und Apostel geschah. Aber diese Offenbarung kommt gegen ihn und zu ihm und nicht von ihm. Die Einsicht in die menschliche Situation hebt jede Theologie auf, die aus der Erfahrung eine selbständige Quelle macht statt ein abhängiges Medium der systematischen Theologie.

### 3. Die Norm der systematischen Theologie

Bei der Erörterung der Quellen und des Mediums der systematischen Theologie blieb die entscheidende Frage unbeantwortet — die Frage nach dem Kriterium, dem die Quellen und das Medium der Erfahrung unterworfen werden müssen. Die Notwendigkeit eines solchen Kriteriums liegt auf der Hand in Anbetracht des Ausmaßes und der Vielfalt des Materials und in Anbetracht der Unbestimmtheit der Vermittlerfunktion der Erfahrung. Die Quellen und das Medium können ein theologisches System nur dann schaffen, wenn ihre Anwendung von einer Norm bestimmt wird.

Die Frage nach der Norm der christlichen Lehre entstand in der Kirchengeschichte schon sehr früh. Sie erhielt eine materiale und eine formale Antwort. In materialer Hinsicht schuf die Kirche eine Glaubensformel, die mit dem Taufbekenntnis zu Jesus als dem Christus

## Die Norm der systematischen Theologie

identisch war und die Lehrnorm enthalten sollte. In formaler Hinsicht führte sie eine Hierarchie von Autoritäten ein — Bischöfe, Konzilien, den Papst —, die die Norm gegen häretische Entstellungen schützen sollte. In den katholischen Kirchen (römisch, griechisch, anglikanisch) überwog die zweite Antwort allmählich so stark, daß das Bedürfnis nach einer materialen Norm in den Hintergrund trat. In ihnen gehört das zur christlichen Lehre, was die Kirche durch die offiziellen Autoritäten als solche erklärt. Aus diesem Grunde fehlt ein organisierendes Prinzip auch in den sonst radikal organisierten scholastischen Systemen. Aus diesem Grunde wurde auch die Tradition letztlich mit den päpstlichen Entscheidungen gleichgesetzt (Konzil von Trient), und aus diesem Grunde hatte die Bibel so wenig Einfluß auf die spätere dogmatische Entwicklung der griechischen und römischen Kirchen.

Die Frage nach der Norm wurde im Protestantismus wieder brennend in dem Augenblick, als die kirchlichen Autoritäten ihre Stellung einbüßten. Eine formale und eine materiale Norm wurden eingeführt, nicht durch bewußte Auswahl, sondern wie im Urchristentum durch die Erfordernisse der Lage. Im Namen der materialen Norm, die er mit Paulus „Rechtfertigung durch den Glauben" nannte, und kraft der Autorität der biblischen, besonders der paulinischen Botschaft, durchbrach Luther das römische System. Rechtfertigung und Bibel in gegenseitiger Abhängigkeit voneinander waren die Normen der lutherischen Reformation. Im Kalvinismus wurde die Rechtfertigung mehr und mehr durch die Prädestination ersetzt, und die gegenseitige Abhängigkeit von materialer und formaler Norm trat gegenüber einem buchstabentreuen Verständnis der biblischen Autorität zurück. Aber das Problem und die Richtung seiner Lösung blieben unverändert.

Betrachten wir die gesamte Kirchengeschichte im Hinblick auf die Formulierung der materialen Norm durch die Reformatoren, so finden wir ähnliche Normen in allen Perioden. Während die Norm für die alte griechische Kirche die Befreiung des endlichen Menschen von Tod und Irrtum durch die Inkarnation des unsterblichen Lebens und der ewigen Wahrheit war, war sie für die römische Kirche die Rettung von Schuld und Zerrissenheit durch das wirkliche und sakramentale Opfer des Gottmenschen. Für den modernen Protestantismus trat an diese Stelle das Bild des „synoptischen Jesus" als Repräsentation des persönlichen und sozialen Ideals der menschlichen Existenz, und für den jüngsten Protestantismus die prophetische Botschaft vom Reich Gottes im Alten und Neuen Testament. Diese Symbole waren unbewußt oder bewußt Kriterien für die Art und Weise, wie die systematische Theologie ihre Quellen handhabe und das Erfahrungsmedium des Theologen beurteilte.

Das Wachsen dieser Normen ist ein historischer Prozeß, der trotz vieler bewußter Entscheidungen im allgemeinen unbewußt vor sich geht. Er vollzieht sich in der Begegnung der Kirche mit der christlichen Botschaft. Diese Begegnung ist in jeder Generation eine andere, und ihre Verschiedenheit wird in den aufeinanderfolgenden Perioden der Kirchengeschichte sichtbar. Die Norm ist gewachsene Norm, die nicht absichtlich gemacht ist. Sie tritt nicht als das Werk theologischer Reflexion in Erscheinung, sondern als Frucht des geistlichen Lebens der Kirche, denn die Kirche ist die „Heimat" der systematischen Theologie. Hier allein haben die Quellen und die Normen der Theologie ihre wirkliche Existenz. Nur an diesem Ort kann Erfahrung als Medium der systematischen Theologie vorkommen. Der einsame Leser der Bibel steht keineswegs außerhalb der Kirche. Ihm ist die Bibel gegeben worden, die durch Jahrhunderte von der Kirche zusammengetragen und bewahrt wurde. Durch die Tätigkeit der Kirche oder einiger Glieder der Kirche ist sie zu ihm gekommen, er nimmt sie auf in der Auslegung der Kirche, selbst wenn diese Auslegung nur in der Übersetzung in seine eigene Sprache besteht. Die Erfahrung des systematischen Theologen ist geformt durch die von der Kirche vermittelten Quellen. Und die konkreteste und naheste Quelle ist die Kirche selbst, in der er lebt, und ihre gemeinsame Erfahrung. Die Kirche ist für den systematischen Theologen der Arbeitsplatz. Sie ist es auch dann, wenn er im Protest gegen sie lebt und arbeitet. Der Protest ist eine Form der Gemeinschaft.

Die Norm, die im vorliegenden System als Kriterium benutzt wird, kann nur mit Zögern ausgesprochen werden. Um echte Norm zu sein, darf sie nicht Privatmeinung eines Theologen sein, sondern Ausdruck einer Begegnung der Kirche mit der christlichen Botschaft. Ob dies der Fall ist, kann nicht entschieden werden, solange man in dieser Begegnung selbst steht.

Die Norm der systematischen Theologie ist nicht identisch mit dem „kritischen Prinzip aller Theologie". Dieses ist eine negative Schutzmaßnahme, die Norm muß positiv und konstruktiv sein. Das kritische Prinzip ist abstrakt. Die Norm muß konkret sein. Das kritische Prinzip wurde unter dem Zwang der apologetischen Situation formuliert, um störende gegenseitige Einflüsse von Theologie und anderen Formen des Wissens zu verhindern. Die Norm muß unter dem Druck der dogmatischen Situation im modernen Protestantismus, der durch das

## Die Norm der systematischen Theologie

Fehlen einer formalen Autorität und durch die Frage nach einem materialen Prinzip charakterisiert ist, formuliert werden. Die Normen der systematischen Theologie, die im Laufe der Kirchengeschichte wirksam geworden sind, schließen sich nicht aus, sondern unterscheiden sich durch verschiedene Akzentsetzung. Die unten angegebene Norm ist in ihrer Akzentuierung von der der Reformatoren und der der modernen liberalen Theologie verschieden, stellt aber doch den Anspruch, dieselbe Substanz zu wahren und sie in einer der gegenwärtigen Situation und der biblischen Quelle besser entsprechenden Form herauszubringen.

Es ist keine Übertreibung, wenn man sagt, der heutige Mensch erfahre seine Situation als Zerrissenheit und Zwiespalt, Selbstzerstörung, Sinnlosigkeit und Verzweiflung in allen Lebensbereichen. Diese Erfahrung kommt in der bildenden Kunst und in der Literatur zum Ausdruck; in der Existenzphilosophie wird sie begrifflich erfaßt; in politischen Spaltungen aller Art wird sie aktuell, und in der Psychologie des Unbewußten wird sie analysiert. Sie hat der Theologie ein neues Verständnis der dämonisch-tragischen Strukturen des individuellen und sozialen Lebens vermittelt. Die Frage, die aus dieser Erfahrung sich erhebt, ist nicht wie in der Reformation die Frage nach dem gnädigen Gott und der Vergebung der Sünden, noch ist es wie in der alten griechischen Kirche die Frage nach der Endlichkeit, nach Tod und Irrtum. Es ist auch nicht die Frage nach dem persönlichen religiösen Leben oder nach der Verchristlichung von Kultur und Gesellschaft. Es ist die Frage nach einer Wirklichkeit, in der die Selbstentfremdung unserer Existenz überwunden wird, nach einer Wirklichkeit der Versöhnung und Wiedervereinigung, nach schöpferischer Kraft, Sinnhaftigkeit und Hoffnung. Eine solche Wirklichkeit wollen wir das „Neue Sein" nennen. Das ist ein Ausdruck, dessen Voraussetzungen und Folgerungen nur durch das ganze hier vorliegende System erklärt werden können. Er hat seinen Ursprung in dem, was Paulus „die neue Kreatur" nennt, und bezieht sich auf die Macht dieses „Neuen Seins", den dämonischen Zwiespalt in der „alten Wirklichkeit" in Seele, Gesellschaft und Universum zu überwinden. Wenn die christliche Botschaft als die Botschaft vom „Neuen Sein" verstanden wird, enthält sie die Antwort auf die in unserer gegenwärtigen und in jeder menschlichen Situation liegenden Frage.

Aber diese Antwort genügt nicht. Sie führt sofort zu der weiteren Frage: Wo wird das Neue Sein offenbar? Die systematische Theologie gibt darauf die Antwort: in Jesus dem Christus. Auch diese Antwort hat Voraussetzungen und Folgerungen, deren Entfaltung der Hauptzweck des ganzen Systems ist. Nur so viel soll hier gesagt werden, daß diese Formel das alte christliche Taufbekenntnis zu Jesus als dem Christus aufnimmt. Er, der der Christus ist, bringt den neuen Äon, die neue Wirklichkeit. Und es ist der Mensch Jesus, der in einer paradoxen Aussage der Christus genannt wird. Ohne dieses Paradox wäre das „Neue Sein" ein bloßes Ideal, keine Wirklichkeit und daher auch keine Antwort auf die in unserer menschlichen Situation beschlossene Frage.

Die materiale Norm der systematischen Theologie, die in dem vorliegenden System benutzt und als die für die gegenwärtige apologetische Situation angemessenste Norm angesehen wird, ist das „Neue Sein in Jesus als dem Christus". Wenn sie mit dem kritischen Prinzip aller Theologie verbunden wird, kann man sagen: Die materiale Norm der heutigen systematischen Theologie ist das Neue Sein in Jesus, dem Christus, als das, was uns unbedingt angeht. Diese Norm ist das Kriterium für die Handhabung aller Quellen der systematischen Theologie.

Es ist eine Frage von äußerster Wichtigkeit, in welcher Beziehung diese Norm zur grundlegenden Quelle, zur Bibel, steht. Wenn die Bibel selbst als die Norm der systematischen Theologie bezeichnet wird, so ist damit nichts Konkretes ausgesagt, denn die Bibel ist eine Sammlung religiöser Schriften, die im Lauf der Jahrhunderte zusammengetragen und redigiert wurden. Luther war sich dieser Situation in einer Weise bewußt, die ihn über die meisten protestantischen Theologen hinaushebt. Er stellte eine materiale Norm auf, nach der die biblischen Schriften ausgelegt und gewertet werden sollten, nämlich die Botschaft von Christus oder von der Rechtfertigung durch den Glauben. Im Lichte dieser Norm deutete und beurteilte er die biblischen Schriften. Ihr normativer Wert entspricht dem Grad, in dem sie Ausdruck der Norm sind, obgleich andererseits die Norm aus ihnen abgeleitet wurde. Die Bibel kann nur deshalb die Norm der systematischen Theologie genannt werden, weil die Norm aus ihr stammt. Aber diese Herleitung aus der Bibel ist ein Akt der Begegnung zwischen Kirche und biblischer Botschaft. Die aus der Bibel hergeleitete Norm ist gleichzeitig das Kriterium für die Handhabung der Bibel durch die systematische Theologie. Das war praktisch immer das Vorgehen der Theologie. Das Alte Testament war niemals direkt normativ. Es wurde am Neuen Testament gemessen, und das Neue Testament war niemals in all seinen Teilen von gleichem Einfluß. Der Einfluß von Paulus schwand in der nachapostolischen Zeit fast vollständig. Johannes trat an seine Stelle. Je mehr das Evangelium

## Die Norm der systematischen Theologie

als „neues Gesetz" verstanden wurde, um so entscheidender wurden die Katholischen Briefe und die entsprechenden synoptischen Stellen. Immer wieder brach die paulinische Auffassung durch, mehr konservativ bei Augustin, mehr revolutionär bei den Reformatoren. Ein Übergewicht der synoptischen Evangelien über Paulus und Johannes kennzeichnet den modernen Protestantismus, und in allerneuester Zeit hat das Alte Testament in einer prophetischen Deutung das Neue Testament überschattet[1]. Die Bibel als Ganzes ist niemals Norm der systematischen Theologie gewesen. Die Norm war ein aus der Bibel hergeleitetes Prinzip, das in der Begegnung von Kirche und Bibel entstanden war.

Die Frage der Kanonizität der biblischen Schriften wird von hier aus beleuchtet. Die Kirche hat den Kanon ziemlich spät abgeschlossen, und es herrscht unter den christlichen Kirchen über die Zahl der zum biblischen Kanon gehörenden Bücher keineswegs Übereinstimmung. Wenn die katholische Kirche die alttestamentlichen Apokryphen als kanonische Bücher anerkannte und die protestantischen Kirchen sie verwarfen, lag der Grund für beide Urteile in der jeweils geltenden Norm der systematischen Theologie. Luther wollte sogar noch andere Bücher als nur die Apokryphen ausscheiden. Diese Situation zeigt, daß bei der Zusammenstellung des biblischen Kanons ein Element der Unbestimmtheit herrschte. Das bestätigt eindeutig, daß man zwischen der theologischen Norm einerseits und der Bibel als grundlegender Quelle, aus der die Norm abgeleitet wurde, andererseits unterscheiden muß. Die Norm entscheidet, welche Bücher zum Kanon gehören. Sie verweist manche Bücher an den Rand (die Antilegomena der alten Kirche). Es ist der göttliche Geist, der den Kanon geschaffen hat, und wie alle Dinge des Geistes kann der Kanon nicht gesetzlich und endgültig fixiert werden. Dadurch, daß der Kanon noch unabgeschlossen ist, erhält er der christlichen Kirche die Möglichkeit, daß der göttliche Geist in ihr immer wieder durchbricht.

Die Beziehung der Bibel als *der* Quelle der systematischen Theo-

---

[1] Die biblische Begründung des vorliegenden Systems zeigt sich im Wortlaut der materialen Norm: „das Neue Sein in Jesus als dem Christus". Das bezieht sich in erster Linie auf die paulinische Lehre vom Geist. Während Barths auf Paulus zurückgehender Protest gegen die liberale Theologie mit dem reformatorischen Protest in Einklang steht und sich auf die Lehre des Paulus von der Rechtfertigung durch den Glauben stützt — eine Lehre, die als Abwehr von Irrlehren gemeint war —, beruht der Paulinismus dieses Systems auf der mehr konstruktiven Lehre des Paulus von der Neuen Schöpfung in Christo, welche die prophetisch-eschatologische Botschaft vom „Neuen Äon" mit umfaßt.

logie zu der aus ihr abgeleiteten Norm eröffnet einen neuen Aspekt für die Frage des normativen Charakters der Kirchengeschichte. Hier muß ein Weg gefunden werden zwischen der römisch-katholischen Praxis, kirchliche Entscheidungen nicht nur als Quelle, sondern auch als tatsächliche Norm der systematischen Theologie zu handhaben, und der radikal-protestantischen Praxis, die Kirchengeschichte nicht nur ihres normativen Charakters, sondern sogar ihrer Funktion als Quelle zu berauben. Letzteres wurde bereits besprochen. Der normative Charakter der Kirchengeschichte ist in der Tatsache enthalten, daß die Norm, trotz ihrer Ableitung aus der Bibel, durch eine Begegnung von Kirche und biblischer Botschaft entstanden ist. Jede Periode der Kirchengeschichte – das ergibt sich stillschweigend daraus – liefert bewußt oder unbewußt durch ihre besondere Situation ihren Beitrag zur Aufstellung einer theologischen Norm. Darüber hinaus haben kirchliche Entscheidungen jedoch keinen unmittelbar normativen Charakter. Der systematische Theologe kann durch den Hinweis auf Kirchenväter, Konzilien, Glaubensbekenntnisse usw. für die von ihm angewandten Normen noch keine zwingende Kraft beanspruchen. Die Möglichkeit eines Irrtums all dieser Instanzen muß von der protestantischen Theologie genau so radikal festgehalten werden, wie Rom in seiner Lehre von der Unfehlbarkeit des Papstes am Gegenteil festhält. Der indirekt normative Charakter der kirchlichen Entscheidungen besteht in ihrer Funktion als Warnungstafeln, die auf die Gefahren für die christliche Botschaft aufmerksam machen, Gefahren, die früher einmal durch solche Entscheidungen überwunden worden sind. Sie bedeuten für den Theologen eine sehr ernsthafte Warnung, zugleich aber positive Hilfe. Nicht aber bestimmen sie autoritär die Richtung seines Arbeitens. Er wendet seine Norm auf das kirchengeschichtliche Material an ohne Rücksicht darauf, ob sie von mehr oder weniger maßgebenden Autoritäten gebilligt worden ist.

Einen noch weniger unmittelbaren Beitrag zur Norm der systematischen Theologie liefert die Religions- und Kulturgeschichte. Der Einfluß der Religion und Kultur auf die Norm der systematischen Theologie ist nur insofern zu bemerken, als die Begegnung von Kirche und biblischer Botschaft zum Teil durch die jeweilige religiöse und kulturelle Situation bedingt ist. Einen solchen Einfluß ausschalten oder leugnen zu wollen, liegt kein Grund vor. Die systematische Theologie ist nicht selbst die Botschaft. Während die Botschaft selbst jenseits unseres Begreifens liegt und unverfügbar ist, obgleich sie uns ergreifen und über uns verfügen kann, ist ihre theologische Auslegung eine Tat der Kirche und einzelner Menschen innerhalb der Kirche. Sie

*Der rationale Charakter der systematischen Theologie*

ist deshalb religiös und kulturell bedingt, und selbst ihre Norm und ihr Kriterium können nicht den Anspruch erheben, von der existentiellen Situation des Menschen unabhängig zu sein. Die Versuche des Biblizismus und der Orthodoxie, eine unbedingte Theologie zu schaffen, widerspricht dem richtigen und unerläßlichen Grundprinzip der neuorthodoxen Bewegung, daß „Gott im Himmel und der Mensch auf Erden ist" — selbst dann, wenn der Mensch ein systematischer Theologe ist. Aber „auf Erden sein" bedeutet nicht nur, persönliche Unzulänglichkeiten zu besitzen, es bedeutet auch, geschichtlich bedingt zu sein. Der Versuch der neu-orthodoxen Theologen, diesem Merkmal der Endlichkeit zu entgehen, ist ein Zeichen der religiösen Arroganz, die diese Theologen gerade bekämpfen.

Da die Norm der systematischen Theologie durch Begegnung der Kirche mit der biblischen Botschaft zustande kommt, kann sie als eine Schöpfung kollektiver Erfahrung der Kirche bezeichnet werden. Ein solcher Ausdruck birgt aber eine gefährliche Zweideutigkeit. Er könnte so verstanden werden, als schaffe die kollektive Erfahrung den Inhalt der Norm. Inhalt der Norm ist aber die biblische Botschaft. Kollektive wie individuelle Erfahrungen sind die Medien, durch die die Botschaft aufgenommen, gefärbt und ausgelegt wird. Die Norm entwickelt sich im Medium der Erfahrung, ist aber zugleich Kriterium der Erfahrung. Die Norm entscheidet über das Medium, in dem sie entsteht; sie richtet das schwache, lückenhafte, verzerrte Medium der religiösen Erfahrung, obwohl nur dieses unzulängliche Medium das Existentwerden einer Norm überhaupt ermöglicht.

## 4. *Der rationale Charakter der systematischen Theologie*

Die Fragen nach der Quelle, dem Medium und der Norm der systematischen Theologie stehen in enger Beziehung zu ihrer konkrethistorischen Grundlage. Trotzdem ist die systematische Theologie keine historische Disziplin (wie Schleiermacher zu Unrecht behauptet hat)[1]; sie ist eine konstruktive Aufgabe. Nicht, was die christliche Botschaft im Denken der Vergangenheit war, erfahren wir aus der systematischen Theologie; vielmehr versucht sie, uns eine Auslegung der christlichen Botschaft zu geben, die auf unsere heutige Situation zutrifft. Das ergibt eine neue Frage: Wie weit hat die systematische Theologie rationalen Charakter? Ohne Frage muß die Vernunft in

---
[1] Kurze Darstellung des theologischen Studiums zum Gebrauche für Vorlesungen (2. Auflage 1830).

konstruktiver Weise beim Aufbau eines theologischen Systems mithelfen. Dennoch bestanden und bestehen über die Rolle der Vernunft in der systematischen Theologie allerlei Zweifel und Streitfragen. Das erste Problem erhebt sich, wenn eine angemessene Definition von „rational" gesucht wird. Eine solche Definition ist jedoch nicht möglich ohne eine ausführliche Diskussion über die Vernunft in ihren verschiedenen Strukturen und Funktionen. Da eine solche Erörterung in dieser Einleitung unmöglich ist, müssen wir die folgenden Sätze vorausschicken. Es gibt eine Art von Erkenntnis, die dem Glauben innewohnt und die qualitativ ganz verschieden ist von der Erkenntnis, die zur technisch-wissenschaftlichen Arbeit des Theologen gehört. Solche Erkenntnis ist ihrem Wesen nach existentiell. Sie ist ein Teil des Glaubenslebens auch des geistig primitivsten Gläubigen. Jeder, der am Neuen Sein teil hat, nimmt auch an seiner Wahrheit teil. Vom Theologen wird aber außerdem verlangt, daß er nicht nur am Neuen Sein teilhat, sondern auch die Wahrheit dieses Neuen Seins in einer methodischen Weise zum Ausdruck bringen kann. Das Organ, mit dem wir den Inhalt des Glaubens aufnehmen, ist die Vernunft in all ihren Funktionen. Das Erlebnis, in dem dieses geschieht, kann „Ekstase der Vernunft" genannt werden. Vernunft in Ekstase ist Vernunft, die ergriffen wird von dem, was uns unbedingt angeht. Daraus folgt, daß die Vernunft nicht die Quelle der Theologie ist. Sie erzeugt den Glaubensinhalt nicht. Sie wird von ihm überwältigt, überfallen, erschüttert, wenn er in sie einbricht. Daraus folgt weiter, daß der Versuch, mit rationalen Argumenten den Glaubensinhalt zu erzeugen, wie es z. B. in den sogenannten Beweisen für das Dasein Gottes geschah, völlig fehlgeht. Der Glaubensinhalt bricht ekstatisch in die Vernunft ein und gibt sich ihr, doch ohne ihre Struktur außer Kraft zu setzen.

Aber die Situation ist nicht so, als ob der Akt des Empfangens ein rein formaler Akt ohne irgendwelchen Einfluß auf das Empfangene wäre. Das ist keineswegs der Fall. Inhalt und Form, Geben und Empfangen stehen in stärkerer dialektischer Beziehung zueinander, als die Worte es auszudrücken scheinen. An dieser Stelle erhebt sich eine Schwierigkeit. Sie zeigte sich schon bei der Formulierung der theologischen Norm. Diese Formulierung ist eine Sache der persönlichen und gemeinschaftlichen religiösen Erfahrung und zugleich des methodischen Urteils des Theologen. Die Norm wird in einem ekstatischen Akt von der Vernunft aufgenommen und mit dem Werkzeug der Logik begrifflich formuliert. Die traditionelle sowie die neu-orthodoxe Theologie unterscheiden sich in diesem Punkt nicht. Solange es Theologie gibt, kann diese Doppelseitigkeit nicht umgangen werden, und dies ist

## Der rationale Charakter der systematischen Theologie

einer der Faktoren, welche die Theologie zu einem fragwürdigen Unternehmen machen. Das Problem könnte nur dann befriedigend gelöst werden, wenn die Vernunft des Menschen in vollständiger Harmonie mit dem Glaubensinhalt stünde, wenn der Mensch in völliger Theonomie lebte, das heißt, in der Fülle des Reiches Gottes. Eine der christlichen Grundwahrheiten, die die Theologie zu bezeugen hat, besteht darin, daß die Theologie selbst, wie alles menschliche Tun, den Widersprüchen der existentiellen Situation des Menschen unterworfen ist.

Obwohl das Problem des rationalen Charakters der systematischen Theologie letztlich ungelöst bleiben muß, können einige Richtlinien aufgestellt werden. Das erste Prinzip, das den rationalen Charakter der systematischen Theologie bestimmt, ist ein semantisches[1]. Es gibt Worte, die sowohl in der philosophischen und wissenschaftlichen Terminologie als auch in der Umgangssprache gebraucht werden. Wenn der Theologe diese Worte gebraucht, kann er meist voraussetzen, daß sich ihr Inhalt auf den Sprachbereich bezieht, dem sie entstammen. Das ist aber nicht immer der Fall. Es gibt Begriffe, die Jahrhunderte lang von der Theologie beansprucht wurden, obgleich sie zur selben Zeit ihren religiösen, philosophischen oder sonstigen Sinn beibehalten haben. Diese Situation zwingt den Theologen zu *semantischer Rationalität*. Es bleibt ein Ruhmesblatt der Scholastik, daß sie der Ort einer semantischen Klärung sowohl der philosophischen als auch der theologischen Begriffe geworden war. Es ist fast immer ein Mangel und manchmal sogar eine Schande für die moderne Theologie, daß ihre Begriffe ungeklärt und doppeldeutig bleiben. Es sei jedoch bemerkt, daß der chaotische Zustand der philosophischen und wissenschaftlichen Terminologie diese Situation mehr oder weniger unvermeidbar macht.

Das Prinzip der semantischen Rationalität darf nicht mit dem Versuch, mit mathematischen Zeichen ein logisches System aufzubauen, verwechselt werden. Im Bereich des geistigen Lebens können Worte niemals auf mathematische Zeichen oder Sätze auf mathematische Gleichungen reduziert werden. Die Macht von Worten, die geistige Wirklichkeiten bezeichnen, liegt in dem, was in ihnen mitschwingt. Entfernt man diese Untertöne, so bleibt ein totes Gerippe, das in keinem Wissensbereich irgendeine Bedeutung besitzt. Die logischen Positivisten sind im Recht, wenn sie solche Worte ablehnen. Braucht die Theologie einen Ausdruck wie „Geist", so sind Begriffsinhalte

---
[1] Semantik = Lehre von der Bedeutung der Wörter und Begriffe, sie spielt vor allem in der Philosophie des logischen Positivismus eine Rolle.

darin vorhanden, die auf psychologische und philosophische Auffassungen von Geist hinweisen, auf eine magische Weltanschauung, in der Atem und Geist dasselbe sind, auf mystisch-asketische Erfahrungen des Geistes — Geist als Gegensatz zu Materie und Fleisch — und schließlich auf die religiöse Erfahrung der göttlichen, den Menschengeist ergreifenden Macht. Das Prinzip der semantischen Rationalität verlangt nicht, daß diese Untertöne beiseite gelassen werden sollen, aber es verlangt, daß der Hauptinhalt herausgearbeitet und in Beziehung zu den Nebeninhalten gesetzt wird. So muß z. B. der göttliche Geist in seiner Beziehung zum menschlichen Geist untersucht werden, der primitiv-magische Sinn ist auszuschließen, mystische Nebeninhalte sind in ihrem Verhältnis zu personalistischen zu erörtern usw.

Ein anderes Beispiel ist der Begriff: das „Neue Sein". Der Begriff „Sein" hat metaphysische und logische Bedeutungsgehalte; in bezug auf Gott als das Sein-Selbst angewendet, enthält er mystische Elemente. „Neu" in Verbindung mit „Sein" hat Anklänge an Schöpfertum, Wiedergeburt, Eschatologie. Diese Elemente sind immer gegenwärtig, wenn ein Begriff wie „Neues Sein" auftaucht. Das Prinzip der semantischen Rationalität verlangt, daß alle Bedeutungen eines Wortes ganz bewußt aufeinander bezogen und einem leitenden Zentralbegriff zugeordnet werden. Wenn das Wort „Geschichte" gebraucht wird, stehen die verschiedenen Schichten des wissenschaftlichen Begriffs des Wortes Geschichte stärker im Vordergrund als bei den beiden vorhergehenden Beispielen. Aber die spezifisch moderne Auffassung der Geschichte als eines Fortschrittes, die spezifisch prophetische Betonung Gottes als desjenigen, der durch die Geschichte handelt, und die spezifisch christliche Hervorkehrung des geschichtlichen Charakters der Offenbarung verschmelzen mit den wissenschaftlichen Bedeutungsgehalten, wo immer Geschichte in einem theologischen Zusammenhang erörtert wird. Diese Beispiele illustrieren die ungeheure Wichtigkeit des Prinzips der semantischen Rationalität für den systematischen Theologen. Sie zeigen überdies, wie schwer es ist, dies Prinzip anzuwenden — eine Schwierigkeit, die auf die Tatsache zurückgeht, daß jeder bedeutende theologische Begriff verschiedene Bedeutungsebenen durchschneidet, von denen eine jede für den theologischen Sinngehalt einen Beitrag leistet.

Die semantische Situation macht es deutlich, daß die Sprache des Theologen keine heilige oder geoffenbarte Sprache sein kann. Er kann sich nicht auf die biblische Terminologie oder die Sprache der klassischen Theologie beschränken. Er könnte philosophische Begriffe gar nicht vermeiden, auch wenn er sich nur der biblischen Worte bediente, noch weniger könnte er sie vermeiden, wenn er nur die Ausdrücke der Reformatoren benutzte. Deshalb sollte er philosophische und wissenschaftliche Begriffe benutzen, so weit sie ihm für seine Aufgabe, die Inhalte des christlichen Glaubens zu erklären, hilfreich erscheinen. Wenn er das tut, muß er zwei Dinge beachten: semantische Klarheit und existentielle Unverfälschtheit. Er muß begriffliche Zweideutigkeit vermeiden, und er muß darauf sehen, daß die christliche Botschaft nicht durch das Eindringen antichristlicher Ideen im Gewande philosophischer, wissenschaftlicher oder dichterischer Terminologie entstellt werde.

Das zweite Prinzip, das den rationalen Charakter der Theologie bestimmt, ist *logische Rationalität*. Dies Prinzip bezieht sich zu allererst auf solche Strukturen, die für jedes sinnvolle Gespräch maßgebend und in der Disziplin der Logik formuliert sind. Die Theologie ist ebenso wie jede andere Wissenschaft von der formalen Logik abhängig. Das muß sowohl gegen philosophischen wie theologischen Protest festgehalten werden.

Der philosophische Protest gegen die alles beherrschende Stellung der formalen Logik ist im Namen des dialektischen Denkens erhoben worden. In der Dialektik fordern sich Ja und Nein, Bejahung und Verneinung gegenseitig. In der formalen Logik dagegen schließen sie sich aus. Es besteht jedoch kein wirklicher Konflikt zwischen Dialektik und formaler Logik. Die Dialektik folgt der Bewegung des Denkens oder der Bewegung der Wirklichkeit durch Ja und Nein, aber sie beschreibt sie in logisch korrekten Begriffen. Derselbe Begriff wird stets im selben Sinne gebraucht, und wenn die Begriffsbedeutung sich ändert, dann beschreibt der Dialektiker die innere Notwendigkeit, die in logisch korrekter Weise vom einen Begriff zum anderen führt. Die formale Logik wird nicht verletzt, wenn Hegel die Identität von Sein und Nichtsein beschreibt, indem er die absolute Leere des reinen Seins im reflexiven Denken aufzeigt. Ebensowenig ist es ein Widerspruch zur formalen Logik, wenn im Dogma von der Trinität das göttliche Leben als eine Dreiheit in der Einheit beschrieben wird. Die Lehre von der Trinität ist keineswegs die Bestätigung des logischen Unsinns, daß $3 = 1$ und $1 = 3$ ist; vielmehr erläutert sie in dialektischen Begriffen die innere Bewegung des göttlichen Lebens als ein ewiges Trennen von sich selbst und ein Zurückkehren zu sich selbst. Von der Theologie wird nicht verlangt, daß sie sinnlose Wortkombinationen oder echte logische Widersprüche akzeptiert. Dialektisches Denken bedeutet nicht, mit der Struktur des Denkens in Konflikt zu geraten. Die hinter dem logischen System von Aristoteles und seinen Nachfolgern stehende

## Methode und Aufbau der systematischen Theologie

statische Ontologie wird durch das dialektische Denken in eine dynamische Ontologie umgewandelt; das geschah in weitem Ausmaß unter dem Einfluß von voluntaristischen und historischen, aus dem christlichen Existenzverhältnis stammenden Motiven. Diese Veränderung der Ontologie eröffnet neue Ausblicke für die Aufgabe der Logik bei der Beschreibung und beim Verständnis der Denkstruktur. Sie stellt die Frage nach der Beziehung zwischen Denkstruktur und Seinsstruktur neu.

Die theologische Dialektik verletzt den Grundsatz der logischen Rationalität nicht. Ebensowenig tun das die paradoxen Aussagen in Religion und Theologie. Wenn Paulus seine Situation als Apostel und die der Christen im allgemeinen durch eine Reihe von *Paradoxen* beschreibt, so will er damit nicht etwas Unlogisches aussagen; er hat vielmehr die Absicht, den angemessenen, verständlichen und daher logischen Ausdruck für die unendlichen Spannungen christlicher Existenz zu schaffen. Wenn Paulus von dem Paradox der Rechtfertigung des Sünders (in Luthers Formulierung *simul peccator et iustus*) und Johannes von dem *logos*, der Fleisch geworden ist (was später im Paradox des Chalcedonensischen Glaubensbekenntnisses formuliert wurde), sprechen, so wollen sie sich keineswegs in logischen Widersprüchen ergehen[1]. Vielmehr wollen sie der Überzeugung Ausdruck geben, daß Gottes Handeln über alle menschlichen Erwartungen und über alle menschlichen Vorbereitungen notwendig hinausgeht. Es transzendiert die endliche Vernunft, aber es zerstört sie nicht; denn Gott handelt durch den *logos* — jene transzendente und transzendierende Quelle der Logosstruktur des Denkens und Seins. Gott macht die Äußerungen seines eigenen *logos* nicht zunichte. Der Begriff „Paradox" sollte sorgfältig abgegrenzt, und die paradoxe Sprache sollte mit Vorsicht gebraucht werden. Paradox bedeutet „entgegen der Meinung", das soll heißen, entgegen der Meinung der endlichen Vernunft. Das Paradox weist auf die Tatsache hin, daß in Gottes Handeln die endliche Vernunft überhöht, aber nicht ausgelöscht wird; es umschreibt dieses Faktum in Begriffen, die — weit davon entfernt, logische Widersprüche zu sein — über den Bereich hinausweisen sollen, in dem die endliche Vernunft anwendbar ist. Das wird dadurch deutlich, daß alle biblischen und klassisch-theologischen Paradoxe ekstatischen Zuständen entspringen. Die Verwirrung beginnt, wenn

---

[1] Es ist falsch, wenn Brunner in seinem Buch: „Der Mittler" Ablehnung der logischen Rationalität zum Kriterium der christlichen Wahrheit macht. Diese „Ablehnung" ist weder von Kierkegaard noch vom Neuen Testament gemeint.

## Der rationale Charakter der systematischen Theologie

diese Paradoxe auf die Ebene echter logischer Widersprüche herabgezogen werden, und wenn von den Menschen verlangt wird, daß sie ihre Vernunft opfern und sinnlose Wortkombinationen als göttliche Weisheit bejahen sollen. Aber das Christentum fordert von niemandem solche intellektuellen „guten Werke", ebenso wenig, wie es die „künstlichen Werke" einer praktischen Askese verlangt. Schließlich gibt es nur ein echtes Paradox in der christlichen Botschaft — die Erscheinung dessen, der die Existenz unter den Bedingungen der Existenz überwindet. Fleischwerdung, Erlösung, Rechtfertigung usw. sind in diesem paradoxen Ereignis eingeschlossen. Es ist kein logischer Widerspruch, der es zum Paradox macht, sondern die Tatsache, daß es über alle menschlichen Erwartungen und Möglichkeiten hinausgeht. Es bricht in den Erfahrungszusammenhang der Wirklichkeit, aber es kann aus ihm nicht abgeleitet werden. Das Bejahen dieses Paradoxes ist nicht das Bejahen von etwas Absurdem, sondern es ist der Zustand des Ergriffenseins durch die Macht dessen, das in unsere Erfahrung von oben hereinbricht. Das Paradox in der Religion und in der Theologie steht nicht im Widerspruch zum Prinzip der logischen Rationalität. Das Paradox hat seinen logischen Ort.

Das dritte Prinzip, das den rationalen Charakter der systematischen Theologie bestimmt, ist das Prinzip der *methodischen Rationalität*. Es besagt, daß die Theologie einer Methode zu folgen hat, d. h. einem bestimmten Weg, ihre Behauptungen abzuleiten und darzulegen. Die Art der Methode hängt von vielen nichtrationalen Faktoren ab, aber wenn sie einmal begründet ist, muß sie rational und konsequent durchgeführt werden. Die konsequente Anwendung der methodischen Rationalität führt letztlich zum theologischen System. Wenn der Titel „Systematische Theologie" zu rechtfertigen ist, so sollte der systematische Theologe das System nicht fürchten. Es ist die Funktion der systematischen Form auf allen Gebieten methodischen Wissens, den logischen Zusammenhang der Erkenntnisaussagen zu gewährleisten. In diesem Sinne ist mancher sehr leidenschaftliche Systemgegner höchst systematisch, wenn man auf die Totalität seiner Aussagen blickt. Und es kommt oft vor, daß die Feinde der systematischen Form sehr ungehalten sind, wenn sie im Denken eines anderen eine Inkonsequenz finden. Andererseits ist es leicht, auch in den ausgewogensten Systemen Sprünge zu entdecken, weil das Leben beständig durch die systematische Hülle hindurchbricht. Man könnte sagen, in jedem System wird eine fragmentarische Lebenserfahrung konstruktiv ausgezogen und auch auf die Bereiche übertragen, wo die Lebenserfahrung fehlt. Und umgekehrt: In jedem Fragment liegt ein unentwickeltes System verborgen. Hegel erbaute sein imponierendes System auf seinen Fragment gebliebenen Jugendschriften, die sich mit der Dialektik des Lebens, einschließlich der Religion und des Staates beschäftigten. Das Blut seines Systems, sowie dessen ungeheure historische Folgen beruhen auf dieser fragmentarischen Schau der Existenz. Die Linien, die er später mit Hilfe seiner logischen Mittel auszog, waren bald überholt. Nietzsches viele Fragmente scheinen sich beständig zu widersprechen. Aber in ihnen allen steckt ein System, dessen dämonische Kraft im 20. Jahrhundert offenbar wurde. In jedem Fragment liegt ein System verborgen, und ein System ist ein entfaltetes Fragment.

Die systematische Form ist häufig von drei Gesichtspunkten aus angegriffen worden. Der erste Angriff beruht auf einer Verwechslung von „System" und „deduktivem System". Die Geschichte der Naturwissenschaften, der Philosophie und der Theologie zeigt, daß ein deduktives System sehr selten versucht worden ist, ausgenommen in der Mathematik. Spinoza machte den Versuch in seiner Ethik, die er *more geometrico* aufbaute, Leibniz schwebte der nicht zur Ausführung gelangte Plan vor, eine *mathesis universalis* zu schaffen, die den ganzen Kosmos in mathematischen Begriffen beschreiben sollte. Die klassische Physik, die ihre Prinzipien auf induktivem Wege gewonnen hatte, versuchte eine deduktive Systematik, aber wieder in mathematischen Begriffen. Mit Ausnahme von Raimundus Lullus hat die Theologie niemals versucht, ein deduktives System der christlichen Wahrheit aufzubauen. Ein solcher Versuch wäre auch im Hinblick auf den existentiellen Charakter der christlichen Wahrheit ein Widerspruch in sich selbst gewesen. Ein System ist ein Ganzes aus folgerichtigen, aber nicht deduktiven Sätzen.

Der zweite Vorwurf, den man dem System macht, besteht in der Behauptung, daß es sich weiterer Forschung verschließe. Hinter diesem Vorwurf steht die heftige Reaktion der Naturwissenschaften in der zweiten Hälfte des 19. Jahrhunderts gegen die romantische Naturphilosophie. Diese Reaktion hat jetzt ihre Kraft verloren. Sie sollte unsere Haltung weder gegenüber den wissenschaftlichen Errungenschaften der Naturphilosophie (z. B. der Lehre vom Menschen und der Psychologie des Unbewußten) noch gegenüber der systematischen Form auf allen Erkenntnisgebieten bestimmen. Es ist eine historische Tatsache, daß die großen Systeme die Forschung ebenso angeregt als gehemmt haben. Das System bringt Sinn in ein Ganzes von Fakten und Überlegungen, es zeigt ihre Voraussetzungen und Konsequenzen. Aus einer solchen Gesamtschau und den Schwierigkeiten ihrer Durchführung erwachsen neue Fragen. Die positiven und negativen Folgen der

## Die Methode der Korrelation

systematischen Betrachtungsweise für die empirische Forschung halten sich zum mindesten die Waage.

Der dritte Grund für die Feindschaft gegenüber dem System ist weitgehend gefühlsbedingt. Das System scheint wie ein Gefängnis zu sein, in dem die schöpferische Kraft geistigen Lebens erstickt. Die Entscheidung für ein System scheint zur Folge zu haben, daß das „Abenteuer der Ideen" unmöglich gemacht wird. Die Geschichte jedoch zeigt das Gegenteil. Die großen Schulen der griechischen Philosophie brachten viele schöpferisch tätige Schüler hervor, die das System der Schule annahmen und doch zugleich die Ideen ihrer Begründer fortbildeten. Dasselbe gilt von den theologischen Schulen des 19. Jahrhunderts. Die Geschichte des menschlichen Denkens ist die Geschichte der großen Systeme gewesen und ist sie immer noch.

Die Diskussion über den systematischen Charakter der systematischen Theologie und ihrer methodischen Rationalität soll mit der Unterscheidung dreier Begriffe abgeschlossen werden. Das System steht zwischen der „Summa" und dem Essay. Die „Summa" behandelt ausführlich alle aktuellen und viele latenten Probleme. Der Essay behandelt ausdrücklich nur ein aktuelles Problem. Das System behandelt eine Gruppe aktueller Probleme, die in einer bestimmten Situation eine Lösung verlangen. Im Mittelalter stand die „Summa" im Vordergrund, obwohl keineswegs ausschließlich. Zu Beginn der Neuzeit wurde der Essay vorherrschend, obwohl die systematische Richtung niemals zu existieren aufhörte. Heute ist angesichts des Chaos unseres geistigen Lebens und der Unmöglichkeit, eine „Summa" zu schaffen, das Bedürfnis nach systematischer Form erwachsen.

### 5. Die Methode der Korrelation

Das Prinzip der methodischen Rationalität verlangt, daß die systematische Theologie, wie alle wissenschaftliche Erfassung der Wirklichkeit, einer Methode folgt. Eine Methode ist ein Instrument (wörtlich: ein Umweg), das seinem Gegenstand entsprechen muß. Ob eine Methode angemessen ist, kann nicht von vornherein entschieden werden, es muß sich im Erkenntnisprozeß selbst immer wieder neu herausstellen. Methode und System bestimmen sich gegenseitig. Deshalb kann keine Methode den Anspruch erheben, für jeden Gegenstand zu passen. Methoden-Imperialismus ist genau so gefährlich wie politischer Imperialismus; wie dieser bricht er zusammen, wenn die selbständigen Elemente der Wirklichkeit gegen ihn revoltieren. Eine Methode ist kein indifferentes Netz, in dem die Wirklichkeit eingefangen wird; die Methode ist vielmehr ein Element der Wirklichkeit selbst. Mindestens in einer Hinsicht ist die Beschreibung einer Methode die Beschreibung eines entscheidenden Aspektes des Gegenstandes, auf den sie angewendet wird. Die Erkenntnisbeziehung selbst, ganz abgesehen von jedem speziellen Erkenntnisakt, offenbart sowohl etwas über das Objekt als über das erkennende Subjekt. Die Erkenntnisbeziehung in der Physik enthüllt den mathematischen Charakter der Objekte in Raum und Zeit. Die Erkenntnisbeziehung in der Biologie offenbart die Gestalt und den spontanen Charakter der Objekte in Raum und Zeit. Die Erkenntnisbeziehung in der Geschichtsschreibung zeigt den individuellen und wertbezogenen Charakter der Objekte im Raum und in der Zeit. Die Erkenntnisbeziehung in der Theologie offenbart den existentiellen und transzendierenden Charakter des Grundes der Objekte in Raum und Zeit. Deshalb kann keine Methode ohne vorherige Kenntnis des Gegenstandes, auf den sie angewendet werden soll, entwickelt werden. Für die systematische Theologie bedeutet dies, daß ihre Methode von einer vorhergehenden Kenntnis des Systems, das durch diese Methode aufgebaut werden soll, hergeleitet ist.

Die systematische Theologie benutzt die *Methode der Korrelation*. Sie hat das immer getan, manchmal mehr, manchmal weniger bewußt; sie muß es bewußt und ausdrücklich tun, besonders wenn der apologetische Gesichtspunkt vorherrschen soll. Die Methode der Korrelation erklärt die Inhalte des christlichen Glaubens durch existentielles Fragen und theologisches Antworten in wechselseitiger Abhängigkeit.

Der Begriff „Korrelation" kann auf dreierlei Weise gebraucht werden. Er kann die Entsprechung verschiedener Reihen von Daten bedeuten wie etwa bei statistischen Tabellen; er kann den logischen Zusammenhang von Begriffen bezeichnen wie etwa bei polaren Beziehungen; und er kann die reale gegenseitige Abhängigkeit von Dingen oder Ereignissen in Strukturganzheiten meinen. Wenn das Wort „Korrelation" in der Theologie gebraucht wird, wird es in allen drei Bedeutungen gebraucht. Es gibt Korrelation in dem Sinne der Entsprechung zwischen religiösen Symbolen und dem, was durch sie symbolisiert wird. Es gibt Korrelation im logischen Sinne zwischen Begriffen, die sich auf menschliche Bereiche und solche, die sich auf Göttliches beziehen. Und es besteht eine reale Korrelation zwischen dem Zustand des religiösen Ergriffenseins des Menschen und dem, was ihn ergreift. Die erste Bedeutung von Korrelation bezieht sich auf das zentrale Problem der religiösen Erkenntnis. Die zweite Bedeutung von Korrelation bestimmt die Aussagen über Gott und die Welt,

*Die Methode der Korrelation*

z. B. die Korrelation des Unendlichen und des Endlichen. Die dritte Bedeutung von Korrelation zielt auf die Beziehung zwischen Gott und Mensch im religiösen Erlebnis[1]. Die Anwendung des korrelativen Denkens in diesem dritten Sinn hat den Protest von Theologen wie Karl Barth hervorgerufen, die fürchten, daß irgendeine Art Beziehung zwischen Gott und Mensch Gott teilweise vom Menschen abhängig machen könnte. Aber obgleich Gott in dem Abgrund seines Seins[2] vom Menschen in keiner Weise abhängt, ist Gott in seiner Selbstoffenbarung gegenüber dem Menschen abhängig von der Weise, wie der Mensch diese Offenbarung empfängt. Das gilt sogar, wenn die Lehre von der Prädestination aufrecht erhalten wird, das heißt, wenn man glaubt, daß die Aufnahme der göttlichen Selbstoffenbarung von Gott vorherbestimmt und vollständig unabhängig von der menschlichen Freiheit ist. Die Gott-Mensch-Beziehung (und somit Gott und Mensch in ihrer Bezogenheit aufeinander) ändert sich je nach den Stufen der Offenbarungsgeschichte und der persönlichen Entwicklung. Es gibt eine wechselseitige Abhängigkeit zwischen „Gott für uns" und „Wir für Gott". Gottes Zorn und Gottes Gnade sind keine Gegensätze im „Herzen" Gottes (Luther), in der Tiefe seines Seins; sie sind Gegensätze in der Beziehung Gott-Mensch. Die Gott-Mensch-Beziehung ist eine Korrelation. Die „Begegnung zwischen Gott und dem Menschen" (Emil Brunner) bedeutet etwas Reales für beide Seiten. Es ist eine reale Korrelation im Sinne der dritten Bedeutung des Begriffs.

Die Beziehung zwischen Gott und Mensch ist eine Korrelation auch nach der Seite des Erkennens. Symbolisch gesprochen heißt das: Gott antwortet auf die Fragen des Menschen, und unter dem Eindruck von Gottes Antworten stellt der Mensch seine Fragen. Die Theologie formuliert die in der menschlichen Existenz beschlossenen Fragen, und die Theologie formuliert die in der göttlichen Selbstbekundung liegenden Antworten in Richtung der Fragen, die in der menschlichen Existenz liegen. Das ist ein Zirkel, der den Menschen zu einem Punkt treibt, wo Frage und Antwort nicht mehr voneinander getrennt sind. Dieser Punkt ist jedoch kein Moment in der Zeit. Er gehört zum essentiellen Sein des Menschen, zur Einheit seiner Endlichkeit mit der Unendlichkeit, in der er geschaffen wurde und von der er getrennt ist. Sein Vermögen, nach der Unendlichkeit, zu der er gehört, zu fragen, ist ein Symptom sowohl für die essentielle Einheit als auch für

---

[1] Luther: Glaubst du, so hast du!
[2] Calvin: In seiner Wesenheit.

die existentielle Getrenntheit des endlichen Menschen von der Unendlichkeit; in der Tatsache, daß er danach fragen muß, zeigt sich, daß er davon getrennt ist. Die im Offenbarungsereignis liegenden Antworten sind nur sinnvoll, sofern sie in Korrelation stehen mit Fragen, die das Ganze unserer Existenz betreffen, also mit existentiellen Fragen. Nur wer die Erschütterung der Vergänglichkeit erfahren hat, die Angst, in der er seiner Endlichkeit gewahr wurde, die Drohung des Nichtseins, kann verstehen, was der Gottesgedanke meint. Nur wer die tragische Zweideutigkeit unserer geschichtlichen Existenz erfahren und den Sinn des Daseins völlig in Frage gestellt hat, kann begreifen, was das Symbol des Reiches Gottes aussagen will. Die Offenbarung beantwortet Fragen, die je und je gestellt worden sind, und immer wieder gestellt werden, da wir selbst diese Fragen *sind*. Der Mensch *ist* die Frage nach sich selbst, noch ehe er irgendeine Frage gestellt hat. Deshalb ist es nicht überraschend, daß die Grundfragen sehr früh in der Geschichte der Menschheit formuliert worden sind. Das zeigt jede Analyse des mythologischen Materials[1]. Ebensowenig überrascht es, daß dieselben Fragen in der frühen Kindheit auftauchen, wie jede Beobachtung von Kindern beweist. Menschsein bedeutet: nach dem eigenen Sein fragen und unter dem Eindruck der Antworten leben, die auf diese Frage gegeben werden. Und umgekehrt bedeutet Menschsein: Antworten auf die Frage nach dem eigenen Sein erhalten und Fragen unter dem Eindruck dieser Antworten stellen.

Beim Gebrauch der Methode der Korrelation schlägt die systematische Theologie folgenden Weg ein: Sie gibt eine Analyse der menschlichen Situation, aus der die existentiellen Fragen hervorgehen, und sie zeigt, daß die Symbole der christlichen Botschaft die Antworten auf diese Fragen sind. Die Analyse der menschlichen Situation erfolgt in Begriffen, die man heute „existentiell" nennt. Solche Analysen sind viel älter als der Existentialismus; sie sind in Wahrheit so alt wie das Nachdenken des Menschen über sich selbst, und sie sind in den verschiedensten Begriffssystemen seit den Anfängen der Philosophie zum Ausdruck gebracht worden. Wenn der Mensch die Welt betrachtete, fand er sich in ihr vor als ein Teil von ihr. Aber er merkte auch, daß er in der Welt der Gegenstände fremd war und unfähig, weiter als bis zu einer bestimmten Schicht wissenschaftlich in sie einzudringen. Und dann wurde er gewahr, daß er selbst die Tür zu den tieferen Schichten der Wirklichkeit ist; in seiner eigenen Existenz hatte er den

---

[1] Vergl. H. Gunkel, Die Sagen der Genesis (1901).

## Die Methode der Korrelation

einzig möglichen Zugang zum Dasein selbst[1]. Das bedeutet nicht, daß der Mensch ein zugänglicheres Material für die wissenschaftliche Forschung ist als andere Objekte. Das Gegenteil ist der Fall. Vielmehr bedeutet es, daß die unmittelbare Erfahrung des eigenen Existierens etwas über das Wesen der Existenz im allgemeinen offenbart. Jeder, der in das Wesen seiner eigenen Endlichkeit eingedrungen ist, kann die Spuren der Endlichkeit in allem Existierenden entdecken. Und er kann die in seiner Endlichkeit liegende Frage so stellen, daß sie zugleich die in der Endlichkeit überhaupt enthaltene Frage ist. Damit entwirft er noch keine Lehre vom Menschen, er gibt einer Lehre von der Existenz Ausdruck, wie er sie an sich als Mensch erfahren hat. Wenn Calvin in den einleitenden Sätzen zu seiner „Institutio" unsere Kenntnis von Gott mit unserer Kenntnis vom Menschen in Beziehung setzt, spricht er nicht von der Lehre vom Menschen als solcher und von der Lehre von Gott als solcher. Er spricht von des Menschen Elend, das die existentielle Grundlage für sein Verständnis der Ehre Gottes darstellt, und von der Ehre Gottes, die die essentielle Grundlage für das Verständnis des menschlichen Elends abgibt. Der Mensch in seiner Existenz repräsentiert die gesamte Existenz und stellt die Frage, die ihm mit seiner Existenz gegeben ist. Als solcher ist er die eine Seite der Erkenntniskorrelation, von der Calvin spricht, die andere Seite ist die göttliche Majestät. In den Einleitungssätzen seines theologischen Systems bringt Calvin das Wesen der Methode der Korrelation zum Ausdruck[2].

Die Analyse der menschlichen Situation bedient sich des Materials, das die menschliche Selbstinterpretation auf allen Kulturgebieten verfügbar gemacht hat. Die Philosophie trägt dazu bei, ebenso die Dichtkunst, die dramatische und epische Literatur, die Psychotherapie und die Soziologie. Der Theologe ordnet diesen Wissensstoff in bezug auf die von der christlichen Botschaft gegebene Antwort. Im Lichte dieser Botschaft kann er seine Existenzanalyse machen, die tiefgründiger

---

[1] Vergl. Augustins Lehre von der Wahrheit, die in der menschlichen Seele wohnt und sie gleichzeitig transzendiert, weiterhin die mystische Identifikation des Seinsgrunds mit dem Grunde des Selbst, den Gebrauch psychologischer Kategorien, um Ontologisches auszudrücken, bei Paracelsus, Böhme, Schelling und in der „Lebensphilosophie" von Schopenhauer bis Bergson, und Heideggers Begriff des Daseins als die Form der menschlichen Existenz und den Zugang zur Ontologie.

[2] „Das Wissen von uns selbst ist nicht nur ein Antrieb, nach Gott zu suchen, sondern vielmehr eine beachtenswerte Hilfe, ihn zu finden. Andererseits ist klar, daß kein Mensch zu der wahren Kenntnis seiner selbst vordringen kann, der nicht vorher über das Wesen Gottes nachgedacht hat und dann zur Betrachtung seiner selbst herabgestiegen ist." (Calvin, Institutio, I. Buch.)

## Methode und Aufbau der systematischen Theologie

ist als die der meisten Philosophen. Trotzdem bleibt sie eine philosophische Analyse. Existenzanalyse, einschließlich der Entfaltung der in der Existenz liegenden Fragen, ist eine philosophische Aufgabe, selbst dann, wenn sie von einem Theologen — und sei es sogar ein Reformator wie Calvin — durchgeführt wird. Der Unterschied zwischen einem Philosophen, der kein Theologe ist, und einem Theologen, der bei der Existenzanalyse als Philosoph arbeitet, besteht nur darin, daß der erste eine Analyse zu geben versucht, die Teil einer größeren philosophischen Arbeit sein soll, während der zweite die Ergebnisse seiner Analyse mit den aus dem christlichen Glauben abgeleiteten theologischen Begriffen in Beziehung zu setzen versucht. Dadurch wird aber die philosophische Arbeit des Theologen keineswegs heteronom. Als Theologe entscheidet er nicht, was philosophische Wahrheit ist, und als Philosoph enthält er sich der Meinung über die theologische Wahrheit. Aber er kann nicht umhin, die menschliche Existenz und Existenz überhaupt in einer Weise zu sehen, daß die christlichen Symbole ihm sinnvoll und verständlich erscheinen. Seine Augen sind teilweise auf das gerichtet, was ihn unbedingt angeht, wie das auch bei jedem Philosophen der Fall ist. Trotzdem ist sein Sehakt autonom, denn er wird nur von dem Gegenstand bestimmt, der ihm in seiner Erfahrung gegeben ist. Wenn er etwas sieht, erwartet er nicht, es im Lichte seiner theologischen Antwort zu sehen. Er hält an dem fest, was er gesehen hat, und formuliert seine theologische Antwort neu. Er ist sicher, daß nichts von dem, was er sieht, den Kern seiner Antwort verändern könnte, denn dieser Kern ist der Logos des Seins, wie er in Jesus als dem Christus sich kundgetan hat. Wenn dies nicht seine Voraussetzung wäre, müßte er entweder seine philosophische Integrität oder sein theologisches Anliegen opfern.

Die christliche Botschaft gibt die Antworten auf die in der menschlichen Existenz liegenden Fragen. Die Antworten liegen in dem die Grundlage des Christentums bildenden Offenbarungsgeschehen, und die systematische Theologie nimmt sie entgegen *aus* den Quellen, *durch* das Medium, *unter* der Norm. Ihr Inhalt kann nicht aus den Fragen abgeleitet werden, das heißt aus einer Analyse der menschlichen Existenz. Sie werden *in* die menschliche Existenz „hineingesprochen" von jenseits der Existenz. Sonst wären es keine Antworten, denn die Frage ist die menschliche Existenz selbst. Jedoch ist die Beziehung noch verwickelter, da es sich um eine Korrelation handelt. Es besteht eine gegenseitige Abhängigkeit von Frage und Antwort. Inhaltlich hängen die christlichen Antworten von dem Offenbarungsgeschehen ab, in dem sie sichtbar werden; formal hängen sie von der Struktur der

## Die Methode der Korrelation

Fragen ab, auf die sie Antwort sein sollen. Gott ist die Antwort auf die in der menschlichen Endlichkeit beschlossene Frage. Diese Antwort kann nicht aus der Existenzanalyse hergeleitet werden. Wenn jedoch der Begriff Gott in der systematischen Theologie in Korrelation mit der in der Existenz liegenden Bedrohung durch das Nichtsein erscheint, dann muß Gott die unendliche Macht des Seins genannt werden, die der Bedrohung durch das Nichts widersteht. In der klassischen Theologie ist dies das Sein-Selbst. Wenn die Angst als das Gewahrwerden der Endlichkeit verstanden wird, dann muß Gott der unendliche Grund des Mutes genannt werden. In der klassischen Theologie ist das die universale Vorsehung. Wenn der Begriff „Reich Gottes" in Korrelation mit dem Rätsel unserer geschichtlichen Existenz erscheint, dann muß „Reich Gottes" der Sinn, die Erfüllung und die Einheit der Geschichte genannt werden. In dieser Weise wird ein Verständnis der traditionellen Symbole des Christentums erreicht, die die Macht dieser Symbole bewahrt und sie für die in unserer gegenwärtigen Existenzanalyse erarbeiteten Fragen öffnet.

Die Methode der Korrelation tritt an die Stelle von drei anderen Methoden, die die christlichen Glaubensinhalte in einer unangemessenen Weise auf die geistige Existenz des Menschen beziehen. Die erste Methode kann die supranaturalistische genannt werden, denn sie betrachtet die christliche Botschaft als eine Summe geoffenbarter Wahrheiten, die wie Fremdkörper aus einer fremden Welt in die menschliche Situation hineingefallen sind. Es besteht eigentlich keine Vermittlung zur menschlichen Situation. Diese Wahrheiten schaffen selbst eine neue Situation, noch bevor sie empfangen werden können. Um die Göttlichkeit empfangen zu können, muß der Mensch aus seinem Menschsein heraustreten. In Begriffen der klassischen Häresien könnte man sagen, die supranaturalistische Methode hat doketisch-monophysitische Züge, besonders in ihrer Bewertung der Bibel als eines Buches übernatürlicher Orakel, das die Aufnahme durch den Menschen ganz außer Acht läßt. Der Mensch kann aber Antworten auf Fragen, die er niemals gestellt hat, nicht entgegennehmen. Er hat jedoch gefragt, und er fragt immer weiter — seine Existenz selbst und jede seiner geistigen Schöpfungen stellen diese Frage –, und die christliche Botschaft ist die Antwort auf seine Fragen.

Die zweite Methode, die abgelehnt werden muß, kann „naturalistisch" oder „humanistisch" genannt werden. Sie leitet die christliche Botschaft aus dem natürlichen Zustand des Menschen ab. Sie entwickelt die Antworten aus der menschlichen Existenz heraus und vergißt, daß die menschliche Existenz die Frage ist. Ein großer Teil der liberalen Theologie in den letzten zwei Jahrhunderten war humanistisch in diesem Sinne. Sie identifizierte die existentielle Natur des Menschen mit seiner essentiellen Natur und übersah den Bruch zwischen ihnen, der sich in der Lage des Menschen, seiner Selbstentfremdung und seinem Selbstwiderspruch ausdrückt. Theologisch bedeutete dies, daß der Inhalt des christlichen Glaubens als Schöpfung der religiösen Selbstverwirklichung des Menschen im fortschreitenden Prozeß der Religionsgeschichte gedeutet wurde. Fragen und Antworten lagen auf derselben Ebene menschlichen Schaffens. Alles wurde *vom* Menschen selbst gesprochen, nichts *zum* Menschen. Die Offenbarung aber wird *zum* Menschen gesprochen, sie ist kein Monolog des Menschen mit sich selbst.

Die dritte abzulehnende Methode kann „dualistisch" genannt werden, da sie einen supranaturalistischen Überbau auf einem natürlichen Unterbau errichtet. Diese Methode ist sich mehr als die anderen des Problems bewußt, um das es bei der Methode der Korrelation geht. Sie macht damit ernst, daß es trotz der unendlichen Kluft zwischen dem menschlichen Geist und Gottes Geist eine positive Beziehung zwischen beiden geben muß. Sie versucht, diese Beziehung durch Errichtung eines theologischen Lehrgebäudes, das der Mensch durch eigene Anstrengung erreichen kann, oder mit dem widerspruchsvollen Begriff der „natürlichen Offenbarung" auszudrücken. Die sogenannten „Gottesbeweise" — ein anderer terminologischer Selbstwiderspruch — sind der wichtigste Teil der natürlichen Theologie. Diese Gottesbeweise sind richtig, sofern sie die menschliche Endlichkeit und die in der Endlichkeit enthaltene Frage analysieren. Sie sind falsch, sofern sie eine Antwort aus der Frage ableiten. Diese Mischung von Wahrem und Falschem in der natürlichen Theologie erklärt, warum es immer große Philosophen und Theologen gegeben hat, die die natürliche Theologie (besonders die Gottesbeweise) angegriffen und warum andere, ihnen Gleichrangige, sie verteidigt haben. Die Methode der Korrelation löst dieses historische und systematische Rätsel, indem sie die natürliche Theologie auf die Existenzanalyse beschränkt und die supranaturalistische Theologie auf die Antworten, die auf die existenziellen Fragen gegeben werden.

## 6. Das theologische System

Der Aufbau des theologischen Systems ergibt sich aus der Methode der Korrelation. Die Methode der Korrelation fordert, daß jeder Teil des Systems einen Abschnitt enthält, in dem die Frage durch eine

## Das theologische System

Analyse der menschlichen Existenz und der Existenz überhaupt entfaltet und einen weiteren Abschnitt, in dem die theologische Antwort auf Grund der Quellen, des Mediums und der Norm der systematischen Theologie gegeben wird. Diese Einteilung muß durchgehend aufrecht erhalten werden. Sie ist das Rückgrat im Aufbau des vorliegenden Systems.

Man könnte weiterhin an einen Abschnitt denken, der zwischen den beiden Hauptabschnitten dadurch vermittelt, daß historische, soziologische und psychologische Stoffe im Lichte sowohl der existentiellen Fragen als auch der theologischen Antworten interpretiert werden[1]. Da aber dieses Material von den Quellen der systematischen Theologie nicht in der Weise benutzt wird, wie es historisch, soziologisch oder psychologisch zusammengehört, sondern gemäß seiner Bedeutung für das systematische Ergebnis, so gehört es zur theologischen Antwort und bildet keinen Abschnitt für sich allein.

In jedem der fünf Teile des Systems, die so aufgebaut sind, daß die Struktur der Existenz mit der Struktur der christlichen Botschaft in Korrelation steht, sind die beiden Unterteile folgendermaßen aufeinander bezogen: Sofern die Existenz des Menschen den Charakter des Selbstwiderspruchs oder der Entfremdung hat, wird eine doppelte Betrachtungsweise verlangt. Die eine Seite handelt von dem, was der Mensch essentiell ist und darum sein sollte, und die andere handelt von dem, was er in seiner selbstentfremdeten Existenz tatsächlich ist und was er nicht sein sollte. Das entspricht der christlichen Unterscheidung zwischen dem Bereich der Schöpfung und dem Bereich des Falls und der Erlösung. Deshalb muß ein Teil des Systems eine Analyse der Essenz des Menschen (in Verbindung mit der Essenz von allem, was Sein hat) sowie der Frage der menschlichen Endlichkeit und der Endlichkeit überhaupt geben, und er muß die Antwort geben, die Gott heißt. Dieser Teil wird deshalb „Sein und Gott" genannt. Ein zweiter Teil des Systems muß eine Analyse der existentiellen Selbstentfremdung des Menschen (zusammen mit den selbstzerstörerischen Zügen der Existenz im allgemeinen) bringen, und er muß die Frage, die aus dieser Situation heraus entsteht, analysieren und die Antwort geben, die Christus heißt. Dieser Teil wird deshalb „Existenz und Christus" genannt. Ein dritter Teil beruht auf der Tatsache, daß die Essenz- und Existenzmerkmale Abstraktionen sind und in Wirklichkeit in der komplexen und dynamischen Einheit erscheinen, die „Leben" genannt wird. Die Macht des wesenhaften Seins ist in zweideutiger Weise in

---

[1] In früheren Entwürfen, insbesondere in den Leitsätzen zu meinen Vorlesungen, war solch ein Abschnitt immer eingefügt.

allen existentiellen Verzerrungen gegenwärtig. Das Leben, das heißt das Sein in seiner Aktualität, zeigt in allen seinen Prozessen diesen Charakter. Deshalb muß dieser Teil des Systems eine Analyse vom lebendigen Menschen (in Verbindung mit dem Leben im allgemeinen) und von der Frage der Zweideutigkeit des Lebens geben, und er muß die Antwort geben, die „göttlicher Geist" heißt. Dieser Teil heißt daher: „Das Leben und der Geist". Diese drei Teile stellen den Hauptteil der systematischen Theologie dar. Sie umfassen die christlichen Antworten auf die Fragen der Existenz. Aber aus praktischen Gründen ist es nötig, von jedem Teil etwas abzuspalten und zu einem erkenntnistheoretischen Teil zusammenzufassen. Dieser Teil des Systems muß eine Analyse der menschlichen Vernunft, insbesondere seiner erkennenden Vernunft (in Verbindung mit der rationalen Struktur der Wirklichkeit als einem Ganzen) enthalten, und er muß die Frage der Endlichkeit, der Selbstentfremdung und der Zweideutigkeit der Vernunft analysieren, und er muß die Antwort geben, die Offenbarung heißt. Deshalb wird dieser Teil „Vernunft und Offenbarung" genannt.

Endlich hat das Leben eine Dimension, die „Geschichte" heißt. Es empfiehlt sich, das Material, das sich auf die geschichtliche Seite des Lebens bezieht, von dem Teil, der vom Leben im allgemeinen handelt, abzutrennen. Das entspricht der Tatsache, daß das Symbol „Reich Gottes". von dem trinitarischen Aufbau, der die zentralen Teile bestimmt, unabhängig ist. Dieser Teil des Systems muß eine Analyse der geschichtlichen Existenz des Menschen (in Verbindung mit der Natur des Geschichtlichen überhaupt) und der Frage der Zweideutigkeit *aller* Geschichte geben, und die Antwort muß „Reich Gottes" lauten. Dieser Teil wird „Geschichte und Reich Gottes" genannt.

Es wäre am zweckmäßigsten, mit dem Teil „Sein und Gott" anzufangen, weil dieser Teil die Grundstruktur des Seins entwirft und die Antwort auf die in dieser Struktur liegenden Fragen gibt — eine Antwort, die alle anderen Antworten bestimmt —, denn Theologie ist zuallererst die Lehre von Gott. Aber verschiedene Überlegungen machen es nötig, mit dem erkenntnistheoretischen Teil „Vernunft und Offenbarung" zu beginnen. Erstens — jeder Theologe wird gefragt: Worauf gründest du deine Behauptungen, welche Kriterien, welche Beweise hast du? Daraus folgt die Notwendigkeit, eine erkenntnistheoretische Antwort an den Anfang zu setzen. Zweitens — der Begriff der Vernunft in seinen verschiedenen Bedeutungen muß geklärt werden, ehe Sätze aufgestellt werden, deren Voraussetzung ist, daß die Vernunft sich selbst transzendiert. Drittens — die Lehre von der Offenbarung muß im voraus abgehandelt werden, denn sie wird in

## Das theologische System

allen Teilen des Systems als letzte Quelle der christlichen Glaubensinhalte vorausgesetzt. Aus diesen drei Gründen muß der Teil „Vernunft und Offenbarung" das System einleiten, wie aus ebenso einsichtigen Gründen der Teil „Geschichte und Reich Gottes" das System beschließen muß. Man kann es nicht vermeiden, daß in jedem Teil Elemente der anderen entweder vorausgenommen oder wiederholt werden. In gewisser Weise enthält jeder Teil das Ganze, nur von einem verschiedenen Blickpunkt aus, denn das vorliegende System ist keineswegs deduktiv. Gerade die Tatsache, daß in jedem Teil die Frage von neuem entfaltet wird, macht eine kontinuierliche Deduktion unmöglich. Offenbarung ist nicht als System gegeben. Aber Offenbarung ist auch nicht irrational. Der systematische Theologe kann daher das, was alle möglichen Systeme transzendiert, nämlich die Selbstbekundung des göttlichen Geheimnisses, in systematischer Form auslegen.

# ERSTER TEIL

# VERNUNFT UND OFFENBARUNG

# I. DIE VERNUNFT UND DIE FRAGE NACH DER OFFENBARUNG

## A

DIE STRUKTUR DER VERNUNFT

*1. Die zwei Begriffe von Vernunft*

Erkenntnistheorie, die Wissenschaft vom Erkennen, ist ein Teil der Ontologie, der Wissenschaft vom Sein, denn Erkenntnis ist ein Geschehen innerhalb der Totalität des Geschehens. Jede erkenntnistheoretische Aussage ist implizit ontologisch. Daher wäre es richtiger, eine Analyse der Existenz mit der Frage nach dem Sein zu beginnen als mit dem Problem der Erkenntnis. Außerdem führt dieser Ansatz die Linie der herrschenden klassischen Tradition fort. Aber es gibt Situationen, die eine entgegengesetzte Reihenfolge notwendig machen, Situationen, in denen eine ontologische Tradition zweifelhaft geworden ist und die Frage auftaucht, ob die Mittel, die diese Tradition geschaffen haben, für ihr Scheitern verantwortlich sind. Dies war die Situation des antiken Probabilismus und Skeptizismus im Hinblick auf den Streit innerhalb der philosophischen Schulen. Es war die Situation Descartes' angesichts der sich auflösenden mittelalterlichen Tradition. Es war die Situation Humes und Kants im Hinblick auf die traditionelle Metaphysik. Es ist die ständige Situation der Theologie, die immer Rechenschaft über ihre Erkenntniswege geben muß, weil sie sich radikal von allen sonstigen Erkenntniswegen zu unterscheiden scheint. Wenn auch die Erkenntnistheorie der Ontologie in den erwähnten Beispielen vorausgeht, so wäre es dennoch ein Irrtum anzunehmen, daß die Erkenntnistheorie imstande sei, die Grundlegung des philosophischen oder theologischen Systems zu geben. Selbst wenn sie den anderen Teilen des Systems vorausgeht, so ist sie doch insofern von ihnen abhängig, als sie nur entwickelt werden kann, wenn sie diese direkt und indirekt voraussetzt. Unlängst haben die Neukantianer die Abhängigkeit der Erkenntnistheorie von der Ontologie erkannt und haben so dazu beigetragen, die Hochflut der Erkenntnistheorie — das Erbe aus der zweiten Hälfte des 19. Jahrhunderts — wieder einzudämmen. Die klassische Theologie hat stets gesehen, daß eine Lehre von der Offenbarung Lehren von Gott, Mensch und Christus voraus-

## Die Struktur der Vernunft

setzt. Sie hat gewußt, daß die erkenntnistheoretische Präambel abhängig ist von dem Ganzen des theologischen Systems. Neuere Versuche, die erkenntnistheoretischen und methodischen Überlegungen zu einer selbständigen Basis für die theologische Arbeit zu machen, haben sich als vergeblich erwiesen[1]. Darum muß der systematische Theologe — wenn er mit dem erkenntnistheoretischen Teil beginnt (der Lehre von Vernunft und Offenbarung) — klar die Voraussetzungen angeben, die er sowohl hinsichtlich der Vernunft als auch hinsichtlich der Offenbarung macht.

Es gehört zu den größten Schwächen eines großen Teils des theologischen Schrifttums und der religiösen Rede, daß das Wort „Vernunft" in einer unklaren und vagen Weise verwendet wird, zuweilen in anerkennendem, zumeist aber in geringschätzigem Sinn. Man kann zwar die populäre Rede einer solchen Ungenauigkeit wegen entschuldigen (obwohl sie religiöse Gefahren hat), aber es ist unentschuldbar, wenn ein Theologe Begriffe anwendet, ohne sie definiert oder genau beschrieben zu haben. Daher ist es unerläßlich, von Anfang an genau zu definieren, in welchem Sinn der Begriff „Vernunft" gebraucht werden soll.

Man kann zwischen einem ontologischen und einem technischen Begriff der Vernunft unterscheiden. Der erste herrscht in der klassischen Tradition von Parmenides bis Hegel vor; der zweite ist — obwohl er im vorphilosophischen und im philosophischen Denken immer gegenwärtig war — seit dem Zusammenbruch des klassischen deutschen Idealismus und unter der Einwirkung des englischen Empirismus zur Vorherrschaft gelangt[2]. Nach der klassischen philosophischen Tradition ist Vernunft die Struktur des Geistes, die es ihm ermöglicht, die Wirklichkeit zu ergreifen und umzuformen. Sie ist wirksam in den theoretischen und praktischen Funktionen des menschlichen Geistes. Selbst das emotionale Leben ist nicht in sich selbst irrational. Der Eros treibt den Geist zur Wahrheit (Plato). Die Liebe zur vollkommenen Form bewegt alle Dinge (Aristoteles). In der „Apathie" der Seele offenbart der Logos seine Gegenwärtigkeit (Stoa). Die Sehnsucht nach ihrem Ursprung erhebt Seele und Geist zu der in Worten nicht zu fassenden Quelle alles Sinns (Plotin). Der *appetitus* alles Endlichen treibt es hin zum Guten selbst (Thomas von Aquino). Die „intellektuelle Liebe" eint Intellekt und Gefühl im vernünftigsten Zustand des Geistes (Spinoza). Philosophie ist „Gottesdienst", ein Denken, das zu gleicher Zeit Leben und Freude in der „absoluten Wahrheit" ist (Hegel) usw. Die

---
[1] Vgl. Einleitung.
[2] Vgl. Max Horkheimer, The Eclipse of Reason (New York and Oxford: Oxford University Press, 1947).

## Die zwei Begriffe von „Vernunft"

klassische Vernunft ist der *logos*, ob er nun in einer mehr intuitiven oder mehr kritischen Weise verstanden wird. Ihre kognitive Natur ist *eine* Funktion neben anderen. Die Vernunft ist erkennend und anschauend, theoretisch und praktisch, distanziert und leidenschaftlich, subjektiv und objektiv. Die Leugnung der Vernunft im klassischen Sinn ist unmenschlich, weil dies widergöttlich ist.

Aber der ontologische Begriff der Vernunft ist vom technischen Begriff der Vernunft nicht zu trennen, weil er ihn mitumfaßt. Trotzdem wird der ontologische Begriff zuweilen durch den technischen ersetzt. Die Vernunft wird dann auf die Fähigkeit des Berechnens und Argumentierens beschränkt. Nur die kognitive Funktion des klassischen Vernunftsbegriffs bleibt übrig und in ihr nur diejenigen Erkenntnisakte, die es mit der Entdeckung von Mitteln für Ziele zu tun haben. Während die Vernunft im Sinne des *logos* das Ziel aufzeigt und erst in zweiter Linie die Mittel, zeigt die Vernunft im technischen Sinn die Mittel auf, während sie von den Zielen annimmt, daß sie von „woandersher" gegeben sind. Das ist ungefährlich, solange die technische Vernunft mit der ontologischen Vernunft Hand in Hand geht und die technische Vernunft so gebraucht wird, daß sie die Forderungen der ontologischen Vernunft erfüllt. Diese Situation beherrschte die meisten vorphilosophischen und philosophischen Perioden der menschlichen Geschichte, obwohl immer die Gefahr bestand, daß die technische Vernunft sich von der ontologischen Vernunft ablöste. Seit der Mitte des 19. Jahrhunderts ist diese Gefahr zu einer beherrschenden Wirklichkeit geworden. Die Folge davon ist, daß die Ziele durch nicht-rationale Kräfte entworfen werden, entweder durch gegebene Traditionen oder durch Willkürentscheidungen, die dem Machtwillen dienen. Die ontologische Vernunft hat aufgehört, ihre kontrollierende Funktion über Normen und Ziele auszuüben. Gleichzeitig wurden die nicht erkenntnismäßigen Seiten der Vernunft in die Belanglosigkeit bloßer Subjektivität verwiesen. In einigen Formen des logischen Positivismus weigert sich der Philosoph sogar, irgend etwas zu „verstehen", was die technische Vernunft überschreitet, und macht so seine Philosophie für Fragen von existentieller Bedeutung völlig irrelevant. Die technische Vernunft mag in logischer und methodischer Hinsicht noch so durchgebildet sein — wenn sie jedoch von der ontologischen Vernunft getrennt wird, entmenschlicht sie den Menschen. Und darüber hinaus verarmt die technische Vernunft, wenn sie nicht ständig von der ontologischen Vernunft genährt wird. Sogar der Mittel-Ziel-Struktur der technischen Vernunft liegen Einsichten in das Wesen der Dinge zugrunde, die selber nicht von der technischen Vernunft erfaßt wer-

*Die Struktur der Vernunft*

den können. Weder Gestaltprozesse noch Werte, noch Sinngehalte können ohne die ontologische Vernunft erfaßt werden. Die technische Vernunft reduziert sie auf etwas, das weniger ist als ihre wahre Realität. Natürlich kennt man manche Aspekte der menschlichen Natur durch Analyse der physiologischen und psychologischen Prozesse, und man kann die gefundenen Elemente benutzen, um den Menschen wie einen technischen Gegenstand zu kontrollieren. Behauptet man jedoch, auf diese Weise den Menschen zu erkennen, verfehlt man nicht nur sein Wesen, sondern auch entscheidende Wahrheiten über den Menschen innerhalb der Mittel-Ziel-Beziehung. Das gilt für jeden Bereich der Wirklichkeit. Die technische Vernunft hat immer eine wichtige Funktion, selbst in der systematischen Theologie. Aber die technische Vernunft ist nur als *ein* Element der ontologischen Vernunft und als ihr Mitarbeiter adäquat und sinnvoll. Die Theologie braucht sich nicht für oder gegen eine dieser beiden Vernunftbegriffe zu entscheiden. Sie gebraucht die Methoden der technischen Vernunft, die Mittel-Ziel-Beziehung, indem sie ein folgerichtiges, logisch sauberes Denkgebäude errichtet. Sie akzeptiert die Verfeinerung der Erkenntnismethoden, deren sich die technische Vernunft bedient. Aber sie lehnt die Verwechslung der technischen mit der ontologischen Vernunft ab. So z. B. darf die Theologie sich nicht von der technischen Vernunft unterstützen lassen, indem sie die Existenz eines Gottes zu beweisen sucht. Ein solcher Gott würde zur Mittel-Ziel-Beziehung gehören. Er wäre weniger als Gott. Andererseits wird die Theologie nicht erschüttert durch die Angriffe auf die christliche Botschaft, die von der technischen Vernunft her geschehen, denn diese Angriffe erreichen nicht die Ebene der Religion. Sie können den Aberglauben zerstören, aber den Glauben berühren sie nicht einmal. Die Theologie ist dankbar (oder sollte es sein) für die kritische Tätigkeit der technischen Vernunft, die aufzeigt, daß es ein solches „Ding" wie Gott innerhalb des Zusammenhangs der Mittel-Ziel-Beziehungen nicht gibt. Religiöse Objekte, die im Denkbereich der technischen Vernunft behandelt werden, sind Objekte des Aberglaubens und unterliegen damit vernichtender Kritik. Wo immer die technische Vernunft herrscht, ist Religion Aberglaube und wird entweder fälschlicherweise von der technischen Vernunft unterstützt oder mit Recht von ihr abgeschafft.

Obwohl die Theologie sich beständig bei ihrer systematischen Arbeit der technischen Vernunft bedient, so bleibt trotzdem die Frage ihrer Beziehung zur ontologischen Vernunft bestehen. Die traditionelle Frage der Beziehung der Vernunft zur Offenbarung sollte nicht auf der Ebene der technischen Vernunft erörtert werden, wo sie kein echtes

Problem darstellt, sondern auf der Ebene der ontologischen Vernunft, der Vernunft im Sinne des *logos*. Die technische Vernunft ist ein Werkzeug und kann wie jedes Werkzeug mehr oder weniger vollkommen sein und mehr oder weniger geschickt gebraucht werden. Aber in keinem Falle wird ein existentielles Problem aufgeworfen oder gelöst. Völlig anders liegen die Dinge hinsichtlich der ontologischen Vernunft. Es war der Fehler der idealistischen Philosophie, daß sie die Offenbarung mit der ontologischen Vernunft identifiziert hat, während sie den Anspruch der technischen Vernunft verwarf. Dies ist das eigentliche Wesen der idealistischen Religionsphilosophie. Im Gegensatz zum Idealismus muß die Theologie einerseits zeigen, daß die ontologische Vernunft als universaler *logos* des Seins dem Inhalt der Offenbarung nicht widerspricht. Sie muß andererseits darauf hinweisen, daß die Vernunft der Endlichkeit und der Entfremdung unterworfen ist. Im Zustand der Entfremdung ist sie von den zerstörerischen Strukturen der Existenz sowie von den heilenden Strukturen des Lebens abhängig. Auch sie kann teilnehmen an dem Neuen Sein. Ihre Erfüllung ist nicht eine Sache der Technik, sondern der „Erlösung". Daraus folgt, daß der Theologe die Vernunft von verschiedenen Gesichtspunkten aus betrachten muß. In der Theologie muß man nicht nur die ontologische von der technischen Vernunft unterscheiden, sondern auch die ontologische Vernunft in ihrer essentiellen Vollkommenheit von ihrer entfremdeten Form. Das religiöse Urteil z. B., daß die Vernunft „blind" sei, bezieht sich weder auf die technische Vernunft, die die meisten Dinge innerhalb ihres eigenen Bereiches sehr wohl sehen kann, noch auf die ontologische Vernunft in ihrer essentiellen Vollkommenheit, sondern es bezieht sich auf die Vernunft unter den Bedingungen der Existenz[1]. Und das Urteil, daß die Vernunft schwach sei, teilweise von der Blindheit befreit, teilweise in ihr verhaftet, bezieht sich auf die Vernunft im Leben und in der Geschichte. Werden diese Unterscheidungen nicht gemacht, so ist jede Aussage über die Vernunft ungenau und in gefährlicher Weise zweideutig.

## 2. *Subjektive und objektive Vernunft*

Die ontologische Vernunft kann definiert werden als die Struktur des Geistes, die ihn fähig macht, die Wirklichkeit zu ergreifen und umzugestalten. Seit Parmenides war es die Überzeugung aller Philosophen,

---
[1] Vgl. den platonischen Mythos von der Seele in ihrem ursprünglichen Zustand, die die „Ideen" oder ewigen Wesenheiten schaut.

## Die Struktur der Vernunft

daß der *logos,* das Wort, das die Wirklichkeit ergreift und umgestaltet, dies nur tun kann, weil die Wirklichkeit selber den Charakter des *logos* hat. Es hat sehr verschiedene Deutungen gegeben für die Beziehung zwischen der Logosstruktur des ergreifenden und umgestaltenden Selbst und der Logosstruktur der ergriffenen und umgestalteten Welt. Aber die Notwendigkeit, diese Beziehung zu erklären, ist fast widerspruchslos anerkannt worden. In der klassischen Beschreibung der Art und Weise, wie die subjektive und die objektive Vernunft — die rationale Struktur des Geistes und die rationale Struktur der Wirklichkeit — aufeinander bezogen sind, finden sich vier Haupttypen. Der erste Typus hält die subjektive Vernunft für eine Wirkung des Ganzen der Wirklichkeit auf einen ihrer Teile, nämlich auf den Geist. Er setzt voraus, daß die Wirklichkeit die Macht hat, einen vernünftigen Geist hervorzubringen, durch den sie sich selbst ergreifen und umgestalten kann. Diesen Standpunkt nimmt der Realismus ein, sei er nun naiv, kritisch oder dogmatisch, und er tut dies oft, ohne seine Grundvoraussetzung zu erkennen. Der zweite Typus betrachtet die objektive Vernunft als eine Schöpfung der subjektiven Vernunft auf der Grundlage einer unstrukturierten Materie, in der sie sich selbst verwirklicht. Diese Voraussetzung macht der Idealismus, ob eingeschränkt wie in der antiken Philosophie oder uneingeschränkt wie in der modernen Philosophie, und er tut dies oft, ohne die Tatsache zu erklären, wieso die Materie die rationalen Formen in sich aufnehmen kann. Der dritte Typus bejaht die ontologische Unabhängigkeit und zugleich die gegenseitige Abhängigkeit der subjektiven und der objektiven Vernunft und weist auf die gegenseitige Erfüllung der einen in der anderen hin. Dieser Standpunkt wird sowohl vom metaphysischen wie vom erkenntnistheoretischen Dualismus und Pluralismus vertreten, oft ohne die Frage nach einer zugrundeliegenden Einheit zwischen der subjektiven und der objektiven Vernunft zu stellen. Der vierte Typus spricht von einer zugrundeliegenden Identität, die sich in der rationalen Struktur der Wirklichkeit ausdrückt. Diese Auffassung wird vom Monismus vertreten, ob er die Identität nun als Sein oder als Erfahrung (Pragmatismus) beschreibt, oft ohne den Unterschied zwischen subjektiver und objektiver Vernunft zu erklären.

Der Theologe braucht über den Wahrheitsgrad dieser vier Typen keine Entscheidung zu treffen. Hingegen muß er, wenn er den Vernunftbegriff gebraucht, ihre gemeinsamen Voraussetzungen beachten. Indirekt haben die Theologen das immer getan. Sie haben von der Schöpfung durch den *logos* gesprochen oder von der geistigen Gegen-

## Subjektive und objektive Vernunft

wart Gottes in allem Wirklichen. Sie haben den Menschen wegen seiner vernünftigen Struktur das Ebenbild Gottes genannt und haben ihm die Aufgabe gestellt, die Welt zu ergreifen und umzugestalten.

Die subjektive Vernunft ist die Struktur des Geistes, die ihn befähigt, die Wirklichkeit auf Grund einer ihm entsprechenden Struktur der Wirklichkeit zu ergreifen und umzugestalten (wie diese Entsprechung auch immer erklärt werden mag). Das in dieser Definition gemeinte „Ergreifen" und „Umgestalten" gründet sich auf die Tatsache, daß sich die subjektive Vernunft immer in einem individuellen Selbst verwirklicht, das bezogen ist auf seine Umgebung und seine Welt in der Form des Empfangens und Reagierens. Der Geist empfängt und reagiert. Im rationalen Empfangen ergreift der Geist seine Welt, im rationalen Reagieren gestaltet der Geist seine Welt um. „Ergreifen" hat in diesem Zusammenhang die Bedeutung von in die Tiefe eindringen in die essentielle Natur eines Dinges oder eines Geschehens, es verstehen und ausdrücken. „Umgestalten" hat in diesem Zusammenhang die Bedeutung von Umwandlung eines vorgegebenen Materials in eine Struktur, die die Fähigkeit hat zu „sein".

Die ergreifende und die umgestaltende Seite der Vernunft schließen sich nicht aus. Jeder Akt rationalen Empfangens enthält einen Akt der Umgestaltung, und in jedem Akt vernünftigen Reagierens liegt zugleich ein Akt des Ergreifens. Wir formen die Wirklichkeit dementsprechend um, wie wir sie sehen, und wir sehen die Wirklichkeit so, wie wir sie umformen. Das Ergreifen und das Umgestalten der Welt hängen zusammen. Im Bereich der Erkenntnis bringt das 4. Evangelium das klar zum Ausdruck, wenn es davon spricht, daß die Wahrheit erkannt wird, indem sie getan wird[4]. Nur im handelnden Verwirklichen des Wahren manifestiert sich die Wahrheit. In ähnlicher Weise hat Karl Marx jede Theorie, die sich nicht auf den Willen gründet, die Wirklichkeit zu verwandeln, eine „Ideologie" genannt, d. h. einen Versuch, bestehende Übel durch eine theoretische Konstruktion, die sie rechtfertigt, zu erhalten. Das instrumentalistische Denken verdankt seinen Einfluß auf unsere Zeit weithin seiner Wertschätzung der Einheit von Handeln und Erkennen.

Während die kognitive Funktion der Vernunft einer besonderen Erörterung bedarf, ermöglicht das bereits Gesagte einen Überblick über das ganze Feld der ontologischen Vernunft. Auf beiden Seiten der Vernunft, der des Ergreifens und der des Umgestaltens, wird eine fundamentale Polarität sichtbar. Das beruht auf der Tatsache, daß in jedem rationalen Akt entweder ein emotionales oder ein formales

---
[1] Joh. 3, 21.

## Die Struktur der Vernunft

Element vorherrschend ist. Auf der empfangenden Seite der Vernunft finden wir eine Polarität zwischen der kognitiven und ästhetischen Funktion, und auf der reagierenden Seite der Vernunft finden wir eine Polarität zwischen der ordnenden und der gemeinschaftsbildenden Funktion. Aber diese Beschreibung des Vernunftfeldes ist nur eine vorläufige. Jede der genannten vier Funktionen enthält Übergangsstufen zu ihrem Gegenpol. Die Musik steht der kognitiven Funktion ferner als der Roman, und die technische Wissenschaft steht der ästhetischen Funktion ferner als die Biographie oder die Ontologie. Die persönliche Gemeinschaft steht der ordnenden Funktion ferner als die nationale Gemeinschaft, und das Handelsrecht steht der gemeinschaftsbildenden Funktion ferner als der Staat. Es wäre verfehlt, ein statisches System der Vernunftschöpfungen des menschlichen Geistes zu konstruieren. Es gibt zwischen ihnen keine scharfen Grenzen, und es gibt in ihrem Werden und in ihren Beziehungen viel historische Wandlung. Aber sie alle sind Schöpfungen der ontologischen Vernunft, und die Tatsache, daß in einigen von ihnen das emotionale Element entscheidender ist als in anderen, macht sie nicht weniger rational. Die Musik ist nicht weniger rational als die Mathematik, aber das emotionale Element in der Musik eröffnet eine Dimension der Wirklichkeit, die der Mathematik verschlossen ist. Gemeinschaft ist nicht weniger rational als Recht, aber das emotionale Element in der Gemeinschaft eröffnet eine Dimension der Wirklichkeit, die dem Recht verschlossen ist. Es gibt eine mathematische Qualität in der Musik und eine juristische Qualität in allen Gemeinschaftsbeziehungen, aber das ist nicht ihr Wesen. Sie haben ihre eigenen rationalen Strukturen. Das ist der Sinn von Pascals Worten: „Le cœur a ses raisons, que la raison ne connaît point[1]." Hier wird das Wort „raison" in einem doppelten Sinn gebraucht, einmal im Sinne der ästhetischen und gemeinschaftsbildenden Funktion der Vernunft und einmal im Sinne des technischen Begriffs der Vernunft.

Die subjektive Vernunft ist die rationale Struktur des Geistes, während die objektive Vernunft die rationale Struktur der Wirklichkeit ist, die der Geist ergreifen und derentsprechend er die Wirklichkeit umgestalten kann. Die Vernunft im Philosophen ergreift die Vernunft in der Natur. Die Vernunft im Künstler ergreift den Sinngehalt der Dinge. Die Vernunft im Gesetzgeber formt die Gesellschaft nach den Strukturen des sozialen Gleichgewichts. Die Vernunft in den Führern einer Gemeinschaft formt das Gemeinschaftsleben nach der Struktur

---

[1] Blaise Pascal, Pensées, 89 (nach der deutschen Ausgabe von W. Rüttenauer).

## Subjektive und objektive Vernunft

des organischen Aufbaus. Die subjektive Vernunft ist rational, insofern sie die rationale Struktur der Wirklichkeit im doppelten Prozeß von Empfangen und Reagieren zum Ausdruck bringt. Diese Relation zwischen subjektiver und objektiver Vernunft ist nichts Statisches, ganz gleich, ob sie ontologisch oder erkenntnistheoretisch beschrieben wird. Wie das Sein-Selbst, so verbindet auch die Vernunft in unauflöslicher Einheit dynamische mit statischen Elementen. Das gilt nicht nur für die subjektive, sondern auch für die objektive Vernunft. Sowohl die rationale Struktur des Geistes als auch die rationale Struktur der Wirklichkeit besitzen Dauer in der Verwandlung und wandeln sich in der Dauer. Daher besteht das Problem der aktuellen Vernunft nicht nur darin, Irrtümer und Fehler beim Ergreifen und Umgestalten der Wirklichkeit zu vermeiden, sondern auch darin, die dynamischen Kräfte der Vernunft in jedem Akt der subjektiven Vernunft wirksam werden zu lassen und in jeder Schöpfung der objektiven Vernunft wiederzufinden. Die Gefahr dieser Situation ist die, daß die Dynamik der schöpferischen Vernunft mit den Verzerrungen der Vernunft in der Existenz verwechselt wird. Das dynamische Element der Vernunft zwingt den Geist, dieses Wagnis auf sich zu nehmen. In jedem rationalen Akt sind drei Elemente enthalten: das statische Element der Vernunft, das dynamische Element der Vernunft und die existentielle Verzerrung von beiden. Daher kann es vorkommen, daß der Geist etwas als ein statisches Element der Vernunft verteidigt, was eine Verzerrung von ihr ist, oder etwas als verzerrt angreift, was ein dynamisches Element der Vernunft ist. Die akademische Kunst verteidigt das statische Element der ästhetischen Vernunft, aber manche Formen akademischer Kunst sind eine Verzerrung dessen, was einst schöpferisch und neu war und was seinerseits in seinen Anfängen als eine Verzerrung früherer akademischer Ideale angegriffen wurde. Der soziale Konservativismus ist eine Verzerrung von etwas, das einst Schöpfung war und was, als es einst sichtbar wurde, als eine Verzerrung früherer konservativer Ideale angegriffen wurde. Diese Gefahren können in keinem Prozeß der aktuellen Vernunft vermieden werden, weder im Geistigen noch in der Wirklichkeit.

Nunmehr muß die Frage nach dem Sinn des dynamischen Elements in der objektiven Vernunft gestellt werden. Es ist ein Problem, ob man von einem sich wandelnden Element innerhalb der Struktur der Wirklichkeit sprechen kann. Niemand wird bezweifeln, daß die Wirklichkeit dem Wandel unterworfen ist, aber es ist ein weitverbreiteter Glaube, daß Veränderung nur möglich ist, weil die Struktur der Wirklichkeit unveränderlich ist. Wenn das so wäre, dann wäre die

*Die Struktur der Vernunft*

rationale Struktur des Geistes selber unveränderlich, und der Vernunftprozeß hätte nur zwei Elemente — das statische Element und das Element der Verzerrung. Wenn nur die subjektive Vernunft dynamisch wäre, dann müßte man das dynamische Element der Vernunft überhaupt fallen lassen. Die objektive Vernunft schafft in der Wirklichkeit Strukturen des Seins. Sowohl das Leben als auch der Geist sind schöpferisch, aber nur diejenigen Dinge sind lebensfähig, die eine vernünftige Struktur enthalten. Lebende Wesen sind erfolgreiche Versuche der Natur, sich selbst in Übereinstimmung mit den Forderungen der objektiven Vernunft zu aktualisieren. Wenn sich die Natur diesen Forderungen nicht unterwirft, so sind ihre Produkte erfolglose Experimente. Das gleiche gilt von Rechtsformen und sozialen Beziehungen. Neue Schöpfungen innerhalb eines historischen Prozesses sind Versuche, die nur dann von Erfolg sein können, wenn sie den Forderungen der objektiven Vernunft genügen. Weder in der Natur noch in der Geschichte kann sich etwas am Leben erhalten, das der Vernunft widerspricht. Das Neue und das Alte in der Geschichte und in der Natur sind durch die Dynamik der objektiven Vernunft miteinander verbunden. Das Neue zerbricht nicht die vernünftige Struktur. Es kann das nicht tun, weil die objektive Vernunft der *logos* des Seins ist.

### 3. Die Tiefe der Vernunft

Tiefe der Vernunft bezeichnet etwas, das nicht selbst Vernunft ist, sondern ihr zugrundeliegt und durch sie offenbar wird. Sowohl in ihren objektiven als auch in ihren subjektiven Strukturen weist die Vernunft auf etwas hin, das in diesen Strukturen erscheint, das sie aber in Macht und Sinn übersteigt. Es ist kein anderes Gebiet der Vernunft, das entdeckt und zum Ausdruck gebracht werden könnte, sondern es ist das, was in jedem Akt der Vernunft zum Ausdruck kommt. Man könnte es die „Substanz" nennen, die in der Vernunftstruktur sichtbar wird, oder das „Sein-Selbst", das im *logos* des Seins offenbar wird, oder den „Grund", der in jeder Vernunftschöpfung schöpferisch ist, oder den „Abgrund", der durch keine Schöpfung, auch nicht durch ihre Totalität, ausschöpfbar ist, oder die „unendliche Potentialität von Sein und Sinn", die in die rationalen Strukturen des Seins und der Wirklichkeit eingeht, sie verwirklicht und umwandelt. Alle diese Begriffe, die auf das hinweisen, was der Vernunft zugrundeliegt, haben metaphorischen Charakter. (Das Wort „zugrundeliegen" ist selbst metaphorisch.) Das ist notwendig so, denn, wenn die

## Die Tiefe der Vernunft

Begriffe in ihrem eigentlichen Sinn gebraucht würden, so gehörten sie zur Vernunft und träfen nicht das, was der Vernunft zugrundeliegt. Während die Tiefe der Vernunft nur metaphorisch beschrieben werden kann, kann der Begriff selbst auf die verschiedenen Gebiete, in denen sich die Vernunft verwirklicht, angewandt werden. Im Erkenntnisbereich ist die Tiefe der Vernunft ihre Eigenschaft, durch die relativen Wahrheiten jedes Erkenntnisgebiets hindurch auf die Wahrheit selbst hinzuweisen, nämlich auf die unendliche Macht des Seins und auf das unbedingt Wirkliche. Im ästhetischen Bereich ist die Tiefe der Vernunft ihre Eigenschaft, durch jede Schöpfung der ästhetischen Einbildungskraft hindurch auf die Schönheit selbst hinzuweisen, nämlich auf einen unendlichen Sinn und eine höchste Bedeutung. Im Bereich des Rechts ist die Tiefe der Vernunft ihre Eigenschaft, durch jede Gestalt verwirklichter Gerechtigkeit hindurch auf die Gerechtigkeit selbst hinzuweisen, nämlich auf unendlichen Ernst und unbedingte Würde. Im Bereich der Gemeinschaft ist die Tiefe der Vernunft ihre Eigenschaft, durch jede Form wirklicher Liebe hindurch auf die Liebe selbst hinzuweisen, nämlich auf eine unendliche Fülle und eine letzte Einheit. Diese Dimension der Vernunft, die Tiefendimension, ist das Essentielle aller Vernunftfunktionen. Es ist ihre eigene Tiefe, die sie unerschöpflich macht und ihnen Größe gibt.

Die Tiefe der Vernunft ist dasjenige ihrer Merkmale, das zwei Funktionen des menschlichen Geistes erklärt: Mythos und Kultus, deren Vernunftcharakter weder bejaht noch verneint werden kann, weil Mythos und Kultus eine selbständige Struktur aufweisen, die weder auf andere Funktionen der Vernunft zurückgeführt, noch von vorrationalen psychologischen oder soziologischen Elementen abgeleitet werden kann. Weder ist der Mythos primitive Wissenschaft, noch der Kultus primitive Ethik. Ihr Gehalt offenbart in gleicher Weise wie das Verhalten der Menschen ihnen gegenüber, Elemente, die sowohl Wissenschaft wie Moral übersteigen, die auf das hinweisen, was uns unbedingt angeht. Diese Elemente sind im Grunde jedes rationalen Aktes enthalten, so daß sie im Prinzip keinen speziellen Ausdruck verlangen. In jedem Akt des Ergreifens der Wahrheit ist die Wahrheit selbst ergriffen, und in jedem Akt verwandelnder Liebe ist die Liebe selbst am Werk. Die Tiefe der Vernunft ist essentiell in der Vernunft offenbar. Aber unter den Bedingungen der Existenz ist sie in der Vernunft verborgen. Deshalb drückt sich die Vernunft unter den Bedingungen der Existenz im Mythos und Kultus aus. Es dürfte weder Mythos noch Kultus geben. Sie widersprechen der essentiellen Vernunft. Sie zeigen schon durch ihr Dasein den „gefallenen" Zustand

## Die Struktur der Vernunft

einer Vernunft, die die unmittelbare Einheit mit ihrer eigenen Tiefe verloren hat. Die Vernunft drückt sich nur in ihrer eigenen Oberfläche aus und schneidet sich von ihrem eigenen Grund und Abgrund ab. Christentum und Aufklärung stimmen darin überein, daß es weder Mythos noch Kultus geben sollte, aber sie tun es von verschiedenen Voraussetzungen aus. Das Christentum hat die Vorstellung von einem Zustand ohne Mythos und Kultus, potentiell im „Anfang", aktuell am „Ende", fragmentarisch und vorwegnehmend im Fluß der Zeit. Die Aufklärung sieht das Ende von Mythos und Kultus in einer neuen Zukunft, wenn die Vernunfterkenntnis den Mythos besiegt und die Vernunftethik den Kultus erobert hat. Aufklärung und Rationalismus verwechseln den essentiellen Charakter der Vernunft mit dem Zustand der Vernunft in der Existenz. Ihrer essentiellen Natur nach ist die Vernunft in jedem ihrer Akte und Prozesse auf ihre eigene Tiefe hin transparent. In der Existenz ist diese Transparenz undurchsichtig und wird durch Mythos und Kultus ersetzt. Mythos und Kultus sind im höchsten Maße zweideutig. Daß unzählige Theorien sie definieren, erklären und wegerklären, ist ein Zeichen für diese Situation. Wenn wir die rein negativen Theorien außer Acht lassen, die zumeist psychologische und soziologische Erklärungen bieten und Konsequenzen des rationalistischen Verständnisses der Vernunft sind, werden wir zu folgender Alternative gedrängt: Entweder sind Mythos und Kultus besondere Bereiche der Vernunft neben anderen, oder sie stellen die Tiefe der Vernunft in symbolischen Formen dar. Faßt man sie als besondere Vernunftfunktionen auf, die zu den anderen hinzukommen, so befinden sie sich in einem nie endenden und unauflöslichen Konflikt mit den anderen Funktionen. Sie werden von ihnen verschlungen, indem sie in die Kategorien der irrationalen Gefühle eingeordnet oder für heteronome und destruktive Fremdkörper innerhalb der Vernunftstruktur gehalten werden. Wenn dagegen Mythos und Kultus als Ausdruck der Tiefe der Vernunft in metaphorischer Form aufgefaßt werden, dann liegen sie in einer Dimension, in der kein Eingriff in die eigentlichen Vernunftfunktionen möglich ist. Wo immer das ontologische Verständnis der Vernunft angenommen und die Tiefe der Vernunft verstanden wird, da fallen die Konflikte zwischen Mythos und Wissenschaft, zwischen Kultus und Ethik fort. Die Offenbarung zerstört nicht die Vernunft, vielmehr stellt die Vernunft selbst die Frage nach der Offenbarung.

# B

DIE VERNUNFT IN DER EXISTENZ

*1. Die Endlichkeit und die Zweideutigkeit der aktuellen Vernunft*

Die Vernunft als Struktur des Geistes und der Wirklichkeit ist aktuell in den Prozessen des Seins, der Existenz und des Lebens. Das Sein ist endlich, die Existenz ist gespalten, und das Leben ist zweideutig. Die aktuelle Vernunft hat teil an diesen Merkmalen der Wirklichkeit. Sie hat teil an den Kategorien der Endlichkeit, den selbstzerstörerischen Konflikten, der Zweideutigkeit, und sie stellt die Frage nach dem, was jenseits der Gebundenheit an die Kategorien, jenseits des Konflikts liegt und was unzweideutig ist.

In klassischer Weise ist der Charakter der endlichen Vernunft von Nicolaus Cusanus und Immanuel Kant beschrieben worden. Nicolaus Cusanus spricht von der *docta ignorantia*, der „wissenden Unwissenheit", die die Endlichkeit der erkennenden Vernunft und ihre Unfähigkeit, ihren unendlichen Grund zu ergreifen, anerkennt. Aber indem der Mensch diese Situation erkennt, wird er zugleich des Unendlichen gewahr, das in jedem Endlichen gegenwärtig ist, obwohl es dieses unendlich transzendiert. Die Art, wie der unerschöpfliche Grund in allem Seienden gegenwärtig ist, nennt Cusanus die *„coincidentia oppositorum"*. Das bedeutet: trotz ihrer Endlichkeit wird die Vernunft ihrer unendlichen Tiefe gewahr. Sie kann die Tiefe nicht in Form rationaler Erkenntnis ausdrücken *(ignorantia)*, aber die Erkenntnis, daß dies unmöglich ist, ist wirkliche Erkenntnis *(docta)*. Die Endlichkeit der Vernunft zeigt sich in der Unvollkommenheit ihres Denkens und Handelns. Aber diese Unvollkommenheit wurzelt in etwas Tieferem, der Endlichkeit, die essentiell zur Vernunft gehört, wie zu allem, was wirklich ist in Raum und Zeit. Die Struktur dieser Endlichkeit ist am tiefsten und umfassendsten in Kants „Kritiken" beschrieben worden[1].

---

[1] Es ist bedauerlich, daß Kant oft nur als erkenntnistheoretischer Idealist und ethischer Formalist interpretiert und — konsequenterweise — abgelehnt wird. Kant ist mehr als das. Seine Kategorienlehre ist eine Lehre von der menschlichen Endlichkeit. Seine Lehre vom kategorischen Imperativ ist eine Lehre von dem Element des Unbedingten in der Tiefe der praktischen Vernunft. Seine Lehre vom theologischen Prinzip in Kunst und Natur erweitert den Begriff der Vernunft über ihren erkennend-technischen Sinn hinaus zu dem hin, was wir die „ontologische Vernunft" genannt haben.

## Die Vernunft in der Existenz

Die Kategorien der Erfahrung sind Kategorien der Endlichkeit. Sie befähigen die menschliche Vernunft nicht, die Wirklichkeit an sich zu ergreifen, aber sie befähigen den Menschen, seine Welt, die Totalität der Phänomene, die ihm erscheinen und die seine aktuelle Erfahrung konstituieren, zu erfassen. Die bedeutungsvollste Kategorie der Endlichkeit ist die Zeit. Endlich sein heißt: zeitlich sein. Die Vernunft kann nicht die Schranken der Zeitlichkeit durchbrechen und das Ewige erreichen, wie sie auch nicht die Schranken der Kausalität, des Raumes, der Substanz durchbrechen kann, um die erste Ursache, den absoluten Raum, die universale Substanz zu erreichen. An diesem Punkt ist die Situation genau die gleiche wie bei Nicolaus Cusanus: Im Analysieren der kategorialen Struktur der Vernunft entdeckt der Mensch die Endlichkeit, die ihn gefangen hält. Er entdeckt auch, daß seine Vernunft diese Gebundenheit nicht annimmt und daß sie versucht, das Unendliche mit den Kategorien der Endlichkeit, das wirklich Reale mit den Kategorien der Erfahrung zu erfassen, und daß sie notwendig damit scheitert. Der einzige Punkt, an dem das Gefängnis der Endlichkeit sich öffnet, ist der Bereich der sittlichen Erfahrung, weil in ihm etwas Unbedingtes in das Ganze der zeitlichen und kausalen Bedingungen einbricht, aber dieser Punkt, den Kant erreicht, ist nur ein Punkt, eine absolute Forderung, ein bloßes Gewahrwerden der Tiefe der Vernunft.

Kants „kritisches Nichtwissen" beschreibt die Endlichkeit der Vernunft ebenso klar wie die „wissende Unwissenheit" des Cusanus. Der Unterschied jedoch ist, daß die katholische Mystik in Nikolaus Cusanus auf eine intuitive Einung mit dem Grund und Abgrund der Vernunft hinweist, während die kritisch-protestantische Haltung Kants den Versuch der Vernunft, die Wirklichkeit selbst zu erreichen, auf den kategorischen Imperativ beschränkt. In der nachkantischen Metaphysik wurde die Bindung der Vernunft an die Kategorien der Endlichkeit vergessen, aber die Erhebung der Vernunft zu göttlicher Würde führte zu einer Entthronung und Mißachtung der Vernunft und ermöglichte den Sieg einer ihrer Funktionen über alle anderen. Der Sturz einer vergöttlichten Vernunft in der Periode nach Hegel trug in unserer Zeit entscheidend bei zum Sieg der technischen Vernunft und zum Verlust der Universalität und der Tiefe der ontologischen Vernunft.

Aber die Vernunft ist nicht nur endlich. Darüber hinaus ist sie wie alle Dinge und Ereignisse den Bedingungen der Existenz unterworfen. Sie widerspricht sich selbst und ist bedroht durch Zerrissenheit und Selbstzerstörung. Ihre Elemente bewegen sich gegeneinander. Aber dies

*Der Konflikt innerhalb der aktuellen Vernunft*

ist nur die eine Seite des Bildes. Im aktuellen Leben der Vernunft ist ihre essentielle Struktur nie ganz verloren. Wäre sie verloren, so wäre die Vernunft genau so wie die Wirklichkeit im selben Augenblick, in dem beide ins Dasein treten, schon zerstört. Im aktuellen Leben der Vernunft sind essentielle und existentielle Kräfte, Kräfte der Schöpfung und Kräfte der Zerstörung, zugleich miteinander vereinigt und getrennt. Diese Konflikte innerhalb der aktuellen Vernunft sind der Anlaß für eine zu Recht bestehende theologische Kritik der Vernunft. Aber eine Anklage gegen die Vernunft als solche ist ein Symptom entweder für theologische Unwissenheit oder für theologische Arroganz. Andererseits ist ein Angriff auf die Theologie als solche im Namen der Vernunft ein Symptom rationalistischer Oberflächlichkeit oder rationalistischer Hybris. Die populär-religiösen und halbpopulär-theologischen Klagen über die Vernunft als solche sollten durch eine adäquate Beschreibung der inneren Konflikte der ontologischen Vernunft ersetzt werden. Solche Beschreibung sollte gleichzeitig die Vernunft zwingen, ihre eigene existentielle Lage anzuerkennen, aus der heraus die Frage nach der Offenbarung entsteht.

*2. Der Konflikt innerhalb der aktuellen Vernunft
und die Frage nach der Offenbarung*

a) *Autonomie gegen Heteronomie.* — Unter den Bedingungen der Existenz kämpfen die Strukturelemente der Vernunft gegeneinander. Obwohl sie nie völlig voneinander getrennt sind, geraten sie in selbstzerstörerische Konflikte, die auf dem Boden der aktuellen Vernunft nicht gelöst werden können. Die populär-religiösen oder die theologischen Angriffe auf die Schwäche oder die Blindheit der Vernunft müssen durch die Beschreibung dieser Konflikte ersetzt werden. Die Selbstkritik der Vernunft im Lichte der Offenbarung dringt viel tiefer und ist weit rationaler als diese unscharfen und oft rein gefühlsmäßigen Angriffe. Die Polarität von Struktur und Tiefe innerhalb der Vernunft führt unter den Bedingungen der Existenz zum Konflikt zwischen der autonomen und der heteronomen Vernunft. Aus diesem Konflikt heraus entsteht die Frage nach der Theonomie. Aus der Polarität der statischen und der dynamischen Elemente der Vernunft entsteht unter den Bedingungen der Existenz der Konflikt zwischen Absolutheit und Relativität der Vernunft. Dieser Konflikt führt zu der Frage nach dem Konkret-Absoluten. Aus der Polarität zwischen den formalen und emotionalen Elementen der Vernunft entsteht unter

## Die Vernunft in der Existenz

den Bedingungen der Existenz der Konflikt zwischen Formalismus und Emotionalismus der Vernunft. Dieser Konflikt führt zu der Frage nach der Vereinigung von Klarheit und Geheimnis. In allen drei Fällen wird die Vernunft dazu getrieben, die Frage nach der Offenbarung zu stellen.

Die Vernunft, die ihre Struktur bejaht und aktualisiert, ohne auf ihre Tiefe zu achten, ist die autonome Vernunft. Autonomie bedeutet nicht die Freiheit des Individuums, sein eigenes Gesetz zu sein, wie theologische Schriftsteller oft behauptet haben, um auf diese Weise einen bequemen Sündenbock für ihre Angriffe auf eine autonome Kultur zu finden. Autonomie bedeutet den Gehorsam des Individuums gegenüber dem Vernunftgesetz, das es in sich selbst als einem vernünftigen Wesen findet. Der *Nomos* (Gesetz) des *Autós* (Selbst) ist nicht das Gesetz der Struktur der eigenen Person, er ist das Gesetz der subjektiv-objektiven Vernunft. Er ist das Gesetz, das in der Logosstruktur des Geistes und der Wirklichkeit enthalten ist. Indem die autonome Vernunft sich selbst in ihren verschiedenen Funktionen und ihren strukturellen Forderungen bejaht, gebraucht sie oder verwirft sie das, was nur zur Situation des Individuums als Individuum gehört. Sie widersteht der Gefahr, von der existentiellen Situation des Selbst und der Welt abhängig zu sein. Sie faßt diese Bedingungen als das Material auf, das die Vernunft ergreifen und nach ihren Strukturgesetzen umgestalten muß. Daher versucht die autonome Vernunft, sich von unbegriffenen Eindrücken und ungestalteten Strebungen freizuhalten. Ihre Unabhängigkeit ist das Gegenteil von Willkür, sie ist Gehorsam gegenüber ihrer eigenen essentiellen Struktur, dem Vernunftgesetz, das das Naturgesetz des Geistes und der Wirklichkeit ist, und das aus dem göttlichen Gesetz stammt, aus dem Grunde des Seins-Selbst. Dies gilt für alle Funktionen der ontologischen Vernunft.

Historisch gesehen, hat die autonome Vernunft in einem nie endenden Kampf mit der Heteronomie sich selbst befreit und behauptet. Die Heteronomie stellt entweder eine oder alle Funktionen der Vernunft unter ein fremdes *(heteros)* Gesetz *(nomos)*. Sie stellt „von außen" Forderungen auf, wie die Vernunft die Wirklichkeit ergreifen und gestalten soll. Aber dieses „außen" ist kein bloßes Außen. Es stellt gleichzeitig ein Element in der Vernunft selbst dar, nämlich die Tiefe der Vernunft. Das macht den Kampf zwischen Autonomie und Heteronomie gefährlich und tragisch. Es ist ein Konflikt in der Vernunft selbst. Solange die Vernunft vorrational ist, gibt es wohl eine verwirrende Menge von Sinneseindrücken, eine chaotische Menge von Instinkten, Strebungen, Zwängen, aber keine echte Heteronomie.

### Der Konflikt innerhalb der aktuellen Vernunft

All dies liegt noch außerhalb der Vernunft, aber es ist kein Gesetz, unter das die Vernunft selbst sich beugen muß, es ist nicht Gesetz in irgendeinem rationalen Sinne. Das Problem der Heteronomie ist das Problem einer Autorität, deren Ziel es ist, die Vernunft, und das heißt: die Tiefe der Vernunft, gegen ihre autonome Verwirklichung zu repräsentieren. Die Grundlage eines solchen Anspruchs ist nicht die Überlegenheit an rationaler Macht, die viele Traditionen, Institutionen oder Persönlichkeiten offensichtlich haben. Die Grundlage echter Heteronomie ist der Anspruch, im Namen des Seinsgrundes und daher unbedingt und endgültig zu sprechen. Eine heteronome Autorität drückt sich gewöhnlich mythisch und kultisch aus, weil dies der direkte und intentionale Ausdruck der Tiefe der Vernunft ist. Auch unmythische und unrituelle Formen können Macht über das Bewußtsein gewinnen (z. B. politische Ideen). Die Heteronomie in diesem Sinne ist gewöhnlich die Reaktion gegen eine Autonomie, die ihre Tiefe verloren hat, die leer und machtlos geworden ist. Aber als Reaktion ist sie zerstörerisch, da sie der Vernunft das Recht der Autonomie abspricht und ihre Strukturgesetze von außen her zerstört.

Autonomie und Heteronomie wurzeln in der Theonomie, und beide gehen in die Irre, wenn ihre theonome Einheit zerbrochen wird. Theonomie ist nicht das Annehmen eines göttlichen Gesetzes, das der Vernunft von einer höchsten Autorität auferlegt ist; sie ist autonome Vernunft, die mit ihrer eigenen Tiefe verbunden ist. In einer theonomen Situation aktualisiert sich die Vernunft im Gehorsam gegen ihre Strukturgesetze und in der Macht ihres eigenen, unerschöpflichen Grundes. Weil Gott *(theos)* das Gesetz *(nomos)* sowohl für die Struktur wie den Grund der Vernunft ist, deshalb sind sie in ihm eins, und ihre Einheit manifestiert sich in einer theonomen Situation. Aber es gibt unter den Bedingungen der Existenz keine vollständige Theonomie. Beide Elemente, die essentiell in der Theonomie verbunden sind, kämpfen unter den Bedingungen der Existenz gegeneinander und suchen sich gegenseitig zu zerstören. In diesem Kampf drohen sie, die Vernunft selber zu zerstören. Daher entspringt das Verlangen nach einer Wiedervereinigung dessen, was immer in Zeit und Raum gespalten ist, aus der Vernunft selbst und nicht im Gegensatz zu ihr. Dieses Verlangen ist das Verlangen nach der Offenbarung.

Betrachtet man den Konflikt zwischen Autonomie und Heteronomie aus der Perspektive des Weltgeschehens, so hat man den Schlüssel für das theologische Verständnis sowohl der griechischen als auch der modernen Entwicklung und vieler anderer Probleme der Geistesgeschichte der Menschheit. Die Geschichte der griechischen Philosophie

z. B. kann man als eine Kurve darstellen, die mit der noch theonomen vorphilosophischen Periode (Mythologie und Kosmologie) beginnt, die sich fortsetzt in dem langsamen Aufkommen autonomer Vernunftstrukturen (Vorsokratiker), der klassischen Synthese von Gestalt und Tiefe (Plato), der Rationalisierung dieser Synthese in den verschiedenen Schulen (nach Aristoteles), der Verzweiflung der Vernunft in dem autonomen Versuch, eine Welt zu erschaffen, in der man leben kann (Skeptizismus), dem mystischen Transzendieren der Vernunft (Neuplatonismus), der Frage nach den Autoritäten der Vergangenheit und Gegenwart (die philosophischen Schulen und religiösen Sekten), der Schaffung einer neuen Theonomie unter christlichem Einfluß (Clemens und Origenes) und dem Eindringen heteronomer Elemente (Athanasius und Augustin). Während des hohen Mittelalters wurde eine Theonomie (Bonaventura) realisiert unter der Vorherrschaft heteronomer Elemente (Thomas). Gegen Ende des Mittelalters wurde die Heteronomie übermächtig (Inquisition), zum Teil als Reaktion gegen autonome Tendenzen in Kultur und Religion (Nominalismus), und zerstörte die mittelalterliche Theonomie. Im Zeitalter der Renaissance und der Reformation wurde der Konflikt noch heftiger. Die Renaissance, die in ihren neuplatonischen Anfängen (Nicolaus Cusanus, Ficino) einen theonomen Charakter hatte, wurde in ihrer späteren Entwicklung zunehmend autonom (Erasmus und Galilei). Umgekehrt entwickelte die Reformation, die in ihren Anfängen das Religiöse und das Kulturelle in der Autonomie mit Nachdruck verband (Luthers Vertrauen auf sein Gewissen und Luthers und Zwinglis Verbindung mit dem Humanismus), sehr bald eine Heteronomie, die in mancher Beziehung sogar die des späten Mittelalters übertraf (die protestantische Orthodoxie). Im 18. und 19. Jahrhundert gewann die Autonomie trotz einiger heteronomer Reste und Reaktionen einen fast durchgängigen Sieg. Orthodoxie und Fundamentalismus wurden in die Winkel des kulturellen Lebens verbannt und blieben dort unfruchtbar und unwirksam. Klassische und romantische Versuche, die Theonomie mit autonomen Mitteln wieder herzustellen (Hegel, Schelling), blieben erfolglos und riefen einerseits radikale autonome Reaktionen (Nachhegelianer) und andererseits starke heteronome Reaktionen (Erweckungsbewegung) hervor. Unter der Führung der technischen Vernunft besiegte die Autonomie alle Reaktionen, verlor dabei aber die Tiefendimension. Sie wurde flach, leer, ohne letzte Sinnerfüllung und führte bewußt oder unbewußt zur Verzweiflung. In dieser Situation füllten mächtige Heteronomien von politischem Charakter das Vakuum aus, das von einer Autonomie geschaffen worden war, die keine Tiefendimension besaß. Der doppelte Kampf gegen eine entleerte Autonomie und eine zerstörerische Heteronomie macht die Frage nach einer neuen Theonomie heute genau so dringlich wie am Ende der antiken Welt. Die Katastrophe der autonomen Vernunft ist vollständig. Weder Autonomie noch Heteronomie können eine Antwort geben.

b) *Relativismus gegen Absolutismus.* Ihrem Wesen nach vereint die Vernunft ein statisches und ein dynamisches Element. Das statische Element bewahrt die Vernunft davor, ihre Identität innerhalb des Lebensprozesses zu verlieren. Das dynamische Element ist die Macht der Vernunft, sich im Lebensprozeß zu aktualisieren, während ohne das statische Element die Vernunft nicht die Struktur des Lebens sein könnte. Unter den Bedingungen des Daseins werden beide Elemente auseinandergerissen und geraten in Konflikt miteinander.

Das statische Element der Vernunft kommt in zwei Formen des Absolutismus zum Ausdruck: dem Absolutismus der Tradition und dem Absolutismus der Revolution. Das dynamische Element der Vernunft kommt in zwei Formen des Relativismus zum Ausdruck: dem positivistischen Relativismus und dem zynischen Relativismus. Der Absolutismus der Tradition identifiziert das statische Element der Vernunft mit speziellen Traditionen, z. B. einer gesellschaftlich akzeptierten Moral, festgelegten politischen Formen, einer „akademischen" Kunst und philosophischen Prinzipien, die nicht in Frage gestellt werden. Diese Haltung wird für gewöhnlich konservativ genannt. Aber Konservativismus kann zweierlei bedeuten. Er kann die Bereitschaft sein, die statische Seite der Vernunft gegen eine ausschließliche Betonung der dynamischen Seite zu verteidigen, und er kann der Fanatismus sein, der dynamische Vernunftstrukturen für statisch hält und sie zu absoluter Gültigkeit erhebt. Es ist aber in keinem konkreten Fall möglich, das statische Element vom dynamischen Element zu trennen, und jeder Versuch, das zu tun, führt schließlich zu einer Zerstörung der verabsolutierten Formen durch den Angriff anderer Formen, die im Prozeß der sich aktualisierenden Vernunft hervorbrechen. Solche Angriffe entstehen durch die Macht eines anderen Typus des Absolutismus, des revolutionären. Aber nachdem der Absolutismus durch einen revolutionären Angriff zerstört worden ist, verfestigt sich der Sieger in genau den gleichen absoluten Begriffen. Das ist fast unvermeidlich, weil der Angriff durch die Kraft eines absoluten Anspruchs von häufig utopischem Charakter zum Siege führte. Die revolutionäre Vernunft glaubt genau so fest wie der Traditionalismus, daß sie eine unwandelbare Wahrheit repräsentiert, aber ihr Glaube ist inkonsequent. Während der Absolutismus der Tradition auf vergangene Zeiten mit dem Anspruch hinweisen kann, daß er das aussagt, was immer schon gesagt worden ist, hat der Absolutismus der Revolution mindestens in einem Falle den Zusammenbruch eines solchen Anspruchs erfahren. Er hat den Sturz der Tradition durch seinen eigenen Sieg erlebt, und er sollte die Möglichkeit seines eigenen Endes ins Auge fassen. Aber er tut es nicht[1]. Darin wird deutlich, daß die beiden Typen des Absolutismus sich nicht gegenseitig ausschließen, sondern daß der eine den anderen hervorbringt.

Beide Typen stehen im Gegensatz zu verschiedenen Formen des Relativismus. Der Relativismus leugnet ein statisches Element in der Struktur der Vernunft oder betont das dynamische Element so sehr, daß für die Struktur der Vernunft kein Ort übrig bleibt. Der Relativismus kann positivistisch oder zynisch sein; der erste entspricht dem Absolutismus der Tradition, der zweite entspricht dem Absolutismus der Revolution. Der positivistische Relativismus nimmt, was „gegeben" ist, ohne nach absoluten Kriterien für dessen Wert zu fragen. In der Praxis kann er daher so konservativ wie irgend eine Art des Absolutismus der Tradition werden, aber auf einer anderen Basis und mit anderen Folgerungen. Der Rechtspositivismus in der Mitte des 19. Jahrhunderts z. B. war eine Reaktion gegen den revolutionären Absolutismus des 18. Jahrhunderts. Aber er selber war nicht absolutistisch. Er faßte das positive Recht der verschiedenen Völker und Zeitalter als lediglich gegeben auf, aber er ließ weder kritische Angriffe von seiten des Naturrechts zu, noch begründete er ein allgemeingültiges positives Recht als ewiges Recht. In ähnlicher Weise stellte der ästhetische Relativismus dieser Periode alle vorangegangenen Stilformen auf die gleiche Ebene, ohne irgend einer von ihnen im Hinblick auf ein klassisches Ideal den Vorrang zu geben. In der Sphäre der sozialen Beziehungen wurden die örtlichen Traditionen

[1] Der protestantische orthodoxe Absolutismus ist weniger konsequent als der katholische kirchliche Absolutismus. Schleiermachers Behauptung, daß „die Reformation noch fortgeht", ist die einzige konsequente protestantische Haltung. Es ist eine erstaunliche, obgleich anthropologisch recht aufschlußreiche Tatsache, daß in Amerika Gruppen, die einen sehr radikalen Absolutismus der Tradition repräsentieren, sich als „Töchter" oder „Söhne" der amerikanischen Revolution bezeichnen. Der russische Kommunismus hat nicht nur den Absolutismus seines revolutionären Angriffs bewahrt, sondern hat sich teilweise zu einem Absolutismus der Revolution entwickelt, indem er sich bewußt auf die Traditionen der vorrevolutionären Vergangenheit bezieht. Marx selber war, indem er den Übergangscharakter jedes Stadiums des revolutionären Prozesses betonte, in dieser Hinsicht viel konsequenter. Er hätte sagen können: „Die Revolution geht noch fort."

## Der Konflikt innerhalb der aktuellen Vernunft

gepriesen und ihre abweichenden Entwicklungen ohne kritische Norm angenommen. Wichtiger als all dies ist der philosophische Positivismus. Seit der Zeit David Humes hat er sich nach vielen Richtungen hin entwickelt und hat in allen Lebensbereichen absolute Normen und Kriterien durch pragmatische Beurteilungen ersetzt. Die Wahrheit ist relativ zu einer Gruppe, einer konkreten Situation, einer Form des Lebens. In dieser Hinsicht stimmen die modernen Formen des Existentialismus mit den Prinzipien des pragmatischen Relativismus und mit einigen Formen der europäischen Lebensphilosophie in erstaunlichem Grade überein. Es ist die Tragik dieses Positivismus, daß er sich entweder in den konservativen Absolutismus oder in den zynischen Typ des Relativismus verwandelt. Nur in Ländern, wo die Reste früherer Absolutismen noch mächtig genug sind, solche Entwicklungen aufzuhalten, sind die selbstzerstörerischen Folgen des Positivismus verborgen (England, Amerika).

Der zynische Relativismus ist gewöhnlich das Resultat einer Enttäuschung über den utopischen Absolutismus. Er gebraucht skeptische Argumente gegenüber absoluten Prinzipien, aber er zieht nicht eine der beiden möglichen Konsequenzen des radikalen Skeptizismus. Er wendet sich weder der Offenbarung zu, noch verläßt er die Bereiche des Denkens und Handelns, wie der antike Skeptizismus es oft getan hat. Der Zynismus ist eine Haltung der Überlegenheit oder der Indifferenz gegenüber jeder rationalen Struktur, sei sie statisch oder dynamisch. Der zynische Relativismus gebraucht die Vernunft nur zu dem Zwecke, um die Vernunft zu leugnen – ein Selbstwiderspruch, der „zynisch" akzeptiert wird. Die Vernunftkritik, die einige gültige Strukturen voraussetzt, ist nicht die Basis des zynischen Relativismus. Seine Basis ist der Unglaube an die Gültigkeit jedes Vernunftaktes, selbst wenn er rein kritisch ist. Der zynische Relativismus geht an seinen Selbstwidersprüchen nicht zugrunde. Seine Nemesis ist der leere Raum, den er produziert, das völlige Vakuum, in das neue Absolutismen einströmen.

Der „Kritizismus" ist ein Versuch, den Konflikt zwischen Absolutismus und Relativismus zu überwinden. Er ist eine Haltung, die sich nicht auf die sogenannte kritische Philosophie beschränkt, sondern sich auf die ganze Geschichte der Philosophie erstreckt und nicht nur auf sie allein. In allen Sphären der ontologischen Vernunft ist er wirksam. Er ist der Versuch, die statischen und die dynamischen Elemente der Vernunft zu vereinigen, indem er das statische Element des Inhalts entleert und es auf die reine Form reduziert. Ein Beispiel dafür ist der „kategorische Imperativ", der spezielle Forde-

Die Vernunft in der Existenz

rungen ablehnt und die konkreten Einzelheiten den Zufällen der Situation überläßt. Der Kritizismus verbindet ein positivistisches mit einem revolutionären Element, indem er den Traditionalismus ebenso wie den Zynismus ausschließt. Sokrates und Kant repräsentieren die kritische Haltung in der Philosophie. Aber die Entwicklung ihrer Schulen beweist, daß die kritische Haltung mehr Postulat als Möglichkeit ist. In beiden Schulen herrschte entweder das statische oder das dynamische Element vor und vereitelte so den kritischen Versuch. Obwohl Platos frühe Dialoge kritisch waren, entwickelte sich der Platonismus in Richtung des Absolutismus. Obwohl der Hedonismus und der Zynismus den sokratischen Rationalismus übernahmen, entwickelten sie sich in Richtung des Relativismus. Kants klassische Nachfolger wurden reine Absolutisten, während der Neukantianismus den Relativismus eines unendlichen Prozesses betonte. Das ist kein Zufall. Die kritische Haltung täuschte sich selbst über ihre Leere, indem sie absolute, wenn auch angeblich inhaltlose Kriterien einführte. In diesen Kriterien spiegelte sich aber stets eine besondere Situation, z. B. die Athens im Peloponnesischen Krieg oder die des Sieges des bürgerlichen Geistes in West-Europa. Die von der kritischen Philosophie eingeführten Prinzipien waren zu konkret und daher zu relativ für ihren absoluten Anspruch. Und ihre Anwendung war zu absolutistisch; sie stellte eine besondere Lebensform dar, die mehr als nur relative Gültigkeit beanspruchte. Deshalb war der Kritizismus in der Antike genau wie in der modernen Welt unfähig, den Konflikt zwischen Absolutismus und Relativismus zu überwinden. Nur was zugleich absolut und konkret ist, kann das. Nur die Offenbarung kann es.

c) *Formalismus gegen Emotionalismus*. Ihrem Wesen nach vereinigt die Vernunft formale und emotionale Elemente. Das formale Element herrscht in der kognitiven und ordnenden Funktion der Vernunft vor und das emotionale Element in ihrer ästhetischen und gemeinschaftsbildenden Funktion. Ihrem Wesen nach vereinigt die Vernunft beide Elemente. Unter den Bedingungen der Existenz bricht die Einheit auseinander. Die Elemente bewegen sich gegeneinander und bringen Konflikte hervor, die so tief und zerstörerisch sind wie die Konflikte, über die schon gesprochen worden ist.

Formalismus entsteht immer dann, wenn in irgendeiner Vernunftfunktion das formale Element überbetont wird. „Beherrschendes Erkennen" und die ihm entsprechende formalisierte Logik repräsentieren, wenn sie als Vorbild aller Erkenntnis aufgefaßt werden, den Formalismus in der kognitiven Funktion der Vernunft. Beherrschendes Erkennen ist aber nur *eine* Seite der kognitiven Funktion der Vernunft, wenn auch ein wesentliches Element in jedem Erkenntnisakt. Aber der Versuch, das Ganze der kognitiven Funktion dem beherrschenden Erkennen unterzuordnen und jeden anderen Zugang zur Wahrheit zu leugnen, ist ein Ausdruck existentieller Zerspaltung. Er verhindert das Eindringen in diejenigen Dimensionen der Dinge und Ereignisse, die nur durch „einendes Erkennen" ergriffen werden können. Formalismus im Erkenntnisbereich ist Intellektualismus, d. h. der Gebrauch des Intellekts ohne *eros*. Gegen ihn sind emotionale Reaktionen bis zu einem gewissen Grade im Recht, wenn sie ein Erkennen fordern, das nicht nur beherrscht, sondern auch eint. Sie sind im Unrecht, wenn sie – ganz gleich um welches Erkenntnisgebiet es sich handelt – die Verpflichtung zum strengen, ernsthaften und technisch korrekten Denken vergessen.

In der ästhetischen Funktion der Vernunft ist der Formalismus eine Haltung, die in dem Schlagwort „l'art pour l'art" zum Ausdruck kommt, die Inhalt und Sinn des Kunstwerkes um seiner Form willen vernachlässigt. Der Ästhetizismus nimmt der Kunst ihren existentiellen Charakter, indem er unverbindliche Geschmacksurteile und raffinierte Kennerschaft an die Stelle der Einfühlung setzt. Es gibt keinen künstlerischen Ausdruck ohne schöpferische rationale Form, aber selbst in ihrer größten Verfeinerung bleibt die Form leer, wenn sich in ihr keine geistige Substanz ausdrückt. Auch das reichste und tiefste Kunstwerk kann für das geistige Leben zerstörerisch sein, wenn es im Sinne des Formalismus und Ästhetizismus aufgenommen wird. Die emotionalen Reaktionen der Menschen gegenüber dem Ästhetizismus sind meist falsch in ihrem ästhetischen Urteil, aber richtig in ihrer zugrundeliegenden Intention.

Der Formalismus im Bereich der ordnenden, insbesondere der gesetzgebenden Vernunft betont ausschließlich die strukturellen Notwendigkeiten der Gerechtigkeit, ohne die Frage nach der Angemessenheit einer juristischen Form in bezug auf die menschliche Wirklichkeit zu stellen, die sie gestalten soll. Die tragische Entfremdung zwischen Recht und Leben, die zu allen Zeiten beklagt wird, hat ihre Ursache nicht in dem bösen Willen derer, die das Gesetz erlassen und durchführen; es ist eine Konsequenz der Trennung der Form von der emotionalen Partizipation. Legalismus im Sinne eines juristischen Formalismus kann – wie gewisse Typen der Logik – zum Spiel der reinen Form werden, zwar folgerichtig in sich selbst, aber nicht aus dem Leben geschöpft. Wenn dennoch auf das Leben angewandt, kann dieses Spiel zur zerstörerischen Wirklichkeit werden. Formalismus, der mit Macht ausgerüstet ist, kann in einer sozialen Gruppe zu einem furchtbaren Mittel der Unterdrückung werden. Von hier aus gesehen sind juristischer Formalismus und totalitäre Unterdrückung eng verwandt.

Gefühlsreaktionen gegen den juristischen Formalismus mißverstehen die strukturellen Notwendigkeiten des Rechts, aber sie empfinden instinktiv die Unangemessenheit des juristischen Formalismus gegenüber den Forderungen des Lebens.

In der gemeinschaftsbildenden Funktion der Vernunft bewahrt, gebraucht und verteidigt der Formalismus die konventionellen Formen, die das soziale und persönliche Leben geschaffen haben. Der Konventionalismus, wie man diese Haltung nennen kann, darf nicht mit dem Traditionalismus verwechselt werden. Der letztere erhebt einen absoluten Anspruch auf spezielle Traditionen oder Konventionen um ihres Inhalts und ihrer Bedeutung willen. Der Konventionalismus erhebt weder absoluten Anspruch auf die Konventionen, die er verteidigt, noch bewertet er sie im Hinblick auf ihren Inhalt und ihre Bedeutung. Der Konventionalismus bejaht die sozialen und persönlichen Formen als Formen. Der konventionelle Formalismus fordert automatischen Gehorsam gegenüber den einmal akzeptierten Verhaltensweisen. Seine erschreckende Macht in sozialen Beziehungen, in der Erziehung und in der Selbstdisziplin läßt ihn zu einer tragischen Macht in der gesamten Menschheitsgeschichte werden. Er versucht, die angeborene Vitalität und Kreativität jedes neuen Wesens und jeder neuen Generation zu zerstören. Er lähmt das Leben und ersetzt Liebe durch Gesetz. Er formt Persönlichkeiten und Gemeinschaften, indem er die geistige Substanz, die er formen soll, unterdrückt. Die Form zersört den Sinn. Gefühlsreaktionen gegen den konventionellen Formalismus sind im höchsten Maße explosiv und führen zu Katastrophen. Sie haben einen „blinden Fleck" in bezug auf die stützende, erhaltende und lenkende Macht der Konvention und Gewohnheit. Aber sie haben recht, wenn sie sich gegen deren formalistische Verzerrung leidenschaftlich und opferbereit auflehnen.

Der Formalismus kommt nicht nur in jeder Funktion der ontologischen Vernunft zum Vorschein, sondern auch in der Beziehung der Funktionen untereinander. Die Einheit der Vernunft wird zerstört durch ihre Aufteilung in Einzelgebiete, von denen jedes unter der Kontrolle von besonderen strukturellen Formen steht. Das gilt für die erkennende und ästhetische Vernunftfunktion und ihre gegenseitige Beziehung ebenso wie für die ordnende und gemeinschaftsbildende Vernunftfunktion und deren gegenseitige Beziehung. Die erkennende Funktion, die ihr ästhetisches Element verloren hat, ist getrennt von der ästhetischen Funktion, die ihr erkennendes Element verloren hat. In der essentiellen Vernunft sind diese beiden Elemente in verschiedenen

## Der Konflikt innerhalb der aktuellen Vernunft

Graden miteinander verbunden. Das kommt zum Ausdruck in den verschiedensten Vernunftschöpfungen wie beispielsweise historischem Verstehen und metaphysischer Intuition auf der einen Seite, psychologischem Roman und philosophischer Dichtung auf der anderen Seite. Die Vereinigung der kognitiven und der ästhetischen Funktion findet ihren vollkommenen Ausdruck in der Mythologie, die ihrer beider Ursprung ist, von der sie sich befreien, um ihre eigenen Wege zu gehen, immer aber mit der Tendenz, zu ihr zurückzukehren. Die romantische Philosophie und Kunst des frühen 19. Jahrhunderts versuchte, die Einheit der kognitiven und der ästhetischen Funktion wiederherzustellen. Dieser Versuch ist von vielen zeitgenössischen Künstlern und Philosophen fortgesetzt worden — im Expressionismus, Neorealismus und Existentialismus. Sie alle wandten sich ab vom kognitiven und ästhetischen Formalismus und damit von der Trennung beider Funktionen. Sie versuchten sogar, beide in einem neuen Mythos zu vereinigen. Aber dabei scheiterten sie. Ein Mythos kann nicht geschaffen, die Einheit der rationalen Funktionen kann auf dem Boden der in sich zerfallenen Vernunft nicht erzwungen werden. Ein neuer Mythos ist Ausdruck der Einheit schaffenden Macht einer neuen Offenbarung, nicht das Produkt formalisierter Vernunft.

Auch die ordnende und die gemeinschaftsbildende Funktion der Vernunft sind auseinandergerissen, wenn der Formalismus in ihnen dominiert und die emotionale Seite unterdrückt wird. Die ordnende Vernunftfunktion — ihrer gemeinschaftsbildenden Elemente beraubt — ist losgerissen von der gemeinschaftsbildenden Vernunftfunktion, wenn diese ihre ordnenden Elemente verloren hat. In der essentiellen Vernunft sind beide Elemente in verschiedenen Graden und Übergängen miteinander verbunden, ähnlich der Art wie innerhalb eines umfassenden politisch-juristischen Gebildes freie Gruppen ein mehr oder weniger selbständiges Leben führen können. Die Einheit der ordnenden und gemeinschaftsbildenden Vernunftschöpfungen ist vollkommen in der Kultgemeinschaft sichtbar, die ihrer beider Ursprung ist, von der sie sich befreien, um ihre eigenen Wege zu gehen, immer aber mit der Tendenz, zu ihr zurückkehren. Alte und neue Romantiker sehnen sich nach einem Zustand, der das *corpus christianum* des idealisierten Mittelalters darstellt, oder, wenn dieser nicht wiederhergestellt werden kann, nach dem nationalen oder rassischen „Leib" oder dem „Leib" der Menschheit. Sie suchen eine Gemeinschaft, die der Träger eines nichtformalisierten Rechts werden kann[1]. Aber weder die

---
[1] Dies ist das eigentliche Problem der Weltorganisation, der die Menschheit heute zustrebt und die verfrüht in Angriff genommen wurde.

Menschheit als Organisation noch ein gemeinschaftlicher Kult als Funktion einer religiösen Weltgemeinschaft können Gesetz und Gemeinschaft in sich vereinigen. Diese Einheit kann weder durch eine formalisierte Verfassung noch durch unorganisierte Sympathien, Wünsche und Bewegungen geschaffen werden. Die Frage nach einer neuen und universalen Integration, in der Organisation und Gemeinschaft miteinander verbunden sind, ist die Frage nach der Offenbarung.

Endlich trennt die Formalisierung der Vernunft ihre ergreifende von ihrer umgestaltenden Seite. Dieser Konflikt wird gewöhnlich als der Konflikt zwischen Theorie und Praxis bezeichnet. Ein Ergreifen, welches das Element des Umgestaltens, und ein Umgestalten, das das Element des Ergreifens verloren hat, geraten in Konflikt miteinander. In der essentiellen Vernunft sind beide Elemente miteinander verbunden. Das viel mißbrauchte Wort „Erfahrung" hat eine Nebenbedeutung, die auf diese Einheit hinweist: Erfahrung vereinigt Einsicht und Handeln. In der Beziehung von Mythos und Kultus ist eine Trennung überhaupt unvorstellbar. Der Kultus setzt den Mythos voraus, auf dessen Grund sich das Drama zwischen Gott und Mensch abspielt, und der Mythos setzt den Kultus voraus, der seine aktuelle Darstellung ist. Von hier aus wird der fortgesetzte Kampf um die Wiedervereinigung zwischen Theorie und Praxis verständlich. Wenn Marx von der „Armut der Philosophie" sprach, so griff er damit eine Philosophie an, die die Welt erklärt, ohne sie zu verändern. Nietzsche griff in seinem Kampf gegen den Historismus eine Geschichtsschreibung an, die nicht auf unsere historische Existenz bezogen ist. Der religiöse Sozialismus berief sich auf die Einsicht des vierten Evangeliums, daß die Wahrheit getan werden muß, und er übernahm die Einsicht der ganzen biblischen Tradition, daß ohne lebendige Partizipation an der „neuen Wirklichkeit" deren Wesen nicht erkannt werden kann. Obwohl der Instrumentalismus vornehmlich in der Ebene der technischen Vernunft bleibt, weist er doch auf die innige Beziehung zwischen Handeln und Erkennen hin. Dennoch bleiben die Konflikte bestehen. Die Praxis leistet der Theorie Widerstand, weil sie sich ihr überlegen fühlt. Sie fordert einen Aktivismus, der jede theoretische Untersuchung abschneidet, ehe sie beendet ist. In der Praxis kann man sich nicht anders verhalten, denn man muß handeln, bevor man mit dem Denken zu Ende gekommen ist. Infolge der unendlichen Horizonte des Denkens kann das Denken nicht die Basis für eine sichere praktische Entscheidung abgeben. Außer im technischen Bereich, der keine existentielle Entscheidung fordert, muß man Entscheidungen auf der Grundlage entstellter und unvollständiger Erkenntnisse treffen.

## Der Konflikt innerhalb der aktuellen Vernunft

Weder die Theorie noch die Praxis in ihrer Isolierung sind imstande, das Problem ihrer gegenseitigen Konflikte zu lösen. Nur eine Wahrheit, die durch die Endlosigkeit der theoretischen Möglichkeiten hindurchbricht, und nur ein Wert, der trotz der in jedem Handeln liegenden unendlichen Relativität durchbricht, können den Bruch zwischen den ergreifenden und umgestaltenden Funktionen der Vernunft überwinden. Die Frage nach einer solchen Wahrheit und nach einem solchen Wert ist die Frage nach der Offenbarung.

Die funktionellen Spaltungen in der Vernunft sind Konsequenzen ihrer Formalisierung. In allen Bereichen lehnt sich das emotionale Leben gegen die formale Vernunft auf. Aber diese Auflehnung ist vergeblich, weil sie rein „emotional" ist, d. h. ohne strukturelle Elemente. Wenn emotionales Leben bloßes Gefühl bleibt, so ist es machtlos gegenüber Intellektualismus und Ästhetizismus, gegenüber Legalismus und Konventionalismus. Obwohl es aber der Vernunft gegenüber machtlos ist, so kann es dennoch eine große zerstörerische Macht über den Geist gewinnen, im persönlichen und im sozialen Bereich. Emotion ohne rationale Strukturen führt zum Irrationalismus. Und Irrationalismus ist in doppelter Hinsicht zerstörerisch. Wenn er die formalisierte Vernunft angreift, dann muß er selbst insofern rationale Elemente haben, als er angreifen kann. Aber diese Elemente sind keiner rationalen Beurteilung unterworfen und erhalten ihre Kraft aus der Stärke der Emotion. Auch darin liegt noch Vernunft, aber eine Vernunft, die irrational getragen ist und die darum blind und fanatisch ist. Der Irrationalismus hat alle Eigenschaften des Dämonischen, sei es im religiösen oder im weltlichen Bereich. Wenn er andererseits sich jeder Struktur entleert und zum rein subjektiven Gefühl wird, so entsteht ein Vakuum, in das die entstellte Vernunft ohne rationale Kontrolle einbrechen kann[1]. Wenn die Vernunft ihre formalen Strukturen und damit zugleich ihre kritische Kraft preisgibt, so ist das Resultat nicht leere Sentimentalität, sondern das dämonische Hervorbrechen widervernünftiger Mächte, denen häufig alle Mittel der technischen Vernunft dienstbar gemacht werden. Diese Erfahrung treibt dazu, die Frage nach der Wiedervereinigung von Form und Emotion zu stellen. Das ist die Frage nach der Offenbarung. Die Vernunft widerspricht nicht der Offenbarung. Sie fragt nach der Offenbarung, denn Offenbarung bedeutet die Integration der in sich zwiespältigen Vernunft.

---

[1] Der leere Irrationalismus der deutschen Jugendbewegung war ein fruchtbarer Boden für den „rationalen Irrationalismus" der Nationalsozialisten.

# C

## DIE KOGNITIVE FUNKTION DER VERNUNFT UND DIE FRAGE NACH DER OFFENBARUNG

### 1. Die ontologische Struktur der Erkenntnis

Die systematische Theologie muß der kognitiven Funktion der ontologischen Vernunft besondere Beachtung schenken bei der Entfaltung des Offenbarungsbegriffs, denn die Offenbarung ist das Sichtbarwerden des Seinsgrundes für die menschliche Erkenntnis. Da die Theologie als solche keine eigene Erkenntnistheorie entwickeln kann, muß sie auf diejenigen Eigenschaften der kognitiven Funktion der Vernunft Bezug nehmen, die für das kognitive Element der Offenbarung wichtig sind. Die Theologie muß im besonderen die kognitive Funktion der Vernunft unter den Bedingungen der Existenz beschreiben. Aber eine Beschreibung der existentiellen Konflikte der Vernunft setzt ein Verständnis ihrer ontologischen Struktur voraus. Es ist die polare Struktur der Vernunft, die ihre existentiellen Konflikte möglich macht und sie zur Frage nach der Offenbarung treibt.

Erkennen ist eine Form der Einung. In jedem Erkenntnisakt werden der Erkennende und das Erkannte miteinander vereint, die Kluft zwischen Subjekt und Objekt wird überwunden. Das Subjekt „ergreift" das Objekt, gleicht es sich an und gleicht sich selber dem Objekt an. Aber die Erkenntniseinung hat einen eigentümlichen Charakter, es ist eine Einung durch Trennung. Distanz ist eine Bedingung der Erkenntniseinung. Um zu erkennen, muß man auf ein Ding „hinschauen", und, um auf die Dinge hinzuschauen, muß man „in der Distanz" sein. Kognitive Distanz ist die Voraussetzung für kognitive Einung. Die meisten Philosophen haben beide Seiten gesehen. Die alte Streitfrage, ob Gleiches durch Gleiches oder Ungleiches durch Ungleiches erkannt wird, ist der klassische Ausdruck für die Einsicht, daß Einung (die Gleichheit voraussetzt) und Distanz (die Ungleichheit voraussetzt) polare Elemente innerhalb des Erkenntnisprozesses sind. Die Einheit von Distanz und Einung ist das ontologische Problem der Erkenntnis. Weil Plato um sie wußte, konnte er den Mythos schauen, der von einer ursprünglichen Einheit der Seele mit den Wesenheiten (Ideen) spricht, von der Trennung der Seele von dem wahrhaft Wirklichen in der zeitlichen Existenz, von der Erinnerung an die Wesenheiten und von der Wiedervereinigung mit ihnen durch die verschie-

## Die ontologische Struktur der Erkenntnis

denen Stufen der Erhebung der Seele durch Erkenntnis. Trotz der Entfremdung ist die Einheit nie völlig zerstört. Das einzelne Objekt ist als solches fremd, aber es enthält essentielle Strukturen, mit denen das erkennende Subjekt essentiell verbunden ist und an die es sich erinnern kann, wenn es auf die Dinge hinschaut. Dieses Motiv durchzieht die ganze Geschichte der Philosophie. Es erklärt die titanischen Versuche des menschlichen Denkens in allen Perioden, den Erkenntnisbezug verständlich zu machen — die Fremdheit zwischen Subjekt und Objekt und die dennoch bestehende Vereinigung im Erkennen. Während der Skeptizismus an der Möglichkeit verzweifelte, Subjekt und Objekt miteinander zu vereinen, entfernte der Kritizismus das Objekt als Ding an sich aus dem Bereich des tatsächlichen Erkennens, ohne zu erklären, wie die Erkenntnis die Wirklichkeit selber und nicht nur eine Erscheinung begreifen kann. Während der Positivismus den Unterschied zwischen Subjekt und Objekt völlig aufhob und der Idealismus sich für ihre Identität entschied, konnte keiner von beiden die Entfremdung von Subjekt und Objekt und die Möglichkeit des Irrtums erklären. Der Dualismus postulierte eine transzendente Einheit von Subjekt und Objekt in einem göttlichen Geist oder einer göttlichen Substanz, ohne die menschliche Partizipation an ihm zu erklären. Und doch war in jedem dieser Versuche das ontologische Erkenntnisproblem deutlich: die Einheit von Trennung und Vereinigung.

Die erkenntnistheoretische Situation wird existentiell bestätigt durch gewisse persönliche und soziale Verhaltensweisen zum Akt des Erkennens. Die Leidenschaft, zu erkennen um des Erkennens willen, die sich häufig in primitiven wie in differenzierten Formen findet, deutet darauf hin, daß ein Mangel, ein Vakuum ausgefüllt wird, wenn das Erkennen zum Ziel kommt. Etwas, das fremd war, das aber dennoch zu uns gehört, ist uns vertraut, ja ein Teil von uns selbst geworden. Nach Plato wird der erkennende *eros* aus Armut und Überfluß geboren. Er treibt uns zur Wiedervereinigung mit dem, wozu wir gehören und was zu uns gehört. In jedem Erkenntnisakt werden Mangel und Entfremdung überwunden.

Aber Erkenntnis ist mehr als Erfüllung, sie verwandelt und heilt. Das wäre unmöglich, wenn das erkennende Subjekt nur ein Spiegel des Objekts wäre und die Distanz zu ihm unüberwunden bliebe. Sokrates war sich dieser Situation bewußt, als er behauptete, das Tun des Guten folge aus dem Wissen um das Gute. Natürlich ist es eine ebenso leichte wie billige Feststellung, daß man um das Gute wissen kann, ohne es zu tun. Man sollte nicht Sokrates und Paulus konfrontieren, um zu beweisen, wieviel realistischer Paulus war. Es

*Die kognitive Funktion der Vernunft und die Frage nach der Offenbarung*

ist zum mindesten wahrscheinlich, daß Sokrates das wußte, was jedes Schulkind weiß — nämlich daß man oftmals gegen sein besseres Wissen handelt. Aber er wußte auch etwas, wovon selbst Philosophen und Theologen oft nichts wissen — daß wahre Erkenntnis Einung bedeutet und daher Offenheit, das zu empfangen, womit man sich vereinigt. Dies ist die Erkenntnis, von der Paulus auch spricht, die *Gnosis*, die im neutestamentlichen Griechisch zugleich kognitive, sexuelle und mystische Vereinigung bedeutet. In dieser Beziehung gibt es keinen Gegensatz zwischen Sokrates und Paulus. Wer Gott oder Christus so erkannt hat, daß er von ihm ergriffen und mit ihm vereint ist, der tut das Gute. Wer die essentielle Struktur der Dinge so kennt, daß er ihre Bedeutung und ihre Mächtigkeit erfahren hat, handelt danach. Er tut das Gute, selbst wenn er dafür sterben muß.

Gegenwärtig hat der Begriff der „Einsicht" die Bedeutung von *gnosis* erhalten; eine Erkenntnis ist gemeint, die verwandelt und heilt. Die Tiefenpsychologie schreibt der Einsicht heilende Kräfte zu und meint damit nicht eine distanzierte Kenntnis der psychoanalytischen Theorie oder der eigenen Vergangenheit im Lichte dieser Theorie, sondern eine Wiederholung der tatsächlichen Erfahrungen mit all den Schrecken und Qualen einer solchen Wiederholung. Einsicht in diesem Sinne ist eine Wiedervereinigung mit der eigenen Vergangenheit und insbesondere mit solchen Elementen in ihr, die einen zerstörenden Einfluß auf die Gegenwart haben. Solche kognitive Einung führt zu einer Wandlung, die ebenso radikal und schwierig ist wie die, die von Sokrates und Paulus vorausgesetzt und gefordert wurde. Für die meisten asiatischen Philosophen und Religionen ist die einende, heilende und verwandelnde Macht der Erkenntnis etwas Selbstverständliches. Ihr Problem, das nie völlig von ihnen gelöst wurde, ist das Element der Distanz, nicht das der Einung.

Eine andere existentielle Bestätigung der Interpretation der Erkenntnis als Einheit von Distanz und Einung ist die soziale Bewertung des Wissens in allen integrierten Menschengruppen. Man hält die Einsicht in die Prinzipien, auf denen das Leben der Gruppe ruht, sowie deren Annahme für eine unerläßliche Voraussetzung für das Leben der Gruppe. In dieser Hinsicht gibt es keinen Unterschied zwischen religiösen oder säkularen, demokratischen oder totalitären Gruppen. Der Nachdruck, der in allen sozialen Gruppen auf die Erkenntnis der beherrschenden Prinzipien gelegt wird, bleibt unverständlich, wenn der einende Charakter der Erkenntnis nicht erkannt wird. Manche Kritik am sogenannten Dogmatismus, die oft von Menschen vorgebracht wird, die nichts von ihren eigenen dogmatischen Voraus-

*Erkenntnisbeziehungen*

setzungen wissen, wurzelt in dem falschen Verständnis der Erkenntnis als eines distanzierten Wissens um Objekte, die vom Subjekt getrennt sind. Dogmatismus gegenüber solchen Gegenständen der Erkenntnis wäre in der Tat sinnlos. Aber wenn Erkenntnis eint, dann kommt viel darauf an, mit welchem Objekt man sich eint. Der Irrtum wird gefährlich, wenn er die erkennende Einung mit verzerrten und trügerischen Gegenständen ist. Die Angst, dem Irrtum zu verfallen, oder die Angst vor dem Irrtum, in den andere fallen könnten oder gefallen sind, die furchtbaren Reaktionen gegen den Irrtum in allen geschlossenen sozialen Gruppen, die Deutung des Irrtums als dämonischer Besessenheit — all dies ist nur verständlich, wenn Erkenntnis Einung bedeutet. Der Liberalismus und sein Protest gegen den Dogmatismus beruhen auf dem notwendigen Element der Distanz in der Erkenntnis. Distanz fordert Offenheit für Fragen, Untersuchungen und neue Antworten, selbst bis zu dem Punkt, wo es zur Auflösung einer sozialen Gruppe kommen kann. Unter den Bedingungen der Existenz gibt es keine endgültige Lösung dieses Konfliktes. Wie die Vernunft ganz allgemein in den Konflikt zwischen Absolutismus und Relativismus hineingezogen wird, so ist die erkennende Vernunft in jedem Erkenntnisakt dem Konflikt zwischen Einung und Trennung unterworfen. Aus diesem Konflikt entsteht die Frage nach einer Erkenntnis, die das Ruhen in existentieller Einung mit dem Offensein vereinigt, das aus kognitiver Distanz folgt. Diese Frage ist die Frage nach der Erkenntnis, die die Offenbarung gibt.

## 2. *Erkenntnisbeziehungen*

Das Element der Einung und das Element der Distanz sind in den verschiedenen Erkenntnisbereichen in verschiedenen Proportionen gemischt. Aber es gibt keine Erkenntnis, ohne daß beide Elemente vorhanden sind. Statistische Angaben liefern das Material für physikalische oder soziologische Erkenntnis, aber sie sind nicht selber Erkenntnis. Andächtige Meditationen enthalten Erkenntniselemente, aber sie sind nicht selber Erkenntnis.

Der Erkenntnistyp, der vor allem durch das Element der Distanz bestimmt ist, kann als beherrschendes Erkennen bezeichnet werden[1]. Im beherrschenden Erkennen wird die technische Vernunft aktuell. Beherrschendes Erkennen verbindet Subjekt und Objekt, um die Herr-

---

[1] Vgl. Max Scheler, Versuche zu einer Soziologie des Wissens (München 1924).

*Die kognitive Funktion der Vernunft und die Frage nach der Offenbarung*

schaft des Subjekts über das Objekt aufzurichten. Es verwandelt das Objekt in ein völlig bedingtes und berechenbares „Ding" und beraubt es jeder subjektiven Qualität. Beherrschendes Erkennen schaut auf sein Objekt als auf etwas, das den Blick nicht zurückgeben kann. Selbstverständlich sind in jedem Erkenntnistyp Subjekt und Objekt logisch unterschieden. Es gibt immer ein Objekt, selbst in unserer Gotteserkenntnis. Aber das beherrschende Erkennen objektiviert nicht nur logisch (was unvermeidlich ist), sondern auch ontologisch und ethisch. Aber kein Ding ist bloßes Ding. Da alles, was ist, an der Selbst-Welt-Struktur des Seins teilhat, gibt es nichts, was nicht — wenn auch in begrenzter Weise — selbstbezogen ist. Das ermöglicht die Einung mit jedem Ding. Nichts ist *absolut* fremd. Bildlich gesprochen könnte man sagen: So wie wir auf die Dinge hinblicken, so blicken sie auf uns. Sie erwarten, daß wir sie aufnehmen, und sie ermöglichen es, daß wir in der erkennenden Vereinigung reicher werden. Die Dinge zeigen an, daß sie uns „interessieren" könnten, wenn wir in ihre tieferen Schichten eindringen und ihre spezielle Seinsmächtigkeit erfahren[1]. Zugleich schließt dies die Tatsache nicht aus, daß die Dinge im technischen Sinne Objekte sind, Dinge, die gebraucht und geformt werden, Mittel für Zwecke, die ihrem innersten Sinn (*telos*) fremd sind. Ein Metall interessiert uns. Es hat Elemente der Subjektivität und der Selbst-Bezogenheit. Andererseits ist es Material für zahllose Geräte und Zwecke. Während die Natur des Metalls einer überwältigenden Menge von objektivierender Erkenntnis und technischem Gebrauch Raum bietet, tut das die Natur des Menschen nicht. Der Mensch widersetzt sich der Objektivierung, und wenn sein Widerstand gegen sie zerbrochen ist, so ist der Mensch selbst zerbrochen. Die Beziehung zum Menschen ist durch das Element der Einung bestimmt, das Element der Distanz ist zweitrangig. Es fehlt zwar nicht: es gibt Schichten in der körperlichen, seelischen und geistigen Konstitution des Menschen, die vom beherrschenden Erkennen erfaßt werden können und müssen. Aber auf diese Weise kann weder die menschliche Natur erkannt werden, noch irgendeine individuelle Persönlichkeit in Vergangenheit oder Gegenwart, auch nicht das eigene Selbst. Ohne Einung gibt es keinen erkennenden Zugang zum Menschen. Im Gegensatz zum beherrschenden Erkennen kann diese Erkenntnis „einendes Erkennen" genannt werden. Einendes Erkennen ist weder aktuell noch potentiell durch die Mittel-Ziel-Beziehung be-

---

[1] Goethe fordert uns auf, darüber nachzudenken, wie „seiend" die Dinge sind, indem er auf die unvergleichbare Struktur hinweist, die ihre Seinsmächtigkeit ausmacht.

## Erkenntnisbeziehungen

stimmt. Einendes Erkennen nimmt das Objekt in sich selbst, in die Einheit mit dem Subjekt auf. Das schließt ein emotionales Element ein, von dem sich das beherrschende Erkennen so weit wie möglich zu lösen versucht. Emotion ist die treibende Kraft für das einende Erkennen. Aber die treibende Kraft macht das, was sie treibt, nicht selbst emotional. Der Inhalt ist rational, etwas, das verifiziert werden kann, auf das man mit kritischer Vorsicht hinblickt. Dennoch kann nichts erkenntnismäßig begriffen werden ohne Emotion. Zwischen Subjekt und Objekt ist keine Einung möglich ohne emotionales Teilhaben.

Die Einheit von Einung und Trennung kommt im Begriff des „Verstehens" klar zum Ausdruck. Seine wörtliche Bedeutung: an dem Ort stehen, an dem das Objekt der Erkenntnis steht, schließt enge Partizipation ein. Im landläufigen Sinn weist Verstehen auf die Fähigkeit hin, den logischen Sinn einer Sache zu begreifen. Dieser Sinn ist jedoch zu eng, wenn es sich darum handelt, eine andere Person oder eine historische Gestalt, das Leben eines Tieres oder einen religiösen Text zu verstehen; das alles enthält eine Mischung von beherrschendem Erkennen und einendem Erkennen, von Einung und Distanz, von Partizipation und Analyse.

Die meisten Entartungen der Erkenntnis beruhen auf einer Mißachtung der Polarität innerhalb der kognitiven Vernunft. Diese Mißachtung ist nicht einfach ein Fehler, den man vermeiden könnte. Unter den Bedingungen der Existenz ist sie ein echter Konflikt. Eine Seite dieser Polarität ist die Spannung zwischen Dogmatismus und Kritizismus innerhalb der sozialen Gruppen. Aber der Konflikt hat noch andere Seiten. Das beherrschende Erkennen beansprucht eine Kontrolle über jede einzelne Wirklichkeitsschicht. An Leben, Geist, Persönlichkeit, Gemeinschaft, Sinnzusammenhänge, Werte, selbst an das, was den Menschen unbedingt angeht, wird in der Haltung der Objektivität, der Analyse, der Berechnung, des technischen Gebrauchs herangegangen. Die Macht, die hinter diesem Anspruch steht, gründet sich auf die Genauigkeit, die Nachweisbarkeit, die leichte öffentliche Zugänglichkeit des beherrschenden Erkennens und vor allem seinem überaus großen Erfolg in bestimmten Wirklichkeitsschichten. Es ist unmöglich, diesen Anspruch zu ignorieren oder auch nur einzuschränken. Das öffentliche Bewußtsein ist so durchsetzt mit seinen methodischen Forderungen und seinen erstaunlichen Resultaten, daß jeder Versuch, einendes Erkennen anzuwenden, äußerstem Mißtrauen begegnet. Eine Konsequenz dieser Haltung ist der rapide Verfall des geistigen und geistlichen Lebens, die Entfremdung von der Natur und, was am gefährlichsten

*Die kognitive Funktion der Vernunft und die Frage nach der Offenbarung*

ist, die Behandlung des menschlichen Wesens als Ding. In Psychologie und Soziologie, in Medizin und Philosophie ist der Mensch in die Elemente, aus denen er besteht und die sein Verhalten angeblich bestimmen, aufgelöst worden. Auf diese Weise haben sich Reichtümer an empirischer Erkenntnis angesammelt, und täglich werden sie durch neue Forschungsergebnisse vermehrt. Aber bei diesem Unternehmen hat der Mensch sich selbst verloren. Das, was nur durch Partizipation und Einung erkannt werden kann, wird nicht in Betracht gezogen. Der Mensch ist tatsächlich zu dem geworden, als was ihn das beherrschende Erkennen gesehen hat, ein Ding unter Dingen, ein Rad in der alles beherrschenden Produktions- und Konsumptionsmaschine, ein entmenschlichtes Objekt der Tyrannei oder ein genormtes Objekt der Instrumente zur öffentlichen Meinungsbildung. Die Entmenschlichung im Bereich der Erkenntnis hat tatsächliche Entmenschlichung in der Realität hervorgebracht.

Drei Hauptbewegungen haben versucht, der Flut des beherrschenden Erkennens Widerstand zu leisten: die Romantik, die Lebensphilosophie und der Existentialismus. Sie alle hatten zwar Augenblickserfolge, aber auf die Dauer haben sie versagt, weil sie das Problem des Kriteriums für Falsch und Wahr nicht lösen konnten. Die romantische Naturphilosophie hat Dichtung und Intuition von Symbolen mit Erkenntnis verwechselt. Sie hat die Fremdheit der Objektwelt, die Fremdheit, die nicht nur zwischen den niederen, sondern auch zwischen den höheren Schichten der Natur und dem Menschen besteht, ignoriert. Wenn Hegel die Natur „entfremdeten Geist" nannte, so lag für ihn der Nachdruck nicht auf „entfremdet", sondern auf „Geist", und das gab ihm die Möglichkeit, sich der Natur mit einendem Erkennen zu nähern. Der Versuch einer solchen Erkenntnis der Natur ist in einer weltgeschichtlich bedeutungsvollen Weise gescheitert. Keine romantische Naturphilosophie kann diesem Scheitern entgehen. Das gleiche gilt von einer Lebensphilosophie, die den Versuch macht, die Einung des Erkennens mit dem dynamischen Lebensprozeß herzustellen. Eine derartige Philosophie sieht, daß das Leben nicht ein Objekt des beherrschenden Erkennens ist und daß das Leben vernichtet werden muß, damit es der Mittel-Zweck-Struktur unterworfen werden kann und daß das Leben in seiner dynamischen Kreativität, in seinem *élan vital* (Bergson) nur für einendes Erkennen, für intuitive Partizipation und mystische Einung zugänglich ist. Dies aber wirft die Frage auf, die die Lebensphilosophie nie beantworten konnte: Wie kann intuitive Einung, in der das Leben seiner selbst gewahr wird, verifiziert werden? Wenn sie unausdrückbar ist, ist sie keine Erkenntnis. Wenn sie ausgedrückt werden kann, fällt sie unter das Kriterium der kognitiven Funktion der Vernunft, und ihre Anwendung erfordert Distanz, Analyse und Objektivierung. Die Beziehung zwischen einendem Erkennen und beherrschendem Erkennen ist weder von Bergson noch von irgendeinem anderen Lebensphilosophen aufgedeckt worden. Der Existentialismus versucht, das individuelle Selbst von der Beherrschung durch das beherrschende Erkennen zu befreien. Aber diese Freiheit wird mit Begriffen beschrieben, denen nicht nur ein Kriterium, sondern auch ein Inhalt fehlt. Der Existentialismus ist der verzweifeltste Versuch, der Macht des beherrschenden Erkennens und der objektivierten Welt, die die technische Vernunft hervorgebracht hat, zu entgehen. Er sagt „Nein" zu dieser Welt, aber, um zu irgend etwas „Ja" sagen zu können, muß er entweder vom beherrschenden Erkennen Gebrauch machen oder sich der Offenbarung aufschließen. Der Existentialismus muß sich genau so wie die Romantik und die Lebensphilosophie entweder der technischen Vernunft ausliefern oder die Frage nach der Offenbarung stellen. Die Offenbarung behauptet, die vollkommene Einung zu schaffen mit dem, was in der Offenbarung erscheint. Sie ist einendes Erkennen in seiner Vollendung. Aber zugleich behauptet sie, den Forderungen des beherrschenden Erkennens, der Distanzierung und der Analyse, zu genügen.

## 3. Verifizierung

Jeder Erkenntnisakt bemüht sich um Wahrheit. Da die Theologie den Anspruch erhebt, wahr zu sein, muß sie die Bedeutung des Wahrheitsbegriffes, das Wesen der geoffenbarten Wahrheit und ihre Beziehung zu anderen Formen der Wahrheit untersuchen. Wird eine solche Erörterung unterlassen, so kann der theologische Anspruch durch einen einfachen semantischen Kunstgriff zurückgewiesen werden, wie er vielfach von Naturalisten und Positivisten gebraucht wird. Sie behaupten, der Gebrauch des Begriffs „Wahrheit" sei auf empirisch beweisbare Aussagen beschränkt. Das Prädikat „wahr" soll entweder nur für analytische Sätze gelten oder für experimentell bestätigte Sätze. Eine solche terminologische Einengung der Begriffe „wahr" und „Wahrheit" ist möglich und ist eine Frage der Konvention. Aber sobald man sich darauf einigen würde, wäre das ein Bruch mit der gesamten abendländischen Tradition und würde die Schaffung eines neuen Begriffs für das, was die klassische, antike, mittelalterliche und moderne Literatur *alethes* oder *verum* genannt hat, erforderlich machen. Ist solch ein Bruch notwendig? Die Antwort hängt letztlich nicht von Zweck-

## Die kognitive Funktion der Vernunft und die Frage nach der Offenbarung

mäßigkeitsgründen ab, sondern vom Wesen der erkennenden Vernunft. Die moderne Philosophie spricht von wahr und falsch gewöhnlich als von Urteilsqualitäten. Urteile können die Wirklichkeit ergreifen oder verfehlen und dementsprechend wahr oder falsch sein. Doch die Wirklichkeit an sich ist, was sie ist; sie kann weder wahr noch falsch sein. Gewiß ist diese Auffassung möglich, aber man kann auch über sie hinausgehen. Wenn die Frage gestellt wird: „Was macht ein Urteil zu einem wahren Urteil?", so muß in der Antwort etwas über die Wirklichkeit selber ausgesagt werden. Es muß eine Erklärung für die Tatsache geben, daß die Wirklichkeit sich selbst dem erkennenden Akt so darbieten kann, daß ein falsches Urteil zustande kommen kann, und so, daß viele Beobachtungs- und Denkprozesse notwendig sind, um zu wahren Urteilen zu gelangen. Der Grund hierfür ist der, daß die Dinge ihr wahres Sein verbergen; es muß unter der Oberfläche der Sinneseindrücke, wechselnder Erscheinungen und unbegründeter Meinungen entdeckt werden. Diese Entdeckung vollzieht sich durch einen Prozeß vorläufiger Bejahungen, darauffolgender Verneinungen und endgültiger Bejahungen. Sie vollzieht sich durch ein „Ja" und „Nein", d. h. dialektisch. Die Oberfläche muß durchstoßen, die Tiefe des Erscheinenden erfaßt werden, nämlich die *ousia,* das Wesen der Dinge, das, was ihnen Seinsmächtigkeit gibt. Dies ist ihre Wahrheit, das wahrhaft Wirkliche im Unterschied zum scheinbar Wirklichen. Es könnte jedoch nicht als wahr bezeichnet werden, wenn es nicht wahr wäre *für* jemanden, nämlich für den Geist, der in der Macht des vernünftigen Wortes, des *logos,* die Ebene der Wirklichkeit erreicht, in der das wahrhaft Wirkliche „wohnt". Dieser Wahrheitsbegriff ist nicht gebunden an seinen sokratisch-platonischen Geburtsort. Wie auch immer die Terminologie sich ändern mag, wie auch immer die Beziehung zwischen wahrhafter und scheinbarer Wirklichkeit beschrieben, die Beziehung des Geistes zur Wirklichkeit verstanden werden mag, man kann dem Problem des wahrhaft Wirklichen nicht aus dem Wege gehen. Das scheinbar Wirkliche ist nicht unwirklich, aber es ist trügerisch, wenn es für das wahrhaft Wirkliche gehalten wird.

Man könnte sagen, der Begriff des wahren Seins sei das Resultat enttäuschter Erwartungen in unserer Begegnung mit der Wirklichkeit. Wir begegnen z. B. einem Menschen, und die Eindrücke, die wir von ihm empfangen, lassen in uns Erwartungen über sein zukünftiges Verhalten entstehen. Einige dieser Erwartungen werden sich als trügerisch erweisen und den Wunsch nach einem „tieferen" Verständnis seiner Persönlichkeit erwecken, mit dem verglichen das erste Verständnis „oberflächlich" war. Neue Erwartungen entstehen, erweisen sich wie-

## Verifizierung

der als zum Teil trügerisch und treiben uns zu der Frage nach einer noch tieferen Schicht seiner Persönlichkeit. Schließlich kann es uns gelingen, seine wirkliche, wahre Persönlichkeitsstruktur zu entdecken, sein Wesen und seine Seinsmächtigkeit, und wir werden nicht mehr getäuscht werden. Wir können noch überrascht werden; aber solche Überraschungen erwarten wir, wenn eine Person das Erkenntnisobjekt ist. Die Wahrheit eines Dinges ist diejenige Schicht seines Seins, deren Erkenntnis falsche Erwartungen und darauffolgende Enttäuschungen unmöglich macht. Daher ist die Wahrheit sowohl das Wesen der Dinge als auch der Erkenntnisakt, mit dem ihr Wesen ergriffen wird. Der Begriff Wahrheit ist wie der Begriff Vernunft subjektiv-objektiv. Ein Urteil ist wahr, weil es das wahre Sein ergreift und ausdrückt, und das wahrhaft Wirkliche wird zur Wahrheit, wenn es in einem wahren Urteil ergriffen und ausgedrückt wird.

Der Widerstand der gegenwärtigen Philosophie gegen den ontologischen Gebrauch des Begriffs Wahrheit beruht auf der Annahme, daß die Wahrheit sich nur im Bereich der empirischen Wissenschaft als wahr erweisen könne. Aussagen, die sich nicht durch das Experiment als wahr erweisen lassen, werden als Tautologien, Gefühlsausbrüche oder sinnlose Behauptungen angesehen. Diese Haltung enthält eine bedeutsame Wahrheit. Aussagen, die weder von unmittelbarer Evidenz sind, noch die Möglichkeit zur Verifizierung besitzen, haben keinen Erkenntniswert. Verifizierung bedeutet eine Methode, über die Wahrheit oder Falschheit eines Urteils zu entscheiden. Ohne eine solche Methode sind Urteile ein Ausdruck des subjektiven Zustandes einer Person, aber nicht Akte der erkennenden Vernunft. Die ständige Nachprüfbarkeit gehört zum Wesen der Wahrheit, hierin hat der Positivismus recht. Jede erkenntnismäßige Annahme (Hypothese) muß geprüft werden. Der sicherste Prüfstein ist das wiederholbare Experiment. Ein Erkenntnisbereich, in dem es angewandt werden kann, hat den Vorzug methodischer Genauigkeit und die Möglichkeit, eine Behauptung jeden Augenblick nachprüfen zu können. Aber es geht nicht an, die experimentelle Methode der Verifizierung zum ausschließlichen Werkzeug aller Verifizierung zu machen. Die Verifizierung kann sich im Lebensprozeß selbst ereignen. Verifizierung dieses Typs, die erfahrungsmäßig, aber nicht experimentell ist, hat den Vorzug, daß sie den Lebensprozeß nicht aufhalten und seine Einheit nicht zerreißen muß, wie es die experimentelle Methode der Verifizierung tun muß. Verifizierung nichtexperimentellen Charakters ist lebenswahrer, obwohl weniger exakt und bestimmt. Bei weitem der größte Teil aller Verifizierung ist Sache der Erfahrung. In einigen Fällen arbeiten experimentelle und

*Die kognitive Funktion der Vernunft und die Frage nach der Offenbarung*

erfahrungsmäßige Verifizierung zusammen. In anderen Fällen fehlt das experimentelle Element völlig. Es ist offensichtlich, daß diese beiden Methoden der Verifizierung den beiden Erkenntnishaltungen, dem beherrschenden Erkennen und dem einenden Erkennen, entsprechen. Beherrschende Erkenntnis wird verifiziert durch die technische Beherrschung der Natur. Die technische Anwendung der wissenschaftlichen Erkenntnis ist ihr stärkster und eindrucksvollster Wahrheitsbeweis. In der Arbeit jeder Maschine vollzieht sich ein ständig sich wiederholendes Nachprüfen der Wahrheit der wissenschaftlichen Voraussetzungen, auf Grund deren sie konstruiert worden ist. Einende Erkenntnis erweist sich als wahr durch die schöpferische Vereinigung von zwei Wesen, dem des Erkennenden und dem des Erkannten. Dieser Test ist offensichtlich in keinem einzelnen Moment wiederholbar noch exakt. Der Lebensprozeß selbst liefert den Test. Deshalb ist dieser unbestimmt und vorläufig; es ist ein Moment des Risikos mit ihm verbunden. Künftige Stadien des gleichen Lebensprozesses können zeigen, daß das Risiko zu groß war. Dennoch müssen wir es eingehen. Die Verifikation durch Erfahrung muß immer von neuem versucht werden, ob sie durch experimentelle Tests unterstützt werden kann oder nicht.

Lebensprozesse sind der Gegenstand biologischer, psychologischer und soziologischer Forschung. In diesen Disziplinen ist ein großes Maß von beherrschendem Erkennen und experimentierender Verifizierung möglich und ständig am Werke. Wenn sich die Wissenschaftler mit den Lebensprozessen beschäftigen, so haben sie das Recht, sich um die möglichst weite Ausdehnung der experimentellen Methode zu bemühen. Aber diesen Versuchen sind Grenzen gesetzt, die nicht durch Unfähigkeit, sondern durch die Natur der Sache gegeben sind. Lebensprozesse haben den Charakter der Ganzheit, der Spontaneität und der Individualität. Experimente setzen Isolierung, Regelmäßigkeit und Allgemeinheit voraus. Daher sind nur einzelne Elemente des Lebensprozesses für die experimentierende Verifizierung offen, weil die Lebensprozesse als ganze nur einendem Erkennen zugänglich sind. Ärzte, Psychotherapeuten, Erzieher, Sozialreformer und politische Führer haben es mit der Seite des Lebensprozesses zu tun, die total, spontan und individuell ist. Sie können nur auf der Grundlage eines Wissens arbeiten, das sich aus der Zusammenarbeit von beherrschendem und einendem Erkennen ergibt. Die Wahrheit solcher Erkenntnis ist verifiziert teilweise durch experimentellen Test, teilweise durch Partizipation am individuellen Leben, um das man sich bemüht. Wenn „Erkennen durch Partizipation" Intuition genannt wird, dann ist der

*Verifizierung*

Erkenntniszugang zu jedem individuellen Lebensprozeß ein intuitiver. Intuition in diesem Sinn ist nicht irrational und ignoriert auch nicht, was experimentell verifiziert worden ist.

Im Bereich der historischen Erkenntnis wirken experimentelle und erfahrungsmäßige Methoden der Verifizierung zusammen. Die materiale Seite der historischen Forschung gründet sich auf Quellen, Überlieferungen und Dokumente, die sich gegenseitig in einer den experimentellen Methoden vergleichbaren Weise bestätigen oder als falsch erweisen. Das Auswählen und Interpretieren jedoch, ohne das es nie eine Geschichtsschreibung gegeben hat, beruht auf Partizipation durch Verstehen und Erklären. Ohne daß das Sein des Historikers sich mit dem seines Objekts vereint, ist keine Geschichtsschreibung von Bedeutung möglich. Aber mit dieser Einung haben die gleiche Periode und die gleiche historische Gestalt viele verschiedene geschichtlich bedeutsame Interpretationen erfahren, auf Grund des gleichen, als wahr erwiesenen Materials. In dieser Hinsicht bedeutet Verifikation erhellen, verständlich machen, ein sinnvolles und folgerichtiges Bild entwerfen. Die Aufgabe des Historikers ist es, „lebendig zu machen", was vergangen ist. Der Prüfstein seines Erkenntniserfolges, der Wahrheit seines Bildes, ist der, ob ihm dies gelungen ist oder nicht. Dieser Test ist kein endgültiger, und jede historische Arbeit ist ein Wagnis. Aber es *ist* ein Test, eine aus der Erfahrung, wenn auch nicht aus dem Experiment stammende Verifikation.

Das Erkenntnisobjekt der Philosophie sind Prinzipien und Normen, die die Struktur der subjektiven und objektiven Vernunft konstituieren. Rationalismus und Pragmatismus erörtern die Frage ihrer Verifikation so, daß beide das Element des einenden Erkennens zu übergehen versuchen. Der Rationalismus versucht, Prinzipien und Normen als selbstevident, universal und notwendig herauszuarbeiten. Seins- und Denkkategorien, Prinzipien des ästhetischen Ausdrucks, Normen für Recht und Gemeinschaft können apriorisch gewonnen werden, d. h. unter Ausschluß der Erfahrung. Die dafür anzuwendende Erkenntnismethode ist analog der mathematischen, deren Erkenntnisse entweder unmittelbar evident oder analytisch sind. Nach dieser Auffassung kann das analytische Denken Entscheidungen treffen über die rationale Struktur des Geistes und der Wirklichkeit.

Der Pragmatismus behauptet genau das Gegenteil. Er bezeichnet die sogenannten Prinzipien der Vernunft, die Kategorien und Normen, als Resultate angesammelter und erprobter Erfahrung, die radikalen Wandlungen durch künftige Erfahrung zugänglich und immer neuen Erprobungen unterworfen sind. Die Kategorien und Normen

## Die kognitive Funktion der Vernunft und die Frage nach der Offenbarung

müssen ihre Fähigkeit erweisen, die empirischen Erkenntnisse, die ästhetischen Formen, die gesetzlichen Strukturen und die Gestalten der Gemeinschaft zu erklären und zu beurteilen. Wenn sie imstande sind, das zu tun, dann haben sie sich pragmatisch als wahr erwiesen. Weder der Rationalismus noch der Pragmatismus bemerken in der Erkenntnis das Element der Partizipation. Keiner von beiden unterscheidet das einende Erkennen vom beherrschenden Erkennen. Beide sind weitgehend bestimmt durch die Haltung des beherrschenden Erkennens und nehmen an dessen Begrenztheit teil. Beiden gegenüber muß gesagt werden, daß die Verifizierung der Prinzipien der ontologischen Vernunft weder den Charakter rationaler Selbstevidenz noch den pragmatischer Nachprüfbarkeit hat. Die rationale Selbst-Evidenz kann nur einem Prinzip zugeschrieben werden, das nicht mehr enthält als die reine Form der Rationalität, z. B. Kants kategorischem Imperativ. Jedes konkrete Prinzip, jede Kategorie und Norm, die mehr ausdrückt als reine Rationalität, ist der Bewahrheitung durch Experiment oder Erfahrung unterworfen. Sie sind nicht in sich selbst evident, auch wenn sie ein Element der Selbstevidenz enthalten. Der Pragmatismus befindet sich in keiner besseren Situation. Ihm fehlt ein Kriterium. Wenn das erfolgreiche Funktionieren der Prinzipien „Kriterium" genannt wird, dann entsteht die Frage: „Was ist das Kriterium des Erfolges?" Diese Frage kann ihrerseits nicht durch Hinweis auf Erfolg, d. h. pragmatisch beantwortet werden, es sei denn in völlig formalistischer Weise.

Die Form, in der philosophische Systeme akzeptiert, erfahren und verifiziert worden sind, weist auf eine Methode der Verifizierung hin, die jenseits von Rationalismus und Pragmatismus liegt. Diese Systeme haben über das Denken vieler Menschen Macht gewonnen durch die Art, wie sie beherrschendes Erkennen und einendes Erkennen vereinigt haben. Vom Standpunkt des beherrschenden Erkennens und vom Standpunkt der rationalen Kritik und der pragmatischen Tests sind sie unzählige Male widerlegt worden. Und doch sind sie lebendig geblieben. Ihre Verifizierung liegt in ihrer Wirksamkeit im Lebensprozeß der Menschheit, in dem sie sich als unerschöpflich an Bedeutung und an schöpferischer Kraft erweisen. Solche Verifizierung ist sicherlich nicht exakt und bestimmt, aber bleibend und wirksam. Sie stößt aus dem historischen Prozeß das aus, was erschöpft und machtlos geworden ist und im Licht der reinen Rationalität keinen Bestand hat. Sie verbindet das pragmatische und das rationale Element und verfällt dabei weder in die Irrtümer des Pragmatismus noch in die des Rationalismus. Trotzdem ist selbst diese Weise der Verifizierung bedroht

## Verifizierung

durch letztes Scheitern. Sie ist lebenswahrer als die mit ihr konkurrierenden Methoden. Aber sie trägt das radikale Wagnis des Lebens in sich. Ihre Bedeutung liegt in dem, was sie zu verifizieren versucht, aber nicht in einer sicheren Methode der Verifizierung.

In dieser Situation spiegelt sich ein grundlegender Konflikt innerhalb der kognitiven Funktion der Vernunft. Das Erkennen befindet sich in einem Dilemma: Beherrschendes Erkennen ist sicher, aber nicht unbedingt bedeutsam, während einendes Erkennen von unbedingter Bedeutsamkeit sein kann, aber keine Sicherheit gibt. Der bedrohliche Charakter dieses Dilemmas ist kaum erkannt und verstanden worden. Aber wenn er erkannt und nicht von vorläufigen und unvollständigen Verifizierungen überdeckt wird, so muß er entweder zu verzweifelter Resignation über die Wahrheit oder zur Frage nach der Offenbarung führen. Denn Offenbarung erhebt den Anspruch, eine Wahrheit zu geben, die gewiß ist und uns unbedingt angeht — eine Wahrheit, die die Unsicherheit solchen Wagnisses auf sich nimmt, zugleich aber über sie hinausgeht.

## II. DIE WIRKLICHKEIT DER OFFENBARUNG

### A

DER BEGRIFF DER OFFENBARUNG

#### 1. Die Merkmale der Offenbarung

a) *Methodische Bemerkungen.* Das Ziel der sogenannten phänomenologischen Methode ist es, die Sinngebilde zu beschreiben, und dabei zunächst die Frage nach der Wirklichkeit, auf die sie sich beziehen, außer acht zu lassen[1]. Die Bedeutung dieses methodischen Ansatzes liegt in der Forderung, daß der Sinn eines Begriffs geklärt und umschrieben werden muß, bevor über seine Gültigkeit entschieden, bevor er angenommen oder abgelehnt werden kann. Besonders im religiösen Bereich hat man einen Begriff viel zu oft in seinem ungeklärten, vagen oder populären Sinne verstanden, so daß er sehr leicht ein Opfer unbilliger Ablehnung werden mußte. Die Theologie muß sich den phänomenologischen Zugang zu all ihren Grundbegriffen zu eigen machen und von ihren Kritikern zu allererst verlangen, daß sie sehen, was die kritisierten Begriffe bedeuten. Und ebenso muß sie von sich selber verlangen, ihre Begriffe genau zu beschreiben und sie mit logischer Konsequenz anzuwenden. Nur so vermeidet sie die Gefahr, logische Lücken mit erbaulichen Aussagen anzufüllen. Das vorliegende System beginnt daher in jedem seiner fünf Teile damit, den Sinn der Grundbegriffe zu beschreiben, bevor es deren Wahrheit erörtert.

Das Kriterium einer phänomenologischen Beschreibung ist, daß das von ihr gezeichnete Bild überzeugend wirkt, daß es für jeden, der bereit ist, darauf hinzublicken, anschaulich wird, daß die Beschreibung andere verwandte Begriffe erhellt und daß die Wirklichkeit, die von diesen Begriffen widergespiegelt werden soll, verständlich wird. Die Phänomenologie weist auf die Phänomene hin, wie sie „sich selber geben", ohne daß negative oder positive Vorurteile und Erklärungen sich dazwischenschieben. Aber die phänomenologische Methode läßt eine Frage unbeantwortet, die für ihre Gültigkeit von entscheidender

---

[1] Vgl. Edmund Husserl, Ideen zu einer reinen Phänomenologie und phänomenologischen Philosophie (1913).

## Der Begriff der Offenbarung

Bedeutung ist: Wo und wem wird eine Idee offenbart? Der Phänomenologe antwortet: Nimm ein typisches Offenbarungsereignis als Beispiel, und sieh in ihm und durch sein Medium den universalen Begriff von Offenbarung. Diese Antwort erweist sich in dem Augenblick als unbefriedigend, in dem der phänomenologischen Intuition verschiedene und vielleicht einander widersprechende Beispiele von Offenbarung begegnen. Durch welches Kriterium soll sich die Wahl eines Beispiels leiten lassen? Diese Frage kann die Phänomenologie nicht beantworten. Hieraus ergibt sich folgendes: Die Phänomenologie gibt wohl für den Bereich der logischen Sinnzusammenhänge — und nach ihnen hatte Husserl, der Begründer der phänomenologischen Methode, ursprünglich gefragt — einen gültigen Maßstab ab, dagegen kann sie im Bereich der geistigen Realitäten, z. B. der Religion, nur ein partieller Maßstab sein[1].

Die Frage, nach welchen Gesichtspunkten ein Beispiel ausgewählt werden soll, kann nur dann beantwortet werden, wenn in die „reine" Phänomenologie ein kritisches Element eingeführt wird. Die Entscheidung über das Beispiel darf nicht dem Zufall überlassen bleiben. Wäre das Beispiel nichts anderes als das Exemplar einer Gattung, wie es im Bereich der Natur der Fall ist, so wäre das kein Problem. Aber das geistige Leben erschafft mehr als nur Exemplare, es erschafft einmalige Verkörperungen von etwas Universalem. Deshalb ist es von allergrößter Bedeutung, für welches Beispiel man sich entscheidet, um eine phänomenologische Beschreibung vom Sinn eines Begriffs wie dem der Offenbarung zu geben. Eine solche Entscheidung ist ihrer Form nach kritisch, ihrem Inhalt nach existentiell. Sie ist abhängig von einer Offenbarung, die man empfangen hat und die man für die vollkommene Offenbarung hält, und sie ist kritisch gegenüber anderen Offenbarungen. Dennoch wird der phänomenologische Ansatz beibehalten. Dies ist „kritische Phänomenologie"; sie verbindet ein intuitiv-deskriptives mit einem existentiell-kritischen Element.

Das existentiell-kritische Element ist das Kriterium, nach dem das Beispiel ausgewählt wird. Das intuitiv-deskriptive Element ist die Technik, mittels derer der im Beispiel liegende Sinn wiedergegeben wird. Der konkrete und einmalige Charakter des Beispiels (z. B. die Offenbarungsvision des Jesaja) steht in einem Spannungsverhältnis zu dem universalen Anspruch der phänomenologischen Beschreibung, daß der Sinn dieses Beispiels für jedes Beispiel Gültigkeit besitze.

---

[1] Vgl. Max Schelers phänomenologische Rechtfertigung des ganzen römisch-katholischen Systems in seinem Buch: „Vom Ewigen im Menschen" (Leipzig, 1923). Husserl lehnte diesen Versuch mit Recht ab.

## Die Merkmale der Offenbarung

Diese Spannung ist unvermeidlich. Sie kann auf doppelte Weise gemildert werden: entweder durch einen Vergleich der verschiedenen Beispiele oder durch die Wahl eines Beispiels, in dem absolute Konkretheit und absolute Universalität miteinander verbunden sind. Der erste Weg führt indessen zu einer Abstraktion, die den Beispielen ihre Konkretheit nimmt und ihren Sinn auf einen leeren Allgemeinbegriff reduziert (z. B. eine Offenbarung, die weder jüdisch noch christlich, weder prophetisch noch mystisch ist). Das ist genau das, was die Phänomenologie zu überwinden beabsichtigte. Der zweite Weg stützt sich auf die Überzeugung, daß eine spezielle Offenbarung (z. B. die Anerkennung Jesu als des Christus durch Petrus) die normgebende Offenbarung und daher von universaler Gültigkeit sei. Der Begriff der Offenbarung wird von dem „klassischen" Beispiel abgeleitet, aber der Begriff, der von diesem Beispiel abgeleitet wird, gilt für jede Offenbarung, wie unvollkommen und verzerrt das Offenbarungsereignis tatsächlich auch sein mag. Jedes Beispiel von Offenbarung muß dann beurteilt werden auf Grund des gewonnenen phänomenologischen Begriffs, da dieser den Wesenscharakter von Offenbarung ausdrückt.

Die kritische Phänomenologie ist die Methode, die sich am besten dazu eignet, geistige und geistliche Sinninhalte gültig zu beschreiben. Bei der Untersuchung ihrer Grundbegriffe muß die Theologie sie anwenden.

b) *Offenbarung und Mysterium.* Das Wort Offenbarung hat von jeher die Bedeutung einer Manifestation von etwas Verborgenem gehabt, zu dem man auf den gewohnten Wegen keinen Zugang haben kann. In der Alltagssprache gibt es einen weiteren Gebrauch des Wortes, der einen ganz vagen Charakter hat: jemand offenbart einem Freunde einen verborgenen Gedanken; ein Zeuge offenbart die Umstände eines Verbrechens; ein Wissenschaftler offenbart eine neue Methode, die er seit langem ausprobiert hat; jemandem kommt eine Einsicht „wie eine Offenbarung". Aber in all diesen Fällen ist der Gehalt der Worte „offenbaren' oder „Offenbarung" abgeleitet von ihrem eigentlichen und engeren Sinn. Eine Offenbarung ist eine besondere und außergewöhnliche Manifestation, die den Schleier von etwas entfernt, was in einer besonderen und außergewöhnlichen Weise verborgen ist. Diese Verborgenheit wird oft Mysterium genannt, ein Wort, das ebenfalls einen engeren und einen weiteren Sinn hat. Im weiteren Sinne umfaßt es das „Geheimnis" der höheren Mathematik und das „Geheimnis" des Erfolgs. Im engeren Sinne, von dem diese Ausdrücke ihre Kraft erhalten, weist es auf etwas hin, das wesenhaft

*Der Begriff der Offenbarung*

ein Mysterium ist, etwas, das sein eigentliches Wesen verlöre, würde es seinen Mysteriumcharakter aufgeben. „Mysterium" in diesem eigentlichen Sinn ist abgeleitet von *myein*, „die Augen schließen" oder „den Mund schließen". Wenn man gewöhnliche Erkenntnis erlangen will, muß man die Augen öffnen, um das Objekt zu ergreifen, und den Mund öffnen, um Gemeinschaft mit anderen zu haben und die eigenen Einsichten nachprüfen zu können. Ein echtes Mysterium aber wird erfahren in einer Haltung, die der Haltung des gewöhnlichen Erkennens genau entgegengesetzt ist. Die „Augen sind geschlossen", weil das echte Mysterium den Akt des Sehens transzendiert. Das Mysterium charakterisiert eine Dimension, die der Subjekt-Objekt-Beziehung „vorausgeht". Die gleiche Dimension ist im „Schließen des Mundes" angedeutet. Es ist unmöglich, die Erfahrung des Mysteriums in alltäglicher Sprache auszudrücken, weil diese Sprache aus dem Subjekt-Objekt-Schema erwachsen und an sie gebunden ist. Wenn das Mysterium sich in der Sprache des Alltags ausdrückt, so wird es notwendig mißverstanden, auf eine andere Dimension bezogen, entweiht. Das ist der Grund, warum der Verrat des Inhalts der Mysterienkulte eine Blasphemie darstellte, die mit dem Tode gesühnt werden mußte.

Was wesentlich geheimnisvoll ist, kann seinen Geheimnischarakter nicht verlieren, auch wenn es offenbart ist. Sonst wäre damit ein nur scheinbares und kein echtes Mysterium offenbart. Aber ist es nicht ein begrifflicher Widerspruch, von der Offenbarung einer Sache zu reden, die gerade *in* ihrer Offenbarung ein Mysterium bleibt? Gerade dieser scheinbare Widerspruch wird von der Religion und der Theologie behauptet. Wo immer diese beiden Behauptungen aufgestellt werden, daß Gott sich offenbart hat und daß er ein unendliches Mysterium für die ist, denen er sich offenbart hat, da ist indirekt dieses Unvereinbare ausgesprochen. Aber es ist kein wirklicher Widerspruch, denn die Offenbarung ist nicht irrational. Offenbarung von dem, was seinem Wesen nach ein Mysterium ist, bedeutet Manifestation von etwas, das innerhalb des Zusammenhangs der alltäglichen Erfahrung begegnet und doch den gewöhnlichen Erfahrungszusammenhang transzendiert. Man weiß mehr vom Mysterium, nachdem es sich in der Offenbarung manifestiert hat. Das Mysterium ist in die Erfahrung eingetreten, und unsere Beziehung zu ihm ist offenbar geworden. Obgleich in dieser Beziehung Erkenntniselemente enthalten sind, löst Offenbarung das Mysterium nicht auf, auch fügt es nichts der Totalität unseres alltäglichen Wissens, nämlich dem Wissen von der Subjekt-Objekt-Struktur der Wirklichkeit, hinzu.

Um den eigentlichen Gebrauch des Wortes Mysterium reinzuer-

## Die Merkmale der Offenbarung

halten, muß ein falscher oder verwirrender Gebrauch vermieden werden. Das Wort Mysterium sollte nicht gebraucht werden für etwas, das aufhört, Mysterium zu sein, nachdem es offenbart worden ist. Nichts, was durch einen methodischen Erkenntniszugang entdeckt werden kann, sollte Mysterium genannt werden. Was heute nicht bekannt ist, morgen aber bekannt sein könnte, ist kein Mysterium. Ein anderer unrichtiger und verwirrender Gebrauch des Wortes ist verbunden mit dem Unterschied von beherrschendem Erkennen und einendem Erkennen. Solche Elemente der Wirklichkeit, zu denen man nicht durch beherrschendes Erkennen Zugang hat, wie Qualitäten, Gestalten, Sinnzusammenhänge, Werte, werden als Mysterium bezeichnet. Aber die Tatsache, daß sie einen anderen Erkenntnisweg erfordern, bedeutet nicht, daß sie ein Mysterium sind. Die Qualität einer Farbe oder der Sinn einer Idee oder die Natur eines Lebewesens ist nur dann ein Mysterium, wenn die Methode der quantitativen Analyse das Modell aller Erkenntnis ist. Eine solche Einengung der Erkenntnisfähigkeit läßt sich nicht rechtfertigen. Die Erkenntnis dieser Elemente der Wirklichkeit ist rational, obwohl sie nicht auf dem beherrschenden Erkennen beruht.

Das echte Mysterium erscheint erst da, wo die Vernunft über sich selbst hinaus zu ihrem „Grund und Abgrund" vorstößt, zu dem, was der Vernunft „vorausgeht", zu dem Faktum, daß „das Seiende ist und das Nicht-Seiende nicht ist" (Parmenides), zu der Urtatsache, daß etwas ist und nicht nichts ist. Wir können dies die „negative Seite" des Mysteriums nennen. Sie ist in allen Vernunftfunktionen gegenwärtig, sie wird sowohl in der subjektiven als auch in der objektiven Vernunft sichtbar. Das „Stigma" der Endlichkeit, das in allen Dingen und in der Totalität der Wirklichkeit erscheint, und der „Schock", der das Bewußtsein ergreift, wenn es der Bedrohung durch das Nichtsein begegnet, offenbaren die negative Seite des Mysteriums, das abgrundhafte Element im Grunde des Seins. Diese negative Seite ist immer potentiell gegenwärtig, und sie kann ebenso in der kognitiven Funktion der Vernunft wie in allen anderen Funktionen erlebt werden. Sie ist ein notwendiges Element in der Offenbarung. Ohne sie wäre das Mysterium kein Mysterium. Ohne das „ich vergehe" aus der Berufungsvision Jesajas kann Gott nicht erfahren werden (Jes. 6, 5). Ohne die „dunkle Nacht der Seele" kann der Mystiker das Mysterium des Grundes nicht erfahren.

Die positive Seite des Mysteriums — die die negative in sich einschließt — manifestiert sich in jeder Offenbarung. Hier erscheint das Mysterium als Grund und nicht nur als Abgrund. Es erscheint als die

## Der Begriff der Offenbarung

Macht des Seins, die das Nicht-Sein überwindet. Es erscheint uns als etwas, das uns unbedingt angeht. Und es drückt sich aus in Symbolen und Mythen, die auf die Tiefe der Vernunft und ihr Mysterium hinweisen. Offenbarung ist die Manifestation dessen, was uns unbedingt angeht. Das Mysterium, das offenbart wird, geht uns unbedingt an, weil es der Grund unseres Seins ist. Die Religionsgeschichte hat Offenbarungsereignisse immer als solche beschrieben, die erschüttern, verwandeln, Forderungen stellen und unbedingt bedeutungsvoll sind. Sie haben ihren Ursprung in göttlichen Quellen, in der Macht dessen, was heilig ist, und das deshalb einen unbedingten Anspruch an uns hat. Nur das Mysterium, das uns unbedingt angeht, erscheint in der Offenbarung. Ein großer Teil der Ideen, die sich von vermeintlichen Offenbarungen herleiten — Objekte und Ereignisse innerhalb der Subjekt-Objekt-Struktur der Wirklichkeit —, sind weder echtes Mysterium noch gründen sie sich auf echte Offenbarung. Das Wissen von Natur und Geschichte, von Individuen, ihrer Zukunft und ihrer Vergangenheit, von verborgenen Dingen und Ereignissen — all dies ist nicht eine Sache der Offenbarung, sondern von Beobachtung, Intuition und Schlußfolgerung. Wenn ein solches Wissen vorgibt, aus der Offenbarung zu stammen, so muß es den Methoden der Verifizierung unterworfen werden und muß je nach dem Ausgang dieser Untersuchung angenommen oder verworfen werden. Es liegt außerhalb der Offenbarung, weil es etwas ist, was uns weder unbedingt angeht noch echtes Mysterium ist.

Offenbarung als Offenbarung des Mysteriums ist immer nur Offenbarung für jemanden in einer konkreten Situation unbedingten Betroffenseins. Das kommt in allen Ereignissen, die traditionell als offenbarungsmächtig bezeichnet werden, klar zum Ausdruck. Es gibt keine „Offenbarung überhaupt". Die Offenbarung ergreift ein Individuum oder eine Gruppe, und zwar meistens eine Gruppe, durch ein Individuum; nur in dieser Korrelation hat sie offenbarende Macht. Offenbarungen, die außerhalb der konkreten Situation empfangen worden sind, sind nichts anderes als Berichte von Offenbarungen, von denen andere Gruppen versichern, daß sie sie empfangen haben. Die Kenntnis solcher Berichte und selbst ihr eingehendes Verständnis macht sie noch nicht zur Offenbarung für jemanden, der nicht zu der Gruppe gehört, die von der Offenbarung ergriffen worden ist. Es gibt keine Offenbarung, wenn es niemanden gibt, der sie als etwas empfängt, das ihn unbedingt angeht.

Die Offenbarung enthält stets ein subjektives und ein objektives Geschehen, die streng voneinander abhängen. Jemand ist von der

## Die Merkmale der Offenbarung

Manifestation des Mysteriums ergriffen: das ist die subjektive Seite des Geschehens. Etwas geschieht, durch das das Mysterium der Offenbarung jemanden ergreift: das ist die objektive Seite. Diese beiden Seiten können nicht voneinander getrennt werden. Wenn nichts objektiv geschieht, so wird nichts offenbart. Wenn niemand das subjektiv empfängt, was objektiv geschieht, so verfehlt das Ereignis, etwas zu offenbaren. Das objektive Ereignis und die subjektive Aufnahme gehören beide zum Ganzen des Offenbarungsgeschehens. Es gibt keine Offenbarung ohne die empfangende Seite, und es gibt keine Offenbarung ohne die gebende Seite. Das Geheimnis erscheint objektiv in der Form dessen, was man gewöhnlich „Wunder" genannt hat. Es erscheint subjektiv in der Form dessen, was man zuweilen „Ekstase" genannt hat. Beide Begriffe müssen völlig neu verstanden werden.

c) *Offenbarung und Ekstase.* Gebraucht man das Wort Ekstase in einer theologischen Darstellung, so nimmt man damit ein noch größeres Wagnis auf sich, als wenn man das Wort Mysterium gebraucht; denn obwohl der Sinn des Begriffs Mysterium so vielfach entstellt ist, würden doch nur wenige zögern, vom göttlichen Mysterium zu sprechen — wenn sie überhaupt von Gott sprechen. Anders steht es mit der Ekstase. Die sogenannten ekstatischen Bewegungen haben diesen Begriff mit irreführenden Nebenbedeutungen belastet, obwohl Propheten und Apostel immer wieder in vielfältigen Begriffen von ihren ekstatischen Erfahrungen geredet haben. Der Begriff Ekstase muß von seinen entstellenden Nebenbedeutungen gereinigt und zu nüchternem theologischem Gebrauch wiederhergestellt werden. Erweist sich das als unmöglich, so wird die Sache, die mit diesem Wort beschrieben ist, aus unserem Horizont verschwinden, bis ein anderes Wort gefunden werden kann.

Ekstase (außerhalb seiner selbst stehen) weist auf einen Bewußtseinszustand hin, der außergewöhnlich ist in dem Sinne. daß das Bewußtsein seinen gewohnten Zustand transzendiert. Ekstase ist keine Negation der Vernunft. Sie ist der Bewußtseinszustand, in dem die Vernunft jenseits ihrer selbst ist, d. h. jenseits ihrer Subjekt-Objekt-Struktur. Wenn die Vernunft jenseits ihrer selbst ist, so bedeutet das nicht, daß sie sich verneint. Ekstatische Vernunft bleibt Vernunft; sie empfängt nichts Irrationales oder Antirationales — was nicht ohne Selbstzerstörung möglich wäre —, aber sie transzendiert die Grundbedingung der endlichen Rationalität, die Subjekt-Objekt-Struktur. Diesen Zustand versuchen die Mystiker durch Askese und Meditation zu erreichen. Aber sie wissen, daß diese nur Vorbereitung sind und daß die ekstatische Erfahrung ausschließlich durch die Manifestation des Mysteriums in einer Offenbarungssituation geschieht. Ekstase ereignet sich nur dann, wenn der Geist vom Mysterium, nämlich vom Grunde des Seins und Sinns, ergriffen ist. Und umgekehrt: Es gibt keine Offenbarung ohne Ekstase. Bestenfalls gibt es eine wissenschaftlich nachprüfbare Information. Die Ekstase des Propheten, von der die prophetische Literatur überall berichtet, weist darauf hin, daß die Erfahrung der Ekstase universale Bedeutung hat.

Der Begriff Ekstase wird häufig mit Enthusiasmus verwechselt. Diese Verwechslung läßt sich leicht verstehen. Das Wort „Enthusiasmus" bedeutet den Zustand, Gott in sich zu haben oder in Gott zu sein. In beiden Bedeutungen hat der enthusiastische Bewußtseinszustand ekstatische Eigenschaften, und die ursprüngliche Bedeutung dieser beiden Worte ist nicht grundlegend voneinander verschieden[1]. Aber das Wort Enthusiasmus hat die religiösen Nebenbedeutungen verloren, und man hat es verstanden als leidenschaftliche Unterstützung einer Idee, eines Wertes, einer Tendenz, eines menschlichen Wesens usw. Enthusiasmus hat nicht mehr die Bedeutung einer Beziehung zum Göttlichen, während in der Ekstase wenigstens bis zu einem gewissen Grade diese Bedeutung noch enthalten ist.

Heute ist der Sinn des Wortes Ekstase weitgehend durch religiöse Gruppen bestimmt, die von sich behaupten, besondere religiöse Erfahrungen zu haben: persönliche Inspirationen, außergewöhnliche geistliche Gaben, individuelle Offenbarungen, Erkenntnis esoterischer Mysterien. Solche Behauptungen sind so alt wie die Religion selber und sind immer Gegenstand des Staunens und kritischer Beurteilung gewesen. Es wäre falsch, diese Behauptungen von vornherein zurückzuweisen und zu leugnen, daß diese Gruppen echte Ekstase erfahren haben. Aber man sollte ihnen nicht erlauben, diesen Begriff zu usurpieren. Ekstase hat einen legitimen Platz in der Theologie, vor allem in der apologetischen Theologie.

Die sogenannten ekstatischen Bewegungen sind in fortwährender Gefahr — der sie ziemlich häufig erliegen —, religiöse Überreizung mit der Gegenwart des göttlichen Geistes oder mit dem Offenbarungsereignis zu verwechseln. In jeder echten Manifestation des Mysteriums geschieht etwas sowohl objektiv wie subjektiv. Im Zustand religiöser Überreizung geschieht etwas rein Subjektives, das häufig künstlich produziert wird. Deshalb hat er keine Offenbarungskraft. Aus sol-

---

[1] In der Reformationszeit wurden diejenigen Gruppen, die behaupteten, durch besondere geistliche Offenbarung geführt zu sein, „Enthusiasten" oder Schwärmer genannt.

## Die Merkmale der Offenbarung

chen subjektiven Erfahrungen kann weder eine praktische noch eine theoretische Deutung dessen, was uns unbedingt angeht, abgeleitet werden. Die religiöse Überreizung ist ein Bewußtseinszustand, der mit psychologischen Begriffen vollständig umschrieben werden kann. Obwohl auch die Ekstase eine psychologische Seite hat, übersteigt sie die psychologische Ebene. Sie offenbart etwas Gültiges über die Beziehung zwischen dem Mysterium des Seins und uns. Die Ekstase ist die Form, in der das, was uns unbedingt angeht, sich im ganzen unserer psychologischen Struktur manifestiert. Es kommt in ihr zur Erscheinung. Aber es kann nicht von ihr abgeleitet werden.

Die Bedrohung durch das Nichtsein, die das Bewußtsein ergreift, ruft den „ontologischen Schock" hervor. In ihm wird die negative Seite des Seinsgeheimnisses — sein abgründiges Element — erfahren. Der „Schock" weist auf einen Bewußtseinszustand hin, in dem das Bewußtsein aus seinem normalen Gleichgewicht herausgeworfen, in seiner Struktur erschüttert ist. Die Vernunft erreicht ihre Grenze, sie wird auf sich selbst zurückgeworfen und dann wieder in ihre Grenzsituation hineingetrieben. In der erkennenden Funktion kommt die Erfahrung des ontologischen Schocks durch die philosophische Grundfrage — die Frage nach Sein und Nichtsein zum Ausdruck. Diese Frage ist nicht ganz unmißverständlich in folgender Form gefragt worden: „Warum ist überhaupt etwas? Warum ist nicht nichts?" Die Form dieser Frage weist auf etwas hin, das dem Sein vorausgeht, von dem das Sein abgeleitet werden kann. Aber Sein kann nur von Sein abgeleitet werden. Der Sinn der Frage kann nur aus der Behauptung verstanden werden, daß das Sein das ursprüngliche Faktum ist, das sich nicht von irgend etwas anderem ableiten läßt. In diesem Sinne ist die Frage ein paradoxer Ausdruck des ontologischen Schocks und als solcher der Beginn aller echten Philosophie.

In der Offenbarung und in der ekstatischen Erfahrung, in der sie empfangen wird, wird der ontologische Schock zugleich wiederholt und überwunden. Er wiederholt sich in der vernichtenden Macht der göttlichen Gegenwart *(mysterium tremendum)* und in der erhebenden Macht der göttlichen Gegenwart *(mysterium fascinosum)*. Die Ekstase vereint die Erfahrung des Abgrundes, zu dem die Vernunft in all ihren Funktionen hingetrieben wird, mit der Erfahrung des Grundes, zu dem die Vernunft durch das Geheimnis ihrer eigenen Tiefe und der Tiefe des Seins hingetrieben wird.

Der ekstatische Zustand, in dem sich Offenbarung ereignet, zerstört nicht die rationale Struktur des Geistes. In der klassischen Literatur der großen Religionen stimmen alle Berichte über ekstatische Erfahrungen

## Der Begriff der Offenbarung

in diesem Punkt überein: Während dämonische Besessenheit die rationale Struktur des Bewußtseins zerstört, bewahrt und erhebt göttliche Ekstase das Bewußtsein, obwohl sie es transzendiert. Dämonische Besessenheit zerstört die ethischen und logischen Prinzipien der Vernunft, göttliche Ekstase bejaht sie. In vielen religiösen Quellen werden „dämonische Offenbarungen" entlarvt und verworfen, vor allem im Alten Testament. Eine Scheinoffenbarung, in der die Gerechtigkeit als das Prinzip der praktischen Vernunft verletzt wird, ist widergöttlich und wird daher als Lüge gebrandmarkt. Das Dämonische macht blind, es macht nicht offenbar. Im Zustand dämonischer Besessenheit ist der Geist nicht wirklich außer sich, sondern er ist in der Macht von partikularen Elementen seiner selbst, die sich in sein Zentrum drängen und es dadurch zerstören. Es gibt jedoch einen Punkt, in dem Ekstase und Besessenheit übereinstimmen. In beiden Fällen wird die normale Subjekt-Objekt-Struktur des Bewußtseins außer Kraft gesetzt. Aber während die göttliche Ekstase die Einheit des rationalen Bewußtseins nicht verletzt, wird sie durch die dämonische Besessenheit geschwächt oder zerstört.

Offensichtlich hat die Ekstase eine stark emotionale Seite. Aber es wäre ein Irrtum, die Ekstase auf ein rein emotionales Erlebnis zu reduzieren. In jeder ekstatischen Erfahrung werden alle ergreifenden und umgestaltenden Vernunftfunktionen über sich hinausgetrieben, und das Gleiche gilt vom Gefühl. Das Gefühl ist dem Geheimnis der Offenbarung und ihrer ekstatischen Aufnahme nicht näher als es die kognitive und die übrigen Vernunftfunktionen sind.

Im Hinblick auf ihr Erkenntniselement wird Ekstase oft „Inspiration" genannt. Dieses Wort, von spirare, „atmen", abgeleitet, betont die reine Rezeptivität der erkennenden Vernunft in einer ekstatischen Erfahrung. Verwechslungen und Entstellungen haben den Begriff „Inspiration" fast ebenso unbrauchbar gemacht wie „Ekstase" und „Wunder". Inspiriertsein bedeutet dann in schöpferischer Stimmung sein oder von einer Idee ergriffen sein oder durch plötzliche Intuition das Verständnis für eine Sache gewinnen. Der entgegengesetzte Mißbrauch des Begriffs ist mit bestimmten Formen der Lehre von der Inspiration der biblischen Schriften verbunden. Inspiration wird verstanden als mechanischer Akt des Diktierens oder, in subtilerer Weise, als Akt mitteilender Information. Solchem Gebrauch von Inspiration liegt die Vorstellung zugrunde, daß die Vernunft von einem Wissen überfallen wird, das wie ein Fremdkörper ist, mit dem sie sich nicht vereinen kann, ein Fremdkörper, der die rationale Struktur des Bewußtseins zerstören würde, wenn er in ihm bleiben müßte. Tiefer

## Die Merkmale der Offenbarung

gesehen ist eine mechanische oder irgendeine andere Form der nichtekstatischen Inspirationslehre dämonisch. Sie zerstört die rationale Struktur, die die Inspiration empfangen soll. Zweifellos kann durch Inspiration, wenn dies der Name für die kognitive Qualität der ekstatischen Erfahrung ist, keine Erkenntnis von endlichen Gegenständen oder Beziehungen vermittelt werden. Sie fügt dem Ganzen der Erkenntnis, das durch die Subjekt-Objekt-Struktur der Vernunft bestimmt ist, nichts hinzu. Die Inspiration eröffnet jedoch eine neue Dimension der Erkenntnis: die Dimension des Verstehens in bezug auf das, was uns unbedingt angeht, nämlich auf das Mysterium des Seins.

d) *Offenbarung und Wunder*. Das Wort „Wunder" bezeichnet nach der herkömmlichen Definition ein Ereignis, das den Naturgesetzen widerspricht. Diese Definition und die unzähligen, als unwahr erwiesenen Wundergeschichten aller Religionen haben den Begriff für die Theologie zu etwas Irreführendem und Gefährlichem gemacht. Aber ein Wort, das eine echte Erfahrung ausdrückt, kann nur fallen gelassen werden, wenn ein Ersatz zur Hand ist, und es scheint, daß bisher kein Ersatz gefunden wurde. Das Neue Testament gebraucht oft das griechische Wort *semeion*, „Zeichen", und will damit auf den religiösen Sinn der Wunder hinweisen. Aber das deutsche Wort „Zeichen" ohne qualifizierenden Zusatz kann den religiösen Sinn nicht zum Ausdruck bringen. Richtiger wäre es, das Wort „Ereignis" dem „Zeichen" hinzuzufügen und von *zeichengebenden Ereignissen* zu sprechen. Die ursprüngliche Bedeutung von Wunder, „das, was Verwunderung erregt", beschreibt in ganz adäquater Weise die objektive Seite der Offenbarungserfahrung. Aber diese Bedeutung ist verschlungen worden von der falschen Nebenbedeutung eines supranaturalen Eingreifens, das die natürliche Struktur der Ereignisse zerstört. Diese Assoziation wird vermieden durch den Ausdruck „zeichengebendes Ereignis".

Während das ursprüngliche, naive religiöse Bewußtsein Geschichten, die Staunen erregen, in Verbindung mit göttlichen Offenbarungen hinnimmt, ohne aus ihnen eine supranaturalistische Wundertheorie herzuleiten, machen naturalistische Zeiten die Verneinung der Naturgesetze zum Hauptpunkt der Wundergeschichten. Es entwickelt sich eine Art irrationaler Rationalismus, in dem der Grad der Absurdität in einer Wundererzählung zum Maßstab ihres religiösen Wertes gemacht wird. Je unmöglicher, desto mehr Offenbarungswert! Schon im Neuen Testament kann man feststellen, daß, je jünger die Tradition ist, desto mehr das widernatürliche Element gegenüber dem Zeichenelement hervorgehoben wird. Im nachapostolischen Zeitalter, als die apokryphen Evangelien entstanden, gab es der Absurdität gegenüber keine Hemmungen mehr. Heiden und Christen waren weniger daran interessiert, die Gegenwart des Göttlichen im umwandelnden und zeichengebenden Ereignis zu erfahren, als vielmehr an der Sensation, die sich durch widervernünftige Ereignisse für ihren rationalistischen Geist ergab. Dieser rationale Antirationalismus infizierte das späte Christentum und belastet noch heute das kirchliche und theologische Leben.

Die Manifestation des Seinsgeheimnisses zerstört nicht die Struktur des Seins, in der sie sich manifestiert. Die Ekstase, in der das Mysterium empfangen wird, zerstört nicht die rationale Struktur des Bewußtseins, von dem sie empfangen wird. Das zeichengebende Ereignis, das das Mysterium der Offenbarung vermittelt, zerstört nicht die rationale Struktur der Wirklichkeit, in der es erscheint. Wenn diese Kriterien zugrundegelegt werden, so kann eine sinnvolle Lehre von den zeichengebenden Ereignissen oder Wundern aufgebaut werden.

Man sollte das Wort „Wunder" nicht auf Ereignisse anwenden, die eine Zeitlang Verwunderung erregen, z. B. wissenschaftliche Entdeckungen, technische Schöpfungen, eindrucksvolle Werke der Kunst oder Politik, persönliche Leistungen usw. Sobald man sich an diese Dinge gewöhnt hat, hören sie auf, Verwunderung zu erregen, obwohl eine tiefe Bewunderung für sie bleiben und sogar wachsen kann. Ebenso wenig sind die Strukturen der Wirklichkeit, die Eigenschaften, das innere Telos der Dinge, Wunder, obwohl sie immer Objekte der Bewunderung sein werden. Es gibt ein Element der Verwunderung im Bewundern, aber es ist keine numinose Verwunderung; es weist nicht auf ein Wunder hin.

Wie die Ekstase den Schock des Nichtseins im Bewußtsein voraussetzt, so setzen die zeichengebenden Ereignisse das Stigma des Nichtseins in der Wirklichkeit voraus. Im Schock und im Stigma, die beide in genauer Korrelation zueinander stehen, erscheint die negative Seite des Seinsgeheimnisses. Das Wort Stigma weist hin auf Merkmale der Schande, etwa bei einem Verbrecher, und auf Merkmale der Gnade, etwa bei einem Heiligen. In beiden Fällen jedoch bezeichnet es etwas Negatives. Es gibt ein Stigma, das in allem Seienden erscheint, das Stigma der Endlichkeit und des unausweichlichen Nichtseins. Es ist auffallend, daß viele Wunderberichte die numinose Furcht beschreiben, von der diejenigen ergriffen werden, die die wunderbaren Ereignisse miterleben. Es ist das Gefühl, daß der sichere Boden der vertrauten Wirklichkeit unter ihren Füßen weggenommen wird. Die korrelativen Erfahrungen des Stigmas des Nichtseins in der Wirklich-

## Die Merkmale der Offenbarung

keit und des Schocks des Nichtseins im Geist sind die Ursache solchen Gefühls. Obgleich solches Gefühl nicht in sich selbst Offenbarung ist, begleitet es jedes echte Offenbarungserlebnis.

Wunder können nicht als eine übernatürliche Durchbrechung der Naturprozesse gedeutet werden. Wenn eine solche Deutung richtig wäre, dann würde die Manifestation des Seinsgrundes die Struktur des Seins zerstören; Gott wäre in sich selbst zerspalten, wie es ja auch vom religiösen Dualismus behauptet wird. Ein solches Wunder würde man sinngemäßer als „dämonisch" bezeichnen, nicht weil es von „Dämonen" herrührt, sondern weil es eine Struktur der Destruktion aufweist. Es entspricht dem Zustand des „Besessenseins" und könnte als „Zauberei" bezeichnet werden. Die supranaturalistische Wundertheorie macht Gott zu einem Zauberer und zur Ursache der Besessenheit; sie verwechselt Gott mit dämonischen Strukturen im Bewußtsein und in der Wirklichkeit. Jedenfalls ist eine supranaturalistische Theologie als untragbar abzulehnen, die Modelle der Besessenheit und Zauberei benutzt, um das Wesen der Offenbarung zu beschreiben, und damit die subjektive und die objektive Vernunft der Zerstörung preisgibt.

Die zeichengebenden Ereignisse, in denen das Seinsgeheimnis sich manifestiert, bestehen in besonderen Konstellationen von Wirklichkeitselementen, die in Korrelation stehen zu besonderen Konstellationen von Bewußtseinselementen. Ein echtes Wunder ist zunächst ein Ereignis, das staunenerregend, ungewöhnlich, erschütternd ist, ohne der rationalen Struktur der Wirklichkeit zu widersprechen. Zweitens ist es ein auf das Seinsgeheimnis hinweisendes Ereignis, durch das eine Beziehung des Menschen zum Seinsgrund offenbar wird. Drittens ist es ein zeichengebendes Ereignis, das in Ekstase erfahren wird. Nur wenn diese drei Bedingungen erfüllt sind, kann man von einem echten Wunder sprechen. Was nicht erschüttert und nur Staunen erregt, hat keine Offenbarungsmacht. Was erschüttert, ohne auf das Seinsgeheimnis hinzuweisen, ist nicht Wunder, sondern Zauberei. Was nicht in Ekstase empfangen wird, ist der Bericht über ein geglaubtes Wunder, aber nicht selbst ein Wunder. Diese Tatsache wird vor allem in den synoptischen Aufzeichnungen der Wunder Jesu betont. Wunder geschehen nur an denen, für die sie zeichengebende Ereignisse sind, an denen, die sie im Glauben empfangen. Jesus lehnt es ab, „objektive" Wunder zu tun. Sie sind ein Widerspruch in sich selbst. Diese Korrelation ermöglicht es, die Worte, die Wunder beschreiben, und diejenigen, die Ekstasen beschreiben, untereinander auszutauschen. Man kann sagen, daß die Ekstase das Wunder des Bewußtseins und daß das Wunder die Ekstase der Wirklichkeit ist.

*Der Begriff der Offenbarung*

Da weder Ekstase noch Wunder die erkennende Vernunft zerstören, sind wissenschaftliche Analyse, psychologische und physikalische wie historische Untersuchung möglich und notwendig. Die Forschung kann und muß ohne Einschränkung weitergetrieben werden. Sie untergräbt den Aberglauben und die dämonischen Interpretationen der Offenbarung, der Ekstase und des Wunders. Naturwissenschaft, Psychologie und Geschichte sind Verbündete der Theologie im Kampf gegen die supranaturalistischen Entstellungen der echten Offenbarung. Wissenschaftliche Erklärung und historische Kritik schützen die Offenbarung; sie können sie nicht auflösen, denn die Offenbarung gehört einer Dimension der Wirklichkeit an, für die wissenschaftliche und historische Analysen nicht adäquat sind. Die Offenbarung ist die Manifestation der Tiefe der Vernunft und des Seinsgrundes. Sie weist hin auf das Mysterium der Existenz und auf das, was uns unbedingt angeht. Sie ist unabhängig von dem, was Naturwissenschaft und Geschichte über die Bedingungen aussagt, unter denen sie erscheint; und sie kann Wissenschaft und Geschichte nicht von sich abhängig machen. Es gibt keinen Widerspruch zwischen verschiedenen Dimensionen der Wirklichkeit. Die Vernunft empfängt die Offenbarung in Ekstase und Wunder; aber die Vernunft wird durch die Offenbarung nicht zerstört, wie auch die Offenbarung durch die Vernunft nicht entleert wird.

## 2. Die Medien der Offenbarung

a) *Die Natur als Medium der Offenbarung.* Es gibt keine Wirklichkeit, kein Ding und kein Ereignis, das nicht Träger des Seinsgeheimnisses werden und in die Offenbarungskorrelation eintreten kann. Nichts ist prinzipiell von der Offenbarung ausgeschlossen, weil sie nichts enthält, was auf besonderen Eigenschaften beruht. Keine Person und kein Ding sind als solche würdig, das zu repräsentieren, was uns unbedingt angeht. Andererseits hat jede Person und jedes Ding teil am Sein selbst, d. h. am Grund und Sinn des Seins. Ohne solche Partizipation hätte es keine Seinsmöglichkeit. Das ist der Grund, warum fast jede Seinsgestalt irgendwann einmal zum Medium der Offenbarung geworden ist.

Obwohl es nicht seine speziellen Eigenschaften sind, die den Offenbarungsträger zum Offenbarungsträger machen, so bestimmen sie doch die Richtung, in der ein Offenbarungsträger das Mysterium des Seins manifest macht. Potentiell kann ein Stein genau so wie eine Person

## Die Medien der Offenbarung

Offenbarungsträger werden, sobald sie in die Offenbarungskonstellation eintreten. Doch besteht zwischen beiden ein Unterschied im Hinblick auf die Bedeutung und die Gültigkeit der Offenbarungen, deren Medien sie sind. Der Stein verkörpert eine sehr begrenzte Anzahl von Eigenschaften, die imstande sind, auf den Grund des Seins und Sinns hinzuweisen. Die Person verkörpert die zentralen Eigenschaften und dadurch implizit alle Eigenschaften, die auf das Mysterium der Existenz hinweisen können. Aber der Stein besitzt Eigenschaften, die in der Person nicht explizit verkörpert sind (die Macht der Dauer, des Widerstandes usw.). Solche Eigenschaften des Steins können bewirken, daß er im ganzen einer Offenbarung durch Personen oder durch geschichtliche Ereignisse eine helfende Rolle spielt. Von hier aus können sakramentale Elemente (Wasser, Wein, Öl usw.) als Offenbarungsmedien verstanden werden. Ihre unabhängige Funktion als Offenbarungsträger hat sich zu einer Hilfsfunktion verwandelt. Aber selbst in dieser Funktion ist ihre ursprünglich selbständige Macht noch erkennbar.

Die Medien der Offenbarung, die aus der Natur stammen, sind ebenso unzählbar wie die Naturobjekte selbst. Meer und Sterne, Pflanzen und Tiere, Körper und Seele des Menschen sind natürliche Medien der Offenbarung. Genauso zahlreich sind Naturereignisse, die in eine Offenbarungskonstellation eintreten können: die Himmelsbewegungen, der Wechsel von Tag und Nacht, Wachsen und Vergehen, Geburt und Tod, Naturkatastrophen, psychosomatische Vorgänge, z. B. der Reifungsprozeß, Krankheit, Geschlechtlichkeit, Gefahr. In all diesen Fällen hat nicht das Ding oder das Ereignis als solches Offenbarungscharakter; sie offenbaren das, was sie zum Medium oder Träger der Offenbarung macht[1].

---

[1] Um die sexuellen Riten und Symbole vieler Religionen beurteilen zu können, muß man sich vor Augen halten, daß nicht das Sexuelle als solches Offenbarung ist, sondern das Mysterium des Seins, das seine Beziehung zu uns durch das Medium des Sexuellen in besonderer Weise offenbart. Das erklärt und rechtfertigt den vielfachen Gebrauch sexueller Symbole im klassischen Christentum. Der Protestantismus, der mit Recht die Gefahr der Dämonisierung dieser Symbole erkannte, ist ihnen mit äußerstem Mißtrauen begegnet, hat dabei aber oft den medienhaften Charakter des Sexuellen in Offenbarungserlebnissen vergessen. Aber die Göttinnen der Liebe sind in erster Linie Göttinnen, die göttliche Macht und Würde ausstrahlen, und erst in zweiter Linie repräsentieren sie den sexuellen Bereich in seiner Tiefendimension. Indem der Protestantismus die sexuelle Symbolik verwirft, ist er nicht nur in Gefahr, viel symbolischen Reichtum preiszugeben, sondern auch den sexuellen Bereich loszulösen von dem Grunde des Seins und Sinns, in dem er verwurzelt ist und von dem er seine Weihe erhält.

*Der Begriff der Offenbarung*

Das tägliche Leben ist ein zweideutiges Gemisch von regulären und irregulären Ereignissen. In Offenbarungskonstellationen kann sowohl das Reguläre als auch das Irreguläre in extremer Form erlebt werden. Wenn das Reguläre Medium der Offenbarung wird, dann offenbart sich das Mysterium des Seins durch den rationalen Charakter von Geist und Wirklichkeit. Das Göttliche enthüllt seinen Logoscharakter, ohne damit aufzuhören, göttliches *Mysterium* zu sein. Wenn das Irreguläre Medium der Offenbarung ist, dann wird das Mysterium des Seins manifest durch die vorrationalen Elemente des Seins. Das Göttliche zeigt seinen Abgrundcharakter, ohne den Logoscharakter aufzuheben. Das Reguläre als Medium der Offenbarung bestimmt den sozialen und ethischen Typ der Religion. Kants Koordinierung des Sittengesetzes mit dem gestirnten Himmel ist ein Ausdruck für den Parallelismus des sittlichen und natürlichen Gesetzes und ihrer gemeinsamen Wurzel im göttlichen *logos*. Das Irreguläre als Medium der Offenbarung charakterisiert den paradoxen Typ der Religion. Wenn Kierkegaard als Symbol für das ständige Ausgeliefertsein den Schwimmer über der Tiefe des Ozeans gebraucht und den „Sprung" betont, der alles Geordnete und Rationale hinter sich läßt, so sind das klassische Ausdrucksweisen für diesen Religionstyp. Der gleiche Unterschied liegt dem gegenwärtigen Konflikt zwischen der Ritschlschen und der neuorthodoxen Theologie zugrunde.

Offenbarung durch die Medien der Natur ist nicht das gleiche wie natürliche Offenbarung. „Natürliche Offenbarung" (wenn es nicht Offenbarung durch Natur bedeuten soll) ist ein Widerspruch in sich; denn, wenn es natürliche Erkenntnis ist, dann ist es nicht Offenbarung, und wenn es Offenbarung ist, dann treibt es die Natur in Ekstase und Wunder über sich hinaus. Natürliche Erkenntnis über das Selbst und die Welt kann nicht zur Offenbarung des Seinsgrundes führen. Sie kann zur Frage nach dem Seinsgrund führen, und das ist es, was die sogenannte natürliche Theologie tun kann und tun muß. Es ist die Frage der Vernunft nach ihrem eigenen Grund und Abgrund. Sie wird durch die Vernunft gestellt, aber die Vernunft kann sie nicht beantworten. Die Offenbarung kann sie beantworten. Und diese Antwort beruht weder auf einer sogenannten natürlichen Offenbarung noch auf einer sogenannten natürlichen Theologie. Sie beruht auf wirklicher Offenbarung, auf Ekstase und zeichengebenden Ereignissen. „Natürliche Offenbarung" ist eine falsche Bezeichnung für das negative Element, das in jeder Offenbarungserfahrung gegenwärtig ist, nämlich die Erfahrung des Stigmas der Endlichkeit und des Schocks des Nichtseins.

## Die Medien der Offenbarung

Bis hierher kann die erkennende Vernunft vorstoßen. Sie kann die Frage nach dem Mysterium im Grunde der Vernunft entfalten. Aber jeder Schritt hinter die Analyse dieser Situation ist entweder ein Argument ohne Schlüssigkeit oder ein Restbestand traditioneller Glaubensvorstellungen oder beides. Wenn Paulus von der götzendienerischen Verzerrung der potentiellen Erkenntnis Gottes aus der Natur spricht, so greift er die Heiden nicht wegen ihrer falschen Argumente an, sondern weil sie die durch das Medium der Natur möglichen Offenbarungen entstellt haben. In einem ekstatischen Erlebnis kann die Natur in einzelnen Bereichen oder im ganzen zum Medium der Offenbarung werden. Aber aus der Natur kann nicht im Wege des Argumentierens auf das Mysterium des Seins geschlossen werden. Selbst wenn das geschehen könnte, so dürfte man dennoch nicht von natürlicher Theologie und noch weniger von natürlicher Offenbarung sprechen.

b) *Geschichte, Gruppen und Individuen als Medien der Offenbarung.* Geschichtliche Ereignisse, Gruppen oder Individuen als solche sind nicht Medien der Offenbarung. Was ihnen Offenbarungsqualität gibt, ist die Offenbarungskonstellation, in die sie unter besonderen Bedingungen eintreten, nicht ihre historische Bedeutung oder ihre soziale oder persönliche Größe. Wenn die Geschichte in Form einer Korrelation von Ereignis und Ekstase über sich hinausdeutet, dann geschieht Offenbarung. Wenn Gruppen oder Personen transparent werden für den Grund des Seins und Sinns, dann geschieht Offenbarung. Aber daß sie geschieht, kann nicht vorausgesehen oder aus den Eigenschaften von Personen, Gruppen oder Ereignissen abgeleitet werden. Sie ist historisches, soziales und persönliches Schicksal. Sie steht unter dem leitenden Schaffen des göttlichen Lebens (s. unten S. 303 ff.).

Geschichtliche Offenbarung ist nicht Offenbarung *in* der Geschichte, sondern *durch* die Geschichte. Weil der Mensch essentiell ein geschichtliches Wesen ist, deshalb ereignet sich die Offenbarung, auch wenn ihr Medium ein Fels oder ein Baum ist, *in* der Geschichte. Aber die Geschichte hat nur dann Offenbarungsqualität, wenn ein besonderes Ereignis oder eine Abfolge von Ereignissen in ekstatischer Weise als Wunder erfahren werden. Solche Erlebnisse können sich mit großen schöpferischen oder zerstörerischen Ereignissen der nationalen Geschichte verbinden. Die politischen Ereignisse werden dann als göttliche Gaben, Gerichte, Verheißungen gedeutet und deshalb als etwas, was unbedingt angeht, und als eine Manifestation des Mysteriums des Seins.

Geschichte ist die Geschichte von Gruppen, die durch Persönlich-

## Der Begriff der Offenbarung

keiten repräsentiert und interpretiert werden. Beides, Gruppen und Persönlichkeiten, können in Verbindung mit historischen Ereignissen von Offenbarungscharakter zu Medien der Offenbarung werden. Diejenige Gruppe, die ihr historisches Schicksal ekstatisch erlebt, kann für andere Gruppen zum Medium der Offenbarung werden. Das war die Ahnung des jüdischen Prophetismus, als er alle Völker in den Segen Abrahams mit einschloß und in visionärer Schau alle Völker zum Berge Zion kommen sah, um den Gott Israels anzubeten. Die christliche Kirche ist sich stets ihrer Berufung bewußt gewesen, Offenbarungsträger für Völker und Individuen zu sein. In gleicher Weise können Persönlichkeiten, die im Zusammenhang mit Offenbarungsereignissen stehen, selber zu Medien der Offenbarung werden: entweder als Repräsentanten oder als Deuter dieser Ereignisse und manchmal als beides zugleich. Moses, David und Petrus sind sowohl Repräsentanten als auch Deuter von Offenbarungsereignissen. Cyrus repräsentiert ein Offenbarungsereignis, aber der zweite Jesaja deutet es. Der Missionar Paulus repräsentiert ein Offenbarungsereignis, aber der Theologe Paulus deutet es. In beiden Funktionen sind alle diese Männer Medien der geschichtlichen Offenbarung. Und sie alle weisen genauso wie die Ereignisse selbst auf etwas hin, was sie unendlich transzendiert, nämlich auf das, was uns unbedingt angeht.

Die Offenbarung durch Persönlichkeiten ist nicht beschränkt auf diejenigen, die die Geschichte repräsentieren oder deuten. Die Offenbarung kann sich durch jede Persönlichkeit ereignen, die transparent für den Seinsgrund ist. Obwohl der Prophet ein Medium der geschichtlichen Offenbarung ist, gibt es doch neben ihm noch andere personale Medien der Offenbarung. Der Priester, der die Sphäre des Heiligen verwaltet, der Heilige, der die Heiligkeit selber verkörpert, der gewöhnliche Gläubige, der durch den göttlichen Geist ergriffen ist, sie alle können Medien der Offenbarung für andere und für eine ganze Gruppe werden. Aber die priesterliche Funktion als solche hat keinen Offenbarungscharakter. Eine mechanisierte Handhabung religiöser Riten kann die Offenbarungsgegenwart der heiligen Wirklichkeit, deren Medium zu sein sie beansprucht, gänzlich ausschließen. Nur unter bestimmten Bedingungen offenbart die priesterliche Funktion das Mysterium des Seins. Das gleiche gilt vom Heiligen. Der Begriff des Heiligen ist mißverstanden und verzerrt worden, die Heiligkeit ist mit religiöser oder moralischer Vollkommenheit identifiziert worden. Aus diesem Grunde hat der Protestantismus die Lehre von den Heiligen aus der Theologie und damit die Wirklichkeit des Heiligen aus der Religion ausgestoßen. Aber Heiligsein ist nicht persönliche Vollkommenheit.

## Die Medien der Offenbarung

Heilige sind Menschen, die transparent sind für den Seinsgrund, der durch sie offenbart wird, und die fähig sind, als Medien in die Offenbarungskonstellation einzutreten. Ihr Sein kann zu einem zeichengebenden Ereignis für andere werden. Dies ist die Wahrheit, die hinter der katholischen Praxis steht, von jedem Heiligen ein Wunder zu verlangen. Der Protestantismus läßt keinen Unterschied zu zwischen dem Heiligen und dem gewöhnlichen Gläubigen. Jeder Gläubige ist insofern ein Heiliger, als er zu der Gemeinschaft der Heiligen gehört, zu der neuen Wirklichkeit, die in ihrem Ursprung heilig ist; und jeder Heilige ist ein gewöhnlicher Gläubiger, sofern er zu denen gehört, die der Sündenvergebung bedürfen. Auf dieser Grundlage aber kann der Gläubige für andere zu einem Medium der Offenbarung werden und in *diesem* Sinn zu einem Heiligen. Sein Glaube und seine Liebe können Zeichen-Geschehnisse für diejenigen werden, die durch ihre Macht und ihre Kreativität ergriffen werden. Die protestantische Theologie muß das Problem der Heiligkeit neu durchdenken.

Die geschichtliche Offenbarung kann begleitet und unterstützt werden — und sie wird es für gewöhnlich — von der Offenbarung durch die Natur, weil die Natur die Grundlage ist, auf der die Geschichte sich bewegt, und ohne die sie keine Realität haben würde. Deshalb berichten uns Mythos und Heiligenlegenden, daß Naturkonstellationen mit Offenbarungscharakter an der geschichtlichen Offenbarung teilhaben. Die synoptischen Evangelien enthalten eine Fülle von Berichten, in denen Naturereignisse, die in die Offenbarungskonstellation eintraten, die Gegenwart des Reiches Gottes in Jesus als dem Christus bezeugen.

c) *Das Wort als Medium der Offenbarung und der Begriff des „inneren Wortes".* Das Wort ist nicht nur für das Wesen der Offenbarung, sondern für fast jede theologische Lehre von so großer Wichtigkeit, daß die Entwicklung einer theologischen Semantik dringend notwendig ist. An mehreren Stellen innerhalb des theologischen Systems müssen semantische Fragen gestellt werden. Die rationale Struktur des Menschen kann nicht verstanden werden ohne das Wort, durch das er die rationale Struktur der Wirklichkeit ergreift. Die Offenbarung kann nicht verstanden werden ohne das Wort als Medium der Offenbarung. Die Gotteserkenntnis kann nicht anders beschrieben werden als durch die semantische Analyse des symbolischen Wortes. Die Symbole „Wort Gottes" und *logos* in ihren vielerlei Bedeutungen können nicht ohne Einblick in das Wesen des Wortes überhaupt verstanden werden. Die biblische Botschaft kann nicht ohne semantische und hermeneutische

## Der Begriff der Offenbarung

Prinzipien interpretiert werden. Die kirchliche Predigt setzt ein Verständnis des Wortes voraus, das dessen Funktion als „Ausdruck" und als „Bezeichnung" umfaßt. Unter diesen Umständen darf es nicht wundernehmen, daß man den Versuch unternommen hatte, das Ganze der Theologie zu einer erweiterten Lehre vom „Wort Gottes" zu machen (Barth). Aber wenn das geschieht, muß das Wort entweder mit Offenbarung identifiziert und der Begriff Wort so weit gefaßt werden, daß jede göttliche Selbstmanifestation unter ihm subsumiert werden kann, oder die Offenbarung muß auf das *gesprochene* Wort beschränkt bleiben und das „Wort Gottes" buchstäblich statt symbolisch verstanden werden. Im ersten Fall geht der spezifische Sinn des Begriffs Wort verloren; im zweiten Fall bleibt der spezifische Sinn erhalten, aber es gibt keine *ohne Wort sich vollziehende* Selbstmanifestation Gottes. Das widerspricht jedoch nicht nur dem Sinn der göttlichen Macht, sondern auch der religiösen Symbolik in den biblischen und außerbiblischen Schriften, die, wenn sie die Erfahrung der göttlichen Gegenwart beschreiben, ebenso oft vom Sehen, Fühlen und Schmecken sprechen wie vom Hören. Daher kann das Wort nur dann zum allumfassenden Symbol der göttlichen Selbstmanifestation werden, wenn das „Wort Gottes" sowohl gesehen und geschmeckt als auch gehört wird. Die christliche Lehre von der Inkarnation des *logos* enthält das Paradox, daß das „Wort Gottes" zum Gegenstand des Anblicks und der Berührung geworden ist.

Die Offenbarung durch Worte darf nicht mit geoffenbarten Worten verwechselt werden. Menschliche Worte — sowohl die der sakralen wie die der profanen Sprache — entstehen im Prozeß der Menschheitsgeschichte und gründen sich auf der Erfahrungskorrelation zwischen Geist und Wirklichkeit. Das ekstatische Erlebnis der Offenbarung kann wie jedes andere Erlebnis zur Bildung und Umbildung einer Sprache beitragen. Aber es kann keine eigene Sprache erschaffen, die wie eine fremde Sprache gelernt werden müßte. Die Offenbarung gebraucht die Alltagssprache, genauso wie sie Natur und Geschichte, das psychische und das geistige Leben des Menschen als Medium der Offenbarung gebraucht. Die alltägliche Sprache, die die gewöhnliche Erfahrung des Geistes und der Wirklichkeit in ihrer kategorialen Struktur „ausdrückt" und „bezeichnet", wird zu einem Mittel, um die außergewöhnliche Erfahrung der Offenbarung auszudrücken und zu bezeichnen.

Das Wort vermittelt die selbstbezogene und auf direkte Weise unerreichbare Erfahrung eines Selbst einem anderen Selbst auf zweierlei Weise: durch „Ausdruck" und „Bezeichnung" Beides ist weithin miteinander verbunden, aber es gibt einen Ausdruckspol, bei dem die Bezeich-

## Die Medien der Offenbarung

nung fast fehlt, und es gibt einen Bezeichnungspol, bei dem der Ausdruck fast fehlt. Die bezeichnende Macht der Sprache ist ihre Fähigkeit, allgemeine Sinninhalte zu begreifen und zu vermitteln. Die Ausdruckskraft der Sprache ist ihre Fähigkeit, personale Zustände zu erhellen und mitzuteilen. Eine algebraische Gleichung hat einen fast ausschließlich bezeichnenden Charakter, ein Aufschrei hat einen fast ausschließlich expressiven Charakter. Aber selbst im Falle der mathematischen Gleichung kann die Befriedigung über die Evidenz des Resultats und die Angemessenheit der Methode zum Ausdruck kommen, und selbst im Falle des Aufschreis wird ein bestimmter Gefühlsinhalt bezeichnet. Fast alles Reden bewegt sich zwischen diesen beiden Polen.

Das Wort als Medium der Offenbarung deutet über den gewöhnlichen Gebrauch des Wortes sowohl in seiner Bezeichnungs- als auch in seiner Ausdrucksfunktion hinaus. In der Situation der Offenbarung bezeichnet die Sprache mit Hilfe des gewöhnlichen Wortsinns das, was über den gewöhnlichen Wortsinn hinausgeht, und drückt durch ihre Ausdruckskraft Dinge aus, die unaussprechlich sind. Das bedeutet nicht, daß, wenn das Wort zum Medium der Offenbarung wird, die logische Struktur der Alltagssprache zerstört wird. Sinnlose Wortverbindungen deuten nicht auf die Gegenwart des Göttlichen, obgleich sie eine große Ausdruckskraft haben können ohne rationalen Gehalt. Andererseits ist die Alltagssprache, selbst wenn sie es mit religiösen Gegenständen zu tun hat, nicht an sich Medium der Offenbarung. Sie besitzt nicht „Klang" und „Stimme", die das Unbedingte vernehmbar machen. Wenn die Alltagssprache vom Unbedingten spricht, vom Sein und Sinn, dann zieht sie es in die Ebene des Vorläufigen, Bedingten, Endlichen und erstickt auf diese Weise seine Offenbarungskraft. Dagegen vermittelt die Sprache als Medium der Offenbarung den „Klang" und die „Stimme" des göttlichen Mysteriums durch den Klang und die Stimme der menschlichen Sprache. Dank dieser Fähigkeit wird die Sprache zum „Wort Gottes". Wenn man eine optische Metapher zur Charakterisierung der Sprache heranziehen darf, so könnte man sagen, daß das „Wort Gottes" als das Wort der Offenbarung transparente Sprache ist. Etwas scheint (genauer: tönt) durch die alltägliche Sprache hindurch, nämlich die Selbstmanifestation der Tiefe des Seins und Sinns.

Offensichtlich ist das Wort als Medium der Offenbarung, das „Wort Gottes", nicht ein Wort, das zur Information über eine Wahrheit dient, die anders verborgen bleiben würde. Wenn es so wäre, wenn Offenbarung Information wäre, so bedürfte es keiner Transparenz der Sprache. Dann könnte die alltägliche Sprache, die keinen „Klang" des Unbedingten übermittelt, Information über „göttliche Dinge" abgeben.

## Der Begriff der Offenbarung

Solche Information würde von erkenntnismäßigem und vielleicht ethischem Interesse sein, aber alle Merkmale der Offenbarung würden ihr fehlen. Sie hätte nicht die Macht, zu ergreifen, zu erschüttern und zu verwandeln, jene Macht, die wir dem „Worte Gottes" zusprechen. Wenn das Wort als Medium der Offenbarung keine Information ist, dann kann es auch nicht außerhalb von Offenbarungsereignissen in der Natur, in der Geschichte und im Menschen gesprochen werden. Das Wort ist nicht *ein* Medium der Offenbarung, das zu anderen Medien hinzukommt; es ist ein notwendiges Element aller Offenbarungsformen. Weil der Mensch nur durch die Macht des Wortes Mensch ist, deshalb gibt es nichts wahrhaft Menschliches ohne das Wort, sei es als redendes oder als schweigendes Wort. Wenn die Propheten sprachen, dann sprachen sie über „die großen Taten Gottes", die Offenbarungsereignisse in der Geschichte Israels. Wenn die Apostel sprachen, dann sprachen sie über die „eine große Tat Gottes", das Offenbarungsereignis, das Jesus der Christus heißt. Wenn die Priester, die Seher und die Mystiker des Heidentums heilige Orakel gaben und heilige Schriften verfaßten, dann deuteten sie damit eine geistliche Wirklichkeit, die sich ihnen erst geöffnet hatte, nachdem sie die alltägliche Wirklichkeit hinter sich gelassen hatten. Das Sein geht dem Reden voraus, und die Offenbarungswirklichkeit geht dem Offenbarungswort voraus und bestimmt es. Eine Sammlung angeblicher Offenbarungen, die sich auf Glaube und Sitte beziehen, ohne ein Offenbarungsereignis, das sie deuten, ist ein Gesetzbuch mit göttlicher Autorisierung, aber es ist nicht das „Wort Gottes", und es hat keine offenbarerische Kraft. Weder die zehn Gebote noch das Doppelgebot der Liebe haben Offenbarungscharakter, wenn sie losgelöst sind von dem Bunde Gottes mit Israel oder vom Gegenwärtigsein des Reiches Gottes in Christus. Diese Gebote waren als Deutungen einer neuen Wirklichkeit gemeint und sollten als solche verstanden werden und nicht als Vorschriften, die sich gegen die alte Wirklichkeit richten. Sie sind Beschreibungen und nicht Gesetze. Das gleiche gilt von den Lehren. Es gibt keine geoffenbarten Lehren, aber es gibt Offenbarungsereignisse und -situationen, die mit lehrhaften Begriffen beschrieben werden können. Die kirchlichen Lehren sind sinnlos, wenn sie von der Offenbarungssituation, aus der heraus sie entstanden sind, losgelöst werden. Das „Wort Gottes" enthält weder geoffenbarte Gebote noch geoffenbarte Lehren, es begleitet und deutet Offenbarungssituationen.

Die Redewendung vom „inneren Wort" ist irreführend. Worte sind Verständigungsmittel. Das „innere Wort" wäre eine Art Selbstmitteilung, ein Monolog der Seele mit sich selbst. Aber der Begriff des „inneren Wortes" bedeutet das Reden Gottes in der Tiefe der Einzelseele.

*Die Dynamik der Offenbarung*

Der Seele wird etwas gesagt, aber es wird weder mit gesprochenen noch mit schweigenden Worten gesagt. Es wird überhaupt nicht mit Worten gesagt. Es ist eine Bewegung der Seele in sich selbst. Das „innere Wort" drückt eine Negation des Wortes als Medium der Offenbarung aus. Ein Wort wird *zu* jemandem gesprochen; das „innere Wort" jedoch ist das Gewahrwerden dessen, was schon gegenwärtig ist, und was nicht gesagt zu werden braucht. Das gleiche gilt für die Redewendung „innere Offenbarung". Eine „innere Offenbarung" muß etwas offenbaren, was nicht schon Teil des inneren Menschen ist. Sonst wäre es nicht Offenbarung, sondern Erinnerung; etwas potentiell Gegenwärtiges würde aktuell und bewußt werden. In der Tat ist dies die Position der Mystiker, der Idealisten und der Spiritualisten, ob sie es selber wissen oder nicht. Aber der Mensch im Zustand der existentiellen Entfremdung kann die Botschaft vom Neuen Sein nicht durch Erinnerung empfangen. Sie muß zu ihm kommen, sie muß ihm gesagt werden, und das geschieht durch Offenbarung. Diese Kritik an der Lehre vom „inneren Wort" wird durch das leichte Umschlagen von Spiritualismus in Rationalismus geschichtlich bestätigt. Das „innere Wort" wurde mehr und mehr identifiziert mit logischen und ethischen Normen, die die rationale Struktur des Geistes und der Wirklichkeit konstituieren. Die Stimme der Offenbarung wurde ersetzt durch die Stimme unseres moralischen Gewissens, die uns nur daran erinnert, was wir schon von Natur wissen. Gegen die Lehre vom „inneren Wort" muß die christliche Theologie am Wort als Medium der Offenbarung festhalten, das in der Lehre vom Wort Gottes symbolisch zum Ausdruck kommt.

## 3. Die Dynamik der Offenbarung: Originale und abhängige Offenbarung

Die Offenbarungsgeschichte lehrt, daß ein Unterschied besteht zwischen originaler und abhängiger Offenbarung. Das folgt aus dem korrelativen Charakter der Offenbarung. Originale Offenbarung ist eine Offenbarung, die sich in einer Konstellation ereignet, die zuvor nicht existierte. Dieses Wunder und diese Ekstase sind zum erstenmal einander zugeordnet. Beide Seiten sind original. In der abhängigen Offenbarung bildet das Wunder und der erste Akt, in dem es als Wunder erfahren wurde, die gebende Seite, während die aufnehmende Seite sich in dem Grade wandelt, wie neue Individuen und neue Gruppen in die gleiche Offenbarungskonstellation eintreten.

## Der Begriff der Offenbarung

Die originale Offenbarung kommt zu einer Gruppe durch einen individuellen Träger. Die Offenbarung kann nur in der Tiefe eines personhaften Lebens, in seinen Kämpfen, seinen Entscheidungen und seiner Selbsthingabe ursprünglich empfangen werden. Kein einzelner empfängt die Offenbarung für sich selbst. Er empfängt sie für seine Gruppe und indirekt für alle Gruppen, für die Menschheit als Ganzes. Das wird deutlich in der prophetischen Offenbarung, die immer den Charakter einer Berufung hat. Der Prophet ist der Mittler der Offenbarung für die Gruppe, die ihm anhängt — oft, nachdem sie ihn zunächst verworfen hat. Wir finden die gleiche Situation in den meisten Religionen und sogar in mystischen Gruppen. Ein Seher, ein Religionsstifter, ein Priester, ein Mystiker — das sind die Individuen, von denen die Gruppen, die in dieselbe Offenbarungskonstellation eintreten, ihre Offenbarung empfangen. Jesus ist Christus, sowohl, weil er potentiell der Christus war, als auch, weil er als Christus aufgenommen wurde. Ohne diese beiden Seiten wäre er nicht der Christus geworden. Das gilt nicht nur für die, die ihn zuerst aufnahmen, sondern auch für alle folgenden Generationen, die in eine Offenbarungskorrelation mit ihm eingetreten sind. Dennoch sind auch hier originale und abhängige Offenbarung unterschieden. Während Petrus dem Menschen Jesus, den er den Christus nannte, in originaler Offenbarungsekstase begegnete, trafen die folgenden Generationen auf den Jesus, der schon von Petrus und den Aposteln als der Christus aufgenommen worden war. So ereignet sich im Laufe der Kirchengeschichte immer neue Offenbarung, aber als abhängige Offenbarung. Das originale Wunder ist zusammen mit dem ersten Empfangen der ständige Bezugspunkt, während das, was die folgenden Generationen geistlich empfangen, ständig wechselt. Aber wenn eine Seite der Korrelation sich ändert, dann ändert sich die ganze Korrelation. Das ist Glaubenswahrheit und der unverrückbare Bezugspunkt für alle Perioden der Kirchengeschichte: „Jesus Christus derselbe gestern, heute und in Ewigkeit." Aber der Akt dieses Bezogenseins ist niemals der gleiche, sobald neue Generationen mit neuen Möglichkeiten des Aufnehmens in die Korrelation eintreten und sie verwandeln. Kein kirchlicher Traditionalismus und kein orthodoxer Biblizismus können dieser Situation der abhängigen Offenbarung entgehen. Damit ist die viel erörterte Frage beantwortet, ob die Kirchengeschichte Offenbarungskraft hat. Die Kirchengeschichte ist kein Ort originaler Offenbarungen neben der Offenbarung, auf die sie sich gründet. Vielmehr ist sie der Ort ständiger abhängiger Offenbarungen, und in ihnen stellt sich das Erkenntnis gebende Werk des Heiligen Geistes in der Kirche dar. Diese Seite wird oft „Erleuchtung" genannt

## Die Dynamik der Offenbarung

und bezieht sich sowohl auf die Kirche als Ganzes als auch auf ihre einzelnen Glieder. Der Begriff „Erleuchtung" weist auf das Erkenntniselement in der Verwirklichung des Neuen Seins hin. Sie ist die kognitive Seite der Ekstase. Während unter „Inspiration" zumeist eine originale Offenbarung verstanden worden ist, hat man mit „Erleuchtung" das ausgedrückt, was wir „abhängige Offenbarung" nennen. Der göttliche Geist, der die Gläubigen als einzelne und als Gruppe erleuchtet, bringt ihre kognitive Vernunft in die Offenbarungskorrelation mit dem Ereignis, auf das sich das Christentum gründet.

Das führt zu einem weiteren Verständnis von Offenbarung im Leben des Christen. In jedem Augenblick, in dem der göttliche Geist den menschlichen Geist ergreift, erschüttert und umwandelt, wird die Situation abhängiger Offenbarung existent. In diesem Sinn ist jedes Gebet und jede Meditation, wenn sie ihren eigentlichen Sinn erfüllen, nämlich das Geschöpf mit seinem Schöpfungsgrund wieder zu vereinen, ein Stück Offenbarung. In jedem wirklichen Gebet sind die Zeichen der Offenbarung — Geheimnis, Wunder und Ekstase — gegenwärtig. Mit Gott zu reden und eine Antwort zu empfangen, ist ein ekstatisches und wunderbares Erlebnis; es transzendiert alle gewöhnlichen Strukturen der subjektiven und objektiven Vernunft. Es ist die Gegenwart des Mysteriums des Seins und eine Manifestation dessen, was uns unbedingt angeht. Wenn es auf die Ebene einer Zwiesprache zwischen zwei Wesen herabgezogen wird, ist es blasphemisch und lächerlich. Wenn es dagegen als „Erhebung des Herzens" verstanden wird, nämlich als Erhebung des personalen Zentrums zu Gott, dann ist es ein Offenbarungsereignis.

Diese Betrachtung schließt jede unexistentielle Auffassung der Offenbarung radikal aus. Sätze über eine vergangene Offenbarung haben den Charakter theoretischer Information, sie haben keine Offenbarungskraft. Nur durch autonomen Gebrauch des Intellekts oder durch heteronome Unterwerfung des Willens könnten sie als Wahrheit angenommen werden. Aber ein solches Annehmen wäre Menschenwerk, ein verdienstvolles Tun von jener Art, gegen das die Reformation einen Kampf auf Leben und Tod gekämpft hat. Ob es sich um originale oder um abhängige Offenbarung handelt, sie hat immer nur für diejenigen Offenbarungskraft, die an ihr teilhaben, die in die Offenbarungskorrelation eintreten.

Da sich die Offenbarungskorrelation durch jede neue Gruppe wandelt und das Gleiche in unendlich kleinem Maße durch jedes neue Individuum geschieht, das in sie eintritt, muß die Frage gestellt werden, ob diese Veränderung einen Punkt erreichen kann, wo die originale

Offenbarung sich erschöpft hat und abgelöst wird. Es ist die Frage nach dem möglichen Ende einer Offenbarungskorrelation, sei es, daß sie ihre Macht, neue Korrelationen zu schaffen, völlig verliert oder daß der unwandelbare Bezugspunkt völlig verschwindet. Beide Möglichkeiten haben sich unzählige Male in der Religionsgeschichte ereignet: In allen großen Religionen hat es sektenhafte und protestantische Bewegungen gegeben, die vorhandene religiöse Institutionen angegriffen haben, weil sie in ihnen einen absoluten Verrat an dem Sinn der originalen Offenbarung sahen, die sie noch als ihren Bezugspunkt anerkannten. Auf der anderen Seite haben Götter sogar aufgehört, unwandelbarer Bezugspunkt zu sein. Sie sind zu poetischen Symbolen und damit machtlos geworden, Offenbarungssituationen zu schaffen. Für die Christen hat Apollo keine Offenbarungsbedeutung. Dem Protestanten offenbart die Jungfrau Maria nichts. Die Offenbarung durch diese beiden Gestalten ist an ein Ende gelangt. Doch könnte man fragen, wie eine wirkliche Offenbarung an ein Ende gelangen kann. Wenn es Gott ist, der hinter jeder Offenbarung steht, wie kann etwas Göttliches aufhören zu sein? Und wenn es nicht Gott ist, der sich offenbart, warum gebraucht man dann den Begriff „Offenbarung"? Aber diese Alternative existiert nicht. Jede Offenbarung wird durch ein oder mehrere Medien der Offenbarung übermittelt. Keines dieser Medien hat in sich selbst Offenbarungskraft, aber unter den Bedingungen der Existenz erheben diese Medien den Anspruch, sie zu haben. Dieser Anspruch macht sie zu Götzen, und der Zusammenbruch dieses Anspruchs beraubt sie ihrer Macht. Die Offenbarungswahrheit, die sie einmal hatten, ist nicht verloren, wenn die Offenbarungskorrelation zu Ende ist, aber die götzendienerische Entartung ist überwunden. Das, was Offenbarung war, bleibt in umfassenderen und geläuterteren Offenbarungen als Element erhalten, und aller Offenbarungsgehalt ist potentiell gegenwärtig in der letztgültigen Offenbarung, die niemals an ein Ende gelangen kann, weil ihr Träger nichts für sich selbst beansprucht.

### 4. Die Offenbarungserkenntnis

Offenbarung ist die Manifestation des Mysteriums des Seins für die kognitive Funktion der menschlichen Vernunft. Sie vermittelt Erkenntnis — eine Erkenntnis jedoch, die nur in einer „Offenbarungssituation" empfangen werden kann, durch Ekstase und Wunder. Diese Korrelation weist auf den besonderen Charakter der „Offenbarungs-

## Die Offenbarungserkenntnis

erkenntnis" hin[1]. Da die Offenbarungserkenntnis nicht aus der Offenbarungssituation herausgelöst werden kann, kann sie auch nicht in den Zusammenhang der gewöhnlichen Erfahrung als etwas Zusätzliches aufgenommen werden. Die Offenbarungserkenntnis vermehrt nicht unsere Erkenntnis über die Strukturen der Natur, der Geschichte und des Menschen. Wenn immer auf dieser Ebene ein Anspruch auf Erkenntnis erhoben wird, muß er der experimentellen Verifikation unterworfen werden. Wenn ein solcher Anspruch im Namen der Offenbarung oder irgend einer anderen Autorität erhoben wird, so muß er ignoriert werden, und die üblichen Methoden der Forschung und Verifikation müssen angewandt werden. Der Physiker wird durch die Offenbarungserkenntnis von der Schöpfung in seiner wissenschaftlichen Darstellung der natürlichen Struktur der Dinge weder bereichert noch ärmer gemacht. Der Historiker wird durch die Deutung der Geschichte als Offenbarungsgeschichte in seinen Forschungsergebnissen über Dokumente, Überlieferungen und die gegenseitige Abhängigkeit historischer Ereignisse weder bestätigt noch widerlegt. Der Psychologe kann durch keine, das menschliche Schicksal betreffende Offenbarungswahrheit in seiner Analyse der Dynamik der menschlichen Seele beeinflußt werden. Wenn die Offenbarungserkenntnis mit der natürlichen Erkenntnis in Widerspruch geriete, dann würde sie wissenschaftliche Ehrlichkeit und methodische Integrität zerstören. Sie wäre dämonische Besessenheit, nicht göttliche Offenbarung. Offenbarungserkenntnis ist Erkenntnis des Mysteriums des Seins in unserer Situation, nicht Information über die Natur der Dinge und ihre gegenseitige Beziehung. Deshalb kann die Offenbarungserkenntnis nur in der Offenbarungssituation empfangen werden, und sie kann — im Gegensatz zur gewöhnlichen Erkenntnis — nur denen vermittelt werden, die an dieser Situation teilhaben. Wer nicht in ihr steht, für den haben die gleichen Worte anderen Klang. Wenn etwa ein Philologe das Neue Testament liest und sein Inhalt ihm nichts bedeutet, was ihn unbedingt angeht, so mag er zwar imstande sein, den Text genau und korrekt zu interpretieren, aber die ekstatisch-offenbarerische Bedeutung der Worte und Sätze wird ihm verschlossen bleiben. Er mag wissenschaftlich einwandfrei von ihnen als Berichten über

---

[1] Man sollte nicht von „geoffenbarter Erkenntnis" sprechen, weil dieser Begriff den Eindruck erweckt, daß gewohnte Erkenntnisinhalte auf außergewöhnliche Weise mitgeteilt werden könnten. Durch solche Auffassung trennt man das Offenbarungsgeschehen von der Offenbarungserkenntnis. Das ist der Grundirrtum der meisten populären und vieler theologischer Deutungen der Offenbarung und der Erkenntnis, die durch sie vermittelt wird. Der Begriff „Offenbarungserkenntnis" betont die untrennbare Einheit der Erkenntnis und der Situation.

## Der Begriff der Offenbarung

eine angebliche Offenbarung reden, aber er kann nicht von ihnen als Zeugen einer wirklichen Offenbarung reden. Seine Erkenntnis der Offenbarungsquellen ist unexistentiell. Als solche mag sie zum historisch-philologischen Verständnis der Dokumente viel beitragen, aber sie kann nichts beitragen zur Offenbarungserkenntnis, die durch die Dokumente vermittelt wird.

Offenbarungserkenntnis kann nicht mit gewöhnlicher Erkenntnis in Widerspruch geraten, ebenso kann gewöhnliche Erkenntnis nicht mit Offenbarungserkenntnis in Widerspruch geraten. Keine wissenschaftliche Theorie steht der Offenbarungswahrheit näher als irgendeine andere wissenschaftliche Theorie. Für die Theologie ist es ein Unheil, wenn die Theologen aus theologischen Gründen einer wissenschaftlichen Ansicht gegenüber anderen den Vorzug geben. Und es war beschämend für die Theologie, als sich die Theologen aus theologischen Gründen vor neuen wissenschaftlichen Theorien fürchteten, als sie versuchten, sich so lange wie möglich ihnen zu widersetzen, und schließlich kapitulierten, als sich ihr Widerstand als sinnlos erwiesen hatte. Dieser unangebrachte Widerstand der Theologen — von der Zeit Galileis bis zu der Zeit Darwins — war eine der Ursachen für die Kluft zwischen Religion und profaner Kultur während der letzten Jahrhunderte.

Die gleiche Situation besteht im Hinblick auf die historische Forschung. Die Theologen haben keinen Grund, sich vor historischen Forschungsergebnissen zu fürchten; denn die Offenbarungswahrheit liegt in einer Dimension, in der sie durch die Geschichtsschreibung weder bejaht noch verneint werden kann. Deshalb sollten die Theologen nicht aus theologischen Gründen einigen Resultaten der historischen Forschung vor anderen den Vorzug geben, und sie sollten sich nicht Resultaten widersetzen, die schließlich doch akzeptiert werden müssen, wenn die wissenschaftliche Ehrlichkeit nicht zerstört werden soll, selbst wenn es so aussieht, als ob sie die Offenbarungserkenntnis untergrüben. Historische Untersuchungen sollten die Theologen weder trösten noch verwirren. Obwohl die Offenbarungserkenntnis in erster Linie durch geschichtliche Ereignisse übermittelt wird, enthält sie doch keine faktischen Aussagen, und daher ist sie nicht der kritischen Analyse historischer Forschung ausgesetzt. Ihre Wahrheit unterliegt Kriterien, die innerhalb der Dimension der Offenbarungserkenntnis liegen.

Genauso kann auch die Psychologie, einschließlich der Tiefenpsychologie, der Psychosomatik und der Sozialpsychologie, nicht mit der Offenbarungserkenntnis in Widerspruch geraten. Die Offenbarung gewährt viele Einsichten in die menschliche Natur. Aber sie alle betreffen die Beziehung des Menschen zu dem, was ihn unbedingt an-

## Die Offenbarungserkenntnis

geht, zum Grund und Sinn des Seins. Es gibt keine geoffenbarte Psychologie, so wenig wie es eine geoffenbarte Geschichtsschreibung oder geoffenbarte Physik gibt. Es ist nicht Aufgabe der Theologie, die Wahrheit der Offenbarung dadurch zu schützen, daß sie die Freudschen Lehren über die Libido, Verdrängung und Sublimierung aus religiösen Gründen angreift, oder dadurch, daß sie die Jungsche Lehre vom Menschen im Namen der Offenbarungserkenntnis verteidigt.

Die Indifferenz der Offenbarungserkenntnis gegenüber allen Formen gewöhnlicher Erkenntnis hat jedoch eine Grenze, nämlich da, wo Offenbarungselemente in den Behauptungen der gewöhnlichen Erkenntnis versteckt liegen. Wenn unter dem Deckmantel der gewöhnlichen Erkenntnis Dinge, die uns unbedingt angehen, erörtert werden, dann muß die Theologie die Wahrheit der Offenbarung gegen die Angriffe von seiten entstellter Offenbarungen schützen, ob sie nun als echte Religionen oder als metaphysisch umgeformte Ideen erscheinen. Das ist jedoch ein religiöser Kampf in der Dimension der Offenbarungserkenntnis und kein Widerspruch zwischen Offenbarungserkenntnis und gewöhnlicher Erkenntnis.

Die Wahrheit der Offenbarung hängt nicht von Kriterien ab, die nicht selbst zur Offenbarung gehören. Die Offenbarungserkenntnis muß genau so wie die gewöhnliche Erkenntnis von ihren eigenen Kriterien aus beurteilt werden. Die Lehre von der normgebenden Offenbarung hat die Aufgabe, diese Kriterien zu entfalten (siehe die folgenden Abschnitte).

Die direkte oder indirekte Offenbarungserkenntnis ist Erkenntnis Gottes und daher analog oder symbolisch. Der Charakter dieser Erkenntnisform ist bedingt durch den Charakter der Beziehung zwischen Gott und der Welt und kann nur im Zusammenhang der Lehre von Gott erörtert werden. Aber zwei mögliche Mißverständnisse müssen bedacht und ausgeschaltet werden. Wenn die Offenbarungserkenntnis „analog" genannt wird, so bezieht sich das auf die klassische Lehre von der *analogia entis* zwischen dem Endlichen und dem Unendlichen. Ohne eine solche Analogie könnte nichts über Gott ausgesagt werden. Aber die *analogia entis* ist in keiner Weise imstande, eine natürliche Theologie zu schaffen. Sie ist keine Methode, die Wahrheit über Gott zu finden; sie ist die Form, in der jede Offenbarungserkenntnis ausgedrückt werden muß. In diesem Sinne weist die *analogia entis* wie das „religiöse Symbol" auf die Notwendigkeit hin, das aus der endlichen Wirklichkeit entnommene Material zu gebrauchen, um der kognitiven Funktion in der Offenbarung ihre Inhalte zu geben. Diese Notwendigkeit aber vermindert nicht den Erkenntniswert der Offenbarungserkenntnis. Die Redewendung „*nur* ein Symbol" sollte vermieden werden, weil nichtanaloge oder nichtsymbolische Erkenntnis über Gott einen geringeren Wahrheitsgrad hat als analoge oder symbolische Erkenntnis. Gebraucht man endliche Materialien in ihrer gewöhnlichen Bedeutung für die Offenbarungserkenntnis, so zerstört man dadurch den Sinn der Offenbarung und nimmt Gott seine Göttlichkeit.

# B
## AKTUELLE OFFENBARUNG

### 1. Aktuelle und letztgültige Offenbarung

Wir haben den Sinn von Offenbarung im Lichte der Kriterien des christlichen Offenbarungsverständnisses dargestellt. Diese Darstellung setzte voraus, daß sie alle möglichen und wirklichen Offenbarungen umfaßt, aber das Kriterium der Offenbarung ist noch nicht entwickelt worden. Wir wenden uns im folgenden der christlichen Verkündigung zu, nun aber nicht mehr indirekt wie in den vorhergehenden Kapiteln, sondern direkt und dogmatisch, im echten Sinne des Dogmas als der lehrmäßigen Grundlage einer besonderen philosophischen Schule oder religiösen Gemeinschaft.

Vom Standpunkt des theologischen Zirkels aus ist die aktuelle Offenbarung notwendig letztgültige Offenbarung, denn der Mensch, der durch eine Offenbarungserfahrung ergriffen ist, glaubt, daß sie die letzte Wahrheit über das Mysterium des Seins und seine Beziehung zu ihm enthält. Bleibt er trotzdem bereit, sich anderen originalen Offenbarungen, z. B. in anderen Konfessionen zu öffnen, so hat er bereits die eigene Offenbarungssituation verlassen und sieht sie aus der Distanz. Das, was ihm unbedingter Bezugspunkt war, ist nicht mehr die originale Offenbarung, die ihm in einer Offenbarungssituation — sei es in einer abhängigen, sei es in einer originalen — ergriffen hatte. Es ist auch möglich, daß jemand außerhalb jeder konkreten Offenbarungssituation steht und das Unbedingte jenseits aller Konkretheit sucht. So ist im Hinduismus die ekstatische Erfahrung der Brahman-Macht das Letztgültige und im Humanismus die heroische Unterwerfung unter das moralische Prinzip. Für beide Fälle ist eine konkrete Offenbarung, z. B. eine Manifestation Vishnus (im Hinduismus) oder das Bild Jesu als sittliches

## Aktuelle und letztgültige Offenbarung

Ideal (im Protestantismus), nichts Letztgültiges. Für den Hindu ist das mystische Erlebnis die letztgültige Offenbarung; und für den Humanisten gibt es weder aktuelle noch letztgültige Offenbarung, sondern nur sittliche Autonomie, die gefüllt ist durch den Eindruck des Bildes vom synoptischen Jesus.

Das Christentum erhebt den Anspruch, daß die Offenbarung in Jesus als dem Christus letztgültig sei. Diese Offenbarung begründet die christliche Kirche, und wo dieser Anspruch fehlt, hört das Christentum auf zu existieren, zum mindesten als manifeste, wenn auch nicht immer als latente Kirche. Das Wort „letztgültig" in dem Ausdruck „letztgültige Offenbarung" bedeutet mehr als *letzte*. Das Christentum hat oft behauptet und sollte jedenfalls behaupten, daß es eine fortdauernde abhängige Offenbarung in der Geschichte der Kirche gibt. In diesem Sinne ist die letztgültige Offenbarung nicht die letzte. Nur wenn *letzte* die letzte originale Offenbarung bedeutet, kann die letztgültige Offenbarung als letzte Offenbarung verstanden werden. Aber die letztgültige Offenbarung bedeutet mehr als letzte originale Offenbarung, Sie bedeutet die entscheidende, erfüllende, unüberholbare Offenbarung, das, was das Kriterium aller anderen Offenbarungen ist, daher sie auch *normgebende* Offenbarung genannt werden kann. In der Geschichte der christlichen Kirche kann es keine Offenbarung geben, deren Bezugspunkt nicht *Jesus der Christus* ist. Das ist der christliche Anspruch, und das ist die Grundlage einer christlichen Theologie.

Die Frage aber ist, wie ein solcher Anspruch gerechtfertigt werden kann, ob es Kriterien gibt, die die Offenbarung in Jesus dem Christus zur letztgültigen Offenbarung machen. Solche Kriterien können nicht von etwas abgeleitet werden, was außerhalb der Offenbarungssituation liegt. Aber innerhalb dieser Situation können sie entdeckt werden. Und dies Entdecken muß die Theologie leisten.

Die erste und wichtigste Antwort, die die Theologie auf die Frage nach der Letztgültigkeit der Offenbarung in Jesus als dem Christus geben muß, ist die folgende: Eine Offenbarung ist letztgültig und normgebend, wenn sie die Macht hat, sich selbst zu verneinen, ohne sich selbst zu verlieren. Dieses Paradox beruht auf der Tatsache, daß jede Offenbarung bedingt ist durch das Medium, in dem und durch das sie erscheint. Die Frage nach der letztgültigen Offenbarung ist die Frage nach einem Medium der Offenbarung, das seine eigenen endlichen Bedingungen überwindet, indem es sie und sich selbst mit ihnen opfert. Der Träger der letztgültigen Offenbarung muß seine Endlichkeit aufgeben — nicht nur sein Leben, sondern auch seine endliche Macht, seine Erkenntnis und Vollkommenheit. Indem er das tut, erweist er sich als der Trä-

## Aktuelle Offenbarung

ger der letztgültigen Offenbarung (klassisch ausgedrückt als der „Sohn Gottes"). Er wird völlig transparent für das Geheimnis, das er offenbart. Aber um sich völlig aufgeben zu können, muß er sich völlig besitzen. Und nur der kann sich völlig besitzen — und deshalb sich aufgeben —, der mit dem Grunde des Seins und Sinns ohne Entfremdung und ohne Entstellung verbunden ist. Im Bilde Jesu als des Christus sehen wir das Bild eines Menschen, der diese Eigenschaften besitzt, eines Menschen, der deshalb als das Medium der normgebenden Offenbarung bezeichnet werden kann.

In den biblischen Berichten über Jesus als den Christus wurde Jesus der Christus, weil er die dämonischen Mächte besiegte, die ihn selbst dämonisch machen wollten. Sie führten ihn in Versuchung, für sein endliches Sein Unbedingtheit zu beanspruchen. Diese Mächte, die oft durch seine eigenen Jünger repräsentiert wurden, wollten ihn überreden, als Medium der Offenbarung dem Selbstopfer auszuweichen. Sie wollten, daß er das Kreuz vermeide. Sie wollten ihn zum Gegenstand des Götzendienstes machen. Götzendienst ist die Verkehrung einer echten Offenbarung, die Erhebung des Mediums der Offenbarung zur Würde der Offenbarung selbst. Die wahren Propheten in Israel führten einen ständigen Kampf gegen diesen Götzendienst, der durch die falschen Propheten und ihre Anhänger unter den Priestern verteidigt wurde. Dieser Kampf ist die dynamische Macht in der Offenbarungsgeschichte. Sein klassisches Dokument ist das Alte Testament, und gerade deshalb ist das Alte Testament ein unablösbarer Bestandteil der Offenbarung Jesu als des Christus. Aber das Neue Testament und die Kirchengeschichte zeigen den gleichen Konflikt. In der Reformation griff der prophetische Geist ein dämonisch entartetes priesterliches System an und führte zur tiefsten Spaltung, die sich in der Entwicklung des Christentums ereignet hat.

Nach Paulus sind die dämonischen Mächte, die die Welt regieren und die Religion entstellen, im Kreuz Christi überwunden. Durch sein Kreuz opferte Jesus sich selbst als Medium der Offenbarung, nämlich als Messias, so wie die Jünger das Wort verstanden. Für uns bedeutet dies, daß, wenn wir ihm nachfolgen, wir frei sind von der Autorität alles Endlichen in ihm, von seiner besonderen Tradition, von seiner persönlichen Frömmigkeit, von seiner vielfach bedingten Weltanschauung, von jedem gesetzlichen Verständnis seiner Ethik. Nur als der Gekreuzigte ist er „voll der Gnade und der Wahrheit" und kein Gesetz. Nur als der, der sein Fleisch, d. h. seine historische Existenz, geopfert hat, ist er der Träger des göttlichen Geistes oder die neue Kreatur. Das sind die Paradoxien, in denen das Kriterium der

## Die letztgültige Offenbarung in Jesus als dem Christus

letztgültigen Offenbarung manifest wird. Selbst Christus ist nur darum Christus, weil er nicht auf seiner Gottgleichheit bestand, sondern darauf verzichtete, sie als persönlichen Besitz zu haben. Nur auf dieser Grundlage kann die christliche Theologie die Letztgültigkeit der Offenbarung in Jesus als dem Christus behaupten. Der Anspruch einer endlichen Größe, von sich aus letztgültig zu sein, ist dämonisch. Jesus verwarf diese Möglichkeit als satanische Versuchung, und seine Worte im vierten Evangelium sprechen es deutlich aus, daß er nichts aus sich selbst, sondern alles von seinem Vater empfangen hatte. Er blieb transparent für das göttliche Geheimnis bis zu seinem Tode, der die vollendete Manifestation seiner Transparenz war. Damit wird einer Jesus-, nicht Christus-zentrierten Frömmigkeit und Theologie das Urteil gesprochen. Der Gegenstand von Frömmigkeit und Theologie ist Jesus als der Christus und nur als der Christus. Und er ist der Christus als der, der alles, was *nur* „Jesus" in ihm ist, zum Opfer bringt. Der entscheidende Zug seines Bildes ist die ständige Selbstpreisgabe des Jesus, der Jesus ist, an den Jesus, der der Christus ist.

Deshalb ist die letztgültige Offenbarung universal, ohne heteronom zu sein. Nur dann wäre sie heteronom, wenn sie als Endliches sich anderem Endlichen aufdrängte. Der unbedingte und universale Anspruch des Christentums beruht nicht auf seiner eigenen Überlegenheit gegenüber anderen Religionen. Ohne selbst etwas Letztgültiges zu sein, bezeugt das Christentum die letztgültige Offenbarung. Das Christentum als Christentum ist weder letztgültig noch normgebend. Aber das, wovon es Zeugnis ablegt, ist letztgültig und normgebend. Diese tiefe Dialektik des Christentums darf nicht zugunsten kirchlicher oder orthodoxer Selbstbejahungen vergessen werden. Ihnen gegenüber ist die sogenannte liberale Theologie im Recht, wenn sie bestreitet, daß irgendeine Religion als Religion Letztgültigkeit für sich beanspruchen kann. Ein Christentum, das nicht behauptet, daß Jesus von Nazareth Jesus als dem Christus zum Opfer gebracht worden ist, ist nur eine Religion unter anderen. Es hat keinen berechtigten Anspruch, die absolute Norm zu repräsentieren.

### 2. Die letztgültige Offenbarung in Jesus als dem Christus

Gemäß dem Zirkelcharakter der systematischen Theologie wird das Kriterium der letztgültigen Offenbarung abgeleitet von dem, was das Christentum als letztgültige Offenbarung ansieht, der Erscheinung Jesu als des Christus. Die Theologie sollte sich nicht davor fürchten,

## Aktuelle Offenbarung

diesen Zirkel einzugestehen. Er bedeutet keine Unzulänglichkeit, vielmehr ist er der notwendige Ausdruck des existentiellen Charakters der Theologie. Er ermöglicht eine Darstellung der letztgültigen Offenbarung auf zweierlei Weise: erstens in Form eines abstrakten Prinzips, das das Kriterium jeder angeblichen und wirklichen Offenbarung ist, und zweitens in Form eines konkreten Bildes der letztgültigen Offenbarung. Im vorhergehenden Kapitel wurde das abstrakte Prinzip mit dem Ausblick auf das konkrete Bild herausgearbeitet. Das vorliegende Kapitel beschreibt die Aktualisierung des abstrakten Prinzips im Konkreten.

Alle Berichte und Interpretationen des Neuen Testaments, die von Jesus als dem Christus handeln, zeigen zwei auffallende Merkmale: daß er die Einheit mit Gott nie aufgibt und daß er alles opfert, was er aus dieser Einheit für sich hätte gewinnen können.

Der erste Punkt wird deutlich in den Evangelienberichten über die unlösbare Einheit seines Seins mit dem Grunde des Seins, obwohl er an den Zweideutigkeiten des menschlichen Lebens teilhat. Das Sein Jesu als des Christus ist in jedem Augenblick durch Gott bestimmt. In all seinen Äußerungen, seinen Worten, seinen Taten und seinen Leiden ist er transparent für das, was er als der Christus repräsentiert: das göttliche Geheimnis. Während die synoptischen Evangelien die Verteidigung dieser Einheit gegen dämonische Angriffe hervorheben, betont das vierte Evangelium die fundamentale Einheit zwischen Jesus und dem „Vater". Die Briefe sprechen von dem Sieg der Einheit über die Mächte der Trennung, obwohl zuweilen die Last und die Mühsal dieses Kampfes angedeutet sind. Aber es ist niemals eine moralische, intellektuelle oder emotionale Eigenschaft, die ihn zum Träger der letztgültigen Offenbarung macht. Wie es das ganze Neue Testament und, vorausschauend, auch viele alttestamentliche Stellen bezeugen, ist es die Gegenwart Gottes in ihm, die ihn zum Christus macht. Seine Worte, seine Taten und seine Leiden sind Ausdruck seiner Einheit mit Gott; sie sind der Ausdruck des Neuen Seins, das *sein* Sein ist.

Daß Jesus die Einheit mit Gott bewahrt, wird in dem zweiten Zug deutlich, den die Heilige Schrift immer wieder herausstellt, dem Sieg über jede Versuchung, aus seiner Einheit mit Gott etwas für seine eigene Person zu gewinnen. Er erliegt nicht der Versuchung, der er als *messias designatus* ausgesetzt ist; denn hätte er den Erfolg gewählt, so hätte er seine messianische Funktion verloren. Das Aufsichnehmen des Kreuzes während und am Ende seines Lebens ist der entscheidende Beweis für seine Einheit mit Gott, für seine völlige Transparenz gegenüber dem Seinsgrunde. Nur im Blick auf die Kreuzigung kann das vierte Evan-

## Die letztgültige Offenbarung in Jesus als dem Christus

gelium ihn sagen lassen: „Wer an mich glaubt, der glaubt nicht an *mich*" (Joh. 12, 44). Nur dadurch, daß er sein Kreuz ständig auf sich nimmt, ist er „Der Geist", Geist im Sinne des paulinischen Wortes, nach dem wir ihn nicht mehr nach dem Fleisch, nämlich nach seiner historischen, individuellen Existenz kennen (2. Kor. 5, 16 und 2. Kor. 3, 17—18). Dieses Opfer ist das Ende aller Versuche, ihn als endliches Wesen anderen endlichen Wesen aufzubürden. Es ist das Ende der Jesus-Theologie. Jesus von Nazareth ist das Medium der letztgültigen Offenbarung, weil er sich völlig für Jesus als den Christus opfert. Er opfert nicht nur sein Leben, wie es viele Märtyrer und viele Durchschnittsmenschen getan haben, sondern er opfert auch alles in und an sich, was die Menschen zu ihm als „überwältigender Persönlichkeit" führen würde, anstatt sie an das in ihm hinzuführen, was größer ist als er. Das Offenbarungsereignis ist Jesus als der Christus[1].

Die letztgültige Offenbarung ereignet sich wie jede Offenbarung in einer Korrelation von Ekstase und Wunder. Jesus als der Christus ist das Wunder der letztgültigen Offenbarung, der Akt seiner Aufnahme durch die Jünger ist die Ekstase der letztgültigen Offenbarung. In seinem Auftreten ereignet sich die entscheidende Konstellation historischer (und durch Partizipation natürlicher) Kräfte. Sein Erscheinen ist der ekstatische Augenblick der menschlichen Geschichte und deshalb ihre Mitte, die aller möglichen und wirklichen Geschichte den Sinn gibt. Der „Kairos", der in ihm erfüllt war, ist die sinngebende Mitte der Geschichte. Aber er ist es nur für die, die ihn als letztgültige Offenbarung empfangen, nämlich als den Messias, den Christus, den Menschen von oben, den Sohn Gottes, den Geist, den *logos*, der Fleisch geworden ist — das Neue Sein. Alle diese Begriffe sind symbolische Variationen des Themas, das Petrus zuerst aussprach, als er zu Jesus sagte: „Du bist der Christus". Mit diesen Worten nahm ihn Petrus auf als das Medium der letztgültigen Offenbarung. Dieser Akt des Aufnehmens ist aber ein Teil der Offenbarung selbst. Jesus als der Christus, das Wunder der letztgültigen Offenbarung, und die Kirche, die ihn in ekstatischer Erfahrung als den Christus oder die letztgültige Offenbarung aufnimmt, gehören zusammen. Christus ist nicht der Christus ohne die Kirche, und die Kirche ist nicht die Kirche ohne den Christus. Die letztgültige Offenbarung ist wie jede Offenbarung korrelativ.

Die normgebende Offenbarung, die Offenbarung in Jesus als dem Christus, ist universal gültig, weil sie das Kriterium jeder Offenbarung enthält und *finis* oder *telos* (das innere Ziel) aller Offenbarungen

---
[1] Die volle Entwicklung der christologischen Gedanken wird im 2. Band gegeben werden.

## Aktuelle Offenbarung

ist. Die normgebende Offenbarung ist das Kriterium jeder vorangegangenen und jeder folgenden Offenbarung. Sie ist das Kriterium jeder Religion und jeder Kultur, nicht nur der Kultur und der Religion, in der sie erschienen ist. Sie ist gültig für die soziale Existenz jeder Menschengruppe und für die persönliche Existenz jedes einzelnen. Sie ist gültig für die Menschheit als solche und, in einer unbeschreibbaren Weise, hat sie auch einen Sinn für das Universum. Nichts weniger als dieses sollte die christliche Theologie behaupten. Wenn irgendein Element aus der universalen Gültigkeit der Botschaft Jesu als des Christus herausgelöst wird, wenn er nur in die Sphäre der persönlichen Vollendung oder nur in die Sphäre der Geschichte hineingenommen wird, dann ist er weniger als die letztgültige Offenbarung und ist weder der Christus noch das Neue Sein. Aber die christliche Theologie behauptet, daß er all dies ist, weil er die doppelte Probe der Endlichkeit bestanden hat: Er behielt die ununterbrochene Einheit mit dem Grunde des Seins, und er opferte sich als Jesus beständig an sich selbst als den Christus.

### 3. Die Offenbarungsgeschichte

Das Ereignis, das wir letztgültige Offenbarung genannt haben, ist kein isoliertes Ereignis. Es setzt eine Offenbarungsgeschichte voraus, durch die es vorbereitet und in der es aufgenommen wurde. Es hätte sich niemals ereignen können, wenn es nicht erwartet worden wäre, und es hätte nicht erwartet werden können, wenn nicht frühere Offenbarungen ihm vorausgegangen wären, auch wenn diese im Laufe der Zeit verzerrt wurden. Und es würde nicht die letztgültige Offenbarung gewesen sein, wenn es nicht als solche aufgenommen worden wäre, und es würde diesen Charakter verlieren, wenn es nicht fähig wäre, von jeder Gruppe an jedem Ort aufgenommen zu werden. Diese Geschichte der Vorbereitung und Aufnahme der letztgültigen Offenbarung kann Offenbarungsgeschichte genannt werden.

Offenbarungsgeschichte ist nicht dasselbe wie Religionsgeschichte. Sie ist auch nicht die Geschichte der jüdischen und christlichen Religion. Es gibt Offenbarungen außerhalb des spezifisch religiösen Bereichs, und es gibt vieles, was nicht Offenbarung ist, innerhalb des spezifisch religiösen Bereichs. Offenbarung richtet beide Bereiche. Offenbarungsgeschichte ist auch nicht die Geschichte aller Offenbarungen, die jemals stattgefunden haben. Eine solche Geschichte gibt es nicht, weil man von einem Offenbarungsereignis nur aus einer existentiellen Beziehung zu diesem Ereignis sprechen kann. Ein Geschichtsschreiber aller Offenbarungen würde

## Die Offenbarungsgeschichte

ein Geschichtsschreiber der historischen Berichte über alle Offenbarungen, die jemals stattgefunden haben, sein. Offenbarungsgeschichte ist Geschichte, die im Lichte der letztgültigen Offenbarung gedeutet ist. Das Ereignis der letztgültigen Offenbarung ist Zentrum, Ziel und Ursprung jedes Offenbarungsereignisses, sei es in der Periode der Vorbereitung, sei es in der Periode der Aufnahme. Das trifft allerdings nur auf jemanden zu, der selbst von der letztgültigen Offenbarung existentiell betroffen ist und an ihr teilnimmt. Für ihn ist es eine wahre und notwendige Folge seiner Offenbarungserfahrung. Während die humanistische Theologie die Offenbarungsgeschichte mit Religions- und Kulturgeschichte gleichsetzt und damit den Begriff der letztgültigen Offenbarung ausscheidet, streicht die neu-orthodoxe Theologie und ihr verwandte liberale Richtungen (z. B. die Ritschlsche) die Offenbarungsgeschichte überhaupt, weil sie nur die letztgültige Offenbarung als Offenbarung gelten läßt. Sie behauptet: Es gibt nur eine Offenbarung, nämlich die in Jesus als dem Christus, worauf die humanistische Gruppe antwortet: Es gibt überall Offenbarung, und keine von ihnen ist letztgültig. Beide Ansichten müssen zurückgewiesen werden. Wenn eine Offenbarung nicht als letztgültig erfahren wird, ist sie nicht Offenbarung, sondern eine Reflexion aus Distanz und nicht eine Erfahrung durch Partizipation. Wenn aber auf der anderen Seite eine Offenbarung als letztgültig angesehen, gleichzeitig aber ihre Vorbereitung in der Geschichte geleugnet wird, dann ist das einmalige Offenbarungsereignis ein Fremdkörper. Er hat keinerlei Bezug zur menschlichen Existenz und Geschichte und kann deshalb nicht in das menschliche Leben hineingenommen werden. Entweder zerstört er das Leben oder wird von ihm wieder ausgestoßen. Offenbarungsgeschichte ist ein notwendiges Korrelat zur letztgültigen Offenbarung. Sie sollte weder mit Religionsgeschichte gleichgesetzt und damit entwertet, noch durch einen destruktiven Supranaturalismus eliminiert werden.

Die letztgültige Offenbarung teilt die Offenbarungsgeschichte in eine Periode der Vorbereitung und eine Periode der Aufnahme. Die Offenbarung der Vorbereitungsperiode ist universal. „Universal" in Verbindung mit Offenbarung kann in dreierlei Weise mißverstanden werden. Es kann mit „generell" verwechselt werden im Sinne eines generellen Schemas, das von allen speziellen Offenbarungsereignissen abstrahiert ist. Aber solch ein generelles Schema gibt es nicht. Offenbarung ereignet sich oder ereignet sich nicht, keinesfalls ereignet sie sich generell. Sie ist kein Strukturelement der Wirklichkeit. Das zweite Mißverständnis von „universal" beruht auf der Verwechslung von universaler Offenbarung mit natürlicher Offenbarung. Wie wir gesehen haben, gibt es keine

## Aktuelle Offenbarung

natürliche Offenbarung. Man kann nur von Offenbarung *durch* die Natur sprechen. Und Offenbarung durch die Natur ist speziell und konkret, aber nicht universal. Das dritte Mißverständnis von „universal" entsteht durch die falsche Voraussetzung, daß sich Offenbarung immer und überall ereigne. Auch das kann nicht behauptet werden. Die Merkmale der Offenbarung und ihr existentieller Charakter sprechen dagegen. Allerdings muß die Möglichkeit solcher universaler Offenbarung eingeräumt werden. Die Verneinung dieser Möglichkeit würde ihren existentiellen Charakter verneinen und mehr noch, sie würde die letztgültige Offenbarung überhaupt unmöglich machen. „Universale Offenbarung" nennen wir diejenigen konkreten Offenbarungen, die in der Menschheitsgeschichte zu allen Zeiten vorkommen und unter dem Urteil der letztgültigen Offenbarung stehen.

Nur auf der breiten Basis universaler Offenbarung kann sich letztgültige Offenbarung ereignen und aufgenommen werden. Ohne die Symbole, die in der Vorbereitungsperiode der Offenbarung geschaffen wurden, würde die letztgültige Offenbarung nie verstehbar gewesen sein. Ohne die religiösen Erfahrungen der Vorbereitungsperiode hätte es keine Kategorien und Formen gegeben, mit denen die letztgültige Offenbarung hätte ergriffen werden können. Die biblische Terminologie ist voller Worte, deren Sinn und Nebenbedeutungen dem Hörer völlig unverständlich wären, wenn im Judentum und Heidentum keine vorbereitenden Offenbarungen stattgefunden hätten. Die Mission würde nie jemanden erreicht haben, wenn es keine Vorbereitung für die christliche Botschaft in der universalen Offenbarung gegeben hätte. Die Frage nach der letztgültigen Offenbarung hätte nie gestellt und daher auch nie eine Antwort auf diese Frage aufgenommen werden können. Wenn dagegen — von einem neu-orthodoxen Theologen zum Beispiel — behauptet würde, bei Gott sei kein Ding unmöglich, er sei in seiner Offenbarung nicht von den Entwicklungsstufen und Reifestadien der Menschen abhängig, so muß entgegnet werden, daß Gott *durch die Menschen* handelt, jeweils nach ihrer Natur und Aufnahmefähigkeit. Um sich zu offenbaren, ersetzt er nicht den Menschen durch ein anderes Geschöpf und das Stadium der Kindheit durch das Stadium der Reife. Er offenbart sich dem Menschen und rettet den Menschen und keine anderen Geschöpfe, die er sich erst für diesen Zweck schaffen müßte. Das würde ein Dämon tun, aber nicht Gott. Wenn jemand von einer Offenbarung behauptet, daß sie letztgültige Offenbarung sei und nicht gleichzeitig die Offenbarungsgeschichte bejaht, in der die letztgültige Offenbarung vorbereitet wurde, entmenschlicht er den Menschen und dämonisiert Gott.

## Die Offenbarungsgeschichte

Auf dreierlei Weise wurde die letztgültige Offenbarung in der Offenbarungsgeschichte vorbereitet: durch Bewahrung, Kritik und Erwartung. Jede Offenbarungserfahrung verwandelt das Medium der Offenbarung in ein sakramentales Objekt, sei es ein Gegenstand der Natur, ein Mensch, ein historisches Ereignis, sei es ein heiliger Text. Die Funktion des Priesters ist es, die sakramentalen Objekte zu hüten, die Kraft der originalen Offenbarung lebendig zu halten und neue Individuen, neue Gruppen und neue Generationen in die Offenbarungssituation zu führen. Das symbolische Material, das jede spätere Offenbarung benutzt, umwandelt und bereichert, wird vom Priestertum bewahrt und überliefert. Kein Prophet könnte kraft einer neuen Offenbarung reden, kein Mystiker die Tiefe des göttlichen Grundes betrachten, in der Erscheinung des Christus könnte kein Sinn gefunden werden, wäre es nicht auf dem Boden einer sakramental-priesterlichen Substanz. Das sakramental-priesterliche Element in der universalen Offenbarung hat jedoch die Tendenz, den Unterschied zwischen Träger und Inhalt der Offenbarung zu verwischen. Es hat die Tendenz, den Träger und seine Vorzüge als Inhalt der Offenbarung zu betrachten. Es hat die Tendenz, dämonisch zu werden; denn das Dämonische ist gerade diese Erhebung von etwas Bedingtem zu unbedingter Würde. Gegen diese Tendenz richtet sich die zweite — die kritische — Stufe der vorbereitenden Offenbarung. Sie erscheint in drei Formen: der mystischen, der rationalen und der prophetischen. Die Mystik kritisiert die dämonisch entartete sakramental-priesterliche Substanz, indem sie jedes Medium der Offenbarung entwertet und den Versuch macht, die Seele ohne ein Medium direkt mit dem Grund des Seins in Verbindung zu bringen. In der Mystik geschieht Offenbarung in der Tiefe der Seele. Die objektive Seite ist dabei gleichgültig. Der antidämonische Kampf der Mystik hat auf weite Kreise der Menschheit stärkste Wirkung ausgeübt und übt sie noch aus. Aber die Fähigkeit der Mystik, die letztgültige Offenbarung vorzubereiten, ist bivalent. Die Mystik befreit zwar von den dämonischen Verzerrungen in der konkret-sakramentalen Sphäre, aber sie zahlt dafür einen zu hohen Preis. Sie zerstört den konkreten Charakter der Offenbarung und macht die Offenbarung dadurch irrelevant für die menschliche Situation. Sie erhebt den Menschen über alles, was ihn aktuell betrifft, und verneint sein Dasein in Raum und Zeit. Trotz dieser Bivalenz ist es die ständige Funktion der Mystik, auf den Abgrundcharakter des Seins-Selbst hinzuweisen und die dämonische Identifikation eines Endlichen mit dem Unendlichen zu verwerfen. Es ist bedauerlich, daß sowohl Anhänger der Kant-Ritschlschen Linie als auch Vertreter der Neu-Orthodoxie nur auf die möglichen und tatsächlichen

## Aktuelle Offenbarung

Mißbräuche der Mystik hinweisen, aber nicht ihre weltgeschichtliche Funktion anerkennen, nämlich die Funktion, die jeden konkreten Offenbarungsträger in Richtung auf das Mysterium, das sich in ihm manifestiert, transzendiert. Sogar die letztgültige Offenbarung bedarf des mystischen Korrektivs, um ihre eigenen endlichen Symbole zu transzendieren.

Die rationale Kritik scheint außerhalb der Offenbarungssituation zu stehen und daher keine Berechtigung zu haben, eine kritische Funktion an Offenbarungsereignissen auszuüben. Gewiß, Vernunft ist nicht offenbarungsmächtig. Es ist aber in jeder Vernunftschöpfung die Tiefe der Vernunft gegenwärtig und macht sich fühlbar in Form und Inhalt. Im Stil einer jeden Kulturschöpfung, in den ihr zugrunde liegenden Prinzipien, in ihren kritischen Äußerungen und ihren Forderungen gibt es offen und versteckt Elemente, die direkt oder indirekt zur Offenbarungsgeschichte beitragen. Die kulturellen Schöpfungen setzen Offenbarungsereignisse voraus und drücken sie konstruktiv oder kritisch aus. Xenophanes' und Heraklits Kritik an den homerischen Göttern und Platos philosophische Interpretation der apollinisch-dionysischen Substanz der griechischen Kultur sind Beispiele, wie rationale Kulturschöpfungen Einfluß auf die Offenbarungssituation haben. In Männern wie Plotin, Ekkehard, Cusanus, Spinoza und Böhme waren mystische und rationale Elemente vereinigt. Sie kritisierten und veränderten die sakramentalen Traditionen und schufen eine Situation, aus der heraus das Verlangen nach neuer Offenbarung hervorbrechen konnte. Aber nicht nur mystische und rationale Kritik können Hand in Hand gehen, auch prophetische Kritik kann sich mit rationaler Kritik verbinden. In den Propheten, Reformatoren und revolutionären Sektierern sind soziale und prophetische Elemente von ihrer Offenbarungserfahrung nicht zu trennen und sind oftmals das treibende Moment gewesen. Umgekehrt ist in profanen, politische Freiheit und soziale Gerechtigkeit fordernden Bewegungen die Erwartung einer neuen Offenbarungssituation oftmals die versteckt treibende Macht. Die universale Offenbarung enthält nicht nur mystische und prophetische Reaktionen gegen verzerrte sakramentale Formen und Systeme, sondern auch rationale Reaktionen, teils mit, teils ohne Verbindung mit ihnen. Weil das so ist, muß jede Theologie abgelehnt werden, die ausdrücklich die Vernunftschöpfungen, d. h. die gesamte menschliche Kultur, von einem indirekten Teilhaben an der Offenbarungsgeschichte ausschließt.

Entscheidend für die Entwicklung der universalen vorbereitenden Offenbarung wurde jedoch der prophetische Angriff auf den entarteten Sakramentalismus. Es wäre jedoch falsch, wenn man unter Prophetis-

*Die Offenbarungsgeschichte*

mus nur den Prophetismus des Alten Testaments oder den prophetischen Geist des Alten Testaments und Neuen Testaments verstünde. Prophetische Kritik und prophetische Verheißung finden sich in der ganzen Geschichte der Kirche, besonders in den monastischen Bewegungen, der Reformation und dem evangelischen Radikalismus (protestantische Sekten). Sie sind aber auch in religiösen Revolutionen und in Religionsgründungen außerhalb des Christentums wirksam, z. B. in der Religion Zarathustras, in einigen griechischen Mysterienkulten, im Islam und in vielen kleineren Reformbewegungen. Das, was sie untereinander verbindet und von der Mystik unterscheidet, ist die Konkretheit ihres Angriffs gegen ein vorhandenes sakramentales System. Sie ignorieren es nicht, sie erheben sich nicht darüber, und sie fordern keine mystische Einung mit dem Grund des Seins. Aber sie unterwerfen die konkreten Offenbarungsmedien, die konkreten sakramentalen Symbole und priesterlichen Systeme dem Urteil des göttlichen Gesetzes, dem, was sein soll, weil es das Gesetz Gottes ist. Der Prophetismus versucht, die Wirklichkeit kraft seines prophetischen Auftrags umzuformen. Er transzendiert die Wirklichkeit nicht, um zum göttlichen Abgrund zu gelangen. Er verspricht Erfüllung in der Zukunft (wie transzendent diese Zukunft auch immer verstanden werden mag) und weist nicht wie die Mystik auf eine Ewigkeit hin, die jedem Augenblick der Zeit gleich nahe ist.

Etwas Einmaliges verbindet die israelitische Prophetie von Moses, der der größte der Propheten genannt wird, bis hin zu Johannes dem Täufer, von dem gesagt wird, er sei der größte im alten Aeon. Die Offenbarung, die sich in den israelitischen Propheten ereignete, ist die unmittelbare, konkrete Vorbereitung der letztgültigen Offenbarung und kann von ihr nicht gelöst werden. Die universale Offenbarung als solche konnte die letztgültige Offenbarung nicht vorbereiten. Das konnte nur die von den alttestamentlichen Propheten kritisierte und umgewandelte universale Offenbarung. Da die letztgültige Offenbarung konkret ist, konnte sie auch nur in einer konkreten Entwicklung vorbereitet werden. Da aber jede Offenbarung dem Maßstab der letztgültigen Offenbarung unterworfen ist, muß dieser Maßstab, wenn auch fragmentarisch und vorausgeahnt, in der Vorstellung schon vorhanden gewesen und angewandt worden sein. Als die frühe Kirche Jesus als den Christus aufnahm, spielten Kriterien eine Rolle, wie sie etwa bei Deutero-Jesaja zum Ausdruck gekommen sind. Ohne Menschen, die in den Paradoxen der jüdischen Prophetie lebten, hätte das Paradox vom Kreuz nie verstanden und angenommen werden können. Darum ist es selbstverständlich, daß überall da, wo — von der frühen

## Aktuelle Offenbarung

Gnosis bis zum Nationalsozialismus — das Neue Testament vom Alten Testament getrennt wurde, das christologische Paradox und damit der Mittelpunkt des Neuen Testaments verlorenging. Letztgültige Offenbarung war nur noch ein Beispiel universaler Offenbarung. Damit wurde die Religion des Alten Testaments entwertet und zu einer der niederen Formen des Heidentums und zu einem Ausdruck des religiösen Nationalismus der Juden. Das ist aber ein völliges Mißverständnis. Das Alte Testament enthält zwar viel jüdischen Nationalismus; er wird aber gleichzeitig aufs stärkste bekämpft. Am religiösen Nationalismus werden die falschen Propheten erkannt. Die wahren Propheten warnen Israel im Namen des gerechten Gottes, der sein Volk um seiner Ungerechtigkeit willen verwerfen kann, ohne dabei seine Macht einzubüßen. Das wäre in einer polytheistischen Religion unmöglich. Der Gott der Gerechtigkeit ist universal, und jede Verletzung der Gerechtigkeit vernichtet den Anspruch seines Volkes auf ihn, auch wenn dieses Volk eine besondere Beziehung zu ihm hat. Der Begriff „auserwähltes Volk" ist nicht Ausdruck nationaler Anmaßung. Auserwählt sein enthält zugleich die ständige Bedrohung der Verwerfung und des Untergangs und die Forderung, den Untergang auf sich zu nehmen, um den „Bund" der Erwählung zu retten. Erwählung und Untergang sind so miteinander verbunden, daß kein endliches Wesen, keine Gruppe und kein einzelner mehr ist als ein Medium für das Mysterium des Seins. Ertragen aber Gruppen oder Einzelne diese Spannung, so wird ihr Untergang ihre Erfüllung. Das ist der Sinn prophetischer Verheißung, die über die prophetische Drohung hinausweist. Diese Verheißung ist nicht etwa mit dem Wort „Ende gut, alles gut" zu verwechseln. Empirisch gesprochen gibt es für das auserwählte Volk oder für den einzelnen, der zur letztgültigen Offenbarung auserwählt ist, kein „happy end". Aber Propheten sprechen nicht empirisch, sondern in Begriffen, die die Tiefe der Vernunft und ihre ekstatische Erfahrung ausdrücken.

Im Prozeß des prophetischen Kampfes mit entartetem Sakramentalismus werden Elemente der universalen Offenbarung aufgenommen, entwickelt und umgestaltet. Entstellte Begriffe werden entweder verworfen oder geläutert. Dieser Prozeß findet in allen Perioden der Geschichte Israels statt und hört auch im Neuen Testament und in der Geschichte der Kirche nicht auf. Er besteht im dynamischen Aufnehmen, Verwerfen und Umwandeln der vorbereitenden Offenbarung durch die letztgültige Offenbarung. Angesichts dieses Prozesses ist es unmöglich, das Alte Testament von der universalen Offenbarung zu trennen, wie es auch unmöglich ist, das Alte Testament

## Die Offenbarungsgeschichte

anders anzusehen als die konkrete und einzigartige Vorbereitung auf die letztgültige Offenbarung. Es ist absurd, es als ein im voraus geschriebenes Dokument der Offenbarung in Christus zu betrachten und es gleichsam in ein zweites Neues Testament zu verwandeln. Aufnehmend, verwerfend, umwandelnd verhält sich das Alte Testament zur universalen Offenbarung, und das Neue Testament tut das gleiche mit der universalen Offenbarung und dem Alten Testament. Die Dynamik der Offenbarungsgeschichte widerlegt mechanistisch-supranaturale Theorien der Offenbarung und Inspiration.

Weder das jüdische Volk als ganzes noch die kleinen „heiligen Rest"-Gruppen, auf die von den Propheten oft hingewiesen wird, waren imstande, über die Identifizierung von Medium und Offenbarungsinhalt hinauszukommen. Die Geschichte Israels beweist, daß Gruppen Träger letztgültiger Offenbarung nicht sein können, weil sie als Gruppen zur vollkommenen Hingabe ihrer selbst nicht fähig sind. Ein Durchbruch zu völliger Selbstaufgabe kann nur in einem persönlichen Leben geschehen, oder es kann überhaupt nicht geschehen. Das Christentum behauptet, daß er geschehen ist, und läßt den Augenblick, da er geschehen ist, zur Mitte der Offenbarungsgeschichte und indirekt zur Mitte der Geschichte überhaupt werden.

Die Mitte der Offenbarungsgeschichte teilt den ganzen Offenbarungsprozeß in die Periode der Vorbereitung und die der Aufnahme. Mit dem Anfang der Kirche beginnt die Periode der Aufnahme. Nach christlichem Urteil sind alle Religionen und Kulturen außerhalb der Kirche noch in der Vorbereitungsperiode. Viele Gruppen und einzelne sind auch innerhalb der christlichen Kirchen nur auf einer Vorbereitungsstufe. Sie haben niemals die Botschaft der letztgültigen Offenbarung in ihrem wahren Sinn und in ihrer Mächtigkeit aufgenommen. Auch die christlichen Kirchen selbst sind in ihren Einrichtungen und Handlungen in dauernder Gefahr, auf die Vorbereitungsstufe zurückzusinken. Diese Gefahr hat sich immer wieder verwirklicht. Dennoch wurzelt die christliche Kirche in der letztgültigen Offenbarung, und es wird von ihr erwartet, daß sie diese Offenbarung in dauernden Akten der Aufnahme, Deutung und Verwirklichung weiterträgt. Das ist selbst ein Offenbarungsprozeß mit allen Merkmalen der Offenbarung. Auch die Gegenwart des göttlichen Geistes in der Kirche ist Offenbarung, sie ist jedoch abhängige Offenbarung mit allen Merkmalen abhängiger Offenbarung. Sie ist abhängig vom Ereignis der letztgültigen Offenbarung, von der sie zu allen Zeiten Sinn und Kraft erhält, obwohl die Art des Empfangens, des Deutens und Umwandelns in allen Perioden, Gruppen und Einzelnen immer wieder neue Offenbarungskorrelationen schafft. Offenba-

*Aktuelle Offenbarung*

rungsaufnahme ist *Offenbarung*, obgleich der Geist, durch den die Offenbarung erfolgt, immer der Geist Jesu als des Christus ist. Die christliche Kirche nimmt ein Glaubenswagnis auf sich, wenn sie praktisch und theoretisch behauptet, daß diese Offenbarung nie zu Ende ist und die Kraft zur Reformation in sich birgt und daß keine neue Offenbarung, sei sie noch so original, über die letztgültige Offenbarung hinausgehen kann. Aus diesem Glauben heraus behauptet das Christentum, die Geschichte der originalen Offenbarung sei grundsätzlich abgeschlossen, obgleich sie sich noch unendlich an Orten fortsetzen kann, wo das Zentrum der Offenbarungsgeschichte bisher noch nicht anerkannt worden ist. Aber auch die Aufnahme letztgültiger Offenbarung bringt den Offenbarungsprozeß nicht zum Abschluß. Er dauert bis zum Ende der Geschichte.

## 4. Offenbarung und Erlösung

Offenbarungsgeschichte und Erlösungsgeschichte sind die gleiche Geschichte. Offenbarung kann nur aufgenommen werden im Gegenwärtigsein der Erlösung, und Erlösung kann nur geschehen in der Offenbarungskorrelation. Ein Einwand gegen diese Behauptungen könnte nur erhoben werden, wenn man einen intellektuellen, unexistentiellen Offenbarungsbegriff oder einen individualistischen, undynamischen Erlösungsbegriff zugrunde legt. Aber solche Begriffe und damit jeder Versuch, Offenbarung und Erlösung voneinander zu trennen, müssen von der systematischen Theologie radikal zurückgewiesen werden.

Wenn Offenbarung verstanden wird als Information über „göttliche Dinge", die zum Teil durch Gedankenoperationen, zum Teil durch Unterwerfung des Willens unter Autoritäten akzeptiert werden soll, dann kann es Offenbarung ohne Erlösung geben. Informationen können akzeptiert werden, ohne daß die Existenz dessen, der sie akzeptiert, verwandelt wird. Zu dieser Vorstellung von der Offenbarungssituation gehören weder Ekstase noch Wunder. Der göttliche Geist ist dabei überflüssig, oder er wird zu einem supranaturalen Übermittler und Lehrmeister objektiver, unexistentieller Wahrheiten. Die biblischen Berichte über Offenbarungssituationen stehen in ausdrücklichem Widerspruch zu dieser Deutung. Sie unterstützen eindeutig die Behauptung, daß Offenbarung und Erlösung nicht voneinander getrennt werden können. Moses mußte seine Schuhe ausziehen, ehe er den heiligen Boden der Offenbarungssituation betreten durfte. Jesaja mußte durch Berührung mit brennender Kohle von seinen Sünden gereinigt werden, bevor er seine Berufungsoffenbarung empfangen konnte. Petrus mußte seine ge-

## Offenbarung und Erlösung

wohnte Umgebung verlassen und Jesus nachfolgen, ehe er seine ekstatische Aussage tun konnte, daß Jesus der Christus sei. Paulus mußte eine Revolution seines ganzen Seins erfahren, als er die Offenbarung, die ihn zum Christen und Apostel machte, empfing.

Aber man könnte einwenden, daß dies nur für die großen religiösen Persönlichkeiten gilt, die andere zu einer Offenbarungssituation hinführen, nachdem der Durchbruch in ihnen geschehen ist. Für die übrigen ist Offenbarung ein Wahrheitsschatz, den sie übernehmen und der für sie Heilsfolgen haben kann oder auch nicht. Wenn man diese Deutung annimmt, dann ist Offenbarungswahrheit unabhängig von der aufnehmenden Seite, und ihre erlösende Kraft für den einzelnen ist Sache seines persönlichen Schicksals; sie hat keine Bedeutung für die Offenbarung selbst. Eine solche Anschauung kommt autoritären kirchlichen oder lehrhaften Systemen sehr gelegen, die die Offenbarungsinhalte als ihren Besitz betrachten. In solchen Systemen werden geoffenbarte Wahrheiten autoritär gehütet und den Menschen als eine Art Fertigware verabreicht, die sie hinnehmen müssen. Autoritäre Systeme machen aus der Offenbarung einen Intellekts- und Willensakt; sie zerstören die existentielle Korrelation zwischen dem Offenbarungsereignis und denen, die es empfangen sollen. Deshalb stehen sie auch gegen die Identifizierung von Offenbarung und Erlösung, die ein existentielles Offenbarungsverständnis voraussetzt, d. h. ein schöpferisches und verwandelndes Teilhaben jedes Gläubigen an der Offenbarungskorrelation.

Ein anderes Argument gegen die Gleichsetzung von Offenbarung und Erlösung basiert auf einem Erlösungsbegriff, der die Erlösung von der Offenbarung abtrennen will. Wenn nach dieser Anschauung Erlösung verstanden wird als die letzte Erfüllung des Individuums jenseits von Zeit und Geschichte, dann kann Offenbarung, die sich in der Geschichte ereignet, nicht Erlösung sein. Versteht man Erlösung so, dann ist sie entweder total oder nicht existent. Da das Empfangen der Offenbarung unter den Bedingungen der Existenz immer fragmentarisch ist, hat die Offenbarung als solche keine erlösende Kraft, obwohl sie zu einem Werkzeug der Erlösung werden kann. Der geschichtslose Erlösungsbegriff muß ebenso zurückgewiesen werden wie der intellektualistische Offenbarungsbegriff. Worte wie Heil, Heilsgeschichte und Heiland sind abgeleitet von heilen. Heilen findet statt gegenüber Krankheit, dämonischer Besessenheit, Knechtschaft der Sünde und unbedingter Macht des Todes. Das Heil in diesem Sinne ereignet sich in Zeit und Geschichte, wie auch die Offenbarung sich in Zeit und Geschichte ereignet. Die Offenbarung hat einen unerschütterlichen objektiven Grund in dem Ereignis Jesu als des Christus, und die Erlösung gründet sich auf

## Aktuelle Offenbarung

das gleiche Ereignis; denn dieses Ereignis vereint die letztgültige Macht der Erlösung mit der letztgültigen Wahrheit der Offenbarung. Offenbarung, die vom Menschen unter den Bedingungen der Existenz aufgenommen wird, ist immer fragmentarisch und ebenso das Heilen. Offenbarung und Erlösung sind letztgültig, vollkommen und unwandelbar in bezug auf das offenbarende und erlösende Ereignis; sie sind vorläufig, fragmentarisch und wandelbar in bezug auf die Personen, die die offenbarende Wahrheit und erlösende Macht empfangen. In den Begriffen der klassischen Theologie könnte man sagen, daß niemand Offenbarung empfangen kann außer vom göttlichen Geist und daß das Zentrum der Persönlichkeit verwandelt wird, wenn jemand vom göttlichen Geist ergriffen ist. Er hat Erlösungskräfte empfangen.

Noch ein weiteres Argument gegen diese Gleichsetzung von Erlösung und Offenbarung bleibt zu erörtern. Man kann fragen, ob ein Mensch, der die Erlösungskraft des Neuen Seins in Christus verloren hat, doch noch seine offenbarende Wahrheit empfangen kann. Möglicherweise wird er die Offenbarung als seine eigene Verdammung erfahren. In solcher Situation scheinen Offenbarung und Erlösung deutlich voneinander geschieden zu sein. Aber das ist nicht der Fall. Wie Luther immer wieder betonte, ist das Gefühl, verworfen zu sein, der erste und entscheidende Schritt auf die Erlösung hin. Es gehört grundlegend mit zur Erlösung und fehlt nie ganz. Und es sollte auch dann nicht fehlen, wenn man Erlösung am stärksten erfährt. So lange die Offenbarung als Gericht erfahren wird, ist auch die Erlösungskraft wirksam. Weder Sünde noch Verzweiflung als solche sind ein Beweis für das Fehlen der Erlösungskraft. Das Fehlen der Erlösungskraft drückt sich in der Flucht vor dem aus, was uns unbedingt angeht, und in Selbstgefälligkeit, die beidem, der erschütternden Macht der Offenbarung und der umwandelnden Kraft der Erlösung, Widerstand leistet.

Die Identität von Offenbarung und Erlösung führt zu einer weiteren Betrachtung. Im zeitlichen und geschichtlichen Prozeß sind Offenbarung und Erlösung zweideutig. Deshalb weist die christliche Botschaft auf eine letzte Erlösung hin, die unverlierbar ist, weil sie Wiedervereinigung mit dem Seinsgrund ist. Diese letzte Erlösung ist auch die letzte Offenbarung, die oft beschrieben wird als das „Schauen Gottes". Dann ist das Mysterium des Seins offenbar ohne den fragmentarischen und vorläufigen Charakter jeder Offenbarung. Das bezieht sich nicht auf das isolierte Individuum, denn Erfüllung ist universal. Eine begrenzte Erfüllung isolierter Einzelwesen wäre überhaupt keine Erfüllung, nicht einmal für diese Einzelwesen; denn kein Mensch ist von anderen Menschen und vom Ganzen der Wirklichkeit so abgeschlossen,

*Überwindung des Konfliktes zwischen Autonomie und Heteronomie*

daß er erlöst werden könnte, ohne daß gleichzeitig jeder Mensch und jedes Ding erlöst wird. Erlösung gibt es nur im Reiche Gottes, das das Universum umfaßt. Aber das Reich Gottes ist auch der Ort, an dem jedes Ding völlig transparent ist, damit das Göttliche durchscheinen kann. In seinem erfüllten Reich ist Gott alles in allem. Das ist das Symbol der letzten Offenbarung und der letzten Erlösung in völliger Einheit. Die Anerkennung oder Nichtanerkennung dieser Einheit ist der entscheidende Prüfstein für den Charakter einer Theologie.

# C

## DIE VERNUNFT IN DER LETZTGÜLTIGEN OFFENBARUNG

### 1. Die letztgültige Offenbarung überwindet den Konflikt zwischen Autonomie und Heteronomie

Die Offenbarung ist die Antwort auf die im existentiellen Konflikt der Vernunft enthaltenen Fragen. Nachdem wir den Begriff und die Aktualität der Offenbarung als solche und der letztgültigen Offenbarung insonderheit beschrieben haben, müssen wir zeigen, wie die letztgültige Offenbarung die Fragen beantwortet und den Konflikt der Vernunft in der Existenz überwindet.

Die Offenbarung überwindet den Konflikt zwischen Autonomie und Heteronomie, indem sie deren essentielle Einheit wieder herstellt. Wir haben die Bedeutung der drei Begriffe diskutiert: Autonomie, Heteronomie und Theonomie. Die Frage ist nun, wie durch die letztgültige Offenbarung Theonomie geschaffen wird. Die letztgültige Offenbarung enthält zwei für die Wiedervereinigung von Autonomie und Heteronomie entscheidende Elemente: die vollständige Transparenz des Seinsgrundes in dem, der der Träger der letztgültigen Offenbarung ist, und die völlige Selbstopferung des Mediums der Offenbarung. Das erste Element bewahrt die autonome Vernunft davor, ihre Tiefe zu verlieren, leer und dämonischen Einwirkungen zugänglich zu werden. Die Gegenwart des göttlichen Grundes, wie sie in Jesus als dem Christus offenbar geworden ist, gibt allen Formen rationalen Schaffens geistige Substanz. Sie gibt ihnen die Dimension der Tiefe und eint sie in Symbolen, die diese Tiefe in Riten und Mythen ausdrücken. Das andere Element der letztgültigen Offenbarung, die Selbstopferung des endlichen Mediums, hält die heteronome Vernunft davon ab, sich gegen die rationale Autonomie zu stellen. Heteronomie bedeutet Autorität, die durch ein endliches Wesen im Namen des Unendlichen beansprucht oder ausgeübt wird. Die letztgültige Offenbarung erhebt weder solch einen Anspruch, noch übt sie eine solche Macht aus. Wenn sie es täte, würde sie dämonisch werden und damit aufhören, letztgültige Offenbarung zu sein. Die letztgültige Offenbarung, weit entfernt davon, heteronom oder autoritär zu sein, macht frei.

Die Kirche als Gemeinschaft des Neuen Seins ist der Ort, wo die neue Theonomie sich verwirklicht. Aber sie strömt von dort in die Gesamtheit des menschlichen Kulturlebens und gibt dem geistigen Leben des Menschen einen geistlichen Mittelpunkt. In der Kirche, wie sie sein sollte, hat der Gegensatz von Heteronomie und Autonomie keinen Platz. Und im geistigen Leben des Menschen spielt der Gegensatz von Autonomie und Heteronomie keine Rolle, wenn das geistige Leben vom Unbedingten her integriert ist. Das trifft jedoch auf die menschliche Situation nicht zu. Die Kirche ist nicht nur die Gemeinschaft des Neuen Seins, sie ist auch eine soziologische Gruppe, die in die Konflikte der Existenz hineingezogen wird. Deshalb ist sie der fast unwiderstehlichen Versuchung ausgesetzt, heteronom zu werden und autonome Kritik zu unterdrücken. Dadurch erzeugt sie oft autonome Reaktionen in solchem Ausmaß, daß sie nicht nur die Kultur, sondern die Kirche selbst säkularisieren. Im Gegensatz dazu erhebt sich dann eine Hochflut von Heteronomie, und der *circulus vitiosus* beginnt von neuem. Aber die Kirche ist niemals ohne theonome Kräfte. Es hat in der Geschichte der Kirche Zeiten gegeben, in denen die Theonomie — wenn auch in beschränktem Umfang und anfällig für Zerstörung — mehr verwirklicht wurde als zu anderen Zeiten. Das heißt nicht, daß diese Zeiten moralisch besser, geistig tiefer oder in radikalerer Weise auf den letzten Sinn gerichtet waren. Vielmehr bedeutet es, daß sie sich der „Tiefe der Vernunft", des Grundes der Autonomie, und der einigenden Mitte stärker bewußt waren. Ohne solches Bewußtsein wird alles geistige Leben oberflächlich, zerfällt und erzeugt einen leeren Raum, in den dämonische Kräfte eindringen können.

Theonome Zeiten sind solche, in denen rationale Autonomie in Recht und Erkenntnis, in Gemeinschaft und Kunst bewahrt ist. Wo Theonomie herrscht, wird nichts, was als wahr und richtig angesehen wird, geopfert. Theonome Zeiten kennen keinen Zwiespalt, sie sind heil und um eine Mitte orientiert. Ihre Sinnmitte ist weder ihre autonome Freiheit noch ihre heteronome Autorität, sondern die ekstatisch erlebte und symbolisch zum Ausdruck gebrachte Tiefe der Vernunft. Mythos und Kultus geben ihnen eine Einheit, die für alle geistigen Funktionen die

## Überwindung des Konfliktes zwischen Autonomie und Heteronomie

sinngebende Mitte bildet. Die Kultur wird nicht von außen her durch die Kirche kontrolliert, sie wird auch nicht sich selbst überlassen, so daß die Gemeinschaft des Neuen Seins neben der Kultur bestände. Die Kultur, soweit sie schöpferisch ist, empfängt ihre Substanz und ihre Einheit von der Gemeinschaft des Neuen Seins, von dessen Symbolen und Leben.

Wo Theonomie eine religiöse und kulturelle Situation bestimmt — wenn auch fragmentarisch und zweideutig, z. B. im Früh- und Hochmittelalter —, ist die Vernunft weder der Offenbarung unterworfen, noch ist sie von ihr unabhängig. Die ästhetische Vernunft richtet sich weder nach kirchlichen oder politischen Vorschriften, noch schafft sie eine profane Kunst, die von der Tiefe ästhetischer Vernunft abgeschnitten ist. Durch ihre autonomen künstlerischen Formen weist sie auf das Neue Sein hin, das in der letztgültigen Offenbarung erschienen ist. In der Theonomie entwickelt die erkennende Vernunft nicht autoritär erzwungene Lehrgebäude, noch sucht sie Erkenntnis um der Erkenntnis willen, sie sucht vielmehr in allem Wahren einen Ausdruck für das letzte Wahre, die Wahrheit des Seins als Sein, die Wahrheit, die in der letztgültigen Offenbarung gegenwärtig ist. Die rechtsschöpferische Vernunft erstellt kein System heiliger und unantastbarer Gesetze, noch versteht sie das Recht in technisch-utilitaristischem Sinne, sie bezieht vielmehr sowohl die speziellen als auch die grundlegenden Gesetze einer Gesellschaft auf die Gerechtigkeit des Reiches Gottes und auf den *logos* des Seins, wie er in der letztgültigen Offenbarung manifest ist. Die soziale Vernunft akzeptiert weder durch geheiligte kirchliche oder politische Autoritäten aufgestellte Gemeinschaftsformen, noch überläßt sie die menschlichen Beziehungen ihrem eigenen Werden und Vergehen und damit dem Willen zur Macht oder der Libido; sie setzt sie zu der letzten und universalen Gemeinschaft in Beziehung, der Gemeinschaft der Liebe, in der der Wille zur Macht in schöpferische Kraft und die Libido in Agape verwandelt ist. Ganz allgemein gesprochen ist das der Sinn von Theonomie. Es ist die Aufgabe einer konstruktiven Kultur-Theologie, diese Prinzipien auf die konkreten Probleme unserer kulturellen Existenz anzuwenden. Die systematische Theologie muß sich auf die Aufstellung der Prinzipien beschränken.

In der Romantik wurde die Theonomie in mannigfaltiger Weise beschrieben; es entstanden zahlreiche Versuche, eine Theonomie im Sinne eines idealisierten Mittelalters wiederherzustellen. Auch der Katholizismus fordert eine neue Theonomie; was er aber in Wahrheit erstrebt, ist die Wiederherstellung einer kirchlichen Heteronomie. Der Protestantismus kann das mittelalterliche Vorbild weder in der ro-

Die Vernunft in der letztgültigen Offenbarung

mantischen noch in der römischen Form bejahen. Er muß nach vorn auf eine neue Theonomie schauen. Wenn er das jedoch tut, muß er wissen, was Theonomie bedeutet; das kann er aber aus dem Mittelalter lernen. Im Gegensatz zur Romantik indessen weiß der Protestantismus, daß eine neue Theonomie durch die autonome Vernunft nicht absichtlich geschaffen werden kann. Autonome Vernunft ist die eine Seite im Konflikt zwischen Autonomie und Heteronomie, sie kann daher diesen Konflikt nicht überwinden. Deshalb kann die romantische Frage nach der Theonomie nur durch die letztgültige Offenbarung und in Einheit mit der Kirche gelöst werden. Der Zusammenbruch der romantischen Kunst und Philosophie, der romantischen Ethik und Politik (in einer besonders anschaulichen Weise in der Mitte des 19. Jahrhunderts) zeigt, daß eine neue Theonomie keine Sache der Absicht und des guten Willens, sondern des historischen Schicksals und der Gnade ist. Sie ist eine Wirkung der letztgültigen Offenbarung, die von keiner Autonomie produziert und von keiner Heteronomie verhindert werden kann.

## 2. Die letztgültige Offenbarung überwindet den Konflikt zwischen Absolutismus und Relativismus

Die letztgültige Offenbarung vernichtet nicht die Vernunft, sie ist die Erfüllung der Vernunft. Sie befreit die Vernunft aus dem Konflikt zwischen Autonomie und Heteronomie, indem sie die Grundlage für eine neue Theonomie schafft, und sie befreit die Vernunft aus dem Konflikt zwischen Absolutismus und Relativismus, indem sie in der Form eines konkreten Absoluten erscheint. Im Neuen Sein, das in Jesus als dem Christus offenbar geworden ist, ist die konkreteste aller möglichen Formen von Konkretheit, ein personhaftes Leben, Träger dessen, was ohne Bedingung und Einschränkung absolut ist. Dieses konkrete personhafte Leben hat das vollbracht, was weder Kritizismus noch Pragmatismus erreichen konnten: die Vereinigung der widerstreitenden Pole der existentiellen Vernunft. Denn der Kritizismus täuscht sich, wenn er behauptet, seine Prinzipien seien nur formal und er sei frei von absolutistischen Elementen. Ebenso täuscht sich der Pragmatismus, wenn er im Hinblick auf seine völlige Offenheit für jede Möglichkeit glaubt, ohne absolutistische Elemente zu sein. Keiner von beiden faßt das Problem radikal genug, weil keiner von beiden die Lösung bringen kann. Die Lösung kann nur aus der Tiefe der Vernunft kommen, nicht von ihrer Struktur her. Sie kann nur von der normgebenden Offenbarung kommen.

## Überwindung des Konfliktes zwischen Absolutismus und Relativismus

Die logische Form, in der das völlig Konkrete und das völlig Absolute eins sind, ist das Paradox. Alle biblischen und kirchlichen Aussagen über die letztgültige Offenbarung haben paradoxen Charakter. Sie übersteigen die gewöhnliche Meinung, nicht nur vorläufig, sondern endgültig. Sie können nicht mit dem Hinweis auf die Struktur der Vernunft, sondern nur auf die Tiefe der Vernunft zum Ausdruck gebracht werden. Wenn sie in unsere übliche Begriffssprache gefaßt werden, ergeben sich logische Widersprüche. Aber diese Widersprüche sind nicht selbst das Paradox, und es wird von niemandem verlangt, sie als Widersprüche einfach hinzunehmen. So etwas ist nicht nur unmöglich, sondern auch zerstörerisch. Das Paradox ist die Wirklichkeit, auf welche die Form des Widerspruchs hinweist, es ist die überraschende, geheimnisvolle und ekstatische Weise, in der sich das Mysterium des Seins in Zeit, Raum und unter den Bedingungen der Existenz in völliger geschichtlicher Konkretheit universal offenbart. Letztgültige Offenbarung ist kein logischer Widersinn, sie ist ein konkretes Geschehen, das auf der Ebene des Rationalen in kontradiktorischen Begriffen ausgedrückt werden muß[1].

Die konkrete Seite der letztgültigen Offenbarung erscheint in dem Bilde Jesu als des Christus. Der paradoxe christliche Anspruch besagt, daß dies Bild unbedingte und universale Gültigkeit besitzt, daß es den Angriffen des positivistischen oder zynischen Relativismus nicht ausgesetzt ist, daß es weder im traditionellen noch im revolutionären Sinne absolutistisch ist und daß es weder durch den kritischen noch durch den pragmatistischen Kompromiß erreicht werden kann. Es ist einzigartig und steht über allen widerstreitenden Elementen und Methoden der existentiellen Vernunft. Das bedeutet aber vor allem, daß kein Einzelzug dieses Bildes zu einem absoluten Gesetz gemacht werden kann. Die normgebende Offenbarung gibt uns keine absolute Ethik, keine absolute Lehren oder ein absolutes Ideal persönlichen und gemeinschaftlichen Lebens. Sie gibt uns Beispiele, die auf das, was absolut ist, hinweisen, aber die Beispiele sind in sich nicht absolut. Zum tragischen Charakter allen Lebens gehört es, daß die Kirche zwar auf dem konkret Absoluten begründet ist, aber beständig versucht, ihren paradoxen Sinn zu entstellen und das Paradox in einen kognitiven und moralischen

---

[1] Es ist nicht nur schlechte Theologie, sondern asketische Arroganz, wenn einige Theologen — seit Tertullian — in sinnlosen Wortkombinationen schwelgen und von allen wahren Christen verlangen, daß sie in einem Akt intellektueller Selbstzerstörung Unsinn als „göttlichen Sinn" bejahen sollen. Die „Torheit" des Kreuzes (Paulus) hat nichts zu tun mit dem angeblich guten, in Wirklichkeit aber dämonischen „Werk" der Opferung der Vernunft.

## Die Vernunft in der letztgültigen Offenbarung

Absolutismus zu verwandeln. Relativistische Reaktionen sind die notwendige Folge. Wenn Jesus als der göttliche Lehrer der absoluten theoretischen und praktischen Wahrheit verstanden wird, ist der paradoxe Charakter seiner Erscheinung mißverstanden worden. Wenn er im Gegensatz zu diesem Mißverständnis als Religionsgründer angesehen wird, bedingt durch die Situation seiner Zeit und die Struktur seiner Persönlichkeit, wird er ebenfalls mißverstanden. Im ersten Fall wird seine Konkretheit preisgegeben, im zweiten Fall seine Absolutheit. In beiden Fällen ist das Paradox verschwunden. Das Neue Sein in Jesus als dem Christus ist das Paradox der letztgültigen Offenbarung. Die Worte Jesu und der Apostel weisen hin auf dieses Neue Sein; sie machen es durch Erzählungen, Gleichnisse, Symbole, paradoxe Beschreibungen und theologische Auslegungen sichtbar. Aber keine dieser Weisen, die Erfahrung der letztgültigen Offenbarung auszudrücken, ist selbst absolut und letztgültig. Sie sind alle bedingt, relativ, Änderungen und Ergänzungen bedürftig.

Die absolute Seite der letztgültigen Offenbarung, das, was unbedingt und unwandelbar in ihr ist, bedingt die vollständige Transparenz und die völlige Selbstopferung des Mediums, in dem sie erscheint. Jede konkrete Begebenheit in dem Ereignis Jesu als des Christus enthüllt diese Eigenschaften. Keine Situation, in der sich Jesus befand, und keine seiner Handlungen, mit der er der Situation begegnete, stellen einen dogmatischen oder moralischen Absolutismus dar. Sowohl Situation wie Handlung sind transparent und nicht bindend an sich. Obgleich potentiell absolut, werden sie geopfert in dem Augenblick, da sie sich ereignen. Wer Jesus den Christus zu einem Gesetzgeber absoluter Gesetze des Denkens oder des Handelns macht, bahnt den Weg für revolutionäre Angriffe einerseits und für relativistische Erweichungen andererseits, die beide berechtigt sein können. Und doch gibt es ein absolutes Gesetz, das sich vor dem Kriterium der Endgültigkeit behaupten kann, weil es im Akt der Selbstopferung nicht verneint, sondern erfüllt wird. Das Gesetz der Liebe ist das letztgültige Gesetz, weil es die Verneinung des Gesetzes ist; es ist absolut, weil es sich auf jedes Konkrete erstreckt. Das Paradox der letztgültigen Offenbarung, das den Widerstreit zwischen Absolutismus und Relativismus überwindet, heißt Liebe. Die Liebe Jesu als des Christus, welche die Manifestation der göttlichen Liebe — und nur dieser — ist, umfaßt alles Konkrete im Selbst und in der Welt. Liebe ist immer Liebe; das ist ihre statische und absolute Seite. Aber Liebe ist immer abhängig von dem, was geliebt wird, und deshalb ist sie unfähig, endliche Elemente einem endlichen Dasein im Namen eines angeblich Absoluten aufzuzwingen. Die

## Überwindung des Konfliktes zwischen Absolutismus und Relativismus

Absolutheit der Liebe besteht in ihrer Macht, in die konkrete Situation einzugehen und die konkrete Forderung zu entdecken, die sich aus der Situation ergibt. Deshalb kann die Liebe im Kampf um etwas Absolutes nie fanatisch oder unter dem Eindruck des Relativen nie zynisch werden. Das bezieht sich auf alles Schöpferische im Rahmen der Vernunft. Wo das Paradox der letztgültigen Offenbarung gegenwärtig ist, können sich keine Absolutheitsansprüche der Erkenntnis oder der Kunst, des Rechts oder der Gemeinschaft behaupten. Die Liebe besiegt sie, ohne dadurch Erkenntnisskepsis, ästhetisches Chaos, Gesetzlosigkeit oder Entfremdung zu erzeugen.

Die letztgültige Offenbarung macht Handeln möglich. In allem Handeln steckt etwas Paradoxes, es enthält immer einen Konflikt zwischen Absolutismus und Relativismus. Es beruht auf Entscheidung; aber sich für etwas als das Wahre oder Gute entscheiden, heißt zahllose andere Möglichkeiten ausschließen. Jede Entscheidung ist in irgendeiner Hinsicht dadurch absolutistisch, daß sie der skeptischen Versuchung der „epoché", der Zurückhaltung im Urteil und im Handeln, widersteht. Sie ist ein Wagnis, gegründet im Mut zum Sein, bedroht durch die ausgeschlossenen Möglichkeiten, von denen viele besser und wahrer als die gewählte gewesen sein können. Diese Möglichkeiten nehmen Rache, oft in zerstörerischer Weise, und die Flucht ins Nichthandeln wird zur Versuchung. Die letztgültige Offenbarung besiegt den Konflikt zwischen dem absolutistischen Charakter und dem relativistischen Schicksal jeder Entscheidung und Handlung. Sie zeigt, daß die richtige Entscheidung ihren Anspruch, die richtige Entscheidung zu sein, aufgeben muß. Es gibt keine richtigen Entscheidungen, nur Versuche, Niederlagen und Erfolge. Aber es gibt Entscheidungen, die aus der Liebe kommen und die unter Verzicht auf das Absolute nicht dem Relativen verfallen. Sie sind der Rache der ausgeschlossenen Möglichkeiten nicht ausgesetzt, weil sie ihnen geöffnet waren und für sie noch offen sind. Keine Entscheidung kann zunichte gemacht werden, keine Handlung ungeschehen. Aber die Liebe gibt selbst jenen Entscheidungen und Handlungen einen Sinn, die sich als falsch erwiesen haben. Die Fehler der Liebe führen nicht zu Resignation, sondern zu neuen Entscheidungen, jenseits von Absolutismus und Relativismus. Die letztgültige Offenbarung besiegt den Konflikt zwischen Absolutismus und Relativismus in wirklichen Entscheidungen. Die Liebe überwindet die Rache der ausgeschlossenen Möglichkeiten. Sie ist absolut als Liebe und relativ in jeder Liebesbeziehung.

Die Vernunft in der letztgültigen Offenbarung

3. *Die letztgültige Offenbarung überwindet den Konflikt zwischen Formalismus und Emotionalismus*

Wenn das Mysterium des Seins in einem Offenbarungserlebnis erscheint, ergreift es die ganze Person. Das bedeutet aber: die Tiefe der Vernunft ist sowohl nach ihrer formalen als auch nach ihrer emotionalen Seite gegenwärtig, und es besteht kein Konflikt zwischen diesen beiden Elementen. Das Mysterium des Seinsgrundes erscheint sowohl in seinen rationalen Formen als auch in unserer emotionalen Teilnahme an dem, was diese Formen trägt. Das bezieht sich auf alle Funktionen der Vernunft. Es soll hier nur auf die Erkenntnisfunktion Anwendung finden. Das Problem der erkennenden Vernunft liegt in dem Konflikt zwischen dem Element der Vereinigung und dem Element der Distanz in jedem Erkenntnisakt. Die technische Vernunft hat der Seite der Distanz ein ungeheures Übergewicht gegeben. Was durch die analysierende Vernunft nicht begriffen werden kann, wird dem Gefühl zugewiesen. Alle bedeutsamen Existenzprobleme werden aus dem Bereich des Wissens in den formlosen Bereich des Gefühls verwiesen. Aussagen über den Sinn des Lebens und die Tiefe der Vernunft wird jeder Wahrheitsgehalt abgesprochen. Nicht nur Mythos und Kultus, sondern auch ästhetische Einsichten und Gemeinschaftsbeziehungen werden von Vernunft und Erkenntnis ausgeschlossen. Sie werden als Gefühlsergüsse ohne Gültigkeit und Kriterien angesehen. Es gibt protestantische Theologen, die diese Trennung von Form und Emotion bejahen. In einer falschen Interpretation von Schleiermachers Theologie versetzen sie die Religion in den Bereich bloßen Gefühls. Aber damit leugnen sie die Macht der letztgültigen Offenbarung, die Kluft zwischen Form und emotionalem Leben, zwischen erkennender Distanz und Erkenntniseinung zu überbrücken.

Die frühen klassischen Theologen glaubten, daß die Macht der letztgültigen Offenbarung diese Kluft zu überwinden vermöge. Sie gebrauchten den Begriff „Gnosis", der sowohl erkennende wie mystische, wie sexuelle Vereinigung bedeutet. „Gnosis" widerspricht nicht der *episteme*, der distanzierten wissenschaftlichen Erkenntnis. Einen Konflikt gibt es deshalb nicht, weil derselbe *logos*, der die Philosophen und Gesetzgeber belehrt, auch die Quelle der letztgültigen Offenbarung ist und die christlichen Theologen belehrt. Diese Lösung der alexandrinischen Schule erscheint immer wieder in der Geschichte des christlichen Denkens, oft in veränderter Form, oft in polemischer Auseinandersetzung. Wo sie bejaht wird, sieht man in der letztgültigen Offenbarung die Überwindung des Konfliktes zwischen theologischer und allgemein-

## Überwindung des Konfliktes zwischen Formalismus und Emotionalismus

wissenschaftlicher Erkenntnis und damit indirekt des Konfliktes zwischen Emotion und Form. Wo immer die alexandrinische Lösung abgelehnt wird, vertieft sich der Konflikt beider und wird ein dauernder. Das ereignete sich in der mittelalterlichen Entwicklung von Duns Scotus bis Ockham, in einigen Formen der reformatorischen Theologie, bei Pascal und Kierkegaard, in der neu-orthodoxen Theologie und auf der Gegenseite im Naturalismus und Empirismus. In überraschendem Einverständnis leugnen orthodoxe Theologen und Rationalisten die Wiedervereinigung von Form und Emotion in der letztgültigen Offenbarung. Sie verneinen die heilende Macht der Offenbarung in den Konflikten der erkennenden Vernunft. Aber wenn die letztgültige Offenbarung nicht fähig ist, die Spaltungen der erkennenden Vernunft zu heilen, wie könnte sie die Spaltungen der Vernunft in irgendeiner ihrer Funktionen heilen? Es kann nicht gleichzeitig ein geheiltes Herz und einen ewig gespaltenen Verstand geben. Entweder umfaßt das Heilen auch die Erkenntnisfunktion, oder nichts wird geheilt. Es gehört zu den Verdiensten der Existenzphilosophie, daß sie bemüht ist, Distanz und Einung wieder miteinander zu verbinden. Gewiß liegt die Betonung auf Einung und Partizipation, aber die Distanz ist nicht ausgeschlossen, sonst wäre der Existentialismus keine Philosophie, sondern eine bloße Folge von Gefühlsausbrüchen.

Erkenntnis und Emotion widersprechen sich nicht wesenhaft. Im Gegenteil: Emotion kann die Augen öffnen. Tatsächlich jedoch finden emotionale Entstellungen der Wahrheit unaufhörlich statt. Leidenschaft, Libido, Wille zur Macht, Rationalisierung[1] und Ideologie sind die beständigen Feinde der Wahrheit. So ist es verständlich, wenn das Gefühl als solches als der Erzfeind der Erkenntnis bezeichnet wurde. Aber das hat zur Folge, daß man einen bedeutsamen Faktor im Erkenntnisprozeß auszuscheiden versucht. Der Anspruch der letztgültigen Offenbarung besteht darin, daß die Wahrheit selbst jenseits dieser Alternative steht. Nur das, was mit „unendlicher Leidenschaft" (Kierkegaard) ergriffen werden kann, ist identisch mit dem, was als Kriterium in jedem Akt rationaler Erkenntnis erscheint. Wenn das Christentum diesen Anspruch nicht erheben könnte, müßte es entweder abdanken, oder es würde ein Instrument zur Unterdrückung der Wahrheit werden. Das letzte Anliegen der letztgültigen Offenbarung ist ebenso radikal rational wie radikal emotional, und keine Seite kann ohne zerstörerische Folgen außer acht gelassen werden.

Wo die Konflikte der existentiellen Vernunft überwunden sind,

---
[1] Rationalisierung bedeutet hier die nachträgliche Rechtfertigung eines gegebenen Tatbestandes durch moralische oder Vernunftgründe.

## Die Vernunft in der letztgültigen Offenbarung

kann man von „erlöster Vernunft" reden. Aktuelle Vernunft bedarf der Erlösung ebenso wie alle anderen Seiten der menschlichen Natur und der Wirklichkeit im allgemeinen. Die Vernunft ist von der heilenden Macht des Neuen Seins in Jesus als dem Christus nicht ausgeschlossen. Theonome Vernunft — jenseits des Konfliktes von Absolutismus und Relativismus, Formalismus und Emotionalismus —, das ist die Vernunft in der Offenbarung. Die Vernunft in der Offenbarung wird weder in ihrem Konfliktszustand bestätigt, noch wird ihre essentielle Struktur geleugnet. Aber ihre essentielle Struktur wird unter den Bedingungen der Existenz, zwar fragmentarisch, doch real und wirksam wiederhergestellt. Deshalb sollten Religion und Theologie die Vernunft als solche nicht angreifen, ebensowenig wie die Welt als solche oder den Menschen als solchen. Angriffe, die zwischen Essenz und Existenz nicht unterscheiden, treiben das Christentum ins manichäische Lager: Die negative Haltung mancher Theologie zur Vernunft ist mehr manichäisch als christlich.

Auf Grund dieser Verhältnisbestimmung von Vernunft, Offenbarung und Erlösung kann ein letztes Wort über das Wesen der Theologie gesagt werden. Theologie muß offensichtlich theonome Vernunft benutzen, um die christliche Botschaft zu erklären. Daraus folgt, daß der Konflikt zwischen der ergreifenden und umgestaltenden Aufgabe der Vernunft im theologischen Arbeiten überwunden ist. Niemand war sich dieser Tatsache mehr bewußt als die frühe franziskanische Schule, vertreten z. B. durch Alexander von Hales. Sie nannten die Theologie eine praktische Erkenntnis und wiesen damit auf dasselbe hin, was heute in angemessenerem Ausdruck „existentielle" Erkenntnis heißt. Es ist bedauerlich, daß seit den Tagen des Thomas v. Aquino diese Einsicht immer mehr verlorengegangen ist (zusammen mit dem allgemeinen Verlust der Theonomie in allen Bereichen des Lebens) und daß die Reformatoren ihre Wiederentdeckung des existentiellen Charakters der Theologie mit einer schlecht begründeten Verwerfung der Vernunft verknüpften. Wenn man verstanden hat, daß die Vernunft die Offenbarung aufnimmt und daß sie ein Gegenstand der Erlösung wie jedes andere Element der Wirklichkeit ist, mag eine Theologie, die sich der theonomen Vernunft bedient, wieder möglich sein.

# D
DER URSPRUNG DER OFFENBARUNG

*1. Gott und das Mysterium der Offenbarung*

Die in der apologetischen Theologie benutzte Methode der Korrelation hat zur Folge, daß die Offenbarung von „unten" her, vom Menschen in der Offenbarungssituation, und nicht von „oben" her, vom göttlichen Grund der Offenbarung, zugänglich wird. Erst jetzt, nachdem Begriff und Aktualität der Offenbarung diskutiert worden sind, erhebt sich die Frage nach dem Ursprung der Offenbarung. Der „Ursprung" der Offenbarung ist nicht ihre „Ursache" in dem kategorialen Sinn des Wortes Ursache. Er ist der „Grund des Seins", der sich kund tut im Dasein. Die Beziehung zwischen dem Grund des Seins und seinen Erscheinungsweisen in der Offenbarung kann nur symbolisch ausgedrückt werden, nämlich als Taten eines höchsten Wesens, das den Lauf der endlichen Ereignisse umformt. Das ist unvermeidlich. In derselben Weise kann die Beziehung zwischen dem Ursprung der Offenbarung und denen, die Offenbarung empfangen, nur in personalen Kategorien erfaßt werden; denn das, was eine Person letztlich und unbedingt angeht, kann nicht weniger als eine Person sein, obgleich es mehr sein kann und mehr sein muß als eine Person. Unter diesen Umständen muß der Theologe den symbolischen Charakter aller Begriffe betonen, die er für die Beschreibung der göttlichen Selbstoffenbarung verwendet, und er muß versuchen, Begriffe zu gebrauchen, die anzeigen, daß ihre Bedeutung keine gegenständliche ist. Ursprung ist solch ein Begriff. Er bewegt sich zwischen Ursache und Substanz und transzendiert sie beide. Ursprung deutet darauf hin, daß der Grund der Offenbarung weder eine Ursache ist, die getrennt ist von der Wirkung der Offenbarung, noch eine Substanz, die in der Wirkung aufgeht, sondern vielmehr Mysterium, das in der Offenbarung erscheint und das doch in seiner Erscheinung ein Mysterium bleibt.

Das religiöse Wort für das, was Grund des Seins genannt wird, ist Gott. Eine Hauptschwierigkeit besteht für jede systematische Theologie darin, daß sie in jedem ihrer Teile alle anderen Teile voraussetzt. Eine Lehre von Gott als Ursprung der Offenbarung setzt die Lehre von Sein und Gott voraus, die andererseits wieder von der Lehre von der Offenbarung abhängt. Deshalb ist es nötig, an dieser Stelle einige

## Der Ursprung der Offenbarung

Begriffe vorwegzunehmen, die vollständig nur im Zusammenhang mit der Lehre von Gott erklärt werden können.

Wenn wir das Symbol „Göttliches Leben" gebrauchen, was wir sicherlich müssen, setzen wir voraus, daß eine Analogie zwischen der Grundstruktur des Lebens, wie es von uns erfahren wird, und dem Grund des Seins, in dem das Leben wurzelt, besteht. Diese Analogie führt zur Anerkennung dreier Elemente, die in verschiedener Weise in allen Abschnitten der systematischen Theologie in Erscheinung treten und die Grundlage für das trinitarische Verständnis der letztgültigen Offenbarung sind.

Göttliches Leben ist die dynamische Einheit von Tiefe und Form. In der Sprache der Mystik wird die Tiefe des göttlichen Lebens, sein unerschöpflicher und unaussprechlicher Charakter, „Abgrund" genannt. In der Sprache der Philosophie wird die Form, das Sinn- und Strukturelement des göttlichen Lebens, *logos* genannt. In der Sprache der Religion wird die dynamische Einheit beider Elemente „Geist" genannt. Die Theologen müssen alle drei Ausdrücke verwenden, um auf den Ursprung der Offenbarung hinzuweisen. Es ist der abgründige Charakter des göttlichen Lebens, der die Offenbarung geheimnisvoll macht; es ist der logische Charakter des göttlichen Lebens, der die Offenbarung des Mysteriums möglich macht; und es ist der Geistcharakter des göttlichen Lebens, der die Korrelation von Wunder und Ekstase schafft, in der die Offenbarung empfangen werden kann. Jeder dieser drei auf den Ursprung der Offenbarung hinweisenden Begriffe muß verwandt werden. Wenn der abgründige Charakter des göttlichen Lebens übersehen wird, verwandelt ein rationalistischer Deismus die Offenbarung in Belehrung. Wenn der logische Charakter des göttlichen Lebens nicht beachtet wird, macht ein irrationaler Theismus die Offenbarung zum Prinzip heteronomer Unterwerfung. Wenn der Geistcharakter des göttlichen Lebens beiseite gelassen wird, ist eine Geschichte der Offenbarung unmöglich. Die Lehre von der Offenbarung ruht auf einem trinitarischen Verständnis des göttlichen Lebens und seiner Selbstoffenbarung.

Offenbarung und Erlösung sind Elemente von Gottes lenkendem Schaffen. Gott lenkt die Prozesse des individuellen, sozialen und universalen Lebens zu ihrer Erfüllung im Reiche Gottes hin. Offenbarungserfahrungen sind in die allgemeine Erfahrung eingebettet. Sie sind von ihr unterschieden, aber nicht getrennt. Weltgeschichte ist die Grundlage der Offenbarungsgeschichte, und in der Offenbarungsgeschichte enthüllt die Weltgeschichte ihr Mysterium.

*Die letztgültige Offenbarung und das Wort Gottes*

## 2. Die letztgültige Offenbarung und das Wort Gottes

Die Lehre von der Offenbarung wird in der Tradition gewöhnlich als Lehre vom „Wort Gottes" entwickelt. Das ist möglich, wenn Wort als das Logoselement im Grund des Seins verstanden wird. Das ist die Interpretation, die die klassische Logoslehre ihm gegeben hat. Aber „Wort Gottes" wird oft halb wörtlich, halb symbolisch als ein gesprochenes Wort verstanden, und eine Theologie des Wortes wird als eine Theologie des gesprochenen Wortes dargeboten. Diese Intellektualisierung der Offenbarung widerspricht dem Sinn der Logoschristologie. Die Logoschristologie war nicht intellektualistisch, in Wirklichkeit war sie sogar eine Waffe gegen diese Gefahr. Wenn Jesus als der Christus der *logos* genannt wird, bedeutet *logos* eine Offenbarungswirklichkeit und nicht Offenbarungsworte. Wenn die Logoslehre ernst genommen wird, verhindert sie die Entwicklung einer Theologie des gesprochenen oder geschriebenen Wortes, die die Schwäche des Protestantismus ist[1].

Der Ausdruck „Wort Gottes" hat sechs verschiedene Bedeutungen. Wort ist vor allem anderen das Prinzip der göttlichen Selbstoffenbarung im Grunde des Seins selbst. Der Grund ist nicht nur ein Abgrund, in dem jede Form verschwindet, er ist auch die Quelle, aus der jede Form entspringt. Der Grund des Seins hat den Charakter der Selbstoffenbarung, er hat Logos-Charakter. Das ist nicht etwas, das zum göttlichen Leben noch hinzukäme, es ist das göttliche Leben selbst. Trotz seines abgründigen Charakters ist der Seinsgrund „*logikos*", er schließt seinen eigenen *logos* in sich.

Zweitens: Wort ist das Medium der Schöpfung, das dynamische Geistwort, das zwischen dem schweigenden Mysterium des Seinsabgrunds und der Fülle der konkreten, individualisierten, selbstbezogenen Wesen vermittelt. „Schöpfung durch das Wort" deutet im Gegensatz zum neuplatonischen Emanationsprozeß symbolisch auf die Freiheit

---

[1] Diese Behauptung ist eine vollkommene Umkehrung der Lehre der Ritschl-Schule, wonach die Aufnahme des Christentums durch den griechischen Geist eine Intellektualisierung des Christentums gebracht hat. Der griechische Geist als solcher kann nicht „intellektualistisch" genannt werden, nur seine begrenzten und entstellten Äußerungen. Von jeher bedeutet Erkenntnis „Einigung mit dem Unwandelbaren", mit dem „wahrhaft Wirklichen". Metaphysische Erkenntnis ist existentiell; sogar in einem Empiristen und Logiker wie Aristoteles steckt ein mystisches Element. Die Einschränkung der Erkenntnis auf distanzierte Beobachtung im Sinne des „beherrschenden Erkennens" ist nicht griechisch, sondern modern. Dieses Verständnis der griechischen Philosophie fordert eine Neuorientierung jener Art von Interpretation der Dogmengeschichte, deren klassischer Vertreter Harnack war.

## Der Ursprung der Offenbarung

des Schöpfers und auf die Freiheit des Geschöpfes hin. Die Selbstmitteilung des Seinsgrundes hat geistigen, nicht mechanischen Charakter.

Drittens: Wort ist Manifestation des göttlichen Lebens in der Geschichte der Offenbarung. Es ist das Wort, das von all denen empfangen wird, die in einer Offenbarungskorrelation stehen. Wenn Offenbarung das „Wort Gottes" genannt wird, so betont das die Tatsache, daß alle Offenbarung, so unpersönlich ihr Medium auch sein mag, sich an das Zentrum des Selbst wendet und Logos-Charakter haben muß, um von ihm empfangen zu werden. Die Ekstase der Offenbarung ist nicht „*alogos*" (irrational), obwohl sie nicht von der menschlichen Vernunft geschaffen ist. Sie ist eingegeben, ist Geist, und vereinigt den Abgrund und die Logoselemente in der Manifestation des Mysteriums.

Viertens: Wort ist die Manifestation des göttlichen Lebens in der letztgültigen Offenbarung. „Das Wort" ist ein Name für Jesus als den Christus. Der *logos*, das Prinzip aller göttlichen Manifestation, wird zu einem Seienden in der Geschichte unter den Bedingungen der Existenz. Es offenbart in dieser Form die grundlegende und entscheidende Beziehung des Seinsgrundes zu uns, symbolisch gesprochen: das Herz des göttlichen Lebens. „Das Wort" ist nicht die Summe der Worte, die Jesus gesprochen hat. Es ist das Sein des Christus, für das seine Worte und Taten ein Ausdruck sind. Hier zeigt sich die Unmöglichkeit, Wort mit Rede gleichzusetzen, so offensichtlich, daß man schwer verstehen kann, wie Theologen, die die Lehre von der Inkarnation bejahen, diese Konfusion aufrechterhalten können.

Fünftens: der Begriff Wort wird auf das Dokument der letztgültigen Offenbarung und ihre besondere Vorbereitung, nämlich die Bibel, angewandt. Aber wenn die Bibel das „Wort Gottes" genannt wird, ist theologische Konfusion beinahe unvermeidlich. Aus dieser Gleichsetzung ergeben sich dann solche Konsequenzen wie die Lehre von der Verbalinspiration, Unredlichkeit beim Umgang mit dem Bibeltext, ein „monophysitisches" Dogma von der Unfehlbarkeit eines Buches usw. Die Bibel ist „Wort Gottes" in einem doppelten Sinn. Sie ist die Urkunde der letztgültigen Offenbarung, und sie hat selbst teil an der letztgültigen Offenbarung, deren Urkunde sie ist. Wahrscheinlich hat nichts mehr zur Mißdeutung der biblischen Lehre vom Wort beigetragen als die Gleichsetzung von Wort und Bibel.

Sechstens: die Verkündigung der Kirche in ihrer Predigt und Lehre wird „das Wort" genannt. Soweit Wort die objektive Botschaft bedeutet, die der Kirche gegeben ist und zu ihr gesprochen werden sollte, ist es Wort in demselben Sinne, in dem die biblische Offenbarung oder jede andere Offenbarung Wort ist. Aber sofern Wort die aktuelle Predigt

## Die letztgültige Offenbarung und das Wort Gottes

der Kirche bedeutet, kann es geschehen, daß es nur Worte sind und in keiner Weise „das Wort", d. h. bloße menschliche Rede ohne göttliche Offenbarung in ihr. „Das Wort" hängt nicht allein vom Sinn der Predigtworte ab, sondern von der inneren Mächtigkeit, mit der sie gesprochen werden. Und es hängt nicht nur vom Verständnis des Hörers allein ab, sondern auch davon, ob er den Inhalt existentiell aufnimmt. „Das Wort" hängt auch nicht vom Prediger oder Hörer allein ab, sondern von beiden in Korrelation. Diese vier Faktoren und ihre gegenseitige Abhängigkeit schaffen die „Konstellation", in der menschliche Worte „das Wort", die göttliche Selbstmanifestation, werden können. Sie *können*, aber sie brauchen es nicht zu werden. Deshalb gibt es für keine kirchliche Tätigkeit eine Gewißheit, daß sie Ausdruck des „Wortes" ist. Kein Geistlicher sollte mehr für sich in Anspruch nehmen als die Absicht, in seiner Predigt „das Wort" sprechen zu wollen. Er sollte niemals den Anspruch erheben, „das Wort" gesprochen zu haben oder es in Zukunft sprechen zu können; denn, da er keine Macht hat über die „Offenbarungskonstellation", hat er auch nicht die Macht, „das Wort" zu predigen. Es kann sein, daß er bloße Worte spricht, obwohl sie theologisch korrekt sein können. Und es kann sein, daß er „das Wort" spricht, obwohl seine Formulierungen theologisch unkorrekt sind. Schließlich braucht der Mittler der Offenbarung gar kein Pfarrer oder religiöser Lehrer zu sein, sondern einfach irgendein Mensch, dem wir begegnen und dessen Worte „das Wort" für uns in einer besonderen Konstellation werden.

Die vielen verschiedenen Bedeutungen des Ausdrucks „Wort" sind alle eins in der Bedeutung: „Gott ist offenbar" — offenbar in ihm selbst, in der Schöpfung, in der Offenbarungsgeschichte, in der letztgültigen Offenbarung, in der Bibel, in den Worten der Kirche und ihrer Glieder. „Gott offenbar" — das Geheimnis des göttlichen Abgrundes, das sich ausdrückt im göttlichen *logos* — das ist der Sinn des Symbols „Wort Gottes".

# ZWEITER TEIL
## SEIN UND GOTT

# I. DAS SEIN
# UND DIE FRAGE NACH GOTT

EINLEITUNG: DIE SEINSFRAGE

Die theologische Grundfrage ist die Frage nach Gott. Gott ist die Antwort auf die Frage, die im Sein beschlossen liegt. Das Problem Vernunft und Offenbarung ist, obwohl es zuerst behandelt wurde, dem Problem Sein und Gott nachgeordnet. Wie alles Andere hat die Vernunft Sein, partizipiert am Sein und ist logisch dem Sein untergeordnet. Deshalb mußten in der Analyse der Vernunft und ihrer existentiellen Konflikte Begriffe gebraucht werden, die aus der Seinsanalyse abgeleitet sind. Wenn wir von der Korrelation von Vernunft und Offenbarung zu der von Sein und Gott fortschreiten, bewegen wir uns zu einer fundamentaleren Betrachtung. Wir gehen von der erkenntnistheoretischen zur ontologischen Frage über. Die ontologische Frage lautet: Was ist das Sein selbst? Was ist das, das nicht ein besonderes Seiendes oder eine Gruppe von Seiendem ist, nicht etwas Konkretes oder etwas Abstraktes, sondern vielmehr etwas, das immer mitgedacht wird, indirekt und manchmal direkt, wenn von etwas ausgesagt wird, daß es *ist*? Philosophie stellt die Frage nach dem Sein als Sein. Sie untersucht den Charakter alles dessen, was ist, sofern es ist. Das ist ihre Grundaufgabe, und die Antwort, die sie hier gibt, bestimmt die Analyse aller besonderen Formen des Seins. Die Frage nach dem Sein als Sein ist „Erste Philosophie", oder wenn dieses Wort noch gebraucht werden könnte, „Metaphysik". Da aber falsche Nebenbedeutungen das Wort „Metaphysik" belasten, ist das Wort „Ontologie" vorzuziehen. Die ontologische Frage, die Frage nach dem Sein-Selbst, wird als ein „metaphysischer Schock" erlebt, als der Schock des möglichen Nichtseins. Dieser Schock ist oft durch die Frage ausgedrückt worden: „Warum *ist* etwas, warum *ist* nicht nichts? Aber in dieser Form ist die Frage sinnlos, denn jede mögliche Antwort wäre wieder Gegenstand der gleichen Frage in unendlicher Regression. Das Denken muß mit dem Sein beginnen; es kann nicht hinter das Sein zurückgehen, wie die Form der Frage selber zeigt. Wenn man fragt, warum nicht nichts *ist*, gibt man sogar dem Nichts ein Sein. Das Denken ist im Sein begründet, und es kann diese Basis nicht verlassen. Aber das Denken kann alles negieren, was ist. Und das Denken kann das Wesen und die Struktur des Seins beschreiben, das allem Seienden die Macht gibt, dem Nichtsein zu widerstehen. Mythologie, Kosmogonie und Metaphysik haben die Seinsfrage direkt und indirekt gestellt und versucht, sie zu beantworten. Sie ist die radikalste Frage, obwohl sie eher der Ausdruck eines Existenzzustandes als eine formulierte Frage ist. Wann immer dieser Zustand erfahren und diese Frage gestellt wird, verschwindet alles im Abgrund des möglichen Nichtseins; sogar ein Gott müßte verschwinden, wenn er nicht das Sein-Selbst wäre. Aber wenn alles Besondere und Bestimmte im Lichte der letzten Frage verschwindet, dann muß gefragt werden, wie eine Antwort möglich ist. Heißt das nicht, daß die Ontologie auf die leere Tautologie reduziert wird, daß Sein Sein ist? Ist nicht der Ausdruck „Seinsstruktur" ein Widerspruch in sich selbst, da er besagt, daß das, was jenseits jeder Struktur ist, selbst eine Struktur hat?

Ontologie ist möglich, weil es Begriffe gibt, die weniger universal als Sein sind, aber universaler als jeder andere ontologische Begriff, das heißt, universaler als jeder Begriff, der eine Sphäre des Seienden bezeichnet. Solche Begriffe wurden „Prinzipien" oder „Kategorien" oder „letzte Begriffe" genannt. Jahrtausende hat der menschliche Geist an ihrer Entdeckung, Ausarbeitung und Gliederung gearbeitet. Aber eine Übereinstimmung wurde nicht erreicht, wenn auch gewisse Begriffe in fast jeder Ontologie erscheinen. Der systematische Theologe kann und darf nicht in die ontologische Diskussion als solche eintreten. Aber er kann und muß diese zentralen Begriffe vom Gesichtspunkt ihrer theologischen Bedeutsamkeit aus betrachten. Eine solche Betrachtung, die für jeden Teil eines theologischen Systems erforderlich ist, kann freilich die ontologische Analyse mittelbar beeinflussen. Aber die Arena der ontologischen Diskussion ist nicht die theologische Arena, obwohl der Theologe mit ihr vertraut sein muß.

Man kann vier Schichten ontologischer Begriffe unterscheiden: 1. die ontologische Grundstruktur, die die Bedingung der ontologischen Frage ist; 2. die Elemente, die die ontologische Struktur konstituieren; 3. die Charakteristika des Seins, die die Bedingungen der Existenz sind, und 4. die Kategorien des Seins und Erkennens. Jede dieser Schichten erfordert eine besondere Analyse. An dieser Stelle

*Einleitung: Die Seinsfrage*

sind nur ein paar Bemerkungen über ihren allgemeinen Charakter notwendig.

Die ontologische Frage setzt ein fragendes Subjekt und ein Objekt, nach dem die Frage gestellt wird, voraus, sie setzt die Subjekt-Objekt-Struktur des Seienden voraus, die wiederum die Selbst-Welt-Struktur als die fundamentale Gliederung des Seienden voraussetzt. Das Selbst, das eine Welt hat, zu der es gehört — diese höchst dialektische Struktur — geht logisch und erfahrungsmäßig jeder anderen Struktur voraus. In jeder ontologischen Arbeit sollte ihre Analyse der erste Schritt sein. Die zweite Schicht der ontologischen Analyse hat zu tun mit den Elementen, die die Grundstruktur des Seienden konstituieren. Sie teilen den polaren Charakter der Grundstruktur, und eben ihre Polarität macht sie zu Prinzipien, indem sie verhindert, daß sie zu höchsten Gattungsbegriffen werden. Man kann sich eine Sphäre der Natur neben oder außerhalb der Sphäre der Geschichte vorstellen, aber es gibt keine Sphäre der Dynamik ohne Form oder der Individualität ohne Universalität. Das Umgekehrte gilt ebenso. Jeder Pol ist sinnvoll nur insoweit, als er sich durch sich selbst auf den entgegengesetzten Pol bezieht. Drei fundamentale Elementen-Paare konstituieren die ontologische Grundstruktur: Individualisation und Partizipation, Dynamik und Form, Freiheit und Schicksal. In diesen drei Polaritäten drückt das erste Element die Selbstbezogenheit des Seienden aus, seine Macht, etwas für sich zu sein, während das zweite Element die gegenseitige Abhängigkeit des Seienden, seinen Charakter, Teil eines Universums des Seienden zu sein, ausdrückt.

Die dritte Schicht der ontologischen Begriffe drückt die Möglichkeit der Existenz und den Unterschied zwischen essentiellem und existentiellem Sein aus. In unserer Erfahrung wie in unserer Reflexion manifestiert sich das Sein in der Doppelheit von essentiellem und existentiellem Sein. Es gibt keine Ontologie, die diese zwei Aspekte ignorieren kann, ob sie in zwei Sphären hypostasiert werden (Plato) oder in der polaren Relation der Potentialität und Aktualität kombiniert werden (Aristoteles) oder einander gegenübergestellt werden (der späte Schelling, Kierkegaard, Heidegger) oder ob eins aus dem anderen abgeleitet wird, entweder die Existenz aus der Essenz (Spinoza, Hegel) oder die Essenz aus der Existenz (Dewey, Sartre). In allen diesen Ontologien wird die Doppelheit des essentiellen und existentiellen Seins gesehen und die Frage ihrer Beziehung zueinander und zum Sein-Selbst gestellt. Die Antwort ist durch die Polarität von Freiheit und Schicksal in der zweiten Schicht der ontologischen Analyse vorbereitet. Freiheit als solche ist aber nicht die Basis der Existenz, sondern vielmehr Freiheit

*Einleitung: Die Seinsfrage*

in Einheit mit Endlichkeit. Endliche Freiheit ist der Wendepunkt vom Sein zur Existenz. Deshalb ist es die Aufgabe der Ontologie in der dritten Schicht, Endlichkeit in ihrer Polarität mit dem Unendlichen und in ihrer Beziehung zu Freiheit und Schicksal, zu Sein und Nichtsein, zu Essenz und Existenz zu analysieren.

Die vierte Schicht hat mit denjenigen Begriffen zu tun, die traditionell Kategorien genannt werden, das heißt den Grundformen des Denkens und Seins. Sie partizipieren am Wesen der Endlichkeit und können Strukturen des endlichen Seins und Denkens genannt werden. Ihre Zahl und Gliederung zu bestimmen, ist eine der unendlichen Aufgaben der Philosophie. Vom theologischen Standpunkt aus müssen vier Hauptkategorien analysiert werden: Zeit, Raum, Kausalität und Substanz[1]. Kategorien wie Quantität und Qualität haben keine unmittelbare theologische Bedeutung und werden nicht besonders erörtert. Andere Begriffe wie Bewegung und Ruhe, oder Einheit und Mannigfaltigkeit, die oft „Kategorien" genannt worden sind, werden implizit in der zweiten Schicht der Analyse behandelt: Bewegung und Ruhe in Verbindung mit Dynamik und Form, Einheit und Mannigfaltigkeit in Verbindung mit Individualisation und Partizipation. Der polare Charakter dieser Begriffe stellt sie in die Schicht der Elemente der ontologischen Grundstruktur und nicht in die Schicht der Kategorien. Schließlich muß festgestellt werden, daß zwei der *transcendentalia* der Scholastik, das Wahre und das Gute *(verum, bonum),* gewöhnlich in Verbindung mit Sein und dem Einen *(esse, unum),* nicht zur reinen Ontologie gehören, weil sie nur in Beziehung auf ein urteilendes Subjekt Sinn haben. Ihre ontologische Grundlage wird jedoch in Verbindung mit der Doppelheit von Essenz und Existenz erörtert werden.

Da es das Ziel dieses Abschnittes des theologischen Systems ist, die Gottesfrage als die Frage zu entwickeln, die im Sein eingeschlossen liegt, ist der Begriff der *Endlichkeit* das Zentrum der folgenden Analyse, denn es ist die Endlichkeit des Seienden, die uns zu der Frage nach Gott treibt.

Zunächst jedoch muß etwas über den erkenntnistheoretischen Charakter aller ontologischen Begriffe gesagt werden. Ontologische Begriffe sind im strengen Sinn des Wortes *a priori.* Sie bestimmen das Wesen der Erfahrung. Sie sind gegenwärtig, wann immer etwas erfahren wird. *A priori* heißt nicht, daß ontologische Begriffe vor der Erfahrung ge-

---

[1] Wenn Zeit und Raum „Kategorien" genannt werden, so ist dies eine Abweichung von der Terminologie Kants, der Zeit und Raum Formen der Anschauung nennt. Aber die umfassendere Bedeutung von Kategorie wird allgemein anerkannt, sogar in den nachkantischen Schulen.

*Einleitung: Die Seinsfrage*

wußt sind, und der Begriff *a priori* sollte nicht angegriffen werden, als ob er dies bedeutet. Im Gegenteil, sie sind das Ergebnis einer kritischen Analyse der Erfahrung. Ebenso heißt *a priori* nicht, daß die ontologischen Begriffe eine statische und unveränderliche Struktur der Erfahrung konstituieren, die einmal entdeckt, für immer gültig ist. Die Struktur der Erfahrung kann sich in der Vergangenheit geändert haben und kann sich in der Zukunft ändern, aber wenn auch eine solche Möglichkeit nicht ausgeschlossen werden kann, so ist das kein Grund, dies als ein Argument gegen den *a priori*-Charakter der ontologischen Begriffe zu verwenden.

*A priori* sind diejenigen Begriffe, die in jeder aktuellen Erfahrung vorausgesetzt sind, da eben sie die Struktur der Erfahrung selbst konstituieren. Die Bedingungen der Erfahrung sind *a priori*. Wenn diese Bedingungen sich ändern — und mit ihnen die Struktur der Erfahrung —, so muß eine andere Gruppe von Bedingungen es ermöglichen, Erfahrung zu haben. Diese Situation wird solange bestehen, als es sinnvoll ist, von Erfahrung überhaupt zu sprechen. Solange es Erfahrung in irgendeiner umrissenen Bedeutung des Wortes gibt, gibt es eine Struktur der Erfahrung, die innerhalb des Prozesses des Erfahrens erkannt und kritisch ausgearbeitet werden kann. Die Prozeßphilosophie ist berechtigt in ihrem Versuch, alles, was statisch zu sein scheint, in Prozesse aufzulösen. Aber es wäre absurd, wenn sie versuchte, die Struktur des Prozesses in einen Prozeß aufzulösen. Das bedeutete einfach, daß das, was wir als Prozeß kennen, durch etwas anderes ersetzt würde, dessen Wesen zur Zeit unbekannt ist. Indes besitzt jede Prozeßphilosophie explizit oder implizit eine Ontologie, deren Charakter apriorisch ist.

Das ist auch die Antwort auf den historischen Relativismus, der die Möglichkeit einer ontologischen oder theologischen Lehre vom Menschen durch eine Beweisführung wie die folgende leugnet: Da die Natur des Menschen sich im Geschichtsprozeß wandelt, kann nichts ontologisch Bestimmtes oder theologisch Wesentliches über sie behauptet werden, und da die Lehre vom Menschen (d. h. seine Freiheit, seine Endlichkeit, seine existentielle Entfremdung, seine geschichtliche Kreativität) der Hauptzugang zur Ontologie und der Hauptbezugspunkt für die Theologie ist, sind weder Ontologie noch Theologie wirklich möglich. Eine solche Kritik wäre unwiderlegbar, wenn die ontologischen und theologischen Lehren vom Menschen den Anspruch erhöben, mit einer unveränderlichen Struktur, genannt menschliches Wesen, zu tun zu haben. Obwohl ein solcher Anspruch oft versucht wurde, ist er nicht notwendig. Das menschliche Wesen wandelt sich in der Geschichte.

## Einleitung: Die Seinsfrage

Darin hat die Prozeßphilosophie recht. Aber das menschliche Wesen wandelt sich in der *Geschichte*. Wie sehr sich auch der Mensch wandeln mag, er bleibt immer das Wesen, das Geschichte hat, und die Struktur dieses Wesens ist der Gegenstand einer ontologischen und theologischen Lehre vom Menschen. Der geschichtliche Mensch ist ein Abkömmling von Wesen, die keine Geschichte hatten, und vielleicht wird es einmal Wesen geben, die Abkömmlinge des geschichtlichen Menschen sind und keine Geschichte mehr haben. Das heißt einfach, daß weder Tiere noch Übermenschen Gegenstand einer Lehre vom Menschen sind. Ontologie und Theologie haben zu tun mit dem geschichtlichen Menschen, wie er in der gegenwärtigen Erfahrung und in der geschichtlichen Erinnerung gegeben ist. Eine Anthropologie, die diese Grenzen überschreitet, empirisch zur Vergangenheit oder spekulativ zur Zukunft hin, ist keine Lehre vom Menschen. Sie ist eine Lehre von der biologischen Vorbereitung oder der biologischen Fortsetzung dessen, was in einem besonderen Stadium der allgemeinen Entwicklung der geschichtliche Mensch war und ist und vielleicht sein wird. In diesem Falle, wie in allen anderen, setzen Ontologie und Theologie ein relativ, aber nicht absolut statisches *a priori* und überwinden die Alternative von Absolutismus und Relativismus, die beide zu zerstören droht.

Dies stimmt überein mit einer machtvollen Tradition in der klassischen Ontologie und Theologie, die durch den Voluntarismus und Nominalismus vertreten wird. Sogar schon vor Duns Scotus haben Theologen einen statischen Gottesgedanken verworfen. Bei Duns Scotus und jeder von ihm beeinflußten Ontologie und Theologie — bis zu Bergson und Heidegger — wird im Seinsgrund letzte Indeterminiertheit gesehen. Gottes *potestas absoluta* ist eine ewige Drohung für jede gegebene Struktur der Dinge. Sie untergräbt jeden absoluten Apriorismus, aber sie beseitigt nicht die Ontologie und die Strukturen, die relativ *a priori* sind, mit denen es die Ontologie zu tun hat.

# A
DIE ONTOLOGISCHE GRUNDSTRUKTUR: SELBST UND WELT

## 1. *Mensch, Selbst und Welt*

Jedes Seiende partizipiert an der Seinsstruktur, aber nur der Mensch wird dieser Struktur unmittelbar gewahr. Es gehört zum Charakter der Existenz, daß der Mensch der Natur entfremdet ist, daß er unfähig ist, sie auf die gleiche Weise zu verstehen, wie er den Menschen verstehen kann. Er kann das Verhalten alles Seienden beschreiben, aber er weiß nicht unmittelbar, was es für dieses Seiende bedeutet. Das ist die Wahrheit der behavioristischen Methode, letztlich eine tragische Wahrheit. Sie drückt die Fremdheit alles Seienden allem anderen Seienden gegenüber aus. Wir können anderem Seienden nur mit Analogiebegriffen uns nähern und daher nur indirekt und unsicher. Mythos und Dichtung haben versucht, diese Grenze unserer erkennenden Vernunft zu überwinden, aber das Erkennen selbst hat entweder resigniert oder die Welt (ausgenommen das erkennende Subjekt) in eine riesige Maschine umgeformt, von der alle lebenden Wesen, einschließlich der menschliche Körper, bloße Teile sind.

Aber es gibt noch eine dritte Möglichkeit, die darauf beruht, daß der Mensch als Wesen, in dem alle Seinsschichten geeint und zugänglich sind, verstanden wird. Die Ontologie in all ihren Formen hat bewußt oder unbewußt diese Möglichkeit benutzt. Der Mensch nimmt in der Ontologie eine überragende Stellung ein, nicht als ein wichtiger Gegenstand neben anderen Gegenständen, sondern als dasjenige Seiende, das die ontologische Frage stellt, und in dessen Selbstgewahrwerden die ontologische Antwort gefunden werden kann. Die alte Tradition — die in gleicher Weise durch Mythologie und Mystik, durch Dichtung und Metaphysik ausgedrückt ist —, daß die Prinzipien, die das Universum konstituieren, im Innern des Menschen gesucht werden müssen, wird mittelbar und unfreiwillig sogar durch die behavioristische Selbstbeschränkung bestätigt. In unserer Zeit haben uns Lebensphilosophen und Existentialisten an diese Wahrheit, die Ontologie möglich macht, erinnert. In dieser Hinsicht ist Heideggers Methode in „Sein und Zeit" charakteristisch. Er nennt das „Dasein" den Ort, an dem die Seinsstruktur offenbar wird. Aber was Dasein ist, erfährt der Mensch in sich selbst. Der Mensch kann sich selbst die ontologische Frage beantwor-

## Die ontologische Grundstruktur: Selbst und Welt

ten, weil er direkt und unmittelbar die Struktur des Seins und seine Elemente erfährt.

Dieser Ansatz muß jedoch gegen einen grundlegenden Irrtum geschützt werden. Er behauptet keineswegs, daß der Mensch als ein Gegenstand der Erkenntnis, physikalisch oder psychologisch, leichter zugänglich ist als nichtmenschliche Gegenstände. Gerade das Gegenteil wird behauptet. Der Mensch ist der schwierigste Gegenstand, dem im Erkenntnisprozeß begegnet werden kann. Worauf es ankommt, ist, daß der Mensch der Strukturen gewahr wird, die Erkennen möglich machen. Er lebt in ihnen und handelt durch sie. Sie sind ihm unmittelbar gegenwärtig. Sie sind er selbst. Jede Verwirrung in diesem Punkt hat destruktive Folgen. Die Grundstruktur des Seienden und aller seiner Elemente und die Bedingungen der Existenz verlieren ihren Sinn und ihre Wahrheit, wenn sie als Objekte unter anderen Objekten gesehen werden. Wird das Selbst als ein Ding unter Dingen betrachtet, so ist seine Existenz fragwürdig; wird die Freiheit als ein Ding unter Dingen gedacht, so ist ihre Existenz fragwürdig; wird die Freiheit als eine Qualität des Willens gedacht, so unterliegt sie gegenüber der Notwendigkeit; wird die Endlichkeit in Maßbegriffen verstanden, so hat sie keine Beziehung zum Unendlichen. Die Wahrheit aller ontologischen Begriffe ist ihre Macht, das auszudrücken, was die Subjekt-Objekt-Struktur erst möglich macht. Sie konstituieren diese Struktur, sie werden nicht von ihr beherrscht.

Der Mensch erfährt sich als jemand, der eine Welt hat, zu der er gehört. Die ontologische Grundstruktur ist abgeleitet von einer Analyse dieser komplexen dialektischen Beziehung. In jeder Erfahrung ist die Selbstbezogenheit implizit enthalten. Da gibt es etwas, das „hat", und etwas, das „gehabt wird", und beide sind eins. Die Frage ist nicht, ob „Selbste" existieren, die Frage ist, ob wir der Selbstbezogenheit gewahr sind. Solch Gewahrwerden kann man nur verneinen in einer Behauptung, die Selbstbezogenheit voraussetzt, denn wir erfahren Selbstbezogenheit sowohl in Akten der Verneinung als auch in Akten der Bejahung. Ein Selbst ist nicht ein Ding, dessen Existenz zweifelhaft ist; es ist ein Urphänomen, das logisch allen Fragen nach der Existenz vorausgeht.

Der Ausdruck „Selbst" ist umfassender als der Ausdruck „Ich". Er enthält sowohl die unterbewußte und die unbewußte Basis des seiner selbst bewußten Ichs als auch das Selbstbewußtsein (*cogitatio* im cartesianischen Sinn). Deshalb kann allen Lebewesen in gewissem Maße Selbstheit oder Selbstzentriertheit zugestanden werden und analog auch allen individuellen Gestalten, sogar im anorganischen Bereich. Wo immer

## Mensch, Selbst und Welt

die Reaktion auf einen Reiz abhängig von einem Strukturganzen ist, kann man sowohl bei Atomen als auch bei Tieren von Selbstzentriertheit sprechen. Der Mensch ist das voll entwickelte und völlig zentrierte Selbst. Er „besitzt" sich in der Form des Selbst-Bewußtseins. Selbst sein heißt, von allem anderen getrennt sein, alles andere sich selbst gegenüber haben, es sehen können und auf es hin handeln können. Zugleich ist jedoch dieses Selbst gewahr, daß es zu dem gehört, auf das es blickt. Das Selbst ist „darin". Jedes Selbst hat eine Umgebung, in der es lebt, und das Ich-Selbst hat eine Welt, in der es lebt. Alle Dinge haben eine Umgebung, die *ihre* Umgebung ist. Nicht alles, was in dem Raum gefunden wird, in dem ein Tier lebt, gehört zu *seiner* Umgebung. Seine Umgebung besteht aus denjenigen Dingen, zu denen es eine handelnde Beziehung hat. Verschiedene Wesen innerhalb desselben gleichen Raumes haben verschiedene Umgebungen. Jedes Seiende *hat* eine Umgebung, obwohl es auch zu dieser Umgebung gehört. Es ist der Mangel aller Theorien, die das Verhalten eines Seienden nur als milieubedingt erklären, daß sie den besonderen Charakter der Umgebung nicht erklären können, wie sie dem besonderen Charakter des Seienden entspricht, das eine solche Umgebung hat. Selbst und Umgebung bestimmen einander.

Da der Mensch ein Ich-Selbst hat, transzendiert er jede mögliche Umgebung. Der Mensch hat Welt. Wie Umgebung ist Welt ein Korrelationsbegriff. Der Mensch *hat* Welt, wenn er auch zugleich in ihr *ist*. „Welt" ist nicht die Gesamtsumme alles Seienden — ein unvollziehbarer Begriff. Wie das griechische *kosmos* und das lateinische *universum* andeuten, ist „Welt" eine Einheit von Mannigfaltigkeit. Wenn wir sagen, daß der Mensch eine Welt hat, auf die er blickt, von der er getrennt ist und zu der er gehört, so denken wir an ein strukturiertes Ganzes, selbst wenn wir diese Welt in pluralistischen Begriffen beschreiben. Wenigstens in der Hinsicht ist das Ganze gegenüber dem Menschen *Eines,* daß es perspektivisch auf uns bezogen ist, wie diskontinuierlich es in sich auch sein mag. Jeder pluralistische Philosoph spricht von dem pluralistischen Charakter der Welt und verwirft so indirekt einen absoluten Pluralismus. Die Welt ist das Strukturganze, das alle Umgebungen einschließt und transzendiert, nicht nur die Umgebungen von Wesen, denen ein vollentwickeltes Selbst fehlt, sondern auch die Umgebungen, in denen der Mensch partiell lebt. Solange er menschlich ist, das heißt, solange er nicht *unter* das Menschsein „gefallen" ist (z. B. im Rausch oder Wahnsinn), ist der Mensch niemals völlig an seine Umgebung gebunden. Er transzendiert sie immer dadurch, daß er sie ergreift und nach universalen Normen und Ideen umformt. Selbst in der

*Die ontologische Grundstruktur: Selbst und Welt*

beschränktesten Umgebung besitzt der Mensch das Universum, er hat eine Welt. Die Sprache als die Fähigkeit, Universalien (Allgemeinbegriffe) zu gebrauchen, ist der Grundausdruck dafür, daß der Mensch die Umgebung transzendiert, daß er eine Welt hat. Das Ich-Selbst ist dasjenige Selbst, das sprechen kann und durch das Sprechen die Grenzen jeder gegebenen Situation überschreitet.

Wenn der Mensch auf seine Welt blickt, blickt er auf sich als einen unendlich kleinen Teil seiner Welt. Obgleich er das Zentrum der Perspektive ist, ist er auch ein Teil dessen, was in ihm zentriert ist, ein Teil des Universums. Diese Struktur ermöglicht es dem Menschen, sich selbst zu begegnen. Ohne seine Welt wäre das Selbst eine leere Form. Das Selbstbewußtsein hätte keinen Inhalt, denn jeder Inhalt, psychisch wie körperlich, liegt innerhalb des Universums. Es gibt kein Selbstbewußtsein ohne Weltbewußtsein, aber auch das Umgekehrte gilt. Weltbewußtsein ist nur möglich auf der Basis eines vollentwickelten Selbstbewußtseins. Der Mensch muß von seiner Welt völlig getrennt sein, um auf sie als Welt zu blicken. Sonst bliebe er milieugebunden. Die gegenseitige Abhängigkeit zwischen Ich-Selbst und Welt ist die ontologische Grundstruktur und schließt alles andere ein.

*Beide* Seiten der Polarität sind verloren, wenn *eine* der Seiten verloren ist. Das Selbst ohne Welt ist leer, die Welt ohne Selbst ist tot. Der subjektive Idealismus von Philosophen wie Fichte kann die Welt der Inhalte nicht erreichen, ohne daß das Ich einen irrationalen Sprung in sein Gegenteil, das Nicht-Ich, macht. Der objektive Realismus von Philosophen wie Hobbes kann die Form der Selbstbezogenheit nicht erreichen, ohne einen irrationalen Sprung von der Bewegung der Dinge in das Ich. Descartes versuchte verzweifelt und ohne Erfolg, die leere *cogitatio* des reinen Ichs mit der mechanischen Bewegung toter Körper zu vereinigen. Wenn immer die Selbst-Welt-Korrelation zerschnitten ist, ist eine Wiedervereinigung unmöglich. Anderseits: Wird die Grundstruktur der Selbst-Welt-Bezogenheit bejaht, ist es möglich zu zeigen, wie diese Struktur aus dem Blickfeld des Erkennenden verschwinden kann infolge der Subjekt-Objekt-Struktur der Vernunft, die in der Selbst-Welt-Korrelation wurzelt und aus ihr herauswächst.

## 2. *Das logische und das ontologische Objekt*

Die Selbst-Welt-Polarität ist die Basis der Subjekt-Objekt-Struktur der Vernunft. Vor der Erörterung der Selbst-Welt-Polarität konnte in Teil I „Vernunft und Offenbarung" diese Struktur nur vorläufig

## Das logische und das ontologische Objekt

erörtert werden. Die Beziehung zwischen der Selbst-Welt-Polarität und der Subjekt-Objekt-Struktur muß jetzt erklärt werden.

Wir haben die Welt als ein strukturiertes Ganzes beschrieben, und wir haben ihre Struktur „objektive Vernunft" genannt. Wir haben das Selbst beschrieben als eine Struktur der Selbstbezogenheit, und wir haben diese Struktur „subjektive Vernunft" genannt. Und wir haben gesagt, daß diese einander entsprechen, ohne jedoch eine besondere Deutung dieser Entsprechung zu geben. Die Vernunft macht das Selbst zum Selbst, nämlich zu einer selbstbezogenen Gestalt; und die Vernunft macht die Welt zur Welt, nämlich zu einem strukturierten Ganzen. Ohne Vernunft, ohne den *logos* des Seins wäre das Sein Chaos, das heißt, es wäre nicht Sein, sondern nur die Möglichkeit des Seins *(me on)*. Aber wo Vernunft ist, ist Selbst und Welt in gegenseitiger Abhängigkeit, ist Subjekt und Objekt.

Die Begriffe Subjekt und Objekt haben eine lange Geschichte, in der ihre Bedeutung nahezu den Platz gewechselt hat. Ursprünglich hieß subjektiv dasjenige, was unabhängiges Sein hat, eine „Hypostase" für sich. Objektiv hieß dasjenige, das im Geist als dessen Inhalt ist. Heute, besonders unter dem Einfluß der großen englischen Empiristen, wird das, was real ist, als objektives Sein bezeichnet, während das, was im Geist ist, als subjektives Sein bezeichnet wird. Wir müssen der heutigen Terminologie folgen, aber wir müssen über sie hinausgehen.

In der Erkenntnissphäre wird alles, auf das sich der Erkenntnisakt richtet, als Objekt betrachtet, sei es Gott oder ein Stein, sei es das eigene Selbst oder eine mathematische Definition. Im logischen Sinn ist alles, über das etwas ausgesagt wird, eben durch diese Tatsache ein Objekt. Der Theologe kann nicht umhin, Gott zu einem Objekt im logischen Sinne des Wortes zu machen, gerade wie der Liebende nicht umhin kann, den Geliebten zu einem Objekt der Erkenntnis und des Handelns zu machen. Die Gefahr der logischen Objektivierung ist, daß sie niemals rein logisch ist. Sie führt ontologische Voraussetzungen und Implikationen mit sich. Wenn Gott in die Subjekt-Objekt-Struktur des Seins gebracht wird, hört er auf, der Grund des Seins zu sein, und wird ein Seiendes unter anderen (vor allen Dingen ein Seiendes neben dem Subjekt, das ihn als ein Objekt betrachtet). Er hört auf, der Gott zu sein, der wirklich Gott ist. Religion und Theologie sind sich dieser Gefahr der religiösen Objektivierung bewußt. Sie versuchen auf verschiedene Weise, der unbeabsichtigten Blasphemie, die in dieser Situation enthalten ist, zu entrinnen. Die prophetische Religion leugnet, daß man Gott „sehen" kann, denn das Gesicht ist der Sinn, der am stärksten vergegenständlicht. Wenn es eine Erkenntnis Gottes gibt, so ist es Gott,

## Die ontologische Grundstruktur: Selbst und Welt

der sich selbst durch den Menschen erkennt. Gott bleibt das Subjekt, selbst wenn er zum logischen Objekt wird (vgl. 1. Kor. 13, 12). Die Mystik versucht, dieses objektivierende Schema durch eine ekstatische Einung von Mensch und Gott zu überwinden, analog der erotischen Beziehung, die auf einen Augenblick hinstrebt, in dem der Unterschied zwischen Liebendem und Geliebtem ausgelöscht ist. Die Theologie muß sich immer daran erinnern, daß sie, wenn sie von Gott spricht, das zu einem Objekt macht, was der Subjekt-Objekt-Struktur zugrundeliegt, und daß sie deshalb in ihrem Reden von Gott die Anerkennung einschließen muß, daß sie Gott nicht zum Objekt machen kann.

Aber es gibt einen dritten Sinn, in dem das objektivierende Schema gebraucht wird. Etwas zu einem Objekt machen, kann heißen, es seiner subjektiven Elemente berauben, es zu etwas machen, das ein Objekt ist und nichts weiter als ein Objekt. Solch ein Objekt ist ein „Ding", etwas, das völlig *bedingt* ist. Daher ist es gegen unser Sprachgefühl, menschliche Wesen „Dinge" zu nennen. Sie sind mehr als Dinge und mehr als bloße Objekte. Sie sind „Selbste" und daher Träger von Subjektivität. Metaphysische Theorien wie auch soziale Institutionen, durch die Selbste in Dinge verwandelt werden, widerstreiten der Wahrheit und Gerechtigkeit, denn sie widerstreiten der ontologischen Grundstruktur des Seins, der Selbst-Welt-Polarität, in der jedes Seiende in wechselnden Graden der Annäherung an dem einen oder dem anderen Pol partizipiert. Die vollentwickelte menschliche Persönlichkeit stellt den einen Pol dar, das mechanische Werkzeug den anderen. Der Begriff „Ding" wird am richtigsten auf das Werkzeug angewandt. Ihm fehlt fast jede Subjektivität, aber nicht völlig. Seine konstitutiven Elemente, die aus der anorganischen Natur genommen sind, haben einmalige Strukturen, die nicht außer acht gelassen werden können, und es selbst hat eine künstlerische Form, in der sein Zweck sichtbar ausgedrückt ist — oder sollte sie haben. Selbst alltägliche Werkzeuge sind nicht bloß Dinge. Alles widerstrebt dem Schicksal, als bloßes Ding behandelt und angesehen zu werden, als ein Objekt, das keine Subjektivität hat. Das ist der Grund, weshalb die Ontologie nicht mit den Dingen beginnen und versuchen kann, die Struktur der Realität von ihnen abzuleiten. Was völlig bedingt ist, was keine Selbstheit und keine Subjektivität hat, kann nicht das Selbst und das Subjekt erklären. Wer dies zu tun versucht, muß heimlich in das Wesen der Objektivität eben die Subjektivität hineinschmuggeln, die er daraus ableiten will.

Nach Parmenides ist die ontologische Grundstruktur das Sein in Einheit mit dem Wort (dem *logos*), in dem es ergriffen wird. Subjektivität ist kein Epiphänomen, keine abgeleitete Erscheinung. Sie ist

## Das logische und das ontologische Objekt

ein Urphänomen, wenngleich nur und immer in polarer Beziehung zur Objektivität. Die Art, in der der neue Naturalismus seine früheren Methoden der Reduktion verleugnet hat, z. B. alles auf physikalische Objekte und ihre Bewegungen zu reduzieren, verrät eine wachsende Einsicht in die Unmöglichkeit, die Subjektivität aus der Objektivität abzuleiten. Im praktischen Bereich verrät der weitverbreitete Widerstand gegen die objektivierenden Tendenzen in der industriellen Gesellschaft, zuerst in ihren kapitalisitischen und später in ihren totalitären Formen, wie sehr man sich darüber klar wird, daß es Entmenschlichung bedeutet, Zerstörung der dem Menschen wesentlichen Subjektivität, wenn der Mensch zu einem Teil, wenngleich der nützlichsten Maschine gemacht wird. Der vergangene und der gegenwärtige Existentialismus in all seinen Variationen ist einig in seinem Protest gegen die theoretischen und praktischen Formen der Preisgabe des Subjekts an das Objekt, des Selbst an das Ding. Gegen die Gefahr, das Subjekt an das Objekt auszuliefern, ist eine Ontologie geschützt, die mit der Selbst-Welt-Struktur des Seins und der Subjekt-Objekt-Struktur der Vernunft beginnt.

Auch gegen die entgegengesetzte Gefahr ist sie geschützt. Es ist ebenso unmöglich, das Objekt aus dem Subjekt abzuleiten, wie es unmöglich ist, das Subjekt vom Objekt abzuleiten. Der Idealismus in all seinen Formen hat entdeckt, daß es keinen Weg vom „absoluten Ich" zum Nicht-Ich gibt, vom absoluten Bewußtsein zum Unbewußten, vom absoluten Selbst zur Welt, vom reinen Subjekt zur objektiven Struktur der Wirklichkeit. In jedem Fall wird das, von dem man glaubt, daß es abgeleitet ist, heimlich in das hineingeschmuggelt, von dem es abgeleitet werden soll. Dieser Trick des deduzierenden Idealismus ist das genaue Gegenstück zu dem Trick des reduzierenden Naturalismus.

Die Einsicht in diese Situation war die Triebfeder für die verschiedenen Formen der Identitätsphilosophie. Aber diese Einsicht ging nicht weit genug. Die Subjekt-Objekt-Beziehung ist nicht die der Identität, aus der weder Subjektivität noch Objektivität abgeleitet werden kann. Die Beziehung ist die der Polarität. Die ontologische Grundstruktur kann nicht abgeleitet werden, sie muß akzeptiert werden. Die Frage: „Was geht der Dualität von Selbst und Welt, von Subjekt und Objekt voraus?" ist eine Frage, bei der die Vernunft in ihren eigenen Abgrund blickt — einen Abgrund, in dem Unterscheidung und Ableitung verschwinden. Nur die Offenbarung kann die Antwort geben.

# B

## DIE ONTOLOGISCHEN ELEMENTE

### 1. *Individualisation und Partizipation*

Nach Plato ist die Idee der Verschiedenheit „über alle Dinge gebreitet". Aristoteles konnte individuelles Seiendes das *telos,* das innere Ziel des Prozesses der Aktualisierung nennen. Nach Leibniz können keine völlig gleichen Dinge existieren, da gerade ihre Differenzierung voneinander ihre unabhängige Existenz ermöglicht. In den biblischen Schöpfungsgeschichten schafft Gott individuelle Wesen und nicht Universalien, er schafft Adam und Eva und nicht die Ideen: „Mann" und „Weib". Trotz seines ontologischen Realismus nimmt sogar der Neuplatonismus die Lehre an, daß es Ideen nicht nur von den Gattungen, sondern auch von den Individuen gibt (Archetypen). Individualisation ist kein Charakteristikum einer Sondersphäre des Seienden, es ist ein ontologisches Element und deshalb eine Qualität alles Seienden. Individualisation ist in jedem Selbst enthalten und konstituiert es. Und da Analogien zu Selbstheit in jedem Seienden vorliegen, so ist Individualisation ein Charakter alles Seienden. Schon der Ausdruck „Individuum" weist auf die gegenseitige Abhängigkeit von Selbstbezogenheit und Individualisation hin. Ein zentriertes Selbst kann nicht geteilt werden. Es kann zerstört werden, oder es kann gewisser Teile beraubt werden, aus denen neue selbstzentrierte Wesen hervorgehen (z. B. die Regeneration der Gestalt in einigen niederen Tieren). Im letzteren Fall hat entweder das alte Selbst aufgehört zu existieren und ist durch neue Selbste ersetzt worden, oder das alte Selbst bleibt, um der neuen Selbste willen verringert an Ausdehnung und an Macht. Aber in keinem Fall wird das Zentrum selbst geteilt. Das ist so unmöglich wie die Teilung eines mathematischen Punktes. Selbstheit und Individualisation sind begrifflich verschieden, aber aktuell untrennbar.

Der Mensch ist nicht nur das völlig selbstzentrierte Wesen, er ist auch das völlig individualisierte Wesen. Und er ist das eine, weil er das andere ist. Die Gattung ist vorherrschend in allen nichtmenschlichen Wesen, selbst in den höchstentwickelten Tieren; das Individuum in der außermenschlichen Natur ist wesensmäßig ein Exemplar, das in individueller Weise die universalen Charakteristika der Gattung aufweist. Wenn auch Individualisation einer Pflanze oder eines Tieres selbst im

## Individualisation und Partizipation

kleinsten Teil seines zentrierten Ganzen zum Ausdruck kommt, so haben Tiere und Pflanzen nur Bedeutung in Zusammenhang mit Personen oder einmaligen geschichtlichen Ereignissen (z. B. das Pferd Alexanders des Großen oder der Baum Buddhas). Die Individualität eines nichtmenschlichen Seienden gewinnt Bedeutung, wenn es in die Prozesse des menschlichen Lebens einbezogen wird, aber nur dann. Anders ist es beim Menschen. Selbst in kollektivistischen Gesellschaften ist das Individuum als der Träger und als das letzte Ziel des Kollektivs schließlich von größerer Bedeutung als die Gattung. Selbst der despotischste Staat erhebt den Anspruch, um des Wohles der einzelnen Untertanen willen da zu sein. Das Recht basiert schon seinem Wesen nach auf der Wertung des Individuums als eines einzigartigen, unauswechselbaren, unverletzlichen Wesens, das deshalb geschützt und zugleich verantwortlich gemacht werden muß. Das Individuum ist vor dem Recht eine Person. Die ursprüngliche Bedeutung des Wortes „Person" (*persona, prosopon*) weist auf die Maske des Schauspielers hin, durch die seine bestimmte Rolle charakterisiert ist.

Historisch wurde dies nicht immer von den Rechtssystemen anerkannt. In vielen Kulturen erkennt das Recht nicht jeden als Person an. Für die Wertung jedes Menschen als einer Person wurde die anatomische Gleichheit nicht als genügende Grundlage angesehen. Sklaven, Kindern und Frauen wurde die Würde der Person abgesprochen. In vielen Kulturen erreichten sie nicht die volle Individualisation, weil sie nicht fähig waren, voll an der Kultur zu partizipieren. Und umgekehrt, sie waren nicht fähig, voll zu partizipieren, weil sie nicht völlig individualisiert waren. Der Prozeß der Emanzipation begann nicht eher, bevor nicht die stoischen Philosophen erfolgreich für die Lehre kämpften, daß jedes menschliche Wesen am universalen *logos* teilnimmt. Und die Einzigartigkeit einer jeden Person wurde nicht eher anerkannt, bevor nicht die christliche Kirche die Universalität der Erlösung verkündete und lehrte, daß jedes menschliche Wesen potentiell daran teilnimmt. Diese Entwicklung illustriert die strenge gegenseitige Abhängigkeit von Individualisation und Partizipation.

Das individuelle Selbst partizipiert an seiner Umgebung oder im Fall der völligen Individualisation an seiner Welt. Ein individuelles Blatt partizipiert an den natürlichen Kräften, die auf es wirken und auf die es wirkt. Das ist der Grund, weshalb Philosophen wie Nikolaus Cusanus und Leibniz behauptet haben, daß das ganze Universum in jedem Individuum gegenwärtig ist, wenngleich begrenzt durch Endlichkeit. In dem Seienden gibt es mikrokosmische Qualitäten, aber nur der Mensch *ist* ein Mikrokosmos. In ihm ist die Welt nicht nur indirekt

## Die ontologischen Elemente

und unbewußt gegenwärtig, sondern direkt und in einer bewußten Begegnung. Der Mensch partizipiert am Universum durch die rationale Struktur des Geistes und der Wirklichkeit. Milieumäßig betrachtet, partizipiert er an einem sehr kleinen Ausschnitt der Wirklichkeit, in mancher Hinsicht wird er durch manche Tiere, z. B. durch Zugvögel, übertroffen. Kosmisch betrachtet partizipiert er am Universum, weil ihm die universalen Strukturen, Formen und Gesetze offen sind und mit ihnen alles, was durch sie ergriffen und umgestaltet werden kann. Aktuell ist die Partizipation des Menschen immer begrenzt. Potentiell gibt es keine Grenzen, die er nicht überschreiten könnte. Die Universalien machen den Menschen universal, die Sprache beweist, daß er Mikrokosmos ist. Durch die Universalien partizipiert der Mensch an den entferntesten Sternen und der entferntesten Vergangenheit. Das ist die ontologische Basis für die Behauptung, daß Erkenntnis Einung ist und daß sie in dem *eros* wurzelt, der die Elemente wiedervereint, die wesensmäßig zu einander gehören.

Erreicht die Individualisation die vollkommene Form, die wir „Person" nennen, so erreicht die Partizipation die vollkommene Form, die wir „Gemeinschaft" nennen. Der Mensch partizipiert an allen Schichten des Lebens, aber er partizipiert völlig nur an jener Schicht des Lebens, die er selbst ist — er hat Gemeinschaft nur mit Personen. Gemeinschaft ist Partizipation an einem anderen vollständig selbstzentrierten und vollständig individualisierten Selbst. In diesem Sinne ist Gemeinschaft nicht etwas, das ein Individuum haben oder nicht haben kann. Partizipation ist wesentlich für das Individuum, nicht zufällig. Kein Individuum existiert ohne Partizipation, und kein personales Sein existiert ohne ein gemeinschaftliches Sein. Die Person als das vollentwickelte individuelle Selbst ist unmöglich ohne andere vollentwickelte Selbste. Wenn es nicht dem Widerstand anderer Selbste begegnete, würde jedes Selbst versuchen, sich absolut zu setzen. Aber der Widerstand jedes anderen Selbst ist unbedingt. Ein Individuum kann die ganze Welt der Objekte erobern, aber es kann keine andere Person erobern, ohne sie als Person zu zerstören. Das Individuum entdeckt sich durch diesen Widerstand. Will es die andere Person nicht zerstören, muß es in Gemeinschaft mit ihr treten. Im Widerstand der anderen Person wird die Person geboren. Deshalb gibt es keine Person ohne eine Begegnung mit anderen Personen. Personen können nur in der Gemeinschaft persönlichen Begegnens wachsen. Individualisation und Partizipation sind in allen Schichten des Seins gegenseitig voneinander abhängig.

Der Begriff der Partizipation hat viele Funktionen. Ein Symbol

## Individualisation und Partizipation

partizipiert an der Wirklichkeit, die es symbolisiert; der Erkennende partizipiert am Erkannten; der Liebende partizipiert am Geliebten; das Existierende partizipiert an den Essenzen, die es zu dem machen, was es ist. Das Individuum partizipiert am Schicksal der Trennung und der Schuld; der Christ partizipiert am Neuen Sein, wie es offenbar ist in Jesus dem Christus. In Polarität mit Individualisation ist Partizipation die Basis für die Kategorie der Beziehung als ontologischem Grundelement. Ohne Individualisation existiert nichts, das in Beziehung sein kann. Ohne Partizipation hätte die Kategorie der Beziehung keine Basis in der Realität. Jede Beziehung schließt eine Art Partizipation ein. Das gilt selbst für Gleichgültigkeit und Feindseligkeit. Nichts kann einen feindselig machen, an dem man nicht irgendwie partizipiert, vielleicht in der Form des davon Ausgeschlossenseins. Und nichts kann die Haltung der Gleichgültigkeit hervorrufen, was nicht — wenn auch in noch so geringem Grade — irgendwie „Gültigkeit" für uns hat. Das Element der Partizipation gewährleistet die Einheit einer zerrissenen Welt und ermöglicht ein universales System von Beziehungen.

Die Polarität von Individualisation und Partizipation löst das Problem des Nominalismus und Realismus, das die westliche Kultur erschüttert und fast zerrissen hat. Nach dem Nominalismus hat nur das Individuum ontologische Realität, Universalien sind Wortzeichen, die auf Ähnlichkeiten zwischen individuellen Dingen hinweisen. Erkenntnis ist daher nicht Partizipation. Es ist ein äußerlicher Akt des Ergreifens und Beherrschens von Dingen. Beherrschendes Erkennen ist der erkenntnistheoretische Ausdruck einer nominalistischen Ontologie, Empirismus und Positivismus sind ihre logischen Folgen. Aber ein reiner Nominalismus ist unhaltbar. Selbst der Empirist muß anerkennen, daß alles, was durch Erkenntnis zu erreichen ist, die Struktur des „Erkennbaren" haben muß. Und diese Struktur schließt per definitionem eine gegenseitige Partizipation des Erkennenden und des Erkannten ein. Ein radikaler Nominalismus kann den Erkenntnisprozeß nicht verständlich machen.

Die Philosophie des mittelalterlichen Realismus muß der gleichen Analyse unterworfen werden. Das Wort weist darauf hin, daß die Universalien, die Wesensstrukturen der Dinge, das wirklich Reale in ihnen sind[1].

---

[1] Das Wort „Realismus" bedeutet heute fast das, was „Nominalismus" im Mittelalter bedeutete, wogegen der „Realismus" des Mittelalters fast genau das bezeichnet, was wir heute „Idealismus" nennen. Ich möchte vorschlagen, daß man, wenn immer man vom klassischen Realismus spricht, ihn „mystischen Realismus" nennen sollte.

*Die ontologischen Elemente*

Der mittelalterliche Realismus, den man auch mystischen Realismus nennen kann, betont die Partizipation gegenüber der Individualisation, die Partizipation des Individuums am Universalen und die Partizipation des Erkennenden am Erkannten. In dieser Hinsicht hat der Realismus recht und kann Erkenntnis verständlich machen. Aber er hat unrecht, wenn er eine zweite Realität hinter der empirischen Realität errichtet und aus der Struktur der Partizipation eine Seinsschicht macht, in der Individualität und Persönlichkeit verschwinden.

## 2. Dynamik und Form

Sein ist nicht zu trennen von der Logik des Seins, der Struktur, die es zu dem macht, was es ist, und die der Vernunft die Macht gibt, es zu ergreifen und umzugestalten. „Etwas sein" heißt: eine Form haben. Gemäß der Polarität von Individualisation und Partizipation gibt es besondere und allgemeine Formen, aber im aktuellen Sein sind sie nie getrennt. Durch ihre Einheit wird jedes Seiende zu einem bestimmten Seienden. Was immer seine Form verliert, verliert sein Sein. Form sollte nicht in Gegensatz zu Inhalt gestellt werden. Die Form, die ein Ding zu dem macht, was es ist, ist sein Inhalt, seine *essentia*, seine bestimmte Seinsmächtigkeit. Die Form eines Baumes ist das, was ihn zum Baum macht, was ihm ebenso den allgemeinen Charakter der Baumheit gibt wie die besondere und einmalige Form eines individuellen Baumes.

Die Trennung von Form und Inhalt wird zum Problem in den Schöpfungen der Kultur. Hier werden gegebene Materialien, Dinge oder Ereignisse, die ihre natürliche Form haben, durch die rationalen Funktionen des Menschen umgeformt. Eine Landschaft hat eine natürliche Form, die zugleich ihr Inhalt ist. Der Künstler benützt die natürliche Form einer Landschaft als Material für eine künstlerische Schöpfung, deren Inhalt nicht das Material ist, sondern vielmehr das, was aus dem Material gemacht wurde. Es ist nicht die Frage, ob eine bestimmte Form einem bestimmten Material angemessen ist. Es ist die Frage, ob eine kulturelle Schöpfung der Ausdruck einer geistigen Substanz ist oder ob sie eine bloße Form ohne eine solche Substanz ist. Jede Art Material kann durch jede Form gestaltet werden, solange die Form echt ist, das heißt, solange sie ein unmittelbarer Ausdruck der Grunderfahrung ist, aus der heraus der Künstler lebt, in Einheit mit seinem Zeitalter wie im Widerstreit zu ihm. Wenn er solche Formen nicht verwendet und statt dessen Formen, die aufgehört haben, ausdrucksvoll zu sein, ist der Künstler Formalist, gleichgültig, ob die For-

## Dynamik und Form

men traditionell oder revolutionär sind. Ein revolutionärer Stil kann ebenso formalistisch werden wie ein konservativer Stil. Das Kriterium ist die Ausdruckskraft einer Form und nicht ein besonderer Stil. Das polare Element zu Form ist Dynamik. Dynamik ist ein Begriff mit einer reichen Geschichte und vielen Nebenbedeutungen und Implikationen. Der problematische Charakter dieses Begriffes und aller Begriffe, die damit zusammenhängen, ist der Tatsache zu verdanken, daß alles, was in Begriffe gefaßt werden kann, Sein haben muß, und daß es kein Sein ohne Form gibt. Dynamik kann daher nicht gedacht werden als etwas, das ist, noch kann es gedacht werden als etwas, das nicht ist. Es ist das *me on*, die Potentialität des Seins, die Nichtsein ist im Gegensatz zu Dingen, die Form haben, und Seinsmächtigkeit im Gegensatz zum reinen Nichtsein. Dieser höchst dialektische Begriff ist keine Erfindung der Philosophen. Er liegt den meisten Mythologien zugrunde und ist angedeutet im Chaos, in dem Tohuwabohu, der Nacht, der Leere, die der Schöpfung vorausgeht. Er erscheint in metaphysischen Spekulationen als Ungrund (Böhme), Wille (Schopenhauer), Wille zur Macht (Nietzsche), das Unbewußte (Hartmann, Freud), *élan vital* (Bergson), Drang (Scheler, Jung). Keiner dieser Begriffe darf als Begriff genommen werden. Jeder weist symbolisch auf das, was nicht benannt werden kann. Könnte es genau benannt werden, wäre es ein geformtes Seiendes neben anderem Seienden statt eines ontologischen Elementes in polarem Gegensatz zum Element der Form. Deshalb ist es unangebracht, diese Begriffe auf Grund ihrer wörtlichen Bedeutung zu kritisieren. Schopenhauers „Wille" ist nicht die psychologische Funktion, die „Wille" genannt wird, und das „Unbewußte" Hartmanns und Freuds ist nicht ein „Raum", der beschrieben werden könnte, als wäre er ein Keller, angefüllt mit Dingen, die einmal zu den oberen Räumen gehört haben, in denen die Sonne des Bewußtseins scheint. Das Unbewußte ist bloße Potentialität, und es sollte nicht nach dem Bild des Aktuellen gemalt werden. Die anderen Beschreibungen „dessen, was noch kein Sein hat", müssen in der gleichen Weise verstanden werden, das heißt, in Analogie.

In der griechischen Philosophie war das Nichtsein oder die Materie ein letztes Prinzip, das Prinzip des Widerstandes gegen die Form. Die christliche Theologie indes hat versucht, dem Nichtsein seine Selbständigkeit zu nehmen und ihm einen Ort in der Tiefe des göttlichen Lebens zu geben. Die Lehre von Gott als *actus purus* hinderte den Thomismus daran, das Problem zu lösen, aber die protestantische Mystik, die Motive von Duns Scotus und Luther verwendete, versuchte, ein dynamisches Element in das Bild des göttlichen Lebens einzuführen. Die

## Die ontologischen Elemente

Spätromantik sowie die Lebens- und Prozeßphilosophie sind dieser Linie gefolgt, wenngleich immer in der Gefahr, die Göttlichkeit des Göttlichen zu verlieren in ihren Versuchen, den statischen Gott des *actus purus* in den lebendigen Gott zu transformieren. Es ist jedoch deutlich, daß jede Ontologie, die das dynamische Element in der Seinsstruktur unterdrückt, das Wesen eines Lebensprozesses nicht erklären und vom göttlichen Leben nicht sinnvoll sprechen kann.

Die Polarität von Dynamik und Form erscheint in der unmittelbaren Erfahrung des Menschen als die polare Struktur von Vitalität und Intentionalität. Beide Begriffe bedürfen der Rechtfertigung und Erklärung. Vitalität ist die Macht, die ein lebendiges Wesen am Leben erhält und wachsen läßt. *Élan vital* ist das schöpferische Drängen der lebendigen Substanz in allem, was lebt, zu neuen Formen. Der engere Gebrauch dieses Wortes ist jedoch häufiger. Gewöhnlich spricht man von der Vitalität von Menschen, aber nicht von der Vitalität von Tieren oder Pflanzen. Der Sinn des Wortes Vitalität wird durch seinen polaren Gegensatz gefärbt. Die Vitalität im vollen Sinne des Wortes ist menschlich, weil der Mensch Intentionalität besitzt. Das dynamische Element im Menschen ist nach allen Richtungen hin offen, es wird durch keine a priori begrenzende Struktur festgelegt. Der Mensch ist fähig, eine Welt jenseits der gegebenen Welt zu schaffen, er schafft die technischen und geistigen Bereiche. Die Dynamik des untermenschlichen Lebens bleibt innerhalb der Grenzen der natürlichen Notwendigkeit, trotz der unendlichen Varianten, die es hervorbringt, und trotz der neuen Formen, die durch den Evolutionsprozeß geschaffen werden. Die Dynamik greift nur im Menschen über die Natur hinaus. Das ist seine Vitalität, und deshalb hat allein der Mensch Vitalität im vollen Sinn des Wortes.

Die Vitalität des Menschen lebt im Gegensatz zu seiner Intentionalität und ist durch sie bedingt. Auf der menschlichen Ebene ist Form die rationale Struktur der subjektiven Vernunft, wenn sie in einem Lebensprozeß aktualisiert wird. Man könnte diesen Pol „Rationalität" nennen, aber Rationalität bedeutet Vernunft haben, nicht: Vernunft aktualisieren. Man könnte es „Geistigkeit" nennen, aber Geistigkeit bedeutet Einheit von Form und Dynamik in den sittlichen und kulturellen Akten des Menschen. Deshalb schlagen wir den Gebrauch des Wortes „Intentionalität" vor, der bedeutet: Bezug haben zu Sinnstrukturen, in Universalien leben, Wirklichkeit ergreifen und umgestalten. In diesem Zusammenhang bedeutet „Intention" nicht den Willen, der sich auf ein Ziel richtet, sondern bedeutet: die innere Gerichtetheit auf etwas objektiv Gültiges. Die Dynamik des Menschen, seine schöpferische Vita-

## Dynamik und Form

lität ist nicht richtungslose, chaotische, in sich eingeschlossene Aktivität. Sie ist gerichtet, geformt, sie transzendiert sich selbst in Richtung auf sinnvolle Inhalte. Es gibt keine Vitalität als solche und keine Intentionalität als solche. Sie sind voneinander abhängig wie die anderen polaren Elemente.

Der dynamische Charakter des Seins schließt die Tendenz alles Seienden ein, sich zu transzendieren und neue Formen zu schaffen. Zugleich tendiert alles dahin, seine eigene Form zu bewahren als die Basis der Selbsttranszendenz. Es strebt nach Einung von Identität und Verschiedenheit, Ruhe und Bewegung, Bewahrung und Wechsel. Deshalb ist es unmöglich, vom Sein ohne vom Werden zu reden. Werden ist genau so ursprünglich in der Struktur des Seins wie das, was im Werdensprozeß unverändert bleibt. Und umgekehrt wäre Werden unmöglich, wenn nichts in ihm bewahrt bliebe.

Eine Prozeßphilosophie, die die beharrende Identität dessen opfert, was im Prozeß steht, opfert den Prozeß selbst, seine Kontinuität, die Beziehung des Bedingten zu seinen Bedingungen, das innere Ziel *(telos)*, das den Prozeß zu einem Ganzen macht. Bergson hatte recht, wenn er den *élan vital*, die universale Tendenz zur Selbsttranszendenz, mit Dauer, Kontinuität und Selbstbewahrung im zeitlichen Fluß kombinierte.

Das Wachstum des Individuums ist das deutlichste Beispiel der Selbsttranszendenz, die auf Selbstbewahrung basiert. Es zeigt sehr deutlich die gegenseitige Abhängigkeit der beiden Pole. Wachstumshemmung führt zur Selbstzerstörung. Ein Beispiel dafür ist die biologische Entwicklung von niederen oder weniger komplexen Formen des Lebens zu höheren und komplexeren Formen. Gerade dies Beispiel hat mehr als alles andere die Prozeß-Philosophie und die Philosophie der schöpferischen Entwicklung inspiriert.

Selbstbewahrung und Selbsttranszendenz werden vom Menschen unmittelbar in ihm selbst erfahren. Wir hatten gesehen, daß das Selbst in der untermenschlichen Schicht unvollkommen ist und in Korrelation zu einer Umgebung steht, während in der menschlichen Schicht das Selbst vollkommen ist und in Korrelation zu Welt steht. In der gleichen Weise ist Selbsttranszendenz in der untermenschlichen Schicht durch eine Konstellation von Bedingungen begrenzt; dagegen ist Selbsttranszendenz auf der menschlichen Ebene nur durch die Struktur begrenzt, die den Menschen zu dem macht, was er ist: ein vollendetes Selbst, das Welt hat. Nur wenn der Mensch sich selbst als Mensch konserviert, hat er die Möglichkeit, jede gegebene Situation zu überschreiten. Er kann sich unter dieser Voraussetzung grenzenlos in allen Richtungen transzendieren.

*Die ontologischen Elemente*

Seine Kreativität bricht durch den biologischen Bereich durch, zu dem er gehört, und schafft neue Bereiche, die auf einer nichtmenschlichen Ebene niemals erreicht werden können. Der Mensch ist fähig, eine neue Welt technischer Werkzeuge und eine Welt kultureller Formen zu schaffen. In beiden Fällen kommt etwas Neues zustande durch die ergreifende und umformende Aktivität des Menschen. Der Mensch verwendet das Material, das von der Natur gegeben wird, um technische Formen zu schaffen, die die Natur transzendieren, und er schafft kulturelle Formen, die Gültigkeit und Sinn haben. Während er in den Formen lebt, die er selbst schafft, schafft er sich selbst durch sie um. Er ist nicht nur ein Werkzeug für ihre Schöpfung, er ist zugleich ihr Träger und das Ergebnis ihrer umformenden Wirkung auf ihn selbst. Seine Selbsttranszendenz in dieser Richtung ist unbegrenzt, während die biologische Selbsttranszendenz in ihm ihre Grenze erreicht hat. Jeder Schritt über diese biologische Struktur hinaus, die Intentionalität und Geschichtlichkeit ermöglicht, wäre ein Rückschritt, wäre Mißwuchs und eine Zerstörung der Macht des Menschen zu unbegrenzter kultureller Selbsttranszendenz. Der „Übermensch" in einem biologischen Sinn wäre weniger als Mensch, denn der Mensch hat Freiheit, und Freiheit kann biologisch nicht überboten werden.

### 3. *Freiheit und Schicksal*

Die dritte ontologische Polarität ist die von Freiheit und Schicksal, in der die Beschreibung der ontologischen Grundstruktur und ihrer Elemente ihre Erfüllung und ihren Wendepunkt erreicht. Freiheit in Polarität mit Schicksal ist das Strukturelement, das Existenz ermöglicht, da es die essentielle Notwendigkeit des Seins transzendiert, ohne es zu zerstören. Im Hinblick auf die ungeheure Rolle, die das Freiheitsproblem in der Geschichte der Theologie gespielt hat, überrascht es, wie wenig moderne Theologen Sinn und Wesen der Freiheit ontologisch untersucht haben, oder auch wie wenig sie die Ergebnisse früherer Untersuchungen benutzt haben, denn für die Theologie ist der Begriff der Freiheit ebenso wichtig wie der Begriff der Vernunft. Offenbarung kann ohne einen Begriff der Freiheit nicht verstanden werden. Der Mensch ist Mensch, weil er Freiheit hat, aber er hat Freiheit nur in polarer Abhängigkeit von Schicksal. Der Ausdruck „Schicksal" ist in diesem Zusammenhang ungewöhnlich. Gewöhnlich spricht man von Freiheit und Notwendigkeit. Jedoch ist Notwendigkeit eine Kategorie

## Freiheit und Schicksal

und kein Element. Ihr Gegensatz ist Möglichkeit, nicht Freiheit. Wenn immer Freiheit und Notwendigkeit einander gegenübergestellt werden, wird Notwendigkeit verstanden als mechanistische Determiniertheit und Freiheit als indeterministische Kontingenz. Keine dieser Interpretationen faßt die Seinsstruktur, wie sie unmittelbar erfahren wird in dem einen Wesen, das die Möglichkeit hat, sie zu erfahren, weil es frei ist: nämlich im Menschen. Der Mensch erfährt die Struktur des Individuums als Träger der Freiheit innerhalb der größeren Strukturen, zu denen die individuelle Struktur gehört. Das Schicksal weist auf diese Situation des Menschen hin: Er steht der Welt gegenüber und gehört ihr gleichzeitig an.

Die methodische Verkehrung vieler ontologischer Untersuchungen wird an der Freiheitslehre deutlicher als an irgendeiner anderen Stelle. Die traditionelle Erörterung über Determinismus und Indeterminismus bleibt notwendig ohne Ergebnis, da sie sich auf einer sekundären Ebene bewegt, verglichen mit der Ebene, auf der die Polarität von Freiheit und Schicksal liegt. Beide miteinander streitenden Parteien setzen voraus, daß es ein *Ding* unter anderen Dingen gibt, das „Wille" genannt wird, das die Qualität der Freiheit haben kann oder nicht. Aber per definitionem ist ein *Ding* ein völlig determiniertes Objekt, das keine Freiheit hat. Die *Freiheit* eines *Dinges* ist ein Widerspruch in sich. Deshalb hat der Determinismus in einer solchen Diskussion immer recht; aber er hat nur deswegen recht, weil er die Tautologie ausdrückt, daß ein Ding ein Ding ist. Der Indeterminismus protestiert gegen die deterministische These und weist auf die Tatsache hin, daß das moralische und erkennende Bewußtsein die Macht verantwortlicher Entscheidung voraussetzt. Wenn er jedoch die Konsequenz zieht und Freiheit einem Objekt beilegt oder einer Funktion, die „Wille" genannt wird, verfällt der Indeterminismus einem begrifflichen Widerspruch und unterliegt unausweichlich der deterministischen Tautologie. Die indeterministische Freiheit ist die Negation der deterministischen Notwendigkeit. Die Negation der Notwendigkeit konstituiert aber niemals die Freiheit, wie sie in der Erfahrung gegeben ist. Der Indeterminismus behauptet etwas völlig Kontingentes, eine Entscheidung ohne Motivation, einen unverständlichen Zufall, der in keiner Weise dem moralischen und erkennenden Bewußtsein gerecht wird, um dessentwillen es erfunden wurde. Determinismus wie Indeterminismus sind theoretisch unmöglich, weil sie ihrem Wesen nach den Anspruch verneinen, Wahrheit auszudrücken. Wahrheit setzt eine Entscheidung für das Wahre gegen das Falsche voraus. Sowohl Determinismus wie Indeterminismus machen eine solche Entscheidung unverständlich.

## Die ontologischen Elemente

Freiheit ist nicht die Freiheit einer Funktion (des „Willens"), sondern des Menschen, das heißt desjenigen Seienden, das kein Ding, sondern ein vollendetes Selbst und eine rationale Person ist. Man kann natürlich das persönliche Zentrum „Wille" nennen und es für die Ganzheit des Selbst einsetzen. Voluntaristische Psychologien sprechen für ein solches Vorgehen. Aber es hat sich als irreführend herausgestellt, wie die Ausweglosigkeit der traditionellen Kontroverse über Freiheit zeigt. Man sollte von der Freiheit des *Menschen* sprechen und darauf hinweisen, daß jeder Teil und jede Funktion, die den Menschen als persönliches Selbst konstituieren, an seiner Freiheit partizipieren. Das schließt sogar die Zellen seines Körpers ein, insoweit sie an der Konstituierung seines persönlichen Zentrums teilhaben. Das, was nicht vom Zentrum her bestimmt ist, das, was vom Gesamtprozeß des Selbst isoliert ist, entweder durch natürliche oder künstliche Trennung (z. B. Krankheit oder eine Laboratoriumssituation), wird bestimmt durch den Reiz-Reaktionsmechanismus oder durch die Dynamik der Beziehung zwischen dem Unbewußten und dem Bewußten. Es ist jedoch unmöglich, Determiniertheit des Ganzen einschließlich seiner nichtgetrennten Teile von der Determiniertheit seiner isolierten Teile abzuleiten. Ontologisch geht das Ganze den Teilen voraus und gibt ihnen den Charakter als Teil dieses besonderen Ganzen. Determiniertheit isolierter Teile im Lichte der Freiheit des Ganzen, nämlich als eine partielle Desintegration des Ganzen zu verstehen, ist möglich, aber das Umgekehrte ist nicht möglich.

Freiheit wird als Erwägung, Entscheidung und Verantwortung erfahren. Die Etymologie jedes dieser Worte ist aufschlußreich. Erwägung weist auf den Akt des Abwägens von Argumenten und Motiven hin. Die Person, die wägt, steht über den Motiven. Solange sie wägt, ist sie nicht mit irgendeinem der Motive identisch, sondern von ihnen frei. Zu sagen, daß immer das stärkere Motiv siegt, ist eine leere Tautologie, da die Probe, durch die ein Motiv als stärker erwiesen wird, einfach die ist, daß es siegt. Die selbstzentrierte Person wägt und reagiert als ein Ganzes auf den Kampf der Motive mit ihrem persönlichen Zentrum. Diese Reaktion wird „Entscheidung" genannt. Das Wort Entscheidung schließt das Bild des „Scheidens" ein. Eine Entscheidung scheidet Möglichkeiten aus, nämlich reale Möglichkeiten. Nur weil es reale Möglichkeiten waren, war das Ausscheiden notwendig. Die Person, die das „Scheiden" vornimmt, muß über dem stehen, was von ihr ausgeschieden wird. Ihr persönliches Zentrum hat Möglichkeiten, aber es ist nicht identisch mit irgendeiner dieser Möglichkeiten. Das Wort Verantwortung deutet auf die Verpflichtung der Person, die Freiheit besitzt, zu

## Freiheit und Schicksal

antworten, wenn sie über ihre Entscheidungen befragt wird. Sie kann nicht jemand anderes bitten, für sie zu antworten. Sie allein muß antworten; denn ihre Akte sind weder durch etwas außerhalb ihrer oder durch irgendeinen Teil, sondern durch die selbstzentrierte Gesamtheit ihres Seins determiniert. Jeder von uns ist verantwortlich für das, was durch das Zentrum seines Selbst geschehen ist, den Sitz und das Organ seiner Freiheit.

Im Lichte dieser Analyse der Freiheit wird der Sinn von Schicksal verständlich. Unser Schicksal ist das, aus dem unsere Entscheidungen hervorgehen; es ist die unbestimmt breite Basis unseres selbstzentrierten Selbst, es ist die Konkretheit unseres Seins, die all unsere Entscheidungen zu *unseren* Entscheidungen macht. Wenn ich eine Entscheidung treffe, so ist das, was entscheidet, die konkrete Totalität alles dessen, was mein Sein konstituiert, aber nicht ein erkenntnistheoretisches Subjekt. Zu dieser Totalität gehören Körperstruktur, psychische Strebungen, geistiger Charakter, außerdem die Gemeinschaften, zu denen ich gehöre, die nichterinnerte und die erinnerte Vergangenheit, die Umgebung, die mich geformt hat, die Welt, die mich geprägt hat. Es gehören dazu auch alle meine früheren Entscheidungen. Schicksal ist nicht eine fremde Macht, die determiniert, was mir geschehen soll. Ich bin es selbst, und zwar geformt durch Natur, Geschichte und mich selbst. Mein Schicksal ist die Basis meiner Freiheit, meine Freiheit partizipiert an der Formung meines Schicksals.

Nur wer Freiheit hat, hat Schicksal. Dinge haben kein Schicksal, weil sie keine Freiheit haben. Gott hat kein Schicksal, weil er Freiheit *ist*. Das Wort Schicksal weist auf etwas, das jemandem geschehen wird, es hat eine eschatologische Färbung. Das qualifiziert es, in Polarität zur Freiheit zu stehen. Es weist nicht auf den Gegensatz von Freiheit hin, sondern vielmehr auf ihre Bedingungen und Grenzen.

Da Freiheit und Schicksal eine ontologische Polarität konstituieren, muß alles, was am Sein partizipiert, an dieser Polarität partizipieren. Aber der Mensch, der ein vollendetes Selbst und eine Welt hat, ist das einzige Seiende, das frei im Sinne von Erwägung, Entscheidung und Verantwortung ist. Deshalb kann nur in Analogie Freiheit und Schicksal auf untermenschliche Natur angewandt werden; das entspricht der Situation in bezug auf die ontologische Grundstruktur und die anderen ontologischen Polaritäten.

Analog können wir von der Polarität von Spontaneität und Gesetz sprechen. Ein Akt, der im handelnden Selbst entspringt, ist spontan. Eine Reaktion auf einen Reiz ist spontan, wenn sie von dem Zentrum und der Ganzheit eines Wesens kommt. Dies bezieht sich nicht nur auf

Lebewesen, sondern auch auf anorganische Gestalten, die gemäß ihrer individuellen Struktur reagieren. Spontaneität steht in wechselseitiger Abhängigkeit mit Gesetz. Gesetz ermöglicht Spontaneität, und Gesetz ist Gesetz nur, weil es spontane Reaktionen kontrolliert. Der Ausdruck Gesetz ist in dieser Hinsicht aufschlußreich. Er ist aus der sozialen Sphäre abgeleitet und bezeichnet eine durchsetzbare Regel, durch die eine soziale Gruppe geordnet und beherrscht wird. Die sittlichen Prinzipien sind solche „Naturgesetze", gegründet auf Vernunft und gültig trotz allen Wandels ihrer Interpretation. Wird der Begriff des Naturgesetzes naturwissenschaftlich verwandt, bezeichnet er die strukturelle Determiniertheit von Dingen und Geschehnissen. Die Natur unterliegt den Naturgesetzen in anderer Weise als der Mensch; in der Natur ist Spontaneität mit Gesetz, im Menschen ist Freiheit mit Schicksal vereint. Die Naturgesetze beseitigen nicht die Reaktionen zentrierter Gestalten, aber sie bestimmen die Grenzen, die sie nicht überschreiten können. Jedes Seiende agiert und reagiert gemäß dem Gesetz seiner eigenen Struktur und gemäß den Gesetzen der größeren Einheiten, zu denen es gehört, aber es gehört nicht in der Weise zu ihnen, daß seine Spontaneität zerstört wird. Außer im Falle der abstrakten Gleichungen der Makrophysik hat es die Berechnung mit Wahrscheinlichkeit, *nicht* mit einem determinierten Mechanismus zu tun. Die Wahrscheinlichkeit mag überwältigend groß sein, aber sie ist nicht zwingend. Die Analogie zur Freiheit in allem Seienden macht eine absolute Determination unmöglich. Die Naturgesetze sind Gesetze für zentrierte Einheiten mit spontanen Reaktionen. Die Polarität von Freiheit und Schicksal ist gültig für alles, was ist.

# C

## SEIN UND ENDLICHKEIT

### 1. Sein und Nichtsein

Die Seinsfrage wird erzeugt durch den „Schock des Nichtseins". Nur der Mensch kann die ontologische Frage stellen, weil nur er über die Grenzen seines eigenen Seins und jedes anderen Seienden hinaussehen kann. Vom Standpunkt des möglichen Nichtseins betrachtet ist Sein

## Sein und Nichtsein

ein Mysterium. Der Mensch kann diesen Standpunkt einnehmen, weil er frei ist, jede gegebene Realität zu transzendieren. Er ist nicht an Sein gebunden, er kann das Nichts in den Blick nehmen, er kann die ontologische Frage stellen. Tut er das aber, dann muß er auch die Frage stellen nach dem, was das Mysterium des Seins schafft, er muß das Mysterium des Nichtseins betrachten. Beide Fragen sind seit dem Anfang des menschlichen Denkens miteinander verbunden, zunächst in mythologischen, dann in kosmogonischen und schließlich in philosophischen Begriffen. Außerordentlich eindrucksvoll ist es, wie die frühen griechischen Philosophen, vor allem Parmenides, mit der Frage des Nichtseins rangen. Parmenides begriff, daß man dem Nichtsein, wenn man von ihm spricht, eine Art von Sein verleiht, das seinem Charakter als der Negation des Seins widerspricht. Deshalb schloß er es von allem rationalen Denken aus. Aber indem er das tat, machte er das Reich des Werdens unverständlich und rief die atomistische Lösung hervor, die Nichtsein mit dem leeren Raum gleichsetzte und ihm so eine Art von Sein verlieh. Was für eine Art von Sein müssen wir dem Nichtsein beilegen? Diese Frage hat niemals aufgehört, den philosophischen Geist zu faszinieren und zur Verzweiflung zu treiben.

Es gibt zwei mögliche Wege, die Frage des Nichtseins zu vermeiden: den logischen und den ontologischen. Man kann fragen, ob das Nichtsein überhaupt mehr als der Inhalt eines logischen Urteils ist — ein Urteil, in dem eine mögliche oder reale Behauptung verneint wird. Man kann behaupten, daß Nichtsein ein negatives Urteil bar jeder ontologischen Bedeutung ist. Darauf müssen wir antworten, daß jede logische Struktur, die mehr ist als bloß ein Spiel mit möglichen Beziehungen, in einer ontologischen Struktur wurzelt. Eben die Tatsache einer logischen Verneinung setzt einen Typus eines Wesens voraus, das die unmittelbar gegebene Situation durch Erwartungen, die enttäuscht werden können, transzendiert. Ein erwartetes Ereignis tritt nicht ein. Das heißt, daß das Urteil bezüglich dieser Situation falsch war, die notwendigen Bedingungen für das Eintreten des erwarteten Ereignisses waren nicht existent. So enttäuscht, schafft die Erwartung die Unterscheidung zwischen Sein und Nichtsein. Aber wie ist eine solche Erwartung überhaupt möglich? Was ist die Struktur eines Wesens, das die gegebene Situation transzendieren und in Irrtum verfallen kann? Die Antwort ist, daß der Mensch, der dieses Wesen ist, von seinem Sein in einer Weise getrennt sein muß, die ihn befähigt, es als etwas Fremdes und Fragwürdiges zu sehen. Und so ist es in der Tat. Denn der Mensch partizipiert nicht nur am Sein, sondern auch am Nichtsein. Deshalb eben beweist die Struktur, die negative Urteile ermöglicht, den ontologischen Charakter des Nichtseins. Wenn der Mensch nicht am Nichtsein partizipierte, wären negative Urteile nicht möglich, ja, wären überhaupt Urteile irgendwelcher Art nicht möglich. Das Mysterium des Nichtseins kann nicht dadurch gelöst werden, daß es in eine Art logischen Urteils umgeformt wird. Der ontologische Versuch, dem Mysterium des Nichtseins auszuweichen, folgt der Taktik, es seines dialektischen Charakters zu berauben. Wenn Sein und Nichts in absoluten Gegensatz gestellt werden, wird das Nichtsein in jeder Beziehung vom Sein ausgeschlossen, und das bedeutet, daß die ganze Wirklichkeit ausgeschlossen ist und nur das Sein-Selbst übrig bleibt. Es kann keine Welt geben, wenn es nicht eine dialektische Partizipation des Nichtseins am Sein gibt. Es ist kein Zufall, daß geschichtlich die jüngste Wiederentdeckung der ontologischen Frage von der vorsokratischen Philosophie geleitet und systematisch auf das Problem des Nichtseins ein überwältigender Nachdruck gelegt wurde[1].

Das Mysterium des Nichtseins verlangt eine dialektische Behandlung. Der Genius der griechischen Sprache hat eine Möglichkeit geschaffen, den dialektischen Begriff des Nichtseins vom undialektischen zu unterscheiden, indem er den ersten *me on* und den zweiten *ouk on* nannte. *Ouk on* ist das „Nichts", das überhaupt keine Beziehung zum Sein hat; *me on* ist das Nichts, das eine dialektische Beziehung zum Sein hat. Die platonische Schule identifizierte *me on* mit dem, was noch kein Sein hat, aber was Sein werden kann, wenn es geeint wird mit den Wesenheiten oder Ideen. Das Mysterium des Nichtseins war jedoch nicht beseitigt, denn trotz seiner Nichtigkeit wurde dem Nichtsein die Macht zugeschrieben, einer vollkommenen Einung mit den Ideen zu widerstreben. Die *meontische* Materie des Platonismus zeigt das dualistische Element, das allem Heidentum zugrundeliegt und das der letzte Grund der tragischen Deutung des Lebens ist.

Das Christentum hat den Begriff der *meontischen* Materie auf Grund der Lehre der *creatio ex nihilo* verworfen. Materie ist kein zweites Prinzip neben Gott. Das *nihil*, aus dem Gott schafft, ist *ouk on*, die undialektische Negation des Seins. Aber die christlichen Theologen mußten sich mit dem dialektischen Problem des Nichtseins an verschiedenen Stellen auseinandersetzen. Als Augustin und viele Theologen und Mystiker, die ihm folgten, Sünde „Nichtsein" nannten, setzten sie ein Stück der platonischen Tradition fort. Sie meinten mit dieser Behaup-

---

[1] Siehe Heideggers Beziehung zu Parmenides und die Rolle des Nichtseins sowohl in seiner Philosophie wie in der seiner existentialistischen Schüler.

## Sein und Nichtsein

tung nicht, daß Sünde keine Realität hat oder daß sie ein Mangel an vollkommener Realisierung ist, wie oft von Kritikern ihre Ansichten falsch dargestellt wurden. Sie meinten, daß die Sünde keinen positiven ontologischen Rang hat, wobei sie gleichzeitig das Nichtsein als Widerstand gegen das Sein und Perversion des Seins interpretierten. Die Lehre von der Geschöpflichkeit des Menschen ist ein anderer Punkt in der Lehre vom Menschen, wo Nichtsein seinen dialektischen Charakter zeigt. Aus Nichts geschaffen sein bedeutet, zum Nichts zurückkehren zu müssen. Das Stigma des aus dem Nichts Hervorgegangenseins ist jedem Geschöpf aufgedrückt. Das ist der Grund, weshalb das Christentum die Lehre des Arius vom *logos* als dem höchsten der Geschöpfe zurückweisen mußte. Als solches hätte er nicht ewiges Leben bringen können. Und das ist auch der Grund, weshalb das Christentum die Lehre von der natürlichen Unsterblichkeit verwerfen und statt dessen die Lehre vom ewigen Leben behaupten muß, das von Gott als Macht des Seins-Selbst geschenkt wird.

Ein dritter Punkt, an dem sich die Theologen mit dem dialektischen Problem des Nichtseins auseinandersetzen mußten, ist die Lehre von Gott. Hier muß sofort festgestellt werden, daß es geschichtlich nicht die Theologie der *via negativa* war, die die christlichen Denker zu der Frage nach Gott und dem Nichtsein trieb. Das Nichtsein der negativen Theologie bedeutet, daß Gott nichts Spezielles ist, daß er über jedes konkrete Prädikat erhaben ist. „Nichts-sein" ist identisch mit „allessein", es ist das Sein-Selbst. Im Gegensatz dazu ist die dialektische Frage des Nichtseins ein Problem der positiven Theologie. Wenn Gott der lebendige Gott genannt wird, wenn er der Grund des schöpferischen Lebensprozesses ist, wenn Geschichte für ihn Bedeutung hat, wenn es kein negatives Prinzip neben ihm gibt, das für das Böse und die Sünde verantwortlich ist, wie kann man dann vermeiden, eine dialektische Negativität in Gott selbst zu setzen? Solche Fragen zwangen die Theologen, das Nichtsein dialektisch mit dem Sein-Selbst und folglich mit Gott in Beziehung zu setzen. Böhmes „Ungrund", Schellings „erste Potenz", Hegels „Antithese", das „Kontingente" und das „Gegebene in Gott", Berdjajews „meontische Freiheit" — all das sind Beispiele für den Einfluß, den das Problem des dialektischen Nichtseins auf die christliche Lehre von Gott ausgeübt hat.

In unseren Tagen ist, wie Helmut Kuhn es formuliert hat, der philosophische Existentialismus dem Nichts begegnet, und zwar in einer tiefen und radikalen Weise. Er hat das Nichtsein dem Sein übergeordnet und dem Nichtsein eine Positivität und eine Macht gegeben, die dem Sinn des Wortes Nichtsein widerspricht. Heideggers „nichtendes Nichts"

## Sein und Endlichkeit

beschreibt die Situation des Menschen als durch Nichtsein in einer letztlich unausweichbaren Weise bedroht, nämlich durch den Tod. Die Vorwegnahme des Nichts im Tod gibt der menschlichen Existenz ihren existentiellen Charakter. Sartre schließt im Nichtsein nicht nur die Drohung des Nichts, sondern auch die Drohung der Sinnlosigkeit ein. Der Existentialismus selbst hat keinen Weg zur Überwindung dieser Drohung. Der einzige Weg, damit fertig zu werden, liegt im Akt des Mutes, sie auf sich zu nehmen. Wie dieser Überblick zeigt, ist das dialektische Problem des Nichtseins unvermeidlich. Es ist das Problem der Endlichkeit. Endlichkeit eint Sein mit dialektischem Nichtsein. Die Endlichkeit des Menschen oder seine Geschöpflichkeit ist ohne den Begriff des dialektischen Nichtseins unverständlich.

### 2. Das Endliche und das Unendliche

Sein durch Nichtsein begrenzt ist Endlichkeit. Nichtsein erscheint als das „Noch nicht" des Seins und als das „Nicht mehr" des Seins. Es bedroht das, was Sein hat, mit dem Ende des Seins. Das gilt von allem, was ist, ausgenommen der Macht des Seins-Selbst. Als die Macht des Seins kann das Sein-Selbst keinen Anfang und kein Ende haben. Sonst wäre es erstanden aus dem Nichtsein. Aber Nichtsein ist nichts außer in Beziehung zum Sein. Sein geht dem Nichtsein ontologisch voraus, wie das Wort „nicht sein" selber anzeigt. Sein ist der Anfang ohne Anfang, das Ende ohne Ende. Es ist sein eigener Anfang und sein eigenes Ende, die Ursprungsmacht in allem, was ist. Aber alles, das an der Macht des Seins partizipiert, ist „gemischt" mit Nichtsein. Es kommt vom Nichts, und es geht zum Nichts. Es ist endlich.

Sowohl die ontologische Grundstruktur als auch die ontologischen Elemente charakterisieren Endlichkeit. Selbstheit, Individualität, Dynamik und Freiheit – sie alle schließen Mannigfaltigkeit, Bestimmtheit, Differenzierung und Begrenzung ein. Etwas sein heißt: etwas anderes nicht sein. Hier und jetzt im Prozeß des Werdens sein heißt: nicht dort und dann sein. Alle Kategorien des Denkens und der Realität drücken diese Situation aus. Etwas sein heißt: endlich sein.

Endlichkeit wird auf der menschlichen Ebene erfahren; Nichtsein wird erfahren als die Bedrohtheit des Seins. Das Ende wird vorweggenommen. Der Prozeß der Selbsttranszendenz ist in jedem seiner Momente zweideutig. Er ist gleichzeitig ein Zunehmen und Abnehmen der Seinsmächtigkeit. Um seine Endlichkeit zu erfahren, muß der Mensch vom Standpunkt einer potentiellen Unendlichkeit auf sich selbst

## Das Endliche und das Unendliche

blicken. Um der Bewegung auf den Tod hin gewahr zu werden, muß der Mensch sein endliches Sein als Ganzes überblicken, er muß auf gewisse Weise darüber hinaus sein. Er muß auch fähig sein, sich Unendlichkeit vorzustellen, und er ist dazu fähig, wenn auch nicht in konkreten Begriffen, sondern nur als abstrakte Möglichkeit. Das endliche Selbst steht einer Welt gegenüber, das endliche Individuum hat die Macht universaler Partizipation. Die Vitalität des Menschen ist mit einer wesensmäßig unbegrenzten Intentionalität verbunden, als endliche Freiheit ist der Mensch in einem umfassenden Schicksal eingeschlossen. Alle Strukturen der Endlichkeit zwingen das endliche Sein, sich selbst zu transzendieren und aus eben diesem Grund seiner selbst als endlich gewahr zu werden.

Gemäß dieser Analyse ist die Unendlichkeit auf die Endlichkeit in anderer Weise bezogen, als die übrigen polaren Elemente aufeinander bezogen sind. Der negative Charakter des Begriffs „unendlich" zeigt an, daß er im Akt der Selbsttranszendenz des endlichen Wesens konzipiert ist. Unendlichkeit ist ein Leitbegriff, kein konstitutiver. Er leitet den Geist an, seine eigenen unbegrenzten Möglichkeiten zu erfahren, aber er begründet nicht die Existenz eines unendlichen Seins. Auf dieser Basis ist es möglich, die klassischen Antinomien hinsichtlich des endlichen und unendlichen Charakters der Welt zu verstehen. Selbst eine physikalische Lehre von der Endlichkeit des Raumes kann den Geist nicht davon abhalten, zu fragen, was hinter dem endlichen Raum liegt. Das ist zwar eine in sich widersprüchliche Frage, man kann ihr aber nicht ausweichen. Andererseits kann man unmöglich sagen, daß die Welt unendlich ist, weil die Unendlichkeit niemals als Objekt gegeben ist. Unendlichkeit ist ein Postulat, kein Ding. Das ist die Bündigkeit von Kants Lösung der Antinomien zwischen dem unendlichen und endlichen Charakter von Zeit und Raum. Da weder Zeit noch Raum Dinge, sondern beide Formen der erscheinenden Dinge sind, ist es möglich, jede endliche Zeit und jeden endlichen Raum ohne Ausnahme zu transzendieren. Aber dies begründet nicht die Existenz eines unendlichen Dinges in einer unendlichen Zeit und in einem unendlichen Raum. Der menschliche Geist kann endlos weitergehen, indem er alles Endliche in der makrokosmischen oder mikrokosmischen Richtung transzendiert. Aber der Geist selbst bleibt an die Endlichkeit seines individuellen Trägers gebunden. Unendlichkeit ist: sich selbst grenzenlos transzendierende Endlichkeit.

Die Macht der unendlichen Selbsttranszendenz ist ein Ausdruck dessen, daß der Mensch zu dem gehört, was jenseits des Nichtseins liegt, nämlich zum Sein-Selbst. Die potentielle Gegenwart des Unendlichen (als unbegrenzte Selbsttranszendenz) ist die Negation des negativen Elements der Endlichkeit. Es ist die Negation des Nichtseins. Die Tatsache, daß der Mensch niemals befriedigt ist durch irgendein Stadium seiner endlichen Entwicklung, die Tatsache, daß nichts Endliches ihn halten kann, obwohl Endlichkeit sein Schicksal ist, zeigt die unlösliche Beziehung alles Endlichen zum Sein-Selbst. Sein-Selbst ist nicht Unendlichkeit, es ist das, was jenseits der Polarität von Endlichkeit und unendlicher Selbsttranszendenz liegt. Das Sein-Selbst manifestiert sich dem endlichen Sein in dem unendlichen Streben des Endlichen über sich hinaus. Aber das Sein-Selbst kann nicht mit Unendlichkeit identifiziert werden. Es geht dem Endlichen und der unendlichen Negation des Endlichen voraus.

Endlichkeit, wenn sie ihrer selbst gewahr wird, ist Angst. Wie die Endlichkeit ist Angst eine ontologische Qualität. Sie kann nicht abgeleitet werden, sie kann nur gesehen und beschrieben werden. Die Gelegenheiten, in denen Angst erregt wird, müssen von der Angst selbst getrennt werden. Als eine ontologische Qualität ist Angst allgegenwärtig wie Endlichkeit. Angst ist unabhängig von irgendeinem besonderen Gegenstand, der sie erzeugen könnte, sie ist nur abhängig von der Drohung des Nichtseins – das mit Endlichkeit identisch ist. In diesem Sinne ist mit Recht gesagt worden, daß der Gegenstand der Angst das „Nichts" ist – doch das Nichts ist kein „Objekt". Objekte werden gefürchtet. Eine Gefahr, ein Schmerz, ein Feind können gefürchtet werden, aber Furcht kann durch Handeln überwunden werden. Die Angst kann nicht überwunden werden, denn kein endliches Sein kann seine Endlichkeit überwinden. Angst ist immer gegenwärtig, wenngleich sie oft latent ist. Daher kann sie immer und in jedem Augenblick manifest werden, selbst in Situationen, in denen nichts gefürchtet zu werden braucht[1].

Die Wiederentdeckung des Sinnes der Angst durch die vereinten Bemühungen der Existentialphilosophie, der Tiefenpsychologie, der Neurologie und der Kunst ist eine der Errungenschaften des 20. Jahrhunderts. Es ist deutlich geworden, daß Furcht als auf ein bestimmtes Objekt gerichtet und Angst als Gewahrwerden der Endlichkeit zwei völlig verschiedene Begriffe sind. Angst ist ontologisch, Furcht psychologisch[2]. Angst ist ein ontologischer Begriff, weil sie Endlichkeit von

---

[1] Die Psychotherapie kann die ontologische Angst nicht beseitigen, weil sie die Struktur der Endlichkeit nicht ändern kann. Aber sie kann Zwangsformen der Angst beseitigen und kann die Häufigkeit und Intensität der jeweiligen Furcht entfernen. Sie kann die *Angst* an die „richtige Stelle" rücken.

[2] Das englische Wort *anxiety* hat die Bedeutung von Angst erst im letzten

"innen" ausdrückt. Hier muß gesagt werden, daß es keinen Grund dafür gibt, Begriffe, die von "außen" genommen sind, denen von "innen" vorzuziehen. Der Selbst-Welt-Struktur entsprechend sind beide Typen in gleicher Weise gültig. Das Selbst, das seiner selbst gewahr wird, und das Selbst, das auf seine Welt blickt (einschließlich seiner selbst), sind gleich bedeutungsvoll für die Beschreibung der ontologischen Struktur. Angst ist das Gewahrwerden der eigenen Endlichkeit. Die Tatsache, daß die Angst einen stark emotionalen Charakter hat, beseitigt nicht ihre enthüllende Kraft. Das emotionale Element zeigt nur an, daß die Totalität des endlichen Seins an der Endlichkeit teilnimmt und die Drohung des Nichts erlebt. Es ist darum angemessen, eine Beschreibung der Endlichkeit sowohl von außen als von innen zu geben und dabei auf die speziellen Formen des angstvollen Gewahrwerdens hinzuweisen, die den speziellen Formen der Endlichkeit, die gerade betrachtet werden, entspricht.

## 3. Endlichkeit und die Kategorien

Kategorien sind die Formen, in denen der Geist die Wirklichkeit ergreift und umgestaltet. Von etwas vernünftig sprechen heißt: von etwas mit Hilfe der kategorialen Formen sprechen; denn Kategorien sind beides: Formen des Sprechens und Formen des Seins. Die Kategorien müssen von den logischen Formen unterschieden werden, die die Rede bestimmen, die aber nur indirekt auf die Wirklichkeit selbst bezogen sind. Die logischen Formen sind formal in dem Sinn, daß sie von dem Inhalt abstrahieren, auf den sich die Rede bezieht. Die Kategorien jedoch sind Formen, die den Inhalt bestimmen. Sie sind ontologisch und daher in allem gegenwärtig. Der Geist kann die Wirklichkeit durch die kategorialen Formen erfahren. Diese Formen werden sowohl im religiösen als auch im profanen Reden gebraucht. Sie erscheinen direkt oder indirekt in jedem Gedanken über Gott und Welt, Mensch und Natur. Sie sind allgegenwärtig, selbst in dem Bereich, von dem sie *per definitionem* ausgeschlossen sind, das heißt: dem Bereich des "Unbedingten". Deshalb muß die systematische Theologie sie behandeln, natürlich nicht als entwickeltes Kategoriensystem, aber in einer Weise, die ihre Be-

---

Jahrzehnt erhalten. Beide, Angst wie *anxiety*, leiten sich ab von dem lateinischen Wort *angustiae*, das "Enge" bedeutet. Die Angst wird erfahren in der Beengung durch das drohende Nichts. Deshalb darf *anxiety* nicht durch das Wort *"dread"* ersetzt werden, das auf eine plötzliche Reaktion auf eine Gefahr hinweist, aber nicht auf die ontologische Situation, dem Nichts gegenüberzustehen.

## Sein und Endlichkeit

deutung für die Gottesfrage zeigt, die Frage, zu der die ganze ontologische Analyse hinführt.

Durch ihre doppelte Beziehung zum Sein und zum Nichtsein enthüllen die Kategorien ihren ontologischen Charakter. Sie drücken Sein aus, aber zugleich drücken sie Nichtsein aus, dem alles, was ist, unterworfen ist. Die Kategorien sind Formen der Endlichkeit; als solche vereinen sie ein positives und ein negatives Element. Die Analyse dieser Doppelheit ist die ontologische Aufgabe, die den Weg für die theologische Frage vorbereitet, die Frage nach Gott. Wenn wir die vier Hauptkategorien behandeln — Zeit, Raum, Kausalität, Substanz — müssen wir in jedem Fall nicht nur das positive und negative Element „von außen", nämlich in Beziehung zur Welt, betrachten, sondern müssen sie auch „von innen", nämlich in Beziehung zum Selbst, betrachten. Jede Kategorie drückt nicht nur eine Einheit von Sein und Nichtsein, sondern auch eine Einheit von Angst und Mut aus.

Zeit ist die zentrale Kategorie der Endlichkeit. Ihr geheimnisvoller Charakter hat jeden Philosophen fasziniert und in Schwierigkeiten gebracht. Einige Philosophen betonen das negative Element, andere das positive. Die ersteren weisen auf die Vergänglichkeit alles Zeitlichen hin und auf die Unmöglichkeit, den gegenwärtigen Augenblick festzulegen innerhalb eines Zeitflusses, der niemals stillsteht. Sie weisen hin auf die Bewegung der Zeit aus einer Vergangenheit, die nicht mehr ist, auf eine Zukunft, die noch nicht ist, durch eine Gegenwart, die nichts ist als die sich verschiebende Grenzlinie zwischen Vergangenheit und Zukunft. Sein heißt: gegenwärtig sein. Aber wenn die Gegenwart eine Illusion ist, dann wird das Sein vom Nichtsein besiegt.

Diejenigen, die das positive Element in der Zeit betonen, weisen auf den schöpferischen Charakter des Zeitprozesses hin, auf seine Gerichtetheit und Unumkehrbarkeit, auf das Neue, das in ihm „gezeitigt" wird. Aber keine der Gruppen hat ihre ausschließliche Betonung aufrechterhalten können. Es ist unmöglich, die Gegenwart eine Illusion zu nennen, denn nur in der Macht einer erfahrenen Gegenwart können Vergangenheit und Zukunft und die Bewegung von der einen zur anderen gemessen werden. Andererseits ist es unmöglich, die Tatsache zu übersehen, daß die Zeit „verschlingt", was sie geschaffen hat, daß das Neue alt wird und verschwindet und die schöpferische Entwicklung in jedem Augenblick von zerstörerischem Verfall begleitet ist. Die Ontologie kann nur ein Gleichgewicht zwischen dem positiven und dem negativen Charakter der Zeit feststellen. Eine Entscheidung hinsichtlich des Sinnes der Zeit kann aus einer Analyse der Zeit nicht abgeleitet werden.

Wie wir im unmittelbaren Gewahrwerden unserer selbst erfahren,

## Endlichkeit und die Kategorien

eint die Zeit die Angst der Vergänglichkeit mit dem Mut einer selbstbejahenden Gegenwart. Das melancholische Gewahrwerden der Richtung des Seins zum Nichtsein, ein Thema, das die Literatur aller Völker erfüllt, ist am aktuellsten in der Vorwegnahme des eigenen Todes. Was hier bedeutsam ist, ist nicht die Todesfurcht, d. h. der Augenblick des Sterbens. Es ist die Angst, sterben zu müssen, die den ontologischen Charakter der Zeit enthüllt. In der Angst des Sterbenmüssens wird das Nichtsein von „innen" erfahren. Diese Angst ist potentiell gegenwärtig in jedem Augenblick. Sie durchdringt das Ganze des menschlichen Seins. Sie formt Seele und Körper und bestimmt das geistige Leben; sie gehört zum geschöpflichen Charakter des Seins und ist keine Folge der Entfremdung. Sie ist aktuell in „Adam" (d. h. der essentiellen Natur des Menschen) wie in „Christus" (d. h. der neuen Wirklichkeit des Menschen). Der biblische Bericht weist hin auf die tiefe Angst des Sterbenmüssens in dem, der der Christus genannt wurde. Angst vor der Vergänglichkeit, vor dem Ausgeliefertsein an die negative Seite der Zeitlichkeit, wurzelt in der Seinsstruktur und nicht in einer Verzerrung dieser Struktur.

Diese Angst, die von unserer Zeitlichkeit verursacht ist, kann nur ertragen werden, weil sie ausgeglichen wird durch einen Mut, der die Zeitlichkeit bejaht. Ohne diesen Mut würde sich der Mensch dem vernichtenden Charakter der Zeit ausliefern, er würde darauf verzichten, Gegenwart zu haben. Aber der Mensch bejaht den gegenwärtigen Augenblick, wenn er für die Analyse auch unreal erscheint, und er verteidigt ihn gegen die Angst, die seine Vergänglichkeit in ihm erregt. Er bejaht die Gegenwart durch einen ontologischen Mut, der ebenso echt ist wie seine Angst über den Zeitprozeß. Dieser Mut ist wirksam in allen Lebewesen, aber er ist radikal und bewußt wirksam nur im Menschen, der fähig ist, sein Ende vorwegzunehmen. Deshalb braucht der Mensch den größten Mut, um seine Angst auf sich nehmen zu können. Er ist das mutigste aller Wesen, weil er die tiefste Angst zu besiegen hat. Es ist für ihn am schwersten, die Gegenwart zu bejahen, weil er sich eine Zukunft vorstellen kann, die noch nicht seine eigene ist, und sich an eine Vergangenheit erinnern kann, die nicht mehr seine eigene ist. Er muß seine Gegenwart gegen die Vorstellung einer unendlichen Vergangenheit und einer unendlichen Zukunft verteidigen; er ist von beiden ausgeschlossen. Daher muß der Mensch die Frage nach der letzten Grundlage seines ontologischen Mutes stellen.

Gegenwart bedeutet: sich selbst etwas gegenüber zu haben, und gegenüber ist ein räumlicher Begriff (gegen-wärtig). Gegenwart ist nicht nur auf Zeit, sondern auch auf Raum bezogen. Zeit schafft

## Sein und Endlichkeit

Gegenwart durch ihre Einung mit dem Raum. In dieser Einung kommt die Zeit zum Stillstand, weil etwas da ist, auf dem sie stehen kann. Wie die Zeit vereint der Raum Sein mit Nichtsein, Angst mit Mut. Wie die Zeit ist der Raum zweideutigen Wertungen unterworfen, denn er ist eine Kategorie der Endlichkeit. Sein heißt: Raum haben. Jedes Sein strebt danach, für sich Raum zu schaffen und zu erhalten. Das bedeutet vor allem einen physischen Ort — den Körper, ein Stück Boden, ein Heim, eine Stadt, ein Land, die Welt. Es bedeutet auch einen sozialen Raum — einen Beruf, eine Einflußsphäre, eine Gruppe, eine geschichtliche Periode, einen Ort in Erinnerung und Vorwegnahme, einen Ort innerhalb einer Kultur. Keinen Raum haben heißt: nicht sein. So ist in allen Lebenssphären das Streben nach Raum eine ontologische Notwendigkeit. Es ist eine Folge des räumlichen Charakters des endlichen Seins und eine Wesensqualität des Menschen. Es ist Endlichkeit, nicht Schuld.

Aber räumlich sein heißt auch: dem Nichtsein unterworfen sein. Kein endliches Sein besitzt einen Raum, der endgültig sein eigen ist. Kein endliches Sein kann sich auf den Raum verlassen; denn es muß nicht nur damit rechnen, daß es diesen oder jenen Raum verliert, weil es ein „Pilger auf Erden" ist, sondern schließlich auch damit, daß es jeden Ort verliert, den es gehabt hat, oder gehabt haben könnte, wie das von Hiob und den Psalmisten gebrauchte mächtige Symbol es ausdrückt: „Ihre Stätte kennet sie nicht mehr." Es gibt keine notwendige Beziehung zwischen irgendeinem Ort und dem Seienden, das sich diesen Ort verschafft hat. Endlichkeit heißt: keinen bestimmten Ort haben, es heißt: jeden Ort schließlich verlieren und damit sein Sein verlieren. Dieser Drohung des Nichtseins kann man nicht mit Hilfe einer Flucht in die Zeit ohne Raum entrinnen. Ohne Raum gibt es kein Gegenwärtigsein und keine Gegenwart. Und umgekehrt schließt der Verlust des Raumes den Verlust der zeitlichen Gegenwart und damit den Verlust des Seins ein.

Keinen bestimmten und keinen endgültigen Raum haben, heißt: letzte Unsicherheit. Endlich sein heißt: unsicher sein. Das erfährt der Mensch in der Sorge für das Morgen, und er bringt es in den ängstlichen Versuchen zum Ausdruck, sich einen sicheren Raum — physisch und sozial — zu schaffen. Jeder Lebensprozeß versucht das. In bestimmten Perioden und in bestimmten sozialen und psychologischen Situationen wird das Streben nach Sicherheit vorherrschend. Die Menschen schaffen Sicherheitssysteme, um ihren Raum zu schützen. Aber sie können ihre Angst nur unterdrücken, sie können sie nicht bannen, denn diese Angst nimmt den endgültigen Verlust des Raumes vorweg.

## Endlichkeit und die Kategorien

Andererseits ist die Angst des Menschen, seinen Raum zu verlieren, durch den Mut ausgeglichen, mit dem er die Gegenwart bejaht und mit ihr den Raum. Jedes Ding bejaht den Raum, den es innerhalb des Universums einnimmt. So lang es lebt, widersteht es erfolgreich der Drohung des Keinen-Platz-habens. Es sieht den Ereignissen mutig entgegen, in denen das Keinen-Platz-haben eine aktuelle Drohung wird. Es nimmt die ontologische Unsicherheit auf sich und erreicht durch dieses Auf-sich-nehmen Sicherheit. Dennoch kann es nicht der Frage entgehen, wie solch ein Mut möglich ist. Wie kann ein Wesen den Mut finden, den vorläufigen wie den endgültigen Verlust des Raumes auf sich zu nehmen?

Auch die Kausalität hat einen direkten Bezug auf die religiöse Symbolik und auf die theologische Interpretation. Wie Zeit und Raum ist Kausalität zweideutig. Sie drückt sowohl Sein wie Nichtsein aus. Sie bejaht die Macht zu sein, indem sie auf das hinweist, was einem Ding oder Ereignis als seine Quelle voraufgeht. Wenn etwas kausal erklärt wird, wird seine Realität bejaht, und die Macht seines Widerstandes gegen das Nichtsein wird verständlich. Nach Ursachen suchen heißt: nach der Seinsmächtigkeit eines Dinges suchen.

Dieser bejahende Sinn der Kausalität ist jedoch die Kehrseite ihres negativen Sinnes. Die Frage nach der Ursache eines Dinges oder Ereignisses setzt voraus, daß es keine eigene Macht besitzt, ins Sein zu kommen. Dinge und Ereignisse haben keine Aseität. Diese gilt nur für Gott. Endliche Dinge sind nicht selbstverursacht, sie sind ins Sein „geworfen" (Heidegger). Die Frage: „Woher?" ist universal. Kinder und Philosophen fragen so. Aber die Frage kann nicht beantwortet werden, denn jede Antwort, jede Behauptung über die Ursache von etwas unterliegt wieder der gleichen Frage in unendlicher Regression. Diese Regression kann nicht einmal durch einen Gott aufgehalten werden, von dem geglaubt wird, er sei die letzte Antwort. Denn dieser Gott müßte sich selbst fragen: „Von wo komme ich selbst?" (Kant). Selbst ein höchstes Wesen muß die Frage nach seiner eigenen Ursache stellen und damit nach seinem partiellen Nichtsein. Kausalität drückt die Unfähigkeit jedes Dinges aus, auf sich selbst zu ruhen. In unserem Denken treibt jedes Ding über sich selbst zu seiner Ursache, und die Ursache treibt über sich hinaus zu ihrer Ursache und so ins Unendliche. Kausalität drückt machtvoll den Abgrund des Nichtseins in jedem Ding aus.

Das Kausalschema darf nicht mit einem deterministischen Schema gleichgesetzt werden. Kausalität wird weder durch die Indeterminiertheit subatomarer Prozesse beseitigt noch durch den schöpferischen Charakter biologischer und psychologischer Prozesse. Nichts geschieht

## Sein und Endlichkeit

in diesen Sphären ohne eine voraufgehende Situation oder Konstellation, die ihre Ursache ist. Nichts hat die Macht, von sich selbst abzuhängen ohne einen Kausalnexus, nichts ist absolut. Wenn wir auf ein Ding sehen und fragen, was es ist, müssen wir darüber hinaussehen und danach fragen, welches seine Ursachen sind. Die Angst, in der Kausalität erfahren wird, ist die, nicht in, von und durch sich selbst zu sein, nicht „Aseität" zu haben, die die Theologie traditionsgemäß Gott beilegt. Der Mensch ist Geschöpf. Sein Sein ist kontingent, es hat keine Notwendigkeit durch sich selbst, und deshalb erkennt der Mensch, daß er die Beute des Nichtseins ist. Die gleiche Kontingenz, die den Menschen in die Existenz geworfen hat, kann ihn aus ihr hinausstoßen. In dieser Hinsicht sind Kausalität und kontingentes Sein das Gleiche. Die Tatsache, daß der Mensch kausal determiniert ist, macht sein Sein in bezug auf ihn selbst kontingent. Die Angst, in der er dieser Situation gewahr wird, ist die Angst über den Mangel an Notwendigkeit seines Seins. Er könnte auch nicht sein! Warum ist er dann? Es gibt keine vernünftige Antwort darauf. Das ist die Angst, die in dem Gewahrwerden der Kausalität als einer Kategorie der Endlichkeit steckt.

Der Mut nimmt die „Geworfenheit", die Kontingenz auf sich. Der Mensch, der diesen Mut besitzt, sieht nicht über sich hinaus auf das, woher er kommt, sondern er ruht in sich. Der Mut überwindet die Angst über die kausale Abhängigkeit alles Endlichen. Ohne diesen Mut wäre kein Leben möglich, aber die Frage, wie dieser Mut möglich ist, bleibt offen. Wie kann ein Wesen, das vom Kausalnexus und seinen Zufälligkeiten abhängig ist, diese Abhängigkeit auf sich nehmen und zugleich sich eine Notwendigkeit zusprechen, die dieser Abhängigkeit widerspricht?

Die vierte Kategorie, die die Verflochtenheit des Seins und Nichtseins in jedem Endlichen beschreibt, ist Substanz. Im Gegensatz zur Kausalität weist Substanz auf etwas, das dem Fluß der Erscheinung zugrunde liegt, etwas, das relativ statisch und in sich selbst gegründet ist. Es gibt keine Substanz ohne Akzidentien. Akzidentien empfangen ihre ontologische Macht durch die Substanz, zu der sie gehören. Aber die Substanz ist nicht über die Akzidentien hinaus, in denen sie sich ausdrückt. So wird sowohl in der Substanz wie in den Akzidentien das positive Element durch das negative Element balanciert.

Auch von den Funktions- oder Prozeßphilosophen kann das Substanzproblem nicht umgangen werden, weil die Fragen nach dem, was Funktionen *hat*, oder dem, was im Prozeß *steht*, nicht zum Schweigen gebracht werden können. Das Ersetzen statischer durch dynamische

## Endlichkeit und die Kategorien

Begriffe beseitigt nicht die Frage nach dem, was Veränderung dadurch, daß es sich relativ nicht verändert, möglich macht. In jeder Begegnung von Geist und Realität ist Substanz als Kategorie wirksam; sie ist gegenwärtig, wenn immer man von einem *Etwas* spricht. Deshalb ist alles Endliche von Anbeginn an von der Angst erfüllt, daß seine Substanz verlorengehen könnte. Diese Angst bezieht sich auf die beständige Veränderung wie auf den endgültigen Verlust der Substanz. Jede Veränderung offenbart das relative Nichtsein dessen, was sich verändert. Die veränderliche Realität entbehrt der Substantialität, der Seinsmächtigkeit, des Widerstandes gegen das Nichtsein. Diese Angst ist es, die die Griechen dazu trieb, eindringlich und unaufhörlich die Frage nach dem Unwandelbaren zu stellen. Diese Frage mit der an sich richtigen Behauptung zu erledigen, daß das Statische weder eine logische noch eine ontologische Priorität gegenüber dem Dynamischen habe, ist nicht gerechtfertigt. Denn diese Angst des Wechsels ist Angst über die im Wechsel enthaltene Drohung des Nichtseins. In allen großen Wandlungen des persönlichen und sozialen Lebens, die eine Art von individuellem oder sozialem Schwindel erzeugen, zeigt sich ein Gefühl dafür, daß der Grund, auf dem die Person oder die Gruppe stand, schwindet, daß die Identität der Gruppe oder des Selbst im Schwinden ist. Diese Angst erreicht ihre radikalste Form in der Vorwegnahme des endgültigen Verlustes der Substanz und damit auch der Akzidentien. Die menschliche Erfahrung des Sterbenmüssens nimmt den völligen Verlust der Identität mit sich selbst vorweg. Die Frage nach einer unsterblichen Substanz der Seele drückt die tiefe Angst aus, die mit dieser Vorwegnahme verbunden ist.

Die Frage nach dem Unwandelbaren in unserem Sein sowie die Frage nach dem Unwandelbaren im Sein-Selbst ist ein Ausdruck der Angst, Substanz und Identität zu verlieren. Es ist ungerechtfertigt, diese Frage mit der richtigen Behauptung abzutun, daß die Beweise für die sogenannte Unsterblichkeit der Seele falsch sind. Sicherlich sind sie Versuche, der im Substanzbegriff enthaltenen Frage zu entgehen, dadurch, daß man die endlose Fortsetzung dessen behauptet, was wesenhaft endlich ist. Und dennoch kann die Frage nach der unwandelbaren Substanz nicht zum Schweigen gebracht werden. Sie drückt die Angst aus, die in dem immer drohenden Verlust der Substanz enthalten ist, das heißt der Identität mit sich selbst und der Macht, das eigene Selbst zu erhalten.

Der Mut nimmt die Drohung auf sich, die individuelle Substanz und die Substanz des Seins im allgemeinen zu verlieren. Der Mensch legt etwas, das sich letztlich als zufällig erweist, Substantialität bei:

*Sein und Endlichkeit*

einem schöpferischen Werk, einer Liebesbeziehung, einer konkreten Situation, sich selbst. Das ist keine Selbsterhöhung des Endlichen, sondern vielmehr der Mut, das Endliche zu bejahen, die eigene Angst auf sich zu nehmen. Die Frage aber bleibt, wie solch ein Mut möglich ist. Wie kann ein endliches Wesen, das dem unausweichlichen Verlust seiner Substanz entgegensieht, diesen Verlust auf sich nehmen? Die vier Kategorien sind vier Aspekte der Endlichkeit in ihren positiven und negativen Elementen. Sie drücken die Einheit von Sein und Nichtsein in allem Endlichen aus. Sie stellen die Frage nach dem Mut, der die Angst des Nichtseins auf sich nimmt. Die Frage nach Gott ist die Frage nach der Möglichkeit dieses Mutes.

*4. Endlichkeit und die ontologischen Elemente*

Endlichkeit ist aktuell nicht nur in den Kategorien, sondern auch in den ontologischen Elementen. Ihr polarer Charakter macht sie für die Drohung des Nichtseins empfänglich. In jeder Polarität wird jeder Pol durch den anderen sowohl begrenzt als auch aufrechterhalten. Ein vollkommenes Gleichgewicht zwischen ihnen setzt ein ausgewogenes Ganzes voraus. Aber ein solches Ganzes ist nicht gegeben. Es gibt besondere Strukturen, in denen unter dem Druck der Endlichkeit die Polarität zur Spannung wird. Spannung bezieht sich auf die Tendenz der Elemente, innerhalb einer Einheit auseinander zu streben und sich in entgegengesetzten Richtungen zu bewegen. Für Heraklit steht alles in einer inneren Spannung wie ein gespannter Bogen, denn in allem gibt es eine Tendenz nach unten (zur Erde), ausgeglichen durch eine Tendenz nach oben (zum Feuer). Nach seiner Ansicht ist überhaupt nichts durch einen Prozeß, der sich nur in einer Richtung bewegt, hervorgegangen, alles ist eine umfassende, aber vergängliche Einheit von zwei einander entgegengesetzten Prozessen. Dinge sind hypostasierte Spannungen.

Unsere eigene ontologische Spannung bemerken wir in der Angst, unsere ontologische Struktur zu verlieren dadurch, daß wir das eine oder andere polare Element verlieren und infolgedessen die Polarität als Ganzes. Diese Angst ist nicht die gleiche wie diejenige, die in Zusammenhang mit den Kategorien erwähnt wurde, nämlich die Angst des schlechthinnigen Nichtseins. Es ist die Angst, nicht zu sein, was wir *essentiell* sind. Es ist die Angst vor der Auflösung und dem Ins-Nichtsein-Fallen durch existentielle Zerreißung. Es ist die Angst vor dem Zerbrechen der ontologischen Spannungen und der daraus folgenden Zerstörung der ontologischen Struktur.

## Endlichkeit und die ontologischen Elemente

Das kann von jedem der polaren Elemente her gesehen werden. Endliche Individualisation schafft eine dynamische Spannung mit endlicher Partizipation; die Möglichkeit besteht, daß ihre Einheit zerbricht, Selbstbezogenheit schafft die Drohung einer Einsamkeit, in der Welt und Gemeinschaft verloren werden. Andererseits schafft das In-der-Welt-sein und die Partizipation an der Welt die Drohung einer vollkommenen Kollektivierung, eines Verlustes der Individualität und Subjektivität, wobei das Selbst seine Selbstbezogenheit verliert und zu einem bloßen Teil eines umfassenden Ganzen umgeformt wird. Der Mensch in seiner Endlichkeit ist dieser zweifachen Drohung angstvoll gewahr. Angstvoll erfährt er das Schwanken von möglicher Einsamkeit zur Kollektivität und von möglicher Kollektivität zur Einsamkeit. Er schwankt angstvoll zwischen Individualisation und Partizipation, der Tatsache bewußt, daß er aufhört zu sein, wenn einer der Pole verloren wird; denn der Verlust eines der Pole bedeutet den Verlust beider.

Die Spannung zwischen endlicher Individualisation und endlicher Partizipation ist die Basis vieler psychologischer und soziologischer Probleme, und aus diesem Grund ist sie ein sehr wichtiger Gegenstand der Forschung für die Tiefenpsychologie und die Tiefensoziologie. Die Philosophie hat oft die Frage der essentiellen Einsamkeit und ihre Beziehung zum existentiellen Alleinsein übersehen. Sie hat auch die Frage des essentiellen Zugehörigseins und seiner Beziehung zur existentiellen Unterwerfung an das Kollektiv übersehen.

Endlichkeit gibt auch der Polarität von Dynamik und Form eine Spannung, die die Drohung eines möglichen Zerbrechens und die Angst vor dieser Drohung hervorruft. Dynamik treibt zur Form, in der Sein aktuell ist und die Macht hat, dem Nichtsein zu widerstehen. Aber zugleich ist die Dynamik bedroht, weil sie in starren Formen verlorengehen kann. Wenn sie dann versucht, durch sie durchzubrechen, kann Chaos entstehen, und damit würden beide Pole — Form und Dynamik — verlorengehen.

Die menschliche Vitalität will sich in kulturellen Schöpfungen, Formen und Institutionen durch Ausübung schöpferischer Intentionalität verkörpern. Aber jede Verkörperung gefährdet die vitale Macht gerade dadurch, daß sie ihr aktuelles Sein gibt. Der Mensch ist in Angst vor der Drohung einer endgültigen Form, in der seine Vitalität verlorengehen würde, und er ist in Angst vor der Drohung chaotischer Formlosigkeit, in der Vitalität wie Intentionalität verlorengehen würden.

Für diese Spannung gibt es reiche Zeugnisse in der Literatur von der griechischen Tragödie bis auf den heutigen Tag, aber von der Philosophie, außer von der „Lebensphilosophie", oder von der Theologie,

## Sein und Endlichkeit

außer von einigen protestantischen Mystikern, ist ihr nicht genügend Aufmerksamkeit geschenkt worden. Die Philosophie hat die rationale Struktur der Dinge betont, hat aber den schöpferischen Prozeß vernachlässigt, durch den Dinge und Ereignisse ins Sein kommen. Die Theologie hat das göttliche „Gesetz" betont und hat schöpferische Vitalität mit destruktiver Trennung von Vitalität und Intentionalität verwechselt. Der philosophische Rationalismus und der theologische Legalismus haben eine volle Einsicht in die Spannung von Form und Dynamik verhindert.

Schließlich erzeugt die Endlichkeit in der Polarität von Freiheit und Schicksal eine Spannung und ruft damit die Drohung eines möglichen Zerbrechens und die daraus folgende Angst hervor. Der Mensch ist bedroht vom Verlust der Freiheit durch die Notwendigkeiten, die in seinem Schicksal liegen, und er ist gleichermaßen bedroht von dem Verlust seines Schicksals durch die Zufälligkeiten, die in seiner Freiheit liegen. Er ist beständig in Gefahr, seine Freiheit bewahren zu wollen, dadurch, daß er willkürlich seinem Schicksal trotzt, und sein Schicksal retten zu wollen, dadurch, daß er seine Freiheit aufgibt. Er kommt in Bedrängnis durch die Forderung, Entscheidungen zu treffen, weil er einsieht, daß er seins- und erkenntnismäßig mit seinem Schicksal eins sein müßte, um die rechte Entscheidung treffen zu können. Und er fürchtet sich, sein Schicksal ohne Vorbehalte auf sich zu nehmen, weil er einsieht, daß seine Entscheidung partiell sein wird, daß er nur einen Teil seines Schicksals auf sich nehmen kann und daß er in eine Richtung getrieben wird, die nicht aus seinem echten Schicksal folgt. So versucht er, seine Freiheit durch Willkür zu retten, und ist dann in Gefahr, sowohl seine Freiheit wie sein Schicksal zu verlieren.

Der traditionelle Streit zwischen Determinismus und Indeterminismus über die Freiheit des „Willens" ist eine „objektivierte" Form der ontologischen Spannung zwischen Freiheit und Schicksal. Beide Partner in diesem Streit verteidigen ein ontologisches Element, ohne welches das Sein nicht begriffen werden könnte. Deshalb haben sie recht in dem, was sie bejahen, aber unrecht in dem, was sie verneinen. Der Determinist sieht nicht, daß, wenn er den Determinismus wahr nennt, er die Freiheit der Entscheidung zwischen wahr und falsch voraussetzt, und der Indeterminist sieht nicht, daß konkrete Entscheidungen unmöglich sind, wenn nicht die Freiheit in die Breite eines Schicksals eingebettet ist. Praktisch handeln die Menschen immer so, als ob sie einander als frei und als bedingt zugleich betrachten. Niemand behandelt einen Menschen entweder als einen bloßen Schauplatz einer Serie zufälliger Akte oder als einen Mechanismus, in dem berechenbare Wirkungen aus berechneten Ursachen folgen. Der Mensch betrachtet den Menschen — sich selbst eingeschlossen — immer als Einheit von Freiheit und Schicksal. Die Tatsache, daß — wenn der endliche Mensch mit dem Verlust der einen Seite der Polarität bedroht ist, er auch mit dem Verlust der anderen Seite bedroht ist — bestätigt den Wesenscharakter der ontologischen Polarität.

Sein Schicksal verlieren heißt: den Sinn seines Seins verlieren. Schicksal ist nicht ein sinnloses Fatum. Es ist Notwendigkeit vereint mit Sinn. Die Drohung der möglichen Sinnlosigkeit ist ebenso eine soziale wie individuelle Realität. Es gibt Perioden im sozialen wie im persönlichen Leben, in denen diese Drohung besonders akut ist. Unsere gegenwärtige Situation ist durch ein tiefes und verzweifeltes Gefühl der Sinnlosigkeit gekennzeichnet. Einzelmenschen und Gruppen haben jeden Glauben an ihr Schicksal, den sie vielleicht hatten, wie jede Liebe zu ihm, verloren. Die Frage „Wozu?" wird zynisch beiseitegeschoben. Die essentielle Angst des Menschen über den möglichen Verlust seines Schicksals ist in existentielle Verzweiflung über das Schicksal als solches übergegangen. In dieser Linie liegt es, daß Freiheit absolut gesetzt und vom Schicksal getrennt ist, wie z. B. bei Sartre. Aber absolute Freiheit in einem endlichen Sein wird Willkür und verfällt biologischen und psychologischen Notwendigkeiten. Der Verlust eines sinnvollen Schicksals schließt auch den Verlust der Freiheit mit ein.

Endlichkeit ist die Möglichkeit, die eigene ontologische Struktur zu verlieren und damit das eigene Selbst. Aber das ist eine Möglichkeit, keine Notwendigkeit. Endlich sein heißt: bedroht sein. Aber eine Drohung ist Möglichkeit, keine Tatsache. Die Angst der Endlichkeit ist nicht die Verzweiflung der Selbstzerstörung. Das Christentum sieht in dem Bild Jesu als des Christus ein menschliches Leben, in dem alle Formen der Angst gegenwärtig sind, aber in dem alle Formen der Verzweiflung fehlen. Im Lichte dieses Bildes ist es möglich, „essentielle" Endlichkeit von „existentieller" Verzerrung zu unterscheiden und ontologische Angst von der Angst der Schuld [1].

---

[1] Der in diesem Kapitel erörterte Stoff ist keineswegs vollständig. Dichterische, wissenschaftliche und religiöse Psychologie haben eine fast unübersehbare Menge an Material zugänglich gemacht bezüglich Endlichkeit und Angst. Der Zweck dieser Analyse ist nur, eine ontologische Beschreibung der Strukturen zu geben, die allen diesen Tatsachen zugrundeliegen, und auf einige hauptsächliche Bestätigungen der Analyse hinzuweisen.

## 5. Essentielles und existentielles Sein

Endlichkeit in Korrelation mit Unendlichkeit ist im gleichen Sinne wie die Grundstruktur und die polaren Elemente eine Eigenschaft des Seienden. Sie charakterisiert das Seiende in seinem essentiellen Wesen. Seiendes schließt Nichtsein ein; die Kategorien der Endlichkeit zeigen dies an. Seiendes ist essentiell bedroht durch Zerreißung und Selbstzerstörung. Die Spannungen der ontologischen Elemente unter der Bedingung der Endlichkeit zeigen dies an. Aber Seiendes ist nicht essentiell in einem Zustand der Zerreißung und der Selbstzerstörung. Die Spannung zwischen den Elementen führt nicht mit Notwendigkeit zum angedrohten Bruch. Da zur ontologischen Struktur des Seins die Polarität von Freiheit und Schicksal gehört, kann im Seienden nichts geschehen, das nicht vermittelt ist durch die Einheit von Freiheit und Schicksal. Natürlich ist der Bruch der ontologischen Spannungen nichts Zufälliges; er ist universal und abhängig vom Schicksal. Aber andererseits ist er nichts strukturell Notwendiges; er ist vermittelt durch Freiheit.

Philosophisches und theologisches Denken können daher nicht vermeiden, einen Unterschied zwischen essentiellem und existentiellem Sein zu machen. In jeder Philosophie findet sich, manchmal nur indirekt, eine Andeutung dieser Unterscheidung. Wann immer das Ideale gegen das Reale gestellt wird, Wahrheit gegen Irrtum, das Gute gegen das Böse, ist eine Verzerrung des essentiellen Seins vorausgesetzt. Es kommt nicht darauf an, wie das Auftreten einer solchen Verzerrung kausal erklärt wird. Wenn sie als Verzerrung anerkannt wird — und selbst der radikalste Determinist klagt seinen Gegner einer (unbewußten) Verzerrung der Wahrheit an, die er selbst verteidigt —, wird die Frage nach der Möglichkeit einer solchen Verzerrung in ontologischen Begriffen gestellt. Wie kann das Ganze des Seienden seine eigene Verzerrung in sich schließen? Diese Frage ist immer gegenwärtig, auch wenn sie nicht immer gestellt wird. Aber wenn sie gestellt wird, weist jede Antwort offen oder versteckt auf die klassische Unterscheidung zwischen dem Essentiellen und dem Existentiellen hin.

Beide Begriffe sind sehr zweideutig. Essenz kann das Wesen eines Dinges ohne irgendeine Bewertung bedeuten, es kann die Allgemeinbegriffe bedeuten, die ein Ding charakterisieren, es kann die Ideen bedeuten, an denen die existierenden Dinge partizipieren, es kann die Norm bedeuten, nach der ein Ding beurteilt werden muß, es kann die ursprüngliche Güte alles Geschaffenen bedeuten, und es kann die Mo-

## Essentielles und existentielles Sein

delle aller Dinge im göttlichen Geist bedeuten. Die Grundzweideutigkeit indes liegt in dem Schwanken der Bedeutung zwischen einem empirischen und einem wertenden Sinn. Essenz als das Wesen eines Dings oder als Qualität, an der ein Ding partizipiert, oder als Allgemeinbegriff hat keinen wertenden Charakter. Es ist ein logisches Ideal, das durch Abstraktion oder Intuition ohne Einmischung von Wertungen erreicht werden kann. Essenz kann aber auch Wertung ausdrücken. Wie kann das gleiche Wort beide Bedeutungen umfassen? Warum hat diese Zweideutigkeit in der Philosophie seit Plato angedauert? Die Antwort auf beide Fragen liegt in dem zweideutigen Charakter der Existenz, die zugleich Sein ausdrückt und ihm widerspricht — Essenz als das, was ein Ding zu dem macht, *was* es ist *(ousia)*, hat einen rein logischen Charakter; Essenz als das, was in einer unvollkommenen und verzerrten Weise in einem Ding erscheint, trägt den Stempel des Wertes. Essenz gibt dem, was existiert, Sein *und* richtet es zugleich. Sie gibt allem die Seinsmächtigkeit, und zugleich steht sie dagegen als forderndes Gesetz. Wo Essenz und Existenz geeint sind, gibt es weder Gesetz noch richtendes Urteil. Aber Existenz ist nicht mit Essenz geeint, deshalb steht das Gesetz gegen alles Seiende, und das Gericht vollzieht sich in Selbstzerstörung.

Existenz wird ebenfalls in verschiedener Bedeutung gebraucht. Sie kann die Möglichkeit bedeuten, ein Ding innerhalb des Ganzen des Seienden zu finden, sie kann die Aktualität dessen bedeuten, was in der Sphäre der Essenzen potentiell ist, sie kann die „gefallene Welt" bedeuten, und sie kann einen Denktyp bedeuten, der seiner existentiellen Bedingungen gewahr ist oder der die Essenz ganz verwirft. Wiederum rechtfertigt eine unvermeidliche Zweideutigkeit den Gebrauch dieses einen Wortes in so verschiedenen Bedeutungen. Was immer existiert, d. h. aus der bloßen Potentialität „heraussteht", ist mehr, als es im Stadium der bloßen Potentialität wäre, und weniger, als es in der Macht seines essentiellen Wesens sein könnte. Bei einigen Philosophen, vor allem bei Plato, herrscht das negative Urteil über die Existenz vor. Das Gute ist identisch mit dem Essentiellen, und die Existenz fügt nichts hinzu. Bei anderen Philosophen, vor allem bei Ockham, herrscht das positive Urteil vor. Alle Realität existiert, und das Essentielle ist nicht mehr als der Reflex der Existenz im menschlichen Geist. Das Gute ist der Selbstausdruck des höchsten Existierenden — Gottes —, und es wird den anderen Existierenden von außen auferlegt.

Die christliche Theologie hat immer den Unterschied zwischen essentiellem und existentiellem Sein verwendet und einen Mittelweg zwischen Plato und Ockham gesucht. Das ist nicht überraschend. Im Gegensatz zu Plato betont das Christentum die Existenz als Schöpfung durch Gott, nicht durch einen Demiurgen. Existenz ist die Verwirklichung der Kreatur. Im Gegensatz zu Ockham hat das Christentum den Riß zwischen der geschaffenen Güte der Dinge und ihrer verzerrten Existenz betont. Aber das Gute wird nicht als ein willkürliches Gebot betrachtet, das durch ein allmächtiges Existierendes (Gott) allem anderen Existierenden auferlegt wird. Es ist die essentielle Struktur des Seienden. Das Christentum muß den mittleren Weg wählen, wo immer es mit dem Seinsproblem zu tun hat. Und es *hat* mit dem Seinsproblem zu tun, denn wenn auch Essenz und Existenz philosophische Begriffe sind, so gehen doch die Erfahrung und die Vision, die hinter ihnen stehen, der Philosophie voraus. Sie erschienen in der Mythologie und Dichtkunst, lange bevor die Philosophie sie rational behandelt hat. Infolgedessen gibt die Theologie ihre Unabhängigkeit nicht auf, wenn sie philosophische Termini gebraucht, die den Termini analog sind, die die Religion jahrhundertelang in der vorrationalen Bildsprache gebraucht hat.

Die vorstehenden Betrachtungen sind vorläufig und dienen nur der Begriffsbestimmung. Eine vollständige Erörterung der Beziehung der Essenz zur Existenz ist identisch mit dem gesamten theologischen System. Die Unterscheidung zwischen Essenz und Existenz, religiös gesprochen: die Unterscheidung zwischen der geschaffenen und der wirklichen Welt, ist das Rückgrat des ganzen theologischen Denkgebäudes. In jedem Teil des theologischen Systems muß sie ausgearbeitet werden.

# D

MENSCHLICHE ENDLICHKEIT UND DIE FRAGE NACH GOTT

*1. Die Möglichkeit der Frage nach Gott und der sogenannte ontologische Gottesbeweis*

Es ist eine bemerkenswerte Tatsache, daß viele Jahrhunderte hindurch die führenden Theologen und Philosophen sich fast gleichmäßig teilten in solche, die die Beweise für die Existenz Gottes angriffen, und in solche, die sie verteidigten. Keine Gruppe errang endgültig den Sieg über die andere. Diese Situation läßt nur eine Erklärung zu: Die eine Gruppe griff nicht das an, was die andere verteidigte. Sie waren nicht durch einen Streit um die gleiche Sache getrennt. Sie kämpften um verschiedene Dinge, die sie mit den gleichen Begriffen ausdrückten. Die-

*Die Möglichkeit der Frage nach Gott und der sog. ontologische Gottesbeweis*

jenigen, welche die Beweise für die Existenz Gottes angriffen, kritisierten deren Form als logischer Beweis; diejenigen, die sie verteidigten, verteidigten ihren inneren Sinn.

Mit gutem Recht kann man behaupten, daß die Beweise als Beweise unzulänglich sind. Sowohl der Begriff der Existenz als auch die Methode des logischen Schlußverfahrens sind der Idee Gottes unangemessen. Der Begriff „Existenz Gottes" widerspricht, wie auch immer er definiert werden mag, der Idee eines schöpferischen Grundes jenseits von Essenz und Existenz. Der Grund des Seins kann weder innerhalb der Totalität des Seienden gefunden werden, noch kann der Grund der Essenz und Existenz an den Spannungen und Zerreißungen partizipieren, die für den Übergang von der Essenz zur Existenz charakteristisch sind. Die Scholastiker hatten recht, als sie behaupteten, daß in Gott kein Unterschied ist zwischen Essenz und Existenz. Aber sie verkehrten ihre Einsicht, wenn sie trotz dieser Behauptung von der Existenz Gottes sprachen und sie logisch zu beweisen suchten. Tatsächlich meinten sie nicht die „Existenz". Sie meinten die Realität, die Gültigkeit, die Wahrheit der Gottesidee, einer Idee, die nicht die Nebenbedeutung von einem *Etwas* oder einem *Jemand* hat, der existieren kann oder nicht. Und doch ist das die Art, in der heute die Gottesidee in wissenschaftlichen wie in populären Diskussionen über die Existenz Gottes verstanden wird. Es wäre ein großer Sieg für die christliche Apologetik, wenn die Worte „Gott" und „Existenz" endgültig getrennt würden, außer in dem Paradox, daß Gott unter den Bedingungen der Existenz manifest wird, das heißt in der Erscheinung des Christus. Gott existiert nicht. Er ist das Sein-Selbst jenseits von Essenz und Existenz. Deshalb: Beweisen wollen, daß Gott existiert, heißt – ihn leugnen.

Ebenso widerspricht der Gottesidee die Methode des logischen Schlußverfahrens. Jeder Beweis leitet Schlüsse ab von etwas, das gegeben ist, auf etwas, das gesucht wird. In den Beweisen für die Existenz Gottes ist die Welt gegeben, und Gott wird gesucht. Einige Merkmale der Welt machen den Schluß auf Gott notwendig. Gott wird von der Welt abgeleitet. Das heißt nicht, daß Gott von der Welt abhängig ist. Thomas von Aquino hat recht, wenn er eine solche Interpretation ablehnt und behauptet, daß das, was an sich das Erste ist, für unsere Erkenntnis das Letzte sein kann. Aber wenn wir Gott von der Welt ableiten, kann er nicht dasjenige sein, was die Welt unendlich transzendiert. Er ist ein Glied in der Kette, das durch korrekte Schlußfolgerung entdeckt wird. Er ist die einigende Kraft zwischen der *res cogitans* und der *res extensa* (Descartes) oder das Ende der kausalen Regression als Antwort auf die Frage „Woher?" (Thomas von Aquino), oder die teleologische Intelligenz, die die sinnvollen Prozesse der Wirklichkeit leitet, wenn sie nicht überhaupt mit diesen Prozessen identisch ist (Whitehead). In jedem dieser Fälle ist Gott „Welt", ein fehlender Teil dessen, von dem er in Schlußfolgerungen abgeleitet wird. Dies widerspricht der Idee Gottes ebenso gründlich wie der Begriff der Existenz, wenn er auf Gott angewandt wird. Die Beweise für die Existenz Gottes sind weder Beweise noch führen sie zur Existenz Gottes. Sie sind Ausdruck der *Frage* nach Gott, die in der menschlichen Endlichkeit beschlossen liegt. Diese Frage ist ihre Wahrheit, jede Antwort, die sie geben, ist unwahr. Das ist der Sinn, in dem die Theologie diese Beweise, die den festen Bestand jeder natürlichen Theologie bilden, behandeln muß. Sie muß sie ihres Beweischarakters entkleiden und muß die Kombination der Worte „Existenz" und „Gott" beseitigen. Ist dies vollzogen, so wird aus der natürlichen Theologie die Ausarbeitung der Frage nach Gott; sie hört auf, die Antwort auf diese Frage zu sein. Die folgenden Interpretationen müssen in diesem Sinn verstanden werden. Die Beweise für die Existenz Gottes analysieren die menschliche Situation so, daß die Frage nach Gott möglich und notwendig wird.

Die Frage nach Gott ist möglich, weil in der Frage nach Gott ein Bewußtsein um Gott gegenwärtig ist. Dies Bewußtsein geht der Frage voraus. Es ist nicht das Ergebnis der Beweisführung, sondern ihre Voraussetzung. Das zeigt aber, daß der „Beweis" überhaupt kein Beweis ist. Der sogenannte ontologische Beweis deutet auf die ontologische Struktur der Endlichkeit. Er zeigt, daß der Mensch, indem er seiner Endlichkeit gewahr wird, gleichzeitig der Unendlichkeit gewahr wird. Der Mensch weiß, daß er endlich ist und daß er ausgeschlossen ist von einer Unendlichkeit, die trotzdem zu ihm gehört. Er ist seiner potentiellen Unendlichkeit gewahr und zugleich seiner aktuellen Endlichkeit. Wäre er das, was er essentiell ist, wäre seine Potentialität mit seiner Aktualität identisch, so könnte die Frage nach dem Unendlichen nicht entstehen. Mythologisch gesprochen war Adam vor dem Fall in einer essentiellen, wenn auch unerprobten und unentschiedenen Einheit mit Gott. Aber das ist weder die Situation des Menschen, noch die Situation von irgend etwas, das existiert. Der Mensch muß nach dem Unendlichen fragen, von dem er entfremdet ist, obgleich es zu ihm gehört; er muß fragen nach dem, was ihm den Mut gibt, seine Angst auf sich zu nehmen. Und er kann diese doppelte Frage stellen, weil das Bewußtsein seiner potentiellen Unendlichkeit in dem Bewußtsein seiner Endlichkeit eingeschlossen ist.

Der ontologische Beweis in seinen verschiedenen Formen beschreibt die Weise, in der die Unendlichkeit in der Endlichkeit potentiell gegen-

*Die Möglichkeit der Frage nach Gott und der sog. ontologische Gottesbeweis*

wärtig ist. Soweit er Beschreibung, d. h. soweit er Analyse und nicht Beweis ist, ist er gültig. In jedem Endlichen ist ein Element gegenwärtig, das das Endliche transzendiert. Das zeigt sich sowohl in theoretischen als auch in praktischen Erfahrungen. Die theoretische Seite ist von Augustin herausgearbeitet worden, die praktische Seite von Kant, und hinter beiden steht Plato. Keine Seite hat einen Beweis für die Realität Gottes geliefert, aber alle Entwürfe haben die Gegenwart von etwas Unbedingtem innerhalb des Selbst und der Welt aufgezeigt. Wäre ein solches Element nicht gegenwärtig, so hätte weder die Gottesfrage gestellt werden können, noch hätte eine Antwort, nicht einmal die Antwort der Offenbarung, aufgenommen werden können.

Das unbedingte Element erscheint in den theoretischen (ergreifenden) Funktionen der Vernunft als *verum ipsum*, das Wahre an sich, als die Norm aller Annäherungen an die Wahrheit. Das unbedingte Element erscheint in den praktischen (umgestaltenden) Funktionen der Vernunft als *bonum ipsum*, das Gute an sich, als die Norm aller Annäherungen an das Gute. Beides sind Manifestationen des *esse ipsum*, des Seins-Selbst als des Grundes und Abgrundes alles dessen, was ist.

Augustin hat in seiner Widerlegung der Skepsis gezeigt, daß der Skeptiker durch seine Leugnung der Möglichkeit eines wahren Urteils das absolute Element in der Wahrheit anerkennt und betont. Er wird Skeptiker, gerade weil er nach einer Absolutheit strebt, von der er ausgeschlossen ist. *Veritas ipsa* wird von niemandem leidenschaftlicher anerkannt und gesucht als vom Skeptiker. Kant hat auf analoge Weise gezeigt, daß der Relativismus Anerkennung der unbedingten Gültigkeit der ethischen Forderung des kategorischen Imperativs voraussetzt. *Bonum ipsum* ist von jedem Urteil über die *bona* unabhängig. Bis zu diesem Punkt können Augustin und Kant nicht widerlegt werden, weil sie keine Schlüsse ziehen; sie weisen auf das unbedingte Element in jeder Begegnung mit der Wirklichkeit. Aber sowohl Augustin als auch Kant gehen über diese gesicherte Analyse hinaus. Sie leiten von ihr einen Gottesbegriff ab, der mehr ist als *esse ipsum*, *verum ipsum* und *bonum ipsum*, mehr als eine analytische Dimension in der Struktur der Wirklichkeit. Augustin identifiziert *verum ipsum* einfach mit dem Gott der Kirche, und Kant versucht, einen Gesetzgeber und einen Garanten der Koordination von Tugend und Glückseligkeit aus dem unbedingten Charakter des ethischen Gebotes abzuleiten. In beiden Fällen ist der Ausgangspunkt richtig, aber die Schlußfolgerung falsch: Die Erfahrung des unbedingten Elements in der Begegnung des Menschen mit der Wirklichkeit wird für die Begründung eines „unbedingten Seienden" innerhalb der Wirklichkeit verwendet.

## Menschliche Endlichkeit und die Frage nach Gott

Die Behauptung Anselms, Gott sei ein notwendiger Gedanke und daher müsse diese Idee sowohl objektive als auch subjektive Realität haben, ist gültig insoweit, als das Denken strukturell ein unbedingtes Element enthält, das Subjektivität und Objektivität transzendiert, nämlich einen Punkt, der die Idee der Wahrheit ermöglicht. Diese Behauptung ist jedoch falsch, wenn dies unbedingte Element als höchstes Wesen, Gott genannt, verstanden wird. Die Existenz eines solchen höchsten Wesens ist in der Idee der Wahrheit nicht enthalten. Das gleiche muß von den vielen Formen des moralischen Beweises gesagt werden. Sie sind insofern gültig, als sie ontologische Analysen (nicht Beweise) in moralischer Verkleidung sind, das heißt, ontologische Analysen des unbedingten Elements im sittlichen Imperativ. Der Begriff der sittlichen Weltordnung, der oft in diesem Zusammenhang gebraucht worden ist, versucht, den unbedingten Charakter des sittlichen Gebots angesichts der ihm anscheinend widersprechenden Natur- und Geschichtsprozesse auszudrücken. Er weist auf die Grundlage der sittlichen Prinzipien im Grund des Seins, im Sein-Selbst, hin. Aber auf diesem Wege kann ein „göttlicher Koordinator" nicht abgeleitet werden. Die ontologische Basis der sittlichen Prinzipien und ihr unbedingter Charakter können nicht zur Begründung eines höchsten Wesens gebraucht werden. *Bonum ipsum* schließt die Existenz eines höchsten Wesens nicht ein.

Die Grenzen des ontologischen Beweises sind deutlich, aber für die Philosophie und die Theologie ist nichts wichtiger als die Wahrheit, die er enthält: die Anerkennung des unbedingten Elements in der Struktur von Vernunft und Wirklichkeit. Von dieser Einsicht hängt die Idee einer theonomen Kultur und mit ihr die Möglichkeit einer Religionsphilosophie ab. Eine Religionsphilosophie, die nicht mit etwas Unbedingtem beginnt, wird Gott nie erreichen. Der moderne Säkularismus wurzelt weithin in der Tatsache, daß in der Struktur der Vernunft und der Wirklichkeit das unbedingte Element nicht mehr gesehen und daher die Gottesidee dem menschlichen Geist wie ein Fremdkörper aufgezwungen wurde. Dies erzeugte zunächst heteronome Unterwerfung und danach autonome Ablehnung. Die Zerstörung des ontologischen Beweises als Beweis ist nicht gefährlich. Was gefährlich ist, ist die Zerstörung eines Weges, der die Frage nach Gott möglich macht. Dieser Weg ist der Sinn und die Wahrheit des ontologischen Beweises.

*Die Notwendigkeit d. Frage nach Gott u. die sog. kosmolog. Gottesbeweise*

## 2. Die Notwendigkeit der Frage nach Gott und die sogenannten kosmologischen Gottesbeweise

Die Frage nach Gott *kann* gestellt werden, weil im Akt des Fragens ein unbedingtes Element enthalten ist. Die Frage nach Gott *muß* gestellt werden, weil die Drohung des Nichtseins, die der Mensch als Angst erfährt, ihn zu der Frage nach dem Sein treibt, das das Nichtsein besiegt, und nach dem Mut, der die Angst besiegt. Diese Frage ist die kosmologische Frage nach Gott.

Die sogenannten kosmologischen und teleologischen Beweise für die Existenz Gottes sind die traditionelle und inadäquate Form dieser Frage. In all ihren Variationen schließen diese Beweise von besonderen Charakteristika der Welt auf die Existenz eines höchsten Wesens. Sie sind gültig, soweit sie eine Analyse der Realität geben, die anzeigt, daß die kosmologische Gottesfrage unausweichlich ist. Sie sind nicht gültig, wenn sie behaupten, daß die Existenz eines höchsten Wesens die logische Schlußfolgerung ihrer Analyse ist, denn es ist logisch ebenso wie existentiell unmöglich, Mut von Angst abzuleiten.

Die kosmologische Methode der Beweisführung für die Existenz Gottes ist zwei Hauptwege gegangen. Sie schloß aus der Endlichkeit des Seienden auf ein unendlich Seiendes (kosmologischer Beweis im engeren Sinn) und von der Endlichkeit des Sinnes zu einem Träger unendlichen Sinnes (teleologischer Beweis im traditionellen Sinn). In beiden Fällen entspringt die kosmologische Frage aus der Drohung des Nichtseins gegen Sein und Sinn. Die Frage nach Gott würde nicht entstehen, wenn es die logische oder noologische (sich auf Sinn beziehende) Drohung des Nichtseins nicht gäbe, denn dann wäre die Existenz gesichert, religiös gesprochen: Gott wäre in ihr gegenwärtig.

Die erste Form des kosmologischen Beweises ist durch die kategoriale Struktur der Endlichkeit bestimmt. Aus der endlosen Kette von Ursachen und Wirkungen kommt er zu der Schlußfolgerung, daß es eine erste Ursache gibt, und aus der Kontingenz aller Substanzen wird gefolgert, daß es eine notwendige Substanz gibt. Aber Ursache und Substanz sind Kategorien der Endlichkeit. „Erste Ursache" ist eine hypostasierte Frage, keine Aussage über ein Seiendes, das die Kausalkette beginnt. Solch ein Seiendes wäre selbst Teil der Kausalkette und würde wiederum die Frage nach der Ursache notwendig machen. Ebenso ist die „notwendige Substanz" eine hypostasierte Frage, keine Aussage über ein Seiendes, das allen Substanzen die Substantialität verleiht. Solch ein Seiendes wäre selbst eine Substanz mit Akzidentien und eröffnete wiederum die Frage nach der Substantialität selbst. Beide Kategorien verlieren ihren kategorialen Charakter, wenn sie auf Gott angewendet werden. „Erste Ursache" und „notwendige Substanz" sind Symbole, die die Frage ausdrücken, die mit der Endlichkeit gestellt ist, die Frage nach dem, was die Endlichkeit und die Kategorien transzendiert, die Frage nach dem Sein-Selbst, das das Nichtsein umfaßt und besiegt, die Frage nach Gott.

Die kosmologische Frage nach Gott ist die Frage nach dem, was letztlich den Mut ermöglicht, einen Mut, der die Angst der kategorialen Endlichkeit auf sich nimmt und überwindet. Wir haben das labile Gleichgewicht zwischen Mut und Angst in bezug auf Zeit, Raum, Kausalität und Substanz analysiert. In jedem Fall kamen wir schließlich zu der Frage, wie der Mut möglich ist, der der Drohung des Nichtseins, die in diesen Kategorien indirekt enthalten ist, widersteht. Endliches Sein ist Mut zum Sein, aber es kann den Mut gegen die letzte Drohung des Nichtseins nicht aufrechterhalten. Es bedarf einer Basis für den letzten Mut. Das endliche Sein ist ein Fragezeichen. Es stellt die Frage nach dem „ewigen Jetzt", in dem das Zeitliche und das Räumliche gleichzeitig bejaht und überwunden werden. Es stellt die Frage nach dem „Grund des Seins", in dem das Kausale und das Substantielle gleichzeitig bejaht und verneint werden. Auf dem Wege der Kosmologie können diese Fragen nicht beantwortet, aber auf diesem Weg können und müssen ihre Wurzeln in der Struktur der Endlichkeit analysiert werden.

Die Basis für den sogenannten teleologischen Beweis für die Existenz Gottes ist die Drohung gegen die endliche Struktur des Seins, d. h. gegen die Einheit seiner polaren Elemente. Das *telos*, von dem dieser Beweis seinen Namen erhalten hat, ist das „innere Ziel", die sinnvolle verstehbare Struktur der Wirklichkeit. Diese Struktur wird als Sprungbrett zu der Schlußfolgerung benutzt, daß endliche Ziele *(teloi)* ein unendliches Ziel über allen Zielen voraussetzen und daß endliches, von Nichtsein bedrohtes Sinnerleben eine unendliche und unbedrohte Ursache alles Sinnes voraussetzen. Als logisches Argument ist diese Schlußfolgerung so ungültig wie die anderen kosmologischen Argumente. Als Fragestellung ist sie nicht nur gültig, sondern unausweichlich und, wie die Geschichte zeigt, höchst eindrucksvoll. Die Angst der Sinnlosigkeit ist die typisch menschliche Form der ontologischen Angst. Sie ist die Form der Angst, die nur ein solches Seiendes haben kann, in dessen Wesen Freiheit und Schicksal geeint sind. Die Drohung, diese Einheit zu verlieren, treibt den Menschen zu der Frage nach einem unendlichen, unbedrohten Grund des Sinnes, sie treibt ihn zu der Frage nach Gott. Der teleologische Beweis formuliert die Frage nach dem

*Die Notwendigkeit d. Frage nach Gott u. die sog. kosmolog. Gottesbeweise*

Grund des Sinnes, wie der kosmologische Beweis die Frage nach dem Grund des Seins formuliert. Im Gegensatz zum ontologischen Beweis jedoch sind beide in einem weiteren Sinn kosmologisch.

Die Aufgabe einer theologischen Behandlung der traditionellen Beweise für die Existenz Gottes ist zweifach: die Frage nach Gott zu entwickeln, die sie ausdrücken, und die Unfähigkeit der „Beweise" bloßzustellen, die Frage nach Gott zu beantworten. Diese Beweise bringen die ontologische Analyse zu einem Abschluß, indem sie zeigen, daß die Frage nach Gott in der endlichen Struktur des Seins implizit enthalten ist. Indem sie diese Aufgabe erfüllen, akzeptieren sie teilweise und verwerfen sie teilweise die traditionelle natürliche Theologie und treiben die Vernunft zu der Frage nach der Offenbarung.

## II. DIE WIRKLICHKEIT GOTTES

### A

#### GOTT ALS IDEE

*1. Eine phänomenologische Beschreibung*

a) *Gott und „was uns unbedingt angeht".* — Gott ist die Antwort auf die Frage, die in der Endlichkeit des Menschen liegt, er ist der Name für das, was den Menschen unbedingt angeht. Das heißt nicht, daß es zunächst ein Wesen gibt, das Gott genannt wird, und dann die Forderung, daß es den Menschen unbedingt angehen soll. Es heißt, daß das, was einen Menschen unbedingt angeht, für ihn zum Gott (oder Götzen) wird, und es heißt, daß nur das ihn unbedingt angehen kann, was für ihn Gott (oder Götze) ist. Der Ausdruck: „das, was unbedingt angeht", weist auf eine Spannung in der menschlichen Erfahrung hin. Auf der einen Seite ist es unmöglich, daß uns etwas angeht, dem nicht konkret begegnet werden kann, sei es im Bereich der Wirklichkeit, sei es im Bereich der Einbildung. Universalbegriffe können nur durch ihre Macht, konkrete Erfahrungen zu repräsentieren, zu dem werden, was unbedingt angeht. Je konkreter ein Ding ist, desto leichter kann es ein entscheidendes Anliegen für uns werden. Das völlig Konkrete, die individuelle Person, ist das Objekt des leidenschaftlichsten Anliegens, des Anliegens der Liebe. Anderseits muß das, was unbedingt angeht, alles, was uns vorläufig und konkret angeht, transzendieren. Es muß den ganzen Bereich des Endlichen transzendieren, um die Antwort auf die Frage zu sein, die in der Endlichkeit liegt. Aber indem das religiöse Anliegen das Endliche transzendiert, verliert es die Konkretheit einer Beziehung zwischen endlichen Wesen. Es hat die Tendenz, nicht nur absolut, sondern auch abstrakt zu werden und damit Reaktionen des konkreten Elements hervorzurufen. Das ist die unausweichliche innere Spannung in der Gottesidee. Der Konflikt zwischen Konkretheit und Unbedingtheit des religiösen Anliegens ist aktuell, wo immer Gott erfahren und diese Erfahrung ausgedrückt wird, vom primitiven Gebet bis zum kompliziertesten theologischen System. Er ist der Schlüssel zum Verständnis der Dynamik der Religionsgeschichte, und er ist das Grundproblem jeder Lehre von Gott,

## Gott als Idee

von der frühesten priesterlichen Weisheit bis zu den diffizilsten Erörterungen über das trinitarische Dogma.

Eine phänomenologische Beschreibung der Gottesidee in jeder Religion, einschließlich der christlichen, bietet die folgende Definiton vom Sinn des Begriffes Gott: Götter sind Wesen, die den Bereich der gewöhnlichen Erfahrung in Macht und Wort transzendieren, Wesen, zu denen die Menschen Beziehungen haben, die die gewöhnlichen Beziehungen an Intensität und Bedeutsamkeit übertreffen. Eine Erörterung jedes Elementes dieser Grundbeschreibung ergibt ein volles phänomenologisches Bild der Gottesidee, und dies ist das Werkzeug, mit dem eine Interpretation des Wesens und der Entwicklung der Phänomene, die „religiös" genannt werden, vorgenommen werden soll.

Götter sind „Wesen". Sie werden erfahren, benannt und definiert in konkreten, anschaulichen Begriffen durch den erschöpfenden Gebrauch aller ontologischen Elemente und Kategorien der Endlichkeit. Götter sind „Substanzen", verursacht und verursachend, aktiv und passiv, erinnernd und vorwegnehmend, entstehend und vergehend in Zeit und Raum. Obwohl sie „höchste Wesen" genannt werden, sind sie an Macht und Bedeutung begrenzt. Sie sind durch andere Götter oder durch den Widerstand anderer Wesen und Prinzipien, z. B. durch Materie und Schicksal, begrenzt. Die Werte, die sie repräsentieren, begrenzen einander und vernichten sich sogar häufig. Die Götter sind dem Irrtum ausgesetzt, dem Mitleid, dem Zorn, der Feindseligkeit und der Angst. Sie sind Abbilder der menschlichen Natur oder untermenschlicher Mächte, die in eine übermenschliche Sphäre emporgehoben sind. Diese Tatsache ist die Grundlage aller „Projektions"-Theorien, die besagen, daß die Götter einfach Bildprojektionen der Elemente der Endlichkeit, natürlicher und menschlicher Elemente sind. Diese Theorien beachten nicht, daß eine Projektion immer eine Projektion *auf* etwas ist, eine Wand, einen Schirm, ein anderes Seiendes, ein anderes Gebiet. Zweifellos ist es absurd, den Bildschirm, auf den das Bild projiziert wird, mit der Projektion selbst zu identifizieren. Ein Schirm wird nicht projiziert, er empfängt die Projektion. Die Sphäre, in die die göttlichen Bilder projiziert werden, ist nicht selbst eine Projektion. Sie ist das Unbedingte in Sein und Sinn. Sie ist das, was uns unbedingt angeht.

Deshalb tragen nicht nur die Bilder der Götter alle Charakteristika der Endlichkeit — dies macht sie zu Bildern und gibt ihnen Konkretheit —, sondern sie haben auch Charakteristika, in denen die kategoriale Endlichkeit radikal transzendiert wird. Ihre zeitlichen Begrenzungen werden überwunden; sie werden trotz der Tatsache, daß mit

## Eine phänomenologische Beschreibung

ihrem Erscheinen und Verschwinden gerechnet wird, „Unsterbliche" genannt. Ihre räumliche Begrenztheit wird negiert, wenn sie multi- oder omnipräsent handeln; dennoch gehören sie an einen bestimmten Ort, mit dem sie eng verbunden sind. Ihre Einordnung in die Kette der Ursachen und Wirkungen wird geleugnet, denn trotz ihrer Abhängigkeit von anderen göttlichen Mächten und von dem Einfluß, den endliche Wesen auf sie haben, wird ihnen überwältigende oder absolute Macht zugeschrieben. In konkreten Fällen beweisen sie Allwissenheit und Vollkommenheit trotz der Kämpfe und des Verrates, die unter den Göttern selbst vor sich gehen. Sie transzendieren ihre eigene Endlichkeit in der Macht ihres Seins und der Ausdruckskraft ihres Wesens. Das Element der Unbedingtheit ist in beständiger Spannung mit dem Element der Konkretheit.

Die Geschichte der Religion ist voll von menschlichen Versuchen, an der göttlichen Macht zu partizipieren und sie für menschliche Zwecke zu verwenden. Das ist der Punkt, an dem das magische Weltbild in die religiöse Praxis eingeht und technische Werkzeuge zum wirksamen Gebrauch der göttlichen Macht liefert. Magie bezieht sich in Theorie und Praxis auf die Beziehungen endlicher Wesen zueinander; sie nimmt an, daß es direkte, physisch nicht vermittelte Sympathien und Einflüsse zwischen Wesen in der „psychischen" Schicht gibt, das heißt in der Schicht, die das Vitale, das Unterbewußte und das Emotionale umfaßt. Soweit die Götter endliche Wesen sind, sind magische Beziehungen nach beiden Richtungen möglich — vom Menschen zu den Göttern und von den Göttern zu den Menschen —, und sie sind die Basis für die menschliche Partizipation an der göttlichen Macht.

Nichtmagische personalistische Weltanschauungen betonen persönliche Beziehung zur göttlichen Macht, der man sich durch Gebet bemächtigt, das heißt durch einen Appell an das persönliche Zentrum des göttlichen Wesens. Der Gott antwortet in freier Entscheidung. Er kann seine Macht gebrauchen, um den Gebetswunsch zu erfüllen oder nicht. Auf jeden Fall bleibt er frei, und Versuche, ihn zu einer bestimmten Handlung zu zwingen, werden als magisch betrachtet. In diesem Zusammenhang gesehen illustriert jedes Bittgebet die Spannung zwischen dem konkreten und dem unbedingten Element in der Gottesidee. Theologen haben gemeint, das Bittgebet sollte durch das Dankgebet ersetzt werden, damit magische Anklänge vermieden werden (Ritschl). Aber das tatsächliche religiöse Leben reagiert heftig gegen eine solche Forderung. Die Menschen versuchen immer wieder, sich Gottes Gunst zu bemächtigen. Sie verlangen einen konkreten Gott, einen Gott, mit dem man verkehren kann.

## Gott als Idee

Ein dritter Versuch, sich Gottes Macht verfügbar zu machen, ist der der mystischen Partizipation, der weder magisch noch personalistisch ist. Ihr Hauptmerkmal ist die Entwertung der göttlichen Wesen und ihrer Macht gegenüber der unbedingten Macht, dem Abgrund des Seins-Selbst. Die Hindulehre, daß die Götter zittern, wenn ein Heiliger Askese übt, ist dafür ein Beispiel, nämlich für die Spannung zwischen begrenzter Macht und der letzten unbegrenzten Macht, die die Götter ausdrücken und zugleich verbergen. Die gleiche Spannung besteht im Konflikt zwischen der unpersönlichen Brahman-Macht und dem Gott Brahma, mit dem der Mensch in persönlicher Beziehung stehen kann.

Die Götter sind nicht nur an Macht überlegen, sondern auch an Bedeutung. Sie verkörpern das Wahre und das Gute. Sie verkörpern konkrete Werte, und als Götter beanspruchen sie dafür Absolutheit. Der Imperialismus der Götter, der aus dieser Situation folgt, ist die Basis aller anderen Imperialismen. Imperialismus ist niemals der Ausdruck eines Willens zur Macht als solcher. Er ist immer ein Kampf um den absoluten Sieg eines besonderen Wertes oder Wertsystems, das durch einen besonderen Gott oder eine Hierarchie von Göttern repräsentiert wird. Die Unbedingtheit des religiösen Anliegens führt dazu, daß für spezielle Werte und Sinngehalte Universalität beansprucht wird. Andererseits führt die Konkretheit des religiösen Anliegens zur Aufspaltung in verschiedene Werte und Normen. Diese Spannung ist unauflösbar. Die Unterordnung konkreter Werte unter einen von ihnen erzeugt antiimperialistische Reaktionen auf seiten der anderen. Die gleichrangige Einordnung aller konkreten Werte macht das religiöse Anliegen unverbindlich und nimmt ihm seine Unbedingtheit. Der Konflikt zwischen diesen Elementen ist überall gegenwärtig, wo Religion lebendig ist.

Wir haben die Gottesidee auf der Grundlage der Beziehung des Menschen zum Göttlichen erörtert und diese Beziehung für die phänomenologische Beschreibung des Wesens der Götter benutzt. Daraus geht zwingend hervor, daß die Götter keine Objekte im Erfahrungszusammenhang des Universums sind. Sie sind Ausdruck für das, was den Menschen unbedingt angeht und die Spaltung zwischen Subjektivität und Objektivität transzendiert. Es mag hier noch einmal betont werden, daß die Erfahrung dessen, was unbedingt angeht, nichts Subjektives ist, sondern jenseits von Subjektivität und Objektivität steht.

Wenn das Wort „existentiell" auf eine Partizipation hinweist, die sowohl Subjektivität wie Objektivität transzendiert, dann wird die Beziehung des Menschen zu den Göttern mit Recht „existentiell" ge-

## Eine phänomenologische Beschreibung

nannt. Der Mensch kann von den Göttern nicht mit Distanz sprechen. In dem Augenblick, in dem er das versucht, hat er den Gott verloren und hat nur ein Objekt mehr innerhalb der Welt der Objekte.

b) *Gott und die Idee des Heiligen.* – Die Sphäre der Götter ist die Sphäre der Heiligkeit. Ein heiliger Bereich wird errichtet, wo immer das Göttliche manifest ist. Alles, was in die göttliche Sphäre gebracht wird, ist geweiht. Das Göttliche ist das Heilige. Heiligkeit ist ein Phänomen der Erfahrung, sie ist der phänomenologischen Beschreibung zugänglich. Die Idee des Heiligen ist die beste Eingangstür in das Verständnis der Religion, und sie ist die beste Grundlage für eine Philosophie der Religion. Das Heilige und das Göttliche müssen korrelativ interpretiert werden. Eine Lehre von Gott, die die Kategorie der Heiligkeit nicht enthält, ist nicht nur unheilig, sondern auch unwahr. Eine solche Lehre verwandelt die Götter in profane Objekte, deren Existenz mit Recht vom Naturalismus geleugnet wird. Andererseits macht eine Lehre vom Heiligen, die es nicht als die Sphäre des Göttlichen interpretiert, das Heilige zu etwas Ästhetisch-Emotionalem. Das ist die Gefahr solcher Theologien wie der von Schleiermacher und von Rudolf Otto. Beide Fehler können durch eine Lehre von Gott vermieden werden, die den Sinn dessen, was uns unbedingt angeht, analysiert und die daraus sowohl den Sinn des Begriffs Gott wie den Sinn des Begriffs Heiligkeit ableitet.

Das Heilige ist die Qualität dessen, was den Menschen unbedingt angeht. Nur das, was heilig ist, kann den Menschen unbedingt angehen, und nur das, was den Menschen unbedingt angeht, hat die Qualität der Heiligkeit.

Die phänomenologische Beschreibung des Heiligen in Rudolf Ottos klassischem Buch „Das Heilige" zeigt die gegenseitige Abhängigkeit der Idee des Heiligen und der Idee des Göttlichen. Wenn Otto die Erfahrung des Heiligen numinos nennt, interpretiert er das Heilige als die Gegenwart des Göttlichen. Wenn er den geheimnisvollen Charakter des Heiligen hervorhebt, will er darauf hinweisen, daß das Heilige die Subjekt-Objekt-Struktur der Wirklichkeit transzendiert. Wenn er das Mysterium des Heiligen als *tremendum* und *fascinosum* beschreibt, drückt er die Erfahrung des Unbedingten in dem Doppelsinn von Grund und Abgrund des Seins aus. Das wird zwar nicht unmittelbar in Ottos rein phänomenologischer Analyse behauptet, die man übrigens niemals psychologisch nennen sollte. Jedoch ist es indirekt in seiner Analyse enthalten und sollte über Ottos eigene Absicht hinaus ausgefaltet werden.

Solch ein Begriff des Heiligen eröffnet dem theologischen Verständnis große Teile der Religionsgeschichte, indem es die Zweideutigkeit des Begriffs des Heiligen in jeder religiösen Schicht aufweist. Das Heilige kann außer durch heilige Gegenstände nicht in Erscheinung treten. Aber heilige Gegenstände sind nicht an sich heilig. Sie sind heilig nur dadurch, daß sie sich negieren, indem sie auf das Göttliche hinweisen, dessen Medium sie sind. Wenn sie Heiligkeit für sich beanspruchen, werden sie dämonisch. Sie sind noch heilig, aber ihre Heiligkeit ist widergöttlich. Ein Volk, das sich als heilig betrachtet, ist insofern im Recht, als alle Dinge und also auch ein Volk auf das Göttliche hinweisen können, aber das Volk ist insofern im Unrecht, wenn es sich als heilig an sich betrachtet. Unzählige Dinge – eigentlich alle Dinge – haben die Macht, in einem mittelbaren Sinn heilig zu werden. Sie können auf etwas über sich hinausweisen. Aber wenn sie sich als heilig an sich betrachten, werden sie dämonisch. Das geschieht ständig im wirklichen Leben der meisten Religionen. Das, was des Menschen höchstes Anliegen repräsentiert, hat die Tendenz, selbst zum höchsten Anliegen zu werden. Die Träger des Heiligen werden zu Götzen.

Gerechtigkeit ist das Kriterium, das die abgöttische Heiligkeit richtet. Im Namen der Gerechtigkeit greifen die Propheten die dämonischen Formen der Heiligkeit an. Im Namen der Dike kritisieren die griechischen Philosophen einen dämonisch entarteten Kult. Im Namen der Gerechtigkeit, die Gott dem Gläubigen gibt, zerstören die Reformatoren ein System heiliger Dinge und Akte, die Heiligkeit für sich beanspruchen. Im Namen der sozialen Gerechtigkeit bekämpfen die modernen revolutionären Bewegungen heilige Institutionen, die soziale Ungerechtigkeit beschützen. In all diesen Fällen ist es dämonische Heiligkeit, nicht Heiligkeit als solche, die angegriffen wird.

Im Hinblick auf jeden dieser Fälle muß jedoch gesagt werden, daß in dem Maße, in dem der antidämonische Kampf geschichtlich siegreich war, der Sinn von heilig verwandelt wurde. Das Heilige wurde das Gerechte, das moralisch Gute, gewöhnlich mit asketischer Nebenbedeutung. Das göttliche Gebot, heilig zu sein, wie Gott heilig ist, wurde als eine Forderung moralischer Vollkommenheit interpretiert. Und da moralische Vollkommenheit ein Ideal und keine Realität ist, verschwand der Begriff des Heiligen als gegenwärtig und schließlich das Heilige selbst, sowohl innerhalb als auch außerhalb der religiösen Sphäre. Die Tatsache, daß es keine „Heiligen" im klassischen Sinn auf protestantischem Boden gibt, unterstützte diese Entwicklung in der modernen Welt. Eines der Kennzeichen unserer gegenwärtigen

## Eine phänomenologische Beschreibung

Situation ist, daß der Sinn des Heiligen in der liturgischen Praxis wie in der theologischen Theorie wiederentdeckt worden ist, wenn auch in der Populärsprache Heiligkeit noch immer mit moralischer Vollkommenheit identifiziert wird.

Der Begriff des Heiligen steht im Gegensatz zu zwei anderen Begriffen, dem Unreinen und dem Profanen. In dem klassischen 6. Kapitel von Jesaja muß der Prophet durch eine glühende Kohle gereinigt werden, bevor er die Manifestation des Heiligen ertragen kann. Das Heilige und das Unreine scheinen sich gegenseitig auszuschließen. Jedoch ist dieser Gegensatz nicht ohne Zweideutigkeit. Bevor das Unreine den Sinn des Unmoralischen erhielt, bezeichnete es etwas Dämonisches, etwas, das Tabus und numinosen Schrecken erzeugte. Göttliche und dämonische Heiligkeit waren nicht unterschieden, bis sie unter der Einwirkung der prophetischen Kritik in radikalen Gegensatz traten. Aber wenn das Heilige völlig mit dem Reinen identifiziert wird und wenn das dämonische Element völlig ausgeschieden wird, dann nähert sich das Heilige dem Profanen. Das moralische Gesetz ersetzt das *tremendum* und *fascinosum* der Heiligkeit. Das Heilige verliert seine Tiefe, sein Mysterium, seinen numinosen Charakter.

Das gilt nicht für Luther und viele seiner Nachfolger. Die dämonischen Elemente in Luthers Gotteslehre, seine gelegentliche Identifikation des Zornes Gottes mit Satan, das halb göttliche, halb dämonische Bild, das er von Gottes Handeln in Natur und Geschichte gibt – all das zeigt die Größe und die Gefahr von Luthers Verständnis des Heiligen. Die Erfahrung, die er beschreibt, ist gewißlich numinos, ein *tremendum* und *fascinosum*, aber sie ist nicht gegen dämonische Entstellung geschützt und gegen ein Wiederauferstehen des Unreinen innerhalb des Heiligen.

Bei Calvin und seinen Schülern herrscht die entgegengesetzte Tendenz vor. Furcht vor dem Dämonischen durchdringt die Lehre Calvins von der göttlichen Heiligkeit. Im späten Calvinismus entwickelt sich eine fast neurotische Angst vor dem Unreinen. Höchst bezeichnend für diese Tendenz ist das Wort „Puritaner". Das Heilige ist das Reine, Reinheit wird zur Heiligkeit. Das bedeutet das Ende des numinosen Charakters des Heiligen. Das *tremendum* wird zur Furcht vor dem Gesetz und dem Gericht, das *fascinosum* wird zum Stolz der Selbstbeherrschung und Verdrängung. In der Zweideutigkeit des Gegensatzes zwischen dem Heiligen und dem Unreinen wurzeln viele theologischen Probleme und viele tiefenpsychologischen Phänomene.

Der zweite Gegensatz zum Heiligen ist das Profane. Das Wort „profan" ist ausdrucksvoller als das für den gleichen Zweck gebrauchte

Wort „säkular". Profan bedeutet „außerhalb der Tore des Heiligen". Im Englischen hat das Wort profan die Nebenbedeutung von unrein erhalten. Das ist nicht so im Deutschen, wie auch das englische Wort säkular keine direkte Beziehung zu Unreinheit hat. Das Profane oder Säkulare ist die Welt dessen, was uns nur bedingt angeht. Es ist die Sphäre, in der das, was uns unbedingt angeht, nicht erscheint. Dem Profanen fehlt die Dimension des Heiligen. Alle endlichen Beziehungen sind an sich profan, keine ist heilig. Das Heilige und das Profane scheinen einander auszuschließen. Aber auch dieser Gegensatz ist zweideutig. Das Heilige umfaßt sich und das Profane genau so, wie das Göttliche sich und das Dämonische umfaßt. Das Profane und das Heilige können nicht voneinander getrennt werden. Das Profane kann der Träger des Heiligen werden. Das Göttliche kann in ihm manifest werden. Nichts ist essentiell und unabänderlich profan. Alles hat die Dimension der Tiefe, und in dem Augenblick, in dem diese Dimension sich zeigt, zeigt sich auch das Heilige. Alles Profane ist potentiell heilig, ist offen für Weihe.

Überdies muß und kann das Heilige nur durch das Profane ausgedrückt werden, denn allein durch das Endliche kann sich das Unendliche ausdrücken. In heiligen Gegenständen wird das Heilige manifest, aber das Heilige kann nur in dem erscheinen, was in anderer Beziehung profan ist. Das Heilige stellt seinem Wesen nach keine Sondersphäre neben der profanen dar. Die Tatsache, daß es sich als eine Sondersphäre unter den Bedingungen der Existenz etabliert, ist der treffendste Ausdruck für existentielle Zerreißung. Sie ist das Herzstück dessen, was das klassische Christentum „Sünde" genannt hat. Sünde ist die unversöhnliche Dualität des unbedingten und der vorläufigen Anliegen, des Unendlichen und des Endlichen, des Heiligen und des Profanen. Sünde ist der Zustand, in dem das Heilige und das Profane getrennt sind, miteinander kämpfen und sich gegenseitig zu besiegen suchen. Es ist der Zustand, in dem Gott nicht „alles in allem" ist, der Zustand, in dem Gott zu allen anderen Dingen hinzukommt. Die Geschichte der Religion und Kultur ist die ständige Bestätigung für diese Analyse des Heiligen und seiner Beziehung zum Unreinen und Profanen.

## 2. Typologische Betrachtungen

a) *Typologie und Religionsgeschichte.* — Das Unbedingte kann nur durch das Konkrete erscheinen, durch das, was vorläufig und vergänglich ist. Das ist der Grund dafür, daß die Gottesidee eine Geschichte

## Typologische Betrachtungen

hat und daß diese Geschichte das Grundelement der Religionsgeschichte ist, sie bestimmt und zugleich von ihr bestimmt wird. Um die Gottesidee zu verstehen, muß der Theologe auf ihre Geschichte blicken, selbst wenn er seine Gotteslehre von dem ableitet, was er als die letztgültige Offenbarung betrachtet; denn die letztgültige Offenbarung setzt auf der Seite derjenigen, die sie empfangen, Einsicht in den Sinn von „Gott" voraus. Der Theologe muß diesen Sinn im Lichte der letztgültigen Offenbarung klären und deuten, zugleich aber auch im Lichte des Materials, das in der Religionsgeschichte gegeben ist. Das bezieht sich auch auf die Geschichte des Christentums, soweit sie Religionsgeschichte ist, und auf die Geschichte der menschlichen Kultur, insofern sie eine religiöse Substanz hat.

Der systematische Theologe kann keinen Überblick über die Religionsgeschichte geben, und er kann auch in der Kulturgeschichte keine allgemeine Linie religiösen Fortschritts aufzeigen. Eine solche Linie gibt es nicht. In der Religionsgeschichte wie in der Kulturgeschichte wird jeder Gewinn auf der einen Seite von einem Verlust auf der anderen Seite begleitet. Spricht der Theologe von letztgültiger Offenbarung, so betrachtet er ihr Erscheinen als einen wirklichen Fortschritt über die vorbereitende Offenbarung hinaus; aber er sollte die Offenbarung, in der er persönlich steht, gegenüber der letztgültigen Offenbarung niemals Fortschritt nennen. Die letztgültige Offenbarung steht dem Fortschritt und Rückschritt gegenüber und richtet beide gleich streng. Deshalb muß der Theologe, wenn er von den Elementen des Fortschritts in der Religionsgeschichte spricht, sich auf solche Entwicklungen beziehen, in denen der Widerstreit zwischen dem Unbedingten und dem Konkreten in der Gottesidee überwunden ist — wenn auch fragmentarisch. Derartige Entwicklungen gehen immer und überall vor sich und bringen die verschiedensten Ausdruckstypen, in denen der Sinn von Gott ergriffen und gedeutet wird, hervor. Da diese Entwicklungen fragmentarisch bleiben, sind Fortschritt und Rückschritt in ihnen gemischt, und eine Interpretation der Religionsgeschichte im Sinne des Fortschritts kann aus ihnen nicht abgeleitet werden.

Möglich ist nur eine Beschreibung typischer Prozesse und Strukturen. Typen sind Idealstrukturen, denen die konkreten Dinge oder Ereignisse nur nahe kommen, ohne sie jemals zu erreichen. Es gibt nichts Geschichtliches, das einen speziellen Typ vollkommen repräsentiert, aber alles Geschichtliche ist einem bestimmten Typ näher oder ferner. Jedes besondere Ereignis ist für unser Verständnis zugänglich durch den Typ, zu dem es gehört. Das geschichtliche Verständnis schwankt zwischen der Anschauung des Speziellen und der Analyse des Typischen. Ohne Bezug auf den Typus kann das Spezielle nicht beschrieben werden. Ohne das spezielle Ereignis, in dem er erscheint, ist der Typ unreal. Die Typologie kann die Geschichtsschreibung nicht ersetzen, die Geschichtsschreibung kann ohne Typologie nichts beschreiben.

Die Entwicklung der Gottesidee hat zwei voneinander abhängige Ursachen: die Spannung innerhalb der Gottesidee selbst und die allgemeinen Faktoren, die die Bewegung der Geschichte bestimmen (z. B. ökonomische, politische und kulturelle Faktoren). Die Entwicklung der Gottesidee ist kein dialektischer Faden, der unabhängig von der Universalgeschichte rein aus dem, was uns unbedingt angeht, herausgesponnen werden könnte. Andererseits kann weder das Entstehen noch die Entwicklung der Gottesidee aus sozialen und kulturellen Faktoren erklärt werden unabhängig von der gegebenen Struktur dessen, was uns unbedingt angeht. Historische Kräfte bestimmen die Erscheinung einer Gottesidee, aber nicht ihr Wesen; sie bestimmen ihre wechselnden Manifestationen, nicht ihre unwandelbare Natur. Die soziale Situation eines Zeitalters bedingt die Gottesidee, aber sie erzeugt sie nicht. Eine feudale Gesellschaftsordnung z. B. bedingt eine hierarchische Erfahrung und Verehrung Gottes und eine hierarchische Gotteslehre. Aber die Gottesidee ist vor und nach dem feudalen Zeitalter in der Geschichte gegenwärtig. Sie ist in allen Zeitaltern gegenwärtig, unabhängig von ihnen in ihrem Wesen, abhängig von ihnen in ihrer Existenz. Von dieser Regel ist der christliche Theologe nicht ausgenommen. Wie eifrig er auch versuchen mag, sein Zeitalter zu transzendieren, sein Gottesbegriff bleibt an sein Zeitalter gebunden. Aber die Tatsache, daß er von der Gottesidee ergriffen wird, ist nicht an das jeweilige Zeitalter gebunden.

Um eine Religionsgeschichte und eine Typologie der Gottesidee ausarbeiten zu können, muß man schon einen Gottesbegriff haben. Ist dieser Begriff zu eng, so erhebt sich die Frage, ob es Religionen gibt, die keinen Gott haben, und es ist z. B. im Hinblick auf den ursprünglichen Buddhismus schwierig, diese Frage nicht positiv zu beantworten. Ist der Gottesbegriff zu weit, so erhebt sich die Frage, ob es einen Gott gibt, der nicht Gegenstand irgendeiner Religion ist, und im Hinblick auf gewisse moralische oder logische Gottesvorstellungen ist es schwierig, diese Frage nicht positiv zu beantworten. Beide Male ist jedoch der vorausgesetzte Gottesbegriff inadäquat. Wird Gott verstanden als das, was den Menschen unbedingt angeht, so hat der frühe Buddhismus ebenso wie der Vedanta-Hinduismus einen Gottesbegriff, und auch moralische oder logische Gottesvorstellungen sind insofern als

## Typologische Betrachtungen

gültig anzusehen, als sie das unbedingte Anliegen ausdrücken. Sonst sind sie philosophische Möglichkeiten, nicht aber der Gott der Religion. Theologische Interpretationen der Religionsgeschichte werden oft getrübt durch das einmalige spezielle Bild, das jede Religion bietet und das leicht im Lichte der letztgültigen Offenbarung zu kritisieren ist. Man sollte aber zunächst die typischen Strukturen einer nichtchristlichen Religion herausarbeiten und mit den typischen Strukturen des Christentums vergleichen, sofern es eine historische Religion ist. Das ist der einzig saubere und methodisch richtige Weg, die Religionsgeschichte systematisch zu behandeln. Wenn das geschehen ist, kann man den letzten Schritt tun: das Christentum und die nichtchristlichen Religionen können und müssen dem Kriterium der letztgültigen Offenbarung unterworfen werden. Es ist bedauerlich und nicht überzeugend, wenn die christliche Apologetik mit einer Kritik der geschichtlichen Religionen beginnt, ohne zu versuchen, die typologischen Analogien zwischen ihnen und dem Christentum zu verstehen und ohne das Element der universalen vorbereitenden Offenbarung zu betonen, das sie in sich tragen[1].

Der allgemeine Umriß der typologischen Analyse der Religionsgeschichte folgt der Spannung in den Elementen der Gottesidee. Die Konkretheit dessen, was den Menschen unbedingt angeht, treibt ihn zu polytheistischen Gestalten; die Reaktion des absoluten Elements gegen diese treibt ihn zu monotheistischen Gestalten, und die Notwendigkeit eines Gleichgewichts zwischen dem Konkreten und Absoluten treibt ihn zu trinitarischen Gestalten. Jedoch gibt es noch einen anderen Faktor, der die typologischen Strukturen der Gottesidee bestimmt, nämlich den Unterschied zwischen dem Heiligen und dem Profanen. Wir sahen, daß alles Profane in die Sphäre des Heiligen eintreten und daß das Heilige profanisiert werden kann. Das heißt einerseits, daß profane Dinge, Ereignisse und Bereiche zu etwas werden können, das unbedingt angeht, daß sie göttliche Mächte werden können. Und das heißt andererseits, daß göttliche Mächte zu profanen Objekten reduziert werden können, daß sie ihren religiösen Charakter verlieren. Beide Entwicklungen können durch die gesamte Religions-

---

[1] Vgl. z. B. Brunners Art, die Religionsgeschichte in seinem Buch „Offenbarung und Vernunft" zu behandeln. Natürlich kann er in Anspruch nehmen, daß er in der Linie von Deuterojesaja und Calvin steht. Aber die äußerst polemische Situation, in der diese zwei Männer sprachen, macht sie zu fragwürdigen Führern für ein theologisches Verständnis universaler Offenbarung und der Religionsgeschichte. Paulus und die frühe Kirche sind hier bessere Führer.

## Gott als Idee

und Kulturgeschichte verfolgt werden, woraus hervorgeht, daß trotz ihrer existentiellen Trennung eine essentielle Einheit des Heiligen und Profanen besteht. Das bedeutet, daß die ontologischen Begriffe und die Begriffe von Gott voneinander abhängen. Jeder ontologische Begriff hat eine typische Manifestation des Göttlichen als Hintergrund, und jeder Gottesbegriff enthüllt spezielle ontologische Voraussetzungen. Darum muß der systematische Theologe die religiöse Substanz der ontologischen Grundbegriffe ebenso analysieren wie die ontologischen Konsequenzen der verschiedenen Typen der Gottesidee. Die religiöse Typologie muß bis in ihre profanen Transformationen und Folgerungen fortgeführt werden.

b) *Typen des Polytheismus.* — Polytheismus ist ein qualitativer und kein quantitativer Begriff. Er ist nicht der Glaube an eine Vielzahl von Göttern, sondern das Fehlen eines Unbedingten, das über sie hinausgeht und sie einigt. Jeder der polytheistischen Götter erhebt in der konkreten Situation, in der er erscheint, den Anspruch auf Unbedingtheit. Er mißachtet ähnliche Ansprüche, die von anderen Göttern in anderen Situationen erhoben werden. Das führt zu einander widerstreitenden Ansprüchen und droht die Einheit von Selbst und Welt zu zerreißen. Das dämonische Element im Polytheismus hat seine Wurzel in dem Anspruch eines jeden dieser Götter, unbedingt zu sein, obgleich keiner von ihnen für einen solchen Anspruch die universale Basis besitzt. Ein *absoluter* Polytheismus ist unmöglich. Das Prinzip der Unbedingtheit steht immer gegen das Prinzip der Konkretheit.

Das wird deutlich in jedem der Haupttypen des Polytheismus sichtbar — dem universalistischen, dem mythologischen und dem dualistischen. Im universalistischen Typ sind die besonderen göttlichen Wesen, zum Beispiel die Gottheiten von Orten und Bereichen und die numinosen Kräfte in Dingen und Personen Verkörperungen einer universalen, alles durchdringenden heiligen Macht *(mana),* die hinter allen Dingen verborgen ist und zugleich durch sie manifest wird. Diese substantielle Einheit des Heiligen verhindert das Entstehen eines vollständigen Polytheismus. Aber diese Einheit ist keine wirkliche Einheit. Sie transzendiert nicht die Mannigfaltigkeit, in die sie aufgespalten ist, und sie kann diese unzähligen Erscheinungen nicht beherrschen. Sie ist unter diese Erscheinungen zerstreut und widerspricht in ihnen sich selbst. Einige Formen des Pansakramentalismus, der Romantik und des Pantheismus sind Abkömmlinge dieses Typus des Polytheismus. Er macht die Spannung zwischen dem Konkreten und dem Unbeding-

## Typologische Betrachtungen

ten sehr deutlich, aber er reicht nicht hinab zu voller Konkretheit oder hinauf zu voller Unbedingtheit.

Im mythologischen Typ des Polytheismus ist die göttliche Kraft in individuellen Gottheiten von relativ fest umrissenem Charakter konzentriert, die weite Seins- und Wertbereiche repräsentieren. Und doch transzendieren die mythischen Götter den Bereich, den sie beherrschen, und stehen zu anderen Göttern gleichen Charakters in der Beziehung der Verwandtschaft, der Feindschaft, der Liebe und des Kampfes. Dieser Typ des Polytheismus wird durch die großen Mythologien repräsentiert. Im universalistischen Typ sind die göttlichen Wesen nicht genügend fest umrissen und individualisiert, um zum Gegenstand von Geschichten zu werden, wogegen im dualistischen Typ der Mythos in eine dramatische Interpretation der Geschichte umgeformt wird. Im Monotheismus dagegen ist der Mythos gebrochen durch den radikalen Nachdruck auf dem Element der Unbedingtheit in der Gottesidee. Es ist wahr, daß der gebrochene Mythos noch Mythos ist, und es ist wahr, daß es keine Möglichkeit von Gott zu reden gibt außer in mythologischen Begriffen, aber das Mythische als eine Kategorie der religiösen Intuition ist etwas Anderes als die ungebrochene Mythologie des mythischen Stadiums des Polytheismus.

Die Spannung in der Gottesidee spiegelt sich in den mythologischen Symbolen dieses Stadiums wider. Das konkrete Interesse zwingt die religiöse Phantasie, die göttlichen Mächte zu personifizieren, denn den Menschen geht radikal nur das an, dem er auf gleicher Ebene begegnen kann. Deshalb ist die Ich-Du-Beziehung zwischen Gott und Mensch grundlegend für die religiöse Erfahrung. Nichts kann den Menschen unbedingt angehen, was weniger ist als er selbst, also etwas Unpersönliches. Das erklärt die Tatsache, daß alle göttlichen Mächte — Steine und Sterne, Pflanzen und Tiere, Geister und Engel und jeder der großen mythischen Götter personhaften Charakter besitzen. Damit ist auch die Tatsache erklärt, daß es in allen Religionen die Idee des persönlichen Gottes gibt und daß diese Idee aller philosophischen Kritik widersteht.

Die Idee des persönlichen Gottes weist auf das konkrete Element im religiösen Anliegen hin, aber das religiöse Anliegen ist nicht nur konkret, sondern auch unbedingt, und das bringt ein anderes Element in die mythologische Bilderwelt. Die Götter sind zugleich unterpersönlich und überpersönlich. Die Tiergötter sind keine vergöttlichten Bestien, sie sind Ausdruck dessen, was den Menschen unbedingt angeht, symbolisiert in verschiedenen Formen der animalischen Vitalität. Diese animalische Vitalität vertritt eine transhumane göttlich-

## Gott als Idee

dämonische Vitalität. Die Sterne als Götter sind keine vergöttlichten Himmelskörper, sie sind Ausdruck dessen, was den Menschen unbedingt angeht, symbolisiert in der Ordnung der Sterne und in ihrer schöpferischen und zerstörerischen Macht. Der untermenschlich-übermenschliche Charakter der mythologischen Götter ist ein Protest gegen die Beschränkung der göttlichen Macht auf menschliches Maß. In dem Augenblick, in dem dieser Protest seine Wirksamkeit verliert, werden die Götter zu glorifizierten Menschen. Sie werden individuelle Personen, die keine göttliche Unbedingtheit besitzen. Diese Entwicklung kann ebenso an der Religion Homers wie am modernen humanistischen Theismus studiert werden. Vollkommen vermenschlichte Götter sind keine Götter mehr. Sie sind idealisierte Menschen. Sie haben keine numinose Kraft. Das *fascinosum* und *tremendum* ist verschwunden. Daher schafft die Religion immer wieder göttliche Wesen, die ihren Personcharakter in jeder Hinsicht transzendieren und sprengen. Sie sind unterpersönliche oder transpersönliche „Personen" — eine paradoxe Wortkombination, die die Spannung zwischen dem konkreten und dem unbedingten Element im religiösen Anliegen und in jeder Gottesidee widerspiegelt.

Propheten und Philosophen haben die Unmoral vieler Mythen angegriffen. Solche Angriffe sind nur teilweise berechtigt. Die Beziehungen der mythologischen Götter sind transmoralisch, sie sind ontologisch, sie beziehen sich auf Seinsstrukturen und nicht auf Wertkonflikte. Die Konflikte zwischen den Göttern stammen aus dem unbedingten Anspruch, den jeder dieser Götter stellt. Sie sind dämonisch, aber sie sind nicht unmoralisch.

Der mythologische Typ des Polytheismus könnte ohne monotheistische Tendenzen nicht leben. Das wird sichtbar in der Tatsache, daß der Gott, der in einer konkreten Situation angerufen wird, alle Charakteristika der Unbedingtheit erhält. Im Augenblick des Gebetes ist der Gott, zu dem ein Mensch betet, das Unbedingte, der Herr des Himmels und der Erde. Das gilt trotz der Tatsache, daß im nächsten Gebet ein anderer Gott dieselbe Rolle übernimmt. Die Möglichkeit solcher Erfahrungen der Ausschließlichkeit in bezug auf einen der Götter zeigt, daß der Mensch ein Gefühl für die Identität des Göttlichen trotz der Aufspaltung in eine Vielzahl der Götter und der zwischen ihnen bestehenden Unterschiede besitzt. Ein anderer Weg, um den Konflikt der mythologischen Götter zu überwinden, ist die hierarchische Organisation des göttlichen Bereichs, die oft im religiös-politischen oder national-politischen Interesse von Priestern unternommen wird. Das ist zwar unzulänglich, bereitet aber den Weg für

## Typologische Betrachtungen

den monarchischen Typ des Monotheismus vor. Schließlich muß man auf die Tatsache hinweisen, daß in einem voll entwickelten Polytheismus wie dem Griechenlands die Götter selber einem höheren Prinzip unterworfen sind, dem Fatum, das sie vermitteln, dem gegenüber sie aber machtlos sind. Auf diese Weise ist die Willkür ihrer individuellen Natur begrenzt und zugleich der Weg zum abstrakten Typ des Monotheismus vorbereitet.

Der dritte Typ des Polytheismus ist der dualistische, der auf der Zweideutigkeit im Begriff des Heiligen und auf dem Konflikt zwischen göttlicher und dämonischer Heiligkeit beruht. Im universalistischen Typ ist es immer mit Gefahr verbunden, wenn sich der Mensch dem Heiligen nähert. Diese Tatsache zeigt, daß im Wesen des Göttlichen auch zerstörerische Elemente enthalten sind. Das *tremendum* wie das *fascinosum* können jedoch das Schöpferische wie das Zerstörerische anzeigen. Das „göttliche Feuer" schafft sowohl Leben als auch Asche. Wenn das religiöse Bewußtsein zwischen guten und bösen Geistern unterscheidet, führt es einen Dualismus in die Sphäre des Heiligen ein, durch den es versucht, die Zweideutigkeit der numinosen Wesen zu überwinden. Aber als Träger der göttlichen Macht sind die bösen Geister nicht nur böse, und als Individuen mit einem göttlichen Anspruch sind die guten Geister nicht nur gut. Der universalistische Typ des Polytheismus bemerkt die Zweideutigkeit in der Sphäre des Heiligen, aber überwindet sie nicht.

Das gilt auch vom mythologischen Typ. Die Götter, die gerade an der Herrschaft sind, berauben die anderen göttlichen Wesen ihrer Macht. Die dämonischen Kräfte der Vergangenheit werden niedergehalten. Aber die siegreichen Götter selber sind von alten oder neuen göttlichen Mächten bedroht. Sie sind nicht unbedingt, und deshalb sind sie partiell dämonisch. Die Zweideutigkeit in der Sphäre des Heiligen wird durch die großen Mythologien nicht überwunden.

Der radikalste Versuch, das Göttliche vom Dämonischen zu trennen, ist der religiöse Dualismus. Obwohl er seinen klassischen Ausdruck in der Religion des Zarathustra gefunden hat und in einer abgeleiteten und rationalisierten Form im Manichäismus, erscheinen dualistische Elemente in vielen anderen Religionen, einschließlich dem Christentum. Der religiöse Dualismus konzentriert die göttliche Heiligkeit in einer Sphäre und die dämonische Heiligkeit in einer anderen Sphäre. Beide Götter sind schöpferisch, und verschiedene Bereiche der Wirklichkeit gehören zu der einen oder der anderen Sphäre. Manche Dinge sind von Natur böse, weil sie vom bösen Gott geschaffen wurden oder weil sie von einem letzten Prinzip des Bösen abhängig sind.

Die Zweideutigkeit in der Sphäre der Heiligkeit ist zur radikalen Spaltung geworden.

Dieser Typ des Polytheismus ist jedoch noch weniger fähig als die anderen, ohne monotheistische Elemente zu existieren. Gerade die Tatsache, daß der eine Gott „gut" genannt wird, gibt ihm einen göttlichen Charakter, der höher ist als der des bösen Gottes; denn Gott als der Ausdruck dessen, was den Menschen unbedingt angeht, ist das Höchste nicht nur an Macht, sondern auch an Wert. Der böse Gott ist Gott nur in begrenzter Weise. Der Dualismus sieht den letzten Sieg der göttlichen Heiligkeit über die dämonische voraus. Das bedeutet, daß die göttliche Heiligkeit essentiell überlegen ist, oder, wie der späte Parsismus gelehrt hat, daß es ein letztes Prinzip über den kämpfenden Mächten gibt, nämlich das Gute, das sich und seinen Gegensatz umfaßt. In dieser Form hat der dualistische Polytheismus den Gott der Geschichte vorausgeahnt, den Gott des exklusiven und trinitarischen Monotheismus.

c) *Typen des Monotheismus.* — Der Polytheismus könnte nicht existieren, wenn er nicht monotheistische Elemente enthielte. Aber in jedem Typ des Polytheismus herrscht das konkrete Element in der Gottesidee über das Element der Unbedingtheit. Im Monotheismus ist das Gegenteil der Fall. Die göttlichen Mächte des Polytheismus sind einer höchsten göttlichen Macht unterworfen. Ebensowenig wie einen absoluten Polytheismus gibt es jedoch einen absoluten Monotheismus. Das konkrete Element in der Gottesidee kann nicht zerstört werden.

Der monarchische Monotheismus liegt auf der Grenzlinie zwischen Polytheismus und Monotheismus. Der Gott-Monarch herrscht über die Hierarchie niederer Götter und gottähnlicher Wesen. Er repräsentiert Macht und Wert der Hierarchie. Sein Ende wäre das Ende aller, die von ihm beherrscht werden. Durch seine Macht werden die Konflikte unter den Göttern vermindert, er bestimmt die Wertordnung. Deshalb kann er leicht mit dem Unbedingten in Sein und Wert gleichgesetzt werden, was z. B. die Stoiker taten, als sie Zeus mit dem ontologisch Unbedingten gleichsetzten. Andererseits ist er nicht vor Angriffen anderer göttlicher Mächte sicher. Wie jeder Monarch ist er durch Revolution oder Angriff von außen bedroht. Der monarchische Monotheismus ist zu tief in den Polytheismus verwickelt, um sich vollständig von ihm zu befreien. Trotzdem finden sich nicht nur in vielen nichtchristlichen Religionen, sondern auch im Christentum selbst Elemente des monarchischen Monotheismus. Der „Herr der Heerscharen", von

## Typologische Betrachtungen

dem das Alte Testament und die christliche Liturgie oft sprechen, ist ein Monarch, der über himmlische Wesen, Engel und Geister, herrscht. Zu manchen Zeiten in der christlichen Geschichte wurden einzelne dieser Gestalten der Souveränität des höchsten Gottes gefährlich[1]. Der zweite Typ des Monotheismus ist der mystische. Mystischer Monotheismus transzendiert alle Sphären des Seins und Wertes und deren göttliche Repräsentanten zugunsten des göttlichen Grundes und Abgrundes, aus dem sie kommen und in den sie verschwinden. Alle Konflikte zwischen den Göttern, zwischen dem Göttlichen und dem Dämonischen, zwischen Göttern und Dingen werden überwunden in dem Unbedingten, das sie alle transzendiert. Das Element der Unbedingtheit verschlingt das Element der Konkretheit. Die ontologische Struktur mit ihren Polaritäten, die die Götter in allen Formen des Polytheismus bestimmen, hat keine Gültigkeit für das transzendente „Eine", das Prinzip des mystischen Monotheismus. Der Imperialismus der mythologischen Götter bricht zusammen; daher können keine dämonischen Ansprüche von irgend etwas Endlichem mehr erhoben werden. Die Macht des Seins in seiner Vollkommenheit und die Gesamtheit der Strukturen und Werte werden ohne Differenzierung und Widersprüche im Grunde des Seins und Sinnes, in der Quelle aller Werte, geschaut.

Und doch kann selbst diese radikalste Negation des konkreten Elementes in der Gottesidee die Frage nach der Konkretheit nicht unterdrücken. Der mystische Monotheismus schließt göttliche Mächte nicht aus, in denen das Letzte sich zeitlich verkörpert. Und einmal zugelassen, können die Götter ihre verlorene Bedeutung wiedergewinnen, besonders für solche Menschen, die nicht fähig sind, das *Unbedingte* in seinen konkreten Manifestationen zu erkennen und zu ergreifen. Die Geschichte des mystischen Monotheismus in Indien und Europa hat gezeigt, daß der mystische Monotheismus für Polytheismus zugänglich ist, und daß er in der Masse des Volkes leicht von ihm überwältigt wird.

Der Monotheismus kann dem Polytheismus radikal nur in der Form des exklusiven Monotheismus widerstehen, der durch die Erhöhung eines konkreten Gottes zu Unbedingtheit und Universalität ohne Verlust seiner Konkretheit und ohne einen dämonischen Anspruch geschaffen wird. Eine solche Möglichkeit widerspricht jeder Erwartung, die aus der Religionsgeschichte abgeleitet werden kann. Sie ist das Ergebnis einer überraschenden Konstellation von objek-

---

[1] Vgl. die Warnung vor dem Engelkult im Neuen Testament.

## Gott als Idee

tiven und subjektiven Faktoren in Israel, insbesondere in der prophetischen Linie seiner Religion. Theologisch gesprochen gehört der exklusive Monotheismus zur letztgültigen Offenbarung, denn er ist eine unmittelbare Vorbereitung darauf.

Der Gott Israels ist der konkrete Gott, der sein Volk aus Ägypten führte, „der Gott Abrahams, Isaaks und Jakobs". Zugleich beansprucht er, der Gott zu sein, der die Götter der Völker richtet, vor dem die Völker der Welt wie „ein Tropfen am Eimer" sind. Dieser Gott, der zugleich konkret und absolut ist, ist ein eifersüchtiger Gott, er kann keinen göttlichen Anspruch neben seinem eigenen dulden. Ein solcher Anspruch könnte dämonisch genannt werden, der Anspruch irgendeines Bedingten auf Unbedingtheit. Aber das gilt nicht für Israel. Jahwe beansprucht keine Universalität im Namen einer besonderen Qualität oder im Namen seines Volkes und dessen besonderen Eigenschaften. Sein Anspruch ist nicht imperialistisch, denn er wird im Namen desjenigen Prinzips erhoben, das Unbedingtheit und Universalität in sich schließt − des Prinzips der Gerechtigkeit. Die Beziehung des Gottes Israels zu seinem Volk gründet in einem Bund. Der Bund verlangt Gerechtigkeit, nämlich das Halten der Gebote, und er bedroht die Verletzung der Gerechtigkeit mit Verwerfung und Vernichtung. Das heißt, daß Gott von seinem Volk und seiner eigenen individuellen Natur unabhängig ist. Wenn sein Volk den Bund bricht, bleibt Gott selbst unberührt davon. Er beweist seine Universalität durch die Vernichtung seines Volkes im Namen der Prinzipien, die für alle Völker gelten − der Prinzipien der Gerechtigkeit. Dies untergräbt die Basis des Polytheismus. Prophetismus bricht durch die dämonischen Züge der Gottesidee durch und ist der kritische Wächter, der das Heilige schützt gegen die Versuchung der Träger des Heiligen, für sich Absolutheit zu beanspruchen. Das protestantische Prinzip ist die Wiederaufnahme des prophetischen Prinzips als Angriff gegen eine sich selbst verabsolutierende und infolgedessen dämonisch entartete Kirche. Propheten wie Reformatoren verkündeten die radikalen Prinzipien des exklusiven Monotheismus.

Wie der Gott des mystischen Monotheismus ist der Gott des exklusiven Monotheismus in Gefahr, das konkrete Element in der Gottesidee zu verlieren. Seine Unbedingtheit und Universalität neigen dazu, seinen Charakter als lebendiger Gott zu verschlingen. Die persönlichen Züge in seinem Bild werden als Anthropomorphismen, die seiner Unbedingtheit widersprechen, entfernt. Und die geschichtlichen Züge seines Charakters werden als zufällig und im Widerspruch zu seiner Universalität vergessen. Er kann mit dem Gott des mystischen

## Typologische Betrachtungen

Monotheismus oder mit der Umformung dieses Gottes in das philosophisch Absolute verschmolzen werden. Aber eines kann nicht geschehen. Es kann keinen Rückfall in den Polytheismus geben. Während der mystische Monotheismus und seine philosophischen Umformungen alles Endliche zusammenfassen und es in ihrer Gottesidee verneinen, wendet sich der exklusive Monotheismus gegen jedes Endliche, das sich selbst unendlich macht – ohne das Endliche als solches zu verneinen. Trotzdem braucht der exklusive Monotheismus einen Ausdruck für das konkrete Element dessen, was den Menschen unbedingt angeht. Damit stellt sich das trinitarische Problem.

Beim trinitarischen Monotheismus geht es nicht um die Zahl drei. Er ist eine qualitative und keine quantitative Symbolisierung Gottes. Er ist ein Versuch, vom *lebendigen* Gott zu reden, dem Gott, in dem das Unbedingte und das Konkrete geeint sind. Die Zahl drei hat an sich keine besondere Bedeutung, wenn sie auch einer adäquaten Beschreibung der Lebensprozesse am nächsten kommt. Selbst in der Geschichte der christlichen Trinitätslehre gab es Schwankungen zwischen einer trinitarischen und binitarischen Richtung (der Streit über die Stellung des Heiligen Geistes) und zwischen Trinität und Quaternität (die Frage der Beziehung des Vaters zu der gemeinsamen göttlichen Substanz der drei *personae*). Das trinitarische Problem hat nichts zu tun mit der Trickfrage, wie eines drei und drei eines sein kann. Die Antwort auf dies Problem gibt jeder Lebensprozeß. Das trinitarische Problem ist das Problem der Einheit zwischen Unbedingtheit und Konkretheit im lebendigen Gott. Trinitarischer Monotheismus ist konkreter Monotheismus, die Bejahung des lebendigen Gottes.

Das trinitarische Problem ist ein immer wiederkehrender Zug in der Religionsgeschichte. Jeder Typ des Monotheismus sieht sich diesem Problem gegenüber und gibt direkt oder indirekt Antworten darauf. Im monarchischen Monotheismus konkretisiert sich der höchste Gott in vielfältigen Inkarnationen, in der Entsendung niederer Gottheiten und in der Schaffung von Halbgöttern. All das ist nicht paradox, denn die höchsten Götter des monarchischen Monotheismus sind keine letzten Größen. In einigen Fällen erreicht der monarchische Monotheismus trinitätsähnliche Formen: Eine Vatergottheit, eine Muttergottheit und eine Kindgottheit sind im gleichen Mythos und im gleichen Kult geeint. Eine tiefere Vorbereitung auf das echte trinitarische Denken ist die Partizipation eines Gottes am menschlichen Schicksal, an Leiden und Tod, trotz der Unbedingtheit der Macht, die er ausübt und mit der er Schuld und Tod besiegt. Dies eröffnet den Weg zu den Göttern der spätantiken Mysterienkulte, in denen ein Gott, dessen Unbedingtheit anerkannt ist, für den Eingeweihten radikal konkret wird. Diese Kulte beeinflußten die frühe Kirche nicht nur durch ihre rituellen Formen, sondern auch durch Ansätze zu trinitarischem Denken.

Der mystische Monotheismus verleiht der Tendenz zum trinitarischen Monotheismus klassischen Ausdruck in der Unterscheidung des Gottes Brahma vom Brahman-Prinzip. Das letztere repräsentiert das Element der Unbedingtheit in der radikalsten Weise, der erstere ist ein konkreter Gott, geeint mit Shiwa und Vishnu in einer göttlichen Trias. Auch hier ist wiederum die Zahl drei nicht wichtig. Das, worauf es ankommt, ist die Unterscheidung des Brahman-Atman, des Absoluten, von den konkreten Göttern der Hindufrömmigkeit. Die Frage des ontologischen Ranges dieser drei Gottheiten und ihrer Beziehung zum Brahman-Prinzip ist eine echt trinitarische Frage, analog der Frage des Origenes nach dem ontologischen Rang des *logos* und des Geistes in bezug auf den Abgrund des göttlichen Wesens. Trotzdem besteht zwischen ihnen ein entscheidender Unterschied, dadurch bewirkt, daß das Christentum auf dem Hintergrund des exklusiven Monotheismus des Alten Testaments steht.

Im exklusiven Monotheismus entwickelt sich eine abstrakte Transzendenz des Göttlichen. Es ist nicht die Transzendenz des unendlichen Abgrundes, in dem alles Konkrete verschwindet, wie im mystischen Monotheismus, vielmehr ist es die Transzendenz des absolut Heiligen, die alle konkreten Manifestationen des Göttlichen entleert. Aber da das konkrete Element sein Recht verlangt, erscheinen vermittelnde Mächte von dreifachem Charakter und stellen das trinitarische Problem. Die erste Gruppe dieser Mittler wird von den hypostasierten göttlichen Eigenschaften wie Weisheit, Wort, Herrlichkeit gebildet. Die zweite Gruppe sind die Engel, die göttlichen Sendboten, die besondere göttliche Funktionen repräsentieren. Das dritte ist die göttlichmenschliche Gestalt, durch die Gott die Erfüllung der Geschichte bewirkt, der Messias. In all diesen wird jetzt der Gott, der absolut transzendent und unnahbar geworden war, konkret und gegenwärtig in Zeit und Raum. Die Bedeutung dieser Mittler wächst, wenn die Distanz zwischen Gott und Mensch zunimmt; und in dem Maße, in dem diese an Bedeutung zunehmen, wird das trinitarische Problem akuter und drängender. Wenn das frühe Christentum Jesus von Nazareth den Messias nennt und ihn mit dem göttlichen *logos* gleichsetzt, wird das trinitarische Problem zum Zentralproblem der religiösen Existenz. Das Grundmotiv und die verschiedenen Formen des trinitarischen Monotheismus werden im trinitarischen Dogma der christlichen Kirche wirksam. Aber die christliche Lösung ist auf das Paradox gegründet, daß der Messias, der Mittler zwischen Gott und Mensch, identisch ist mit einem persönlichen menschlichen Leben, dessen Name Jesus von Nazareth ist. Mit dieser Behauptung wird das trinitarische Problem Teil des christologischen Problems.

d) *Philosophische Umformungen.* — In unseren grundlegenden Sätzen über die Beziehung der Theologie zur Philosophie[1] machten wir die folgende Unterscheidung zwischen der theologischen und der philosophischen Haltung: Theologie handelt existentiell von dem Sinn des Seins, Philosophie handelt theoretisch von der Struktur des Seins. Aber die Theologie kann sich nur durch die ontologischen Elemente und Kategorien ausdrücken, mit denen die Philosophie zu tun hat, während die Philosophie die Seinsstruktur nur in dem Maße entdecken kann, in dem das Sein-Selbst in einer existentiellen Erfahrung manifest wurde. Ein Beispiel dafür ist die Gottesidee. Gewisse fundamentale Behauptungen über das Wesen des Seins sind indirekt enthalten in den verschiedenen Typen, durch die der Mensch das symbolisiert, was ihn unbedingt angeht. Solche Behauptungen können durch die philosophische Analyse herausgearbeitet werden. Sie zeigen dann bestimmte Analogien zu dem speziellen Typus der Gottesidee, der ihnen zugrunde liegt. Daher können sie als theoretische Umformungen von Offenbarungserlebnissen angesehen werden. Wenn dies richtig ist, kann die Theologie diese Behauptungen in einer doppelten Weise behandeln. Sie kann ihre philosophische Wahrheit auf rein philosophischem Boden erörtern, und sie kann sich mit ihnen als Ausdruck dessen, was den Menschen unbedingt angeht, auf religiösem Boden auseinandersetzen. Im ersten Fall sind allein philosophische Argumente gültig, im zweiten Fall ist allein das existentielle Zeugnis maßgebend. Die folgende Analyse entwickelt diesen Unterschied, der von fundamentaler apologetischer Wichtigkeit ist.

Wie im Abschnitt über die formalen Kriterien der Theologie gezeigt wurde[2], geht den Menschen dasjenige unbedingt an, was über sein Sein und den Sinn seines Seins entscheidet. Dieses Letzte ist für die Philosophie das Sein-Selbst, *esse ipsum*, über das das Denken nicht hinausgehen kann. Es ist die Macht des Seins, an der alles Seiende teilhat. Das Sein-Selbst ist ein notwendiger Begriff für jeden Philosophen, auch für diejenigen, die ihn verwerfen. Denn sie verwerfen ihn mit Argumenten, die einem bestimmten Seinsverständnis entnom-

---
[1] Vgl. Einleitung S. 25—37.
[2] Vgl. Einleitung S. 19—22.

men sind. Auf Grund seiner Auflösung der Universalien erhebt der Nominalismus Einwände gegen den Begriff einer universalen Seinsmacht oder den Begriff des Seins-Selbst. Aber der Nominalismus muß selbst über das Sein die Behauptung aufstellen, daß seine Erkenntnismethode dem Wesen des Seins am meisten adäquat ist. Wenn das Sein radikal individualisiert ist, wenn es keine umfassenden Strukturen und Essenzen aufweist, dann ist auch dies ein Charakter des Seins, der universal gültig ist. Die Frage lautet dann nicht, ob man vom Sein-Selbst sprechen kann, sondern was sein Wesen ist und wie es erkenntnismäßig erreicht werden kann.

Das gleiche Argument gilt gegen die Versuche mancher logischer Positivisten, die Frage des Seins aus der Philosophie zu entfernen und sie Gefühl und Kunst zu überlassen. Der logische Positivismus setzt voraus, daß sein Verdikt gegen die Philosophie und seine Verwerfung fast aller bisherigen Philosophen nicht auf Willkür beruhen, sondern daß sie ein *fundamentum in re* haben. Damit macht er aber die stillschweigende Voraussetzung, daß das Sein-Selbst nur in denjenigen seiner Manifestationen erreicht werden kann, die der wissenschaftlichen Analyse und Verifikation offen stehen. Alles andere kann vielleicht den nichterkennenden Funktionen des Geistes offenstehen, aber diese Funktionen können keine Erkenntnis liefern. Deshalb hat das Sein einen Charakter, der den logischen Positivismus zur besten oder sogar einzigen Erkenntnismethode macht. Wenn die logischen Positivisten einmal genau so inquisitorisch auf ihre verborgenen ontologischen Behauptungen blicken wollten, wie sie auf die offene Ontologie der klassischen Philosophen blicken, könnten sie die Frage des Seins-Selbst nicht mehr abweisen.

Die Spannung in der Gottesidee wird verwandelt in die fundamentale philosophische Frage, wie von dem Sein-Selbst, wenn es in seiner Absolutheit genommen wird, die Relativitäten der Wirklichkeit abgeleitet werden können. Die Macht des Seins muß jedes Seiende, das an ihm partizipiert, transzendieren. Das ist das Motiv, welches das philosophische Denken zum Absoluten treibt, zur Negation jeden Inhalts, zu dem transnumerischen „Einen", zur reinen Identität. Andererseits ist die Macht des Seins die Macht von allem, was ist, sofern es *ist*. Dies ist das Motiv, das das philosophische Denken zu pluralistischen Prinzipien treibt, zu Beschreibungen des Seins als Beziehung oder Prozeß, zur Idee der Differenz. Die doppelte Bewegung des philosophischen Denkens vom Relativen zum Absoluten und vom Absoluten zum Relativen und die vielen Versuche, zwischen den beiden Bewegungen ein Gleichgewicht zu finden, bestimmen einen

## Typologische Betrachtungen

großen Teil des philosophischen Denkens während seiner ganzen Geschichte. Diese Versuche repräsentieren eine theoretische Umformung der Spannung innerhalb der Gottesidee und innerhalb dessen, was den Menschen letztlich angeht. Und diese Spannung ist schließlich der Ausdruck der Grundsituation des Menschen: Der Mensch ist endlich und transzendiert dennoch zur gleichen Zeit seine Endlichkeit.

In seiner philosophischen Umformung erscheint der universalistische Typ des Polytheismus als monistischer Naturalismus. *Deus sive natura* ist ein Ausdruck des universalistischen Gefühls für die allesdurchdringende Gegenwärtigkeit des Göttlichen. Aber es ist ein Ausdruck, in dem der numinose Charakter des universalistischen Gottesbegriffs durch den profanen Charakter des monistischen Naturbegriffs ersetzt worden ist. Trotzdem enthüllt gerade die Tatsache, daß die Worte „Gott" und „Natur" ausgewechselt werden können, den religiösen Hintergrund des monistischen Naturalismus.

In seiner philosophischen Umformung erscheint der mythologische Typ des Polytheismus als pluralistischer Naturalismus. Der Pluralismus der letzten Prinzipien, um die diese Philosophie ringt – sei es in der Form der Lebensphilosophie oder als Pragmatismus oder als Prozeßphilosophie – verwirft die monistische Tendenz sowohl des universalistischen Polytheismus wie des monistischen Naturalismus. Er ist Naturalismus, entsprechend der Tatsache, daß die Götter des mythologischen Typs die Natur nicht radikal transzendieren. Aber er ist ein Naturalismus, der für das Kontingente und das Neue offen ist, gerade wie die Götter des entsprechenden Typs irrational handeln und neue Göttergestalten in endloser Folge erzeugen. Aber wie wir sahen, daß ein absoluter Polytheismus unmöglich ist, so ist auch ein absoluter Pluralismus unmöglich. Die Einheit des Seins-Selbst und die Einheit des Göttlichen drängen das philosophische Bewußtsein ebenso stark wie das religiöse Bewußtsein in Richtung auf ein monistisches und monotheistisches Absolutes hin. Die Welt, die als pluralistisch vorgestellt wird, ist wenigstens in dieser Hinsicht eine Einheit, daß sie als Welt erkannt werden kann, nämlich als eine geordnete Einheit, trotz ihrer pluralistischen Züge.

In seiner philosophischen Umformung erscheint der dualistische Typ des Polytheismus als metaphysischer Dualismus. Die griechische Lehre von der Materie (dem *me on* oder Nichtsein), die der Form Widerstand leistet, stellt zwei letzte ontologische Prinzipien auf, auch wenn das zweite als das beschrieben wird, das keine ontologische Realität hat. Das, was der Seinsstruktur widersteht, kann nicht jeder ontologischen Macht beraubt sein. Diese Umformung des religiösen Dualismus in

## Gott als Idee

der griechischen Philosophie entspricht der tragischen Interpretation der Existenz in der griechischen Kunst und Dichtung. Die moderne Philosophie ist bewußt oder unbewußt abhängig von der biblischen Schöpfungslehre, in der der religiöse Dualismus verworfen wird. Aber der dualistische Typ des Polytheismus ist sogar im christlichen Zeitalter in Philosophie umgeformt worden. Die Dualität ist nicht die zwischen Form und Materie, sondern die zwischen Natur und Freiheit (Kantianismus) oder zwischen dem irrationalen Willen und der rationalen Idee (Böhme, Schelling, Schopenhauer) oder dem Gegenständlichen und dem Personhaften (philosophischer Theismus) oder dem Mechanischen und dem Schöpferischen (Nietzsche, Bergson, Berdjajew). Das Motiv hinter diesen Dualismen ist das Problem des Bösen, wodurch deutlich wird, daß hinter diesen metaphysischen Formen des Dualismus derselbe Zwiespalt liegt, der den religiösen Dualismus charakterisiert.

In seiner philosophischen Umformung erscheint der monarchische Monotheismus als gradualistische Metaphysik. Die religiöse Hierarchie wird umgeformt in eine Hierarchie der Seinsmächte („die große Kette des Seins"). Seit Plato sein *Symposion* und Aristoteles seine *Metaphysik* schrieb, hat dieser Denktyp die westliche Welt vielfältig beeinflußt. Das Absolute ist das Höchste in einer Skala relativer Seinsgrade (Plotin, Dionysius, die Scholastiker). Je näher ein Ding oder eine Realitätssphäre dem Absoluten ist, desto mehr Sein ist darin verkörpert. Gott ist das höchste Sein. Die Begriffe „Grade des Seins", „mehr seiend", „weniger seiend" sind nur dann sinnvoll, wenn Sein nicht das Prädikat eines Existentialurteils ist, sondern vielmehr, wenn Sein „Seinsmächtigkeit" bedeutet. Leibniz' Monadologie ist ein Hauptbeispiel für das hierarchische Denken in der modernen Philosophie. Der Grad der Klarheit ihres Bewußtseins bestimmt den ontologischen Status einer Monade, von der niedersten Seinsform bis zu Gott als der Zentralmonade. Die romantische Naturphilosophie wendet das hierarchische Prinzip auf die verschiedenen Schichten der natürlichen und geistigen Welt an. Es ist ein Triumph des hierarchischen Denkens, daß die Evolutionsphilosophen seit Hegels Zeit die früher statischen Seinsgrade als Maßstab des Fortschritts in ihren Entwicklungsschemen gebraucht haben.

In seiner philosophischen Umformung erscheint der mystische Monotheismus als idealistischer Monismus. Die Verwandtschaft des universalistischen Polytheismus und des mystischen Monotheismus wiederholt sich in der Verwandtschaft des naturalistischen Monismus und idealistischen Monismus. Der Unterschied ist der, daß im idealistischen

## Typologische Betrachtungen

Monismus die Einheit des Seins in seinem Grund gesehen wird, in der Grundidentität, in der alle Mannigfaltigkeit verschwindet, wogegen im naturalistischen Monismus der Prozeß selber einschließlich all seiner Varianten als die letzte Einheit betrachtet wird. Man könnte sagen, daß der naturalistische Monismus niemals das Absolute wirklich erreicht, weil das Absolute nicht in der Natur gefunden werden kann, wogegen der idealistische Monismus niemals die Mannigfaltigkeit wirklich erreicht, weil die Mannigfaltigkeit nicht von etwas außerhalb der Natur abgeleitet werden kann. In der Terminologie der Religionsphilosophie werden beide Formen des Monismus pantheistisch genannt. „Pantheist" ist ein „Ketzeretikett" schlimmster Art geworden. Ehe es aggressiv angewendet wird, sollte es definiert werden. Pantheismus bedeutet nicht, hat niemals bedeutet und sollte niemals bedeuten, daß alles, was ist, Gott ist. Wenn Gott mit der Natur identifiziert wird *(deus sive natura)*, ist es nicht die Totalität der natürlichen Objekte, die Gott genannt wird, sondern vielmehr die schöpferische Kraft und Einheit der Natur, die absolute Substanz, die in allem gegenwärtig ist. Und wenn Gott mit dem Absoluten des idealistischen Monismus identifiziert wird, ist es die essentielle Struktur des Seins, die Essenz aller Essenzen, die Gott genannt wird. Der Pantheismus ist die Lehre, daß Gott die Substanz oder Essenz aller Dinge ist, nicht die sinnlose Behauptung, daß Gott die Totalität der Dinge ist. Das pantheistische Element in der klassischen Lehre von Gott, daß Gott *ipsum esse*, Sein-Selbst, ist, ist für eine christliche Lehre von Gott ebenso notwendig wie das mystische Element der göttlichen Gegenwärtigkeit. Die Gefahr, die mit diesen Elementen der Mystik und des Pantheismus verknüpft ist, wird durch den exklusiven Monotheismus und seine philosophischen Analogien überwunden.

In seiner philosophischen Umformung erscheint der exklusive Monotheismus als metaphysischer Realismus. „Realismus" ist in der Philosophie zum Ehrenzeichen geworden im umgekehrten Verhältnis, wie „Idealismus" ein Abzeichen der Unehre wurde. Aber wenige Realisten machen sich klar, daß das Pathos des Realismus letztlich im prophetischen Pathos wurzelt, in der Art, wie die Propheten das Göttliche von der Mischung mit dem Weltlichen und damit auch das Weltliche von der Mischung mit dem Göttlichen befreiten. Erst auf diesem Boden war es möglich, die Wirklichkeit „realistisch" zu betrachten. Dieser Vorgang hatte zur Folge, daß der Realismus aufhörte, theistisch zu denken. Gott gehört nicht in die Wirklichkeit, auf die der philosophische Realismus bezogen ist. Das bedeutet nicht, daß Gott geleugnet wird, er wird einfach als ein Grenzbegriff an den Rand der Realität gedrängt wie im Deismus. Er wird vom Realen, mit dem es der Mensch zu tun hat, entfernt — die wirksamste Form tatsächlicher Leugnung. Der Realismus leugnet nicht den Bereich der Essenzen, von dem der Idealismus ausgeht, aber er betrachtet sie als bloße Werkzeuge, um realistisch mit der Realität in Denken und Handeln umzugehen. Er legt ihnen keine Seinsmächtigkeit zu, und infolgedessen streitet er ihnen die Macht ab, das Reale zu richten. Der Realismus wird unvermeidlich zum Positivismus und Pragmatismus, wenn er nicht zum dialektischen Realismus fortschreitet, dem philosophischen Analogon des trinitarischen Monotheismus.

In seiner philosophischen Umformung erscheint der trinitarische Monotheismus, wie wir eben sagten, als dialektischer Realismus. In mancher Hinsicht ist alles Denken dialektisch. Es bewegt sich durch „Ja" und „Nein" und wiederum „Ja". Es ist immer ein Dialog, ob er unter verschiedenen Subjekten oder in einem Subjekt vor sich geht. Aber die dialektische Methode geht darüber hinaus. Sie setzt voraus, daß die Realität selbst sich durch „Ja" und „Nein" bewegt, durch das Positive, Negative und wiederum Positive. Die dialektische Methode versucht, die Bewegung der Realität wiederzugeben. Sie ist der logische Ausdruck einer Lebensphilosophie; denn das Leben bewegt sich durch Selbstbejahung, Aus-sich-heraus-Gehen und Zu-sich-zurück-Kehren. Niemand kann Hegels dialektische Methode verstehen, der nicht deren Wurzeln in der Analyse des „Lebens" in Hegels Frühschriften kennt, von den theologischen Jugendschriften bis zur Phänomenologie des Geistes. Der dialektische Realismus versucht, die strukturelle Einheit von allem innerhalb des Absoluten mit der unbestimmten und unvollendeten Mannigfaltigkeit des Realen zu einen. Er versucht zu zeigen, daß das Konkrete in der Tiefe des Absoluten gegenwärtig ist.

Diese kurzen Andeutungen sind dazu bestimmt, die Tatsache darzulegen, daß die Spannung in der religiösen Idee sich nicht nur in den verschiedenen Typen der Gottesidee darstellt, sondern auch in den verschiedenen Formen, in denen die Philosophie das Absolute auffaßt. Die Umformung der religiösen Symbole in metaphysische Begriffe ist nicht ein bewußter Akt. Er ist die gewöhnlich unbewußte Wirkung ursprünglicher Offenbarungserfahrung auf die Art, wie eine Philosophie der Welt begegnet. Dieser Ursprung der letzten philosophischen Begriffe erklärt die Tatsache, daß sie — sowohl bestätigend, als auch kritisierend — ungeheuren Einfluß auf die Entwicklung der Gottesidee hatten und noch haben. Sie sind ein Element der Religionsgeschichte, weil ihre eigene Grundlage religiös ist. Die Theologie muß auf die letzten philosophischen Begriffe auf zwei Weisen eingehen. Sie muß ihre theoretische Gültigkeit untersuchen — eine philosophische Frage — und sie muß ihre existentielle Bedeutung suchen — eine religiöse Frage.

# B

## GOTT UND WELT

### 1. Gott als Sein

a) *Gott als Sein und das endliche Sein.* — Das Sein Gottes ist das Sein-Selbst. Das Sein Gottes kann nicht verstanden werden als die Existenz eines Seienden neben oder über anderem Seienden. Wenn Gott ein Seiendes wäre, so wäre er den Kategorien der Endlichkeit unterworfen, besonders Raum und Substanz. Selbst wenn er das „höchste Wesen" im Sinne von „vollkommenstem und mächtigstem Wesen" genannt würde, wäre diese Situation nicht anders. Auf Gott angewandt, werden Superlative Diminutive. Scheinbar erheben sie ihn über alle Wesen, in Wahrheit aber stellen sie ihn auf die gleiche Stufe mit ihnen. Viele Theologen, die den Ausdruck „höchstes Wesen" gebraucht haben, meinten im Grunde etwas anderes. Sie haben das Höchste als das Absolute beschrieben, als das, was auf einer Höhe steht, die für jedes andere Wesen qualitativ unerreichbar ist — auch für das höchste Wesen. Sobald dem höchsten Wesen unendliche Macht oder unbedingte Macht und Bedeutung zugeschrieben wird, hat es aufgehört, ein Wesen zu sein, und ist das Sein-Selbst geworden. Manche Irrtümer in der Lehre von Gott und manche Schwächen der Apologetik hätten vermieden werden können, wenn Gott zuerst als das Sein-Selbst oder als Grund des Seins verstanden worden wäre. Ein anderer Ausdruck für Sein-Selbst ist Seinsmächtigkeit. Plato wußte, daß Sein auf die Macht hindeutet, die allem Sein innewohnt, nämlich auf die Macht, dem Nichtsein Widerstand zu leisten, ein Wissen, das durch die Nominalisten und ihre modernen Anhänger verloren ging. Anstatt zu sagen, daß Gott vor allem das Sein-Selbst ist, kann man daher auch sagen, daß er die unendliche Seinsmächtigkeit in allem und über allem ist. Eine Theologie, die als ersten Schritt einer Lehre von Gott Gott und Seinsmächtigkeit nicht gleichzusetzen wagt, fällt in monarchischen Monotheismus zurück. Denn, wenn Gott nicht das Sein-Selbst ist, dann ist er dem Sein untergeordnet, wie der Zeus der griechischen Religion vom Fatum abhängig ist. Die Struktur des Seins-Selbst wäre dann sein Fatum, wie es das Fatum aller anderen Dinge ist. Aber Gott ist sein eigenes Schicksal. Er ist „durch sich selbst", er besitzt „Aseität". Und das kann nur dann von ihm gesagt werden, wenn er Seinsmächtigkeit ist, wenn er das Sein-Selbst ist.

Als das Sein-Selbst steht Gott jenseits des Gegensatzes von essentiellem und existentiellem Sein. Wir haben von dem Übergang des essentiellen Seins in die Existenz gesprochen. Dieser Übergang setzt voraus, daß das Sein mit sich selbst in Widerspruch geraten und sich verlieren kann. Aber nur von einem Seienden, nicht vom Sein-Selbst kann das ausgesagt werden. Denn das Sein-Selbst kann nicht dem Nichtsein verfallen. Darin ist es von jedem Seienden unterschieden. Die klassische Theologie hatte recht, wenn sie ausdrücklich lehrte, daß Gott jenseits von Essenz und Existenz steht. In anderen Worten: Das Sein-Selbst ist jenseits der Spaltung von Essenz und Existenz, der alles Endliche unterworfen ist.

Aus diesem Grunde ist es auch falsch, wenn man von Gott als universaler Essenz spricht, oder davon, daß er existiere. Wenn Gott als universale Essenz, als die Form aller Formen verstanden wird, wird er mit der Totalität und Einheit alles Endlichen gleichgesetzt. Aber dann ist er nicht mehr das, was dem Endlichen die Macht zu sein gibt. Seine schöpferische Kraft hätte er in ein System von Formen verströmt und wäre an diese Formen gebunden. Das ist der eigentliche Sinn von Pantheismus.

Andererseits ergeben sich erhebliche Schwierigkeiten, wenn man versucht, von Gott als existierend zu sprechen. Als Thomas von Aquino versuchte, die Existenz Gottes zu beweisen und gleichzeitig den Satz aufrecht zu erhalten, daß Gott jenseits von Essenz und Existenz steht, war er gezwungen, zwei Arten von göttlicher Existenz zu unterscheiden: eine, die identisch mit Essenz ist, und eine andere, die es nicht ist. Aber eine Existenz Gottes, die nicht mit seiner Essenz eins ist, widerspricht der Idee Gottes. Er wäre dann ein Wesen, dessen Existenz seine essentielle Potentialität nicht erfüllt. Sein und Noch-nicht-sein wären dann in ihm gemischt, wie sie es in allem Endlichen sind. Gott würde aufhören, Gott zu sein, nämlich der Grund von Sein und Sinn. In Wahrheit hat sich folgendes zugetragen: Thomas mußte zwei verschiedene Überlieferungen vereinigen: die augustinische, in der die göttliche Existenz in der göttlichen Essenz enthalten ist, und die aristotelische, die die Existenz Gottes von der Existenz der Welt ableitet und dann den Schluß zieht, daß seine Existenz mit seiner Essenz identisch ist. Man kann die Frage nach der Existenz Gottes weder stellen noch beantworten. Wird sie gestellt, dann muß sie nach dem fragen, was seinem Wesen nach über die Existenz hinausgeht, und darum muß die

## Gott als Sein

Antwort — sei sie nun verneinend oder bejahend — durch ihre bloße Form Gott als Gott verneinen. Es ist ebenso Atheismus, die Existenz Gottes zu behaupten, wie es Atheismus ist, sie zu leugnen. Gott ist das Sein-Selbst, nicht ein Seiendes. Auf dieser Basis kann der erste Schritt zur Lösung des Problems getan werden, das für gewöhnlich als „Immanenz und Transzendenz Gottes" erörtert wird. Als die Macht des Seins transzendiert Gott jedes Seiende und die Totalität alles Seienden, die Welt. Das Sein-Selbst steht jenseits von Endlichkeit und Unendlichkeit. Ein nur unendliches Sein wäre begrenzt durch das Endliche, und die wahre Macht des Seins würde weder im Endlichen noch im Unendlichen liegen. Sicherlich: Das Sein-Selbst transzendiert jedes endliche Sein unendlich. Es gibt kein Verhältnis und keine graduellen Unterschiede zwischen dem Endlichen und dem Unendlichen, nur einen absoluten Bruch, einen unendlichen „Sprung". Andererseits partizipiert alles Endliche am Sein-Selbst und seiner Unendlichkeit. Sonst hätte es keine Seinsmächtigkeit. Es würde vom Nichtsein verschlungen werden oder gar nicht erst aus dem Nichtsein hervorgebrochen sein. Diese doppelte Relation aller Wesen zum Sein-Selbst gibt dem Sein-Selbst einen doppelten Charakter. Wenn wir das Sein-Selbst als schöpferisch bezeichnen, weisen wir damit auf die Tatsache hin, daß jedes Ding an der unendlichen Seinsmächtigkeit partizipiert. Wenn wir es als abgründig bezeichnen, so weisen wir darauf hin, daß jedes Ding nur in endlicher Weise an der Seinsmacht partizipiert und daß alle Wesen durch ihren schöpferischen Grund unendlich transzendiert werden.

Der Mensch ist an die Kategorien der Endlichkeit gebunden. Um die Beziehung von Sein und Seiendem auszudrücken, ist er auf die beiden Kategorien Kausalität und Substanz verwiesen. Die Art, wie das Sein Grund von Seiendem ist, kann so verstanden werden, daß das Sein-Selbst die Ursache des endlich Seienden oder daß es seine Substanz ist. Die erste Deutung wurde in Fortführung der thomistischen Überlieferung von Leibniz entwickelt, die zweite in Fortsetzung der mystischen Überlieferung von Spinoza. Beide Deutungen sind unmöglich. Im Gegensatz zum idealistischen Denken, das Gott mit der universalen Essenz des Seins gleichsetzt, begründet Spinoza einen naturalistischen Pantheismus, der die endliche Freiheit und die Freiheit Gottes gegenüber dem Endlichen leugnet. Gott geht mit Notwendigkeit im endlichen Sein auf. Der Pantheismus sagt nicht — das muß immer wieder betont werden — daß Gott alles ist. Er sagt vielmehr, daß Gott die Substanz von allem ist und daß kein Endliches substantielle Unabhängigkeit und subjektive Freiheit hat.

Darum hat das Christentum, das die endliche Freiheit im Menschen

## Gott und Welt

und die Spontaneität im nicht-menschlichen Bereich behauptet, die Kategorie der Substanz zugunsten der Kategorie der Kausalität verworfen und auf diese Weise das Verhältnis der Macht des Seins zum Seienden, das an ihr partizipiert, auszudrücken versucht. Kausalität scheint Gott von der Welt zu trennen und zugleich die Welt abhängig von Gott zu machen in der Art, wie eine Ursache von ihrer Wirkung getrennt ist. Aber die Kategorie der Kausalität kann nicht leisten, was sie leisten soll, denn Ursache und Wirkung schließen einander ein und bilden eine Reihe, die in beiden Richtungen endlos ist. Was an einem Pole dieser Reihe Ursache ist, ist Wirkung am anderen und umgekehrt. Wird Gott zur Ursache gemacht, so gehört er in diese Reihe und muß sozusagen nach der Ursache seiner selbst fragen. Um das zu vermeiden und Gott aus der Reihe von Ursache und Wirkung herauszunehmen, wird er „erste Ursache" genannt und als absoluter Anfang beschrieben. Das bedeutet aber, daß die Kategorie der Kausalität gleichzeitig angewandt und aufgehoben wird. Kausalität wird nicht als Kategorie, sondern als Symbol gebraucht. Wo das aber geschieht, verschwindet der Unterschied zwischen Substanz und Kausalität. Ist nämlich Gott die Ursache der Reihe von Ursachen und Wirkungen, dann ist er die Substanz, die dem ganzen Prozeß des Werdens zugrunde liegt. Indessen darf dieses „Zugrunde-Liegen" nicht den Charakter einer Substanz haben, die ihren eigenen Akzidentien zugrunde liegt und vollständig durch sie ausgedrückt wird. Es ist ein Zugrunde-Liegen, bei dem Substanz und Akzidentien ihre Freiheit voneinander behalten. Und das bedeutet: Substanz wird nicht als Kategorie, sondern als Symbol gebraucht. Symbolisch genommen ist kein Unterschied zwischen *prima causa* und *ultima substantia*. Beide weisen auf das hin, was in einem gleichfalls symbolischen Ausdruck der „schöpferische und abgründige Grund des Seins" genannt werden kann. Dadurch ist sowohl der naturalistische Pantheismus, der sich auf die Kategorie der Substanz gründet, als auch der rationalistische Theismus, der sich auf die Kategorie der Kausalität gründet, überwunden.

Da Gott der Grund des Seins ist, ist er auch der Grund der Struktur des Seins. Er ist dieser Struktur nicht unterworfen, die Struktur ist in ihm gegründet. Er *ist* diese Struktur, und es ist unmöglich, über ihn zu sprechen, es sei denn unter dieser Struktur. Der Zugang zu Gott muß dadurch errungen werden, daß man die Struktur-Elemente des Seins-Selbst erkennt. Diese Elemente machen ihn zu einem lebendigen Gott, einem Gott, der den Menschen konkret angehen kann. Sie ermächtigen uns, Symbole zu gebrauchen, von denen wir wissen, daß sie auf den Grund der Wirklichkeit hindeuten.

## Gott als Sein

b) *Gott als Sein und das Wissen von Gott.* — Der Satz, daß Gott das Sein-Selbst ist, ist ein nicht-symbolischer Satz. Er weist nicht über sich selbst hinaus. Was er sagt, meint er direkt und eigentlich. Wenn wir von der Wirklichkeit Gottes sprechen, behaupten wir in erster Linie, daß er nicht Gott wäre, wenn er nicht das Sein-Selbst wäre. Andere Aussagen über Gott können, wenn sie theologisch sein sollen, nur auf dieser Basis gemacht werden. Für die religiöse Verkündigung sind solche Begriffe selbstverständlich ausgeschlossen, aber sie sind sinngemäß in ihr enthalten. Es ist die Aufgabe des Theologen, das, was indirekt im religiösen Denken und Ausdruck enthalten ist, begrifflich auszusprechen. Um das zu können, muß Theologie mit dem abstraktesten und gänzlich unsymbolischen Satz beginnen, nämlich damit, daß Gott das Sein-Selbst oder das Absolute ist.

Über diese Aussage hinaus kann allerdings nichts über Gott als Gott gesagt werden, was nicht symbolisch wäre. Wie wir bereits gesehen haben, ist Gott als das Sein-Selbst der Grund der ontologischen Struktur des Seins, ohne selbst dieser Struktur unterworfen zu sein. Er *ist* diese Struktur, das heißt, er hat die Macht, die Struktur von allem, was am Sein teilhat, zu bestimmen. Wenn daher irgend etwas über Gott ausgesagt wird, was über diese erste Aussage hinausgeht, ist das nicht mehr eine direkte und eigentliche Aussage. Sie ist indirekt und deutet auf etwas jenseits ihrer selbst hin — sie ist symbolisch.

Der allgemeine Charakter des Symbols ist bereits beschrieben worden. Besonders wichtig ist die Einsicht, daß Symbol und Zeichen grundsätzlich verschieden sind. Während das Zeichen nicht notwendig verbunden ist mit dem, worauf es hindeutet, partizipiert das Symbol an der Wirklichkeit dessen, für das es Symbol ist. Ein Zeichen kann willkürlich vertauscht werden, je nach Zweckmäßigkeit, aber Symbole nicht. Ihre Gültigkeit ist abhängig von der Wechselbeziehung zwischen dem, was sie symbolisieren, und den Personen, die das Symbol aufnehmen. Darum kann das religiöse Symbol nur dann ein wahres Symbol sein, wenn es an der Mächtigkeit des Göttlichen partizipiert, auf das es hindeutet.

Es kann kein Zweifel bestehen, daß jede konkrete Aussage über Gott symbolisch sein muß; denn eine konkrete Aussage ist eine solche, die einen begrenzten Ausschnitt der endlichen Erfahrung benutzt, um etwas über Gott auszusagen. Sie geht dabei über die Grenzen dieses Ausschnitts hinaus und schließt ihn doch zugleich ein. Der Ausschnitt der endlichen Wirklichkeit, der zum Träger einer konkreten Aussage über Gott wird, wird zugleich bejaht und verneint. Er wird zum Symbol, denn ein symbolischer Ausdruck ist ein solcher, dessen gewöhnlicher

*Gott und Welt*

Sinn durch das, auf das er hindeutet, verneint wird. Aber er wird nicht nur verneint, sondern auch bejaht — als symbolisches Material für das Unendliche.

Nunmehr muß die entscheidende Frage gestellt werden: Kann ein Ausschnitt endlicher Wirklichkeit Grundlage werden für eine Aussage über das, was unendlich ist? Die Antwort ist: Sie kann es, weil das, was unendlich ist, das Sein-Selbst ist und weil alles Seiende am Sein-Selbst partizipiert. Die *analogia entis* ist nicht die Eigenart einer fragwürdigen Theologie, die durch Schlußfolgerungen vom Endlichen auf das Unendliche Gotteserkenntnis zu gewinnen sucht. Die *analogia entis* gibt uns allein das Recht, überhaupt von Gott zu sprechen. Sie beruht auf der Tatsache, daß Gott als Sein-Selbst verstanden werden muß.

Die Wahrheit eines religiösen Symbols hat nichts mit der Wahrheit der empirischen Behauptungen zu tun, die in ihm enthalten sind, seien sie physikalisch, psychologisch oder historisch. Ein religiöses Symbol ist *echt*, wenn es die Korrelation von Offenbarung und Mensch adäquat ausdrückt. Ein religiöses Symbol ist *wahr*, wenn es die Korrelation von *letztgültiger* Offenbarung und Mensch adäquat ausdrückt. Religiöse Symbole sterben nur, wenn die Korrelation, deren adäquater Ausdruck sie sind, aufhört. Das geschieht, wenn die Offenbarungssituation sich wandelt und frühere Symbole veralten. Die Religionsgeschichte ist bis zum heutigen Tag voll von abgestorbenen Symbolen, die nicht durch wissenschaftliche Kritik, sondern durch religiöse Kritik zerstört worden sind. Die Unterscheidung von echten und wahren Symbolen ist von großer Bedeutung für die positive und negative Wertung der Religionsgeschichte.

Die Theologie als solche hat weder die Verpflichtung noch die Macht, religiöse Symbole zu bejahen oder zu verneinen. Ihre Aufgabe ist, sie den theologischen Grundsätzen und Methoden entsprechend auszulegen. Im Verlauf der Auslegung kann jedoch zweierlei eintreten: Die Theologie kann innerhalb des theologischen Zirkels Widersprüche zwischen den Symbolen entdecken, und die Theologie kann nicht nur als Theologie, sondern auch als Religion sprechen. Im ersten Fall kann die Theologie auf religiöse Gefahren und theologische Irrtümer hinweisen, die sich aus dem Gebrauch gewisser Symbole ergeben. Im zweiten Fall kann die Theologie zur Prophetie werden und in dieser Rolle zu einem Wandel der Offenbarungs-Situation beitragen.

Religiöse Symbole sind zweischneidig. Sie sind einerseits auf das Unendliche ausgerichtet, das sie symbolisieren, und andererseits auf das Endliche, durch das sie es symbolisieren. Sie zwingen das Unendliche in die Endlichkeit hinab und das Endliche hinauf zur Unendlichkeit.

## Gott als Sein

Sie öffnen das Göttliche dem Menschlichen und das Menschliche dem Göttlichen. Wird Gott zum Beispiel als „Vater" symbolisiert, wird er in das menschliche Verwandtschaftsverhältnis von Vater und Kind herabgeholt. Zugleich aber wird dieses menschliche Verhältnis als Urbild eines Verhältnisses von Gott und Mensch geweiht. Gebraucht man das Wort „Vater" als Symbol für Gott, so wird die Vaterschaft in ihrer theonomen, sakramentalen Tiefe gesehen. Man kann nicht willkürlich ein Stück Profanwirklichkeit zu einem religiösen Symbol „machen", nicht einmal das kollektive Unbewußte, die große Quelle des Symbolschaffens. Wenn ein Ausschnitt der Wirklichkeit als Symbol für Gott gebraucht wird, so ist damit der Bereich der Wirklichkeit, aus dem es genommen ist, gleichsam in den Bereich des Heiligen gehoben. Er ist nicht mehr profan. Er ist theonom geworden. Wenn Gott „König" genannt wird, ist etwas ausgesagt nicht nur über Gott, sondern auch über den heiligen Charakter des Königtums. Wenn Gottes Werk „Heilen" genannt wird, so sagt das nicht nur etwas über Gott aus, sondern betont nachdrücklich den theonomen Charakter alles Heilens. Wenn Gottes Selbst-Offenbarung „das Wort" genannt wird, so symbolisiert das nicht nur Gottes Beziehung zum Menschen, sondern betont die Heiligkeit aller Worte als Ausdruck des Geistes. Diese Beispiele könnten vermehrt werden. Es ist daher nicht überraschend, daß in einer profanen Kultur sowohl die Symbole für Gott als auch der theonome Charakter des Materials, aus dem die Symbole abgeleitet worden sind, verschwinden.

Ein letztes Wort der Warnung muß hier hinzugefügt werden angesichts der Tatsache, daß für viele Menschen der bloße Ausdruck „symbolisch" die Nebenbedeutung des Nicht-Wirklichen hat. Das ist teils verursacht durch die Verwechslung von Zeichen und Symbol, teils durch die Gleichsetzung von Realität überhaupt mit empirischer Realität. Beide Gründe für die negative Wertung des Symbols sind im Vorhergehenden entkräftet worden. Es bleibt aber die Tatsache, daß einige theologische Bewegungen wie der protestantische Hegelianismus und der katholische Modernismus den symbolischen Charakter der religiösen Sprache so gedeutet haben, daß damit ihre Bedeutung als Wirklichkeit, ihr Ernst und ihre geistige Stoßkraft aufgehoben wurde. Das war nicht der Fall in den klassischen Abhandlungen über die „Namen Gottes", in denen der symbolische Charakter aller Aussagen über Gott nachdrücklich betont und religiös erklärt wurde. Ihre Absicht war, Gott und all seinen Beziehungen zum Menschen *mehr* Wirklichkeit und Mächtigkeit zu geben, als eine nichtsymbolische und darum leicht abergläubische Auslegung ihnen geben könnte. Die religiöse Sprache ist notwendig symbolisch. Das schwächt ihre Wirklichkeitskraft nicht ab, sondern steigert sie.

## 2. Gott als der Lebendige

a) *Gott als Sein und Gott als Leben.* — Leben ist der Prozeß, in dem potentielles Sein zu aktuellem Sein wird. Es ist die Aktualisierung der Strukturelemente des Seins in ihrer Einheit und ihrer Spannung. Diese Elemente bewegen sich in jedem Lebensprozeß divergierend und konvergierend. Sie trennen und vereinigen sich zugleich. Das Leben hört auf, wenn Trennung ohne Vereinigung und Vereinigung ohne Trennung erfolgt. Sowohl völlige Identität als auch völlige Trennung vernichten das Leben. Wenn wir Gott den „lebendigen Gott" nennen, verneinen wir damit, daß er die reine Identität des Seins als Sein ist und zugleich, daß es eine endgültige Trennung eines Seienden von seinem Sein geben kann. Wir behaupten, daß er der ewige Prozeß ist, in dem sich fortgesetzt Trennung vollzieht und durch Wiedervereinigung überwunden wird. In diesem Sinne lebt Gott. Nicht vieles wird in der Bibel und vor allem im Alten Testament so nachdrücklich über Gott ausgesagt wie die Wahrheit, daß Gott ein lebendiger Gott ist. Die meisten der sogenannten Anthropomorphismen des biblischen Gottesbildes kennzeichnen ihn als „den Lebendigen". Seine Handlungen, seine Leidenschaften, seine Gedanken, sein Voraussehen, sein Dulden und seine Freude, seine persönlichen Beziehungen und sein Planen — all dies macht ihn zu einem lebendigen Gott und unterscheidet ihn vom reinen Absoluten, vom Sein-Selbst.

Leben ist die Aktualisierung des Seins oder genauer: der Prozeß, in dem potentielles Sein zu aktuellem Sein wird. Aber in Gott als Gott gibt es keinen Unterschied zwischen Potentialität und Aktualität. Darum ist es unmöglich, von Gott als dem Lebendigen im eigentlichen, nicht-symbolischen Sinne des Wortes „Leben" zu sprechen. Von Gott als dem Lebendigen müssen wir in symbolischen Begriffen reden. Jedes wahre Symbol partizipiert jedoch an der Wirklichkeit, die es symbolisiert. Gott lebt, sofern er der Grund des Lebens ist[1]. Von allen Symbolen sind die anthropomorphen Gott am meisten angemessen. Nur durch sie kann er für den Menschen der lebendige Gott sein. Aber auch bei der primitivsten Gottesanschauung sollte ein Gefühl dafür lebendig sein und ist es meist auch, daß die Aussagen über Gott ein Mysterium betreffen, durch welches sie uneigentlich, sich selbst transzendierend, symbolisch werden. Die religiöse Unterweisung sollte dieses Gefühl ver-

---

[1] Der das Auge gemacht hat, sollte der nicht sehen? (Ps. 94, 9.)

## Gott als der Lebendige

tiefen, ohne die Gottesnamen ihrer Wirklichkeit und Kraft zu berauben. Eine besonders überraschende Eigenart der Prophetenworte des Alten Testamentes ist es, daß sie einerseits immer konkret und anthropomorph sind, andererseits aber das Geheimnis des göttlichen Grundes bewahren. Sie behandeln niemals das Sein als Sein oder das Absolute als Absolutes, und doch machen sie Gott niemals zu einem Wesen neben anderen Wesen, zu etwas Bedingtem. Nichts ist unangebrachter und geschmackloser als der Versuch, die konkreten Symbole der Bibel in weniger konkrete und weniger machtvolle Symbole zu übertragen. Die Theologie sollte die konkreten Symbole nicht abschwächen, aber sie ist verpflichtet, sie genau zu untersuchen und in abstrakten, ontologischen Begriffen auszudeuten. Der Versuch, sich bei der theologischen Arbeit auf halb-abstrakte oder halb-konkrete Begriffe zu beschränken, die weder dem existentiellen Anliegen noch der erkennenden Analyse gerecht werden, ist verwirrend und falsch.

Die ontologische Struktur des Seins liefert das Material für die Symbole, die auf das göttliche Leben hinweisen. Jedoch bedeutet das nicht, daß eine Lehre von Gott aus einem ontologischen System abgeleitet werden kann. Das göttliche Leben enthüllt sich uns im Offenbarungserlebnis. Die Theologie kann nichts tun, als die existentielle Offenbarungserkenntnis theoretisch zu entwickeln und zu systematisieren, indem sie die Symbole interpretiert.

Während die Kategorien, sofern man sie als Symbole auffaßt, die Beziehung von Gott und dem Geschaffenen ausdrücken, können die polaren Elemente des Seins für die Symbolisierung des göttlichen Lebens selbst gebraucht werden. Der polare Charakter der ontologischen Elemente ist gegründet im göttlichen Leben, aber das göttliche Leben ist dieser Polarität nicht unterworfen. Innerhalb des göttlichen Lebens schließt jedes ontologische Element das ihm polare Element ohne Spannung und ohne Drohung der Auflösung ein, denn Gott ist das Sein-Selbst. Jedoch besteht hinsichtlich der Fähigkeit, das göttliche Leben zu symbolisieren, in jeder Polarität ein Unterschied zwischen den Elementen der ersten und der zweiten Reihe. Die Elemente der Individualisation, der Dynamik und der Freiheit repräsentieren innerhalb der Polarität, zu der sie gehören, die Selbst- oder Subjekt-Seite der ontologischen Grundstruktur. Die Elemente der Partizipation, der Form und des Schicksals repräsentieren innerhalb der Polarität, zu der sie gehören, die Welt- oder Objekt-Seite der ontologischen Grundstruktur. Beide haben ihre Wurzel im göttlichen Leben. Aber die erste Reihe bestimmt die Analogie von Gott und dem Menschen, die der Ursprung aller Symbolisierung ist. Der Mensch ist ein Selbst, das eine Welt hat. Als ein

Selbst ist er eine individuelle Person, die aber an allem teilhat. Er ist ein Träger dynamischer, über sich selbst hinausgehender Kräfte, aber innerhalb seiner eigenen Form und der seiner Welt. Er ist Freiheit, die ein spezielles Schicksal hat und am allgemeinen Schicksal teilnimmt. Darum symbolisiert der Mensch das, was ihn unbedingt angeht, in Begriffen, die seinem eigenen Sein entnommen sind. Von der Subjekt-Seite der Polaritäten nimmt er — oder genauer: empfängt er — das Material, durch das er das göttliche Leben symbolisiert. Er sieht das göttliche Leben als persönlich, dynamisch und frei an. Anders kann er es nicht ansehen, denn Gott ist das, was den Menschen unbedingt angeht, und steht darum in Analogie zu dem, was der Mensch selbst ist. Aber der religiöse Glaube, theologisch gesprochen, der Mensch in seiner Offenbarungskorrelation, ist sich immer bewußt, daß die Symbole der Subjektivität auch die objektive Seite enthalten. Gott wird Person genannt, aber er ist nicht endliche Person gegenüber endlichen Personen, sondern er partizipiert unendlich an allem, was ist. Gott wird dynamisch genannt, aber er ist dynamisch, nicht in Spannung zur Form, sondern in unbedingter Einheit mit der Form, so daß seine Selbsttranszendenz niemals in Spannung gerät mit seiner Selbstbewahrung. Gott wird frei genannt, aber er ist frei nicht in Willkür, sondern so, daß er selbst sein Schicksal ist und die essentiellen Strukturen des Seins die Verwirklichung seiner Freiheit sind. Obgleich die Symbole, die für das göttliche Leben gebraucht werden, der Analogie von Gott und Mensch entnommen sind, enthalten sie zugleich auch die Unbedingtheit Gottes, eine Unbedingtheit, in der die Polaritäten des Seins im Sein-Selbst aufgehoben sind.

Die grundlegende ontologische Struktur von Selbst und Welt liefert kein symbolisches Material für die Erkenntnis Gottes. Gott kann nicht ein Selbst genannt werden, denn der Begriff des Selbst enthält Trennung von und Gegensatz zu allem, was nicht Selbst ist. Gott kann nicht Welt genannt werden, nicht einmal indirekt. Beide: Selbst und Welt haben ihre Wurzel im göttlichen Leben, können aber nicht Symbole für das göttliche Leben werden. Jedoch die Elemente, die die ontologische Grundstruktur konstituieren, können Symbole werden, weil sie nicht von Arten des Seins (Selbst und Welt) sprechen, sondern von Eigenschaften des Seins, die — auf alles Seiende angewandt — in ihrem eigentlichen Sinne gültig sind und — auf das Sein-Selbst angewandt — in ihrem symbolischen Sinne Geltung haben.

b) *Das göttliche Leben und die ontologischen Elemente.* — Die durch die ontologischen Elemente geschaffenen Symbole bieten für die Lehre von Gott vielerlei Probleme. Es ist notwendig, in jedem besonderen

## Gott als der Lebendige

Fall zwischen dem eigentlichen Sinn der Begriffe und ihrem symbolischen Sinn zu unterscheiden. Ebenso notwendig ist es aber auch, die eine Seite der ontologischen Polarität gegen die andere im Gleichgewicht zu halten, ohne die Symbol-Mächtigkeit beider zu reduzieren. Die Geschichte des theologischen Denkens ist ein ununterbrochener Beweis für die Schwierigkeit, die Wichtigkeit und die Gefahr dieser Situation. Das zeigt sich, wenn wir die Symbolmächtigkeit der Polarität von Individualisation und Partizipation betrachten. Das Symbol „persönlicher Gott" ist unbedingt fundamental, weil eine existentielle Beziehung eine Beziehung von Person zu Person ist. Den Menschen kann nichts unbedingt angehen, was nicht personhaft ist. Weil aber Person *(persona, prosopon)* Individualität einschließt, entsteht die Frage, in welchem Sinne Gott ein Individuum genannt werden kann. Ist es sinnvoll, ihn „das absolute Individuum" zu nennen? Die Antwort lautet, es ist dann sinnvoll, wenn er gleichzeitig als der „absolut Partizipierende" bezeichnet wird. Der eine Begriff kann ohne den anderen nicht verwandt werden. Das bedeutet, daß sowohl Individualisation als auch Partizipation im Grund des göttlichen Lebens ihre Wurzeln haben und daß Gott beiden Begriffen gleich „nahe" ist und doch beide transzendiert.

Hieraus ergibt sich die Lösung der Schwierigkeiten, die im Wort „Persönlicher Gott" enthalten sind. „Persönlicher Gott" bedeutet nicht, daß Gott eine Person ist. Es bedeutet, daß Gott der Grund alles Personhaften ist und in sich die ontologische Macht des Personhaften trägt. Er ist nicht eine Person, aber er ist auch nicht weniger als eine Person. Es sollte nicht vergessen werden, daß die klassische Theologie den Begriff *persona* für die trinitarischen Hypostasen gebrauchte, nicht aber für Gott selbst. Gott wurde erst im 19. Jahrhundert eine Person im Zusammenhang mit Kants Unterscheidung der durch physikalische Gesetze beherrschten Natur und der durch moralische Gesetze beherrschten Person. Der übliche Theismus hat Gott zu einer himmlischen, ganz vollkommenen Person gemacht, die über Welt und Menschheit thront. Der Protest des Atheismus gegen eine solche höchste Person ist berechtigt. Es gibt keine Anzeichen für ihr Dasein, noch kann sie jemanden unbedingt angehen. Gott ist nicht Gott ohne universale Partizipation. Das Symbol „Persönlicher Gott" ist irreführend.

Gott ist sowohl das Prinzip der Partizipation als auch der Individualisation. Das göttliche Leben partizipiert an jedem Leben als sein Grund und sein Ziel. Gott partizipiert an allem, was ist. Er hat Gemeinschaft mit ihm und nimmt an seinem Schicksal teil. Solche Sätze sind in hohem Grade symbolisch. Sie können fälschlich so verstanden werden, daß es etwas neben Gott gibt, an dem er von außen partizipiert. In Wahrheit schafft Gottes Partizipation das, woran sie partizipiert. Plato gebraucht das Wort *parousia* für das Anwesendsein der Wesenheiten in der zeitlichen Existenz. Dieses Wort wird später gebraucht für das erste und zweite Erscheinen des transzendenten Christus in der Welt. *Par-ousia* bedeutet: „Nahe-bei-Sein", „Mit-Sein" — aber auf der Basis des Abwesend-Seins, des Getrennt-Seins. Ebenso ist Gottes Partizipation nicht eine räumliche oder zeitliche Anwesenheit. Sie ist nicht kategorial, sondern symbolisch. Sie ist die *par-ousia*, das „Mit-Sein" dessen, was weder hier noch dort ist. Auf Gott angewandt sind Partizipation und Gemeinschaft ebenso symbolisch wie Individualisation und Person. Während der aktive religiöse Verkehr zwischen Gott und Mensch vom Symbol des persönlichen Gottes abhängig ist, drückt das Symbol der universalen Partizipation die passive Erfahrung der göttlichen Gegenwart als Allgegenwart aus.

Die Polarität von Dynamik und Form schafft die materiale Basis für eine Gruppe von Symbolen, die für jede heutige Lehre von Gott zentral sind. Potentialität, Vitalität und Selbsttranszendenz sind im Begriff „Dynamik" angedeutet, während der Begriff „Form" Aktualität, Intentionalität und Selbstbewahrung umfaßt.

Potentialität und Aktualität erscheinen innerhalb der klassischen Theologie in der berühmten Formel, daß Gott *actus purus* ist, die reine Form, in der alles Potentielle aktuell wird und die die ewige innere Anschauung ihrer selbst durch die göttliche Fülle *(pleroma)* ist. In dieser Formel wird die dynamische Seite der Dynamik-Form-Polarität von der Form-Seite verschlungen. Reine Aktualität, das heißt Aktualität frei von jedem Element der Potentialität, ist ein erstarrtes Resultat ohne Lebendigkeit. Leben schließt die Trennung von Potentialität und Aktualität ein. Das Wesen des Lebens ist Aktualisierung, nicht Aktualität. Ein Gott, der *actus purus* ist, ist kein lebendiger Gott. Es ist interessant, daß sogar die Theologen, die den Begriff *actus purus* angewandt haben, in der Regel von Gott in den dynamischen Symbolen des Alten Testaments und der christlichen Erfahrung sprechen. Einige Denker sind durch diese Situation — teils unter dem Einfluß von Luthers dynamischem Gottesbegriff, teils durch das Nachdenken über das Problem des Bösen — dazu gebracht worden, die Dynamik in Gott nachdrücklich zu betonen und die Stabilisierung der Dynamik in reine Aktualität zu verwerfen. Sie versuchen, zwischen zwei Elementen in Gott zu unterscheiden, und behaupten, daß, soweit Gott ein lebendiger Gott ist, diese beiden Elemente in Spannung bleiben müssen. Ob das erste Element der „Ungrund" oder die „Natur in Gott" (Böhme), die „erste Potenz" (Schelling) oder der „Wille" (Schopenhauer), das in Gott „Gegebene"

## Gott als der Lebendige

(Brightman), die „meontische Freiheit" (Berdjajew) oder das „Kontingente" (Hartshorne) genannt wird — in all diesen Fällen ist es Ausdruck dessen, was wir mit „Dynamik" bezeichnet haben, und ein Versuch zu verhüten, daß die in Gott vorhandene Dynamik in reine Aktualität verwandelt wird.

Die theologische Kritik an diesen Versuchen ist leicht, wenn die Begriffe in wörtlichem Sinne verwandt werden, denn dann machen sie Gott endlich, von einem Fatum oder Zufällen abhängig, die nicht er selbst sind. Der endliche Gott aber, wörtlich verstanden, wäre ein begrenzter Gott, ein polytheistischer Gott. Das ist aber nicht die Weise, wie diese Begriffe ausgelegt werden müssen. Sie deuten symbolisch auf eine Qualität des göttlichen Lebens hin, die dem analog ist, was als Dynamik in der ontologischen Struktur erscheint. Die göttliche Kreativität, Gottes Partizipation an der Geschichte, sein über sich selbst Hinausgehen wurzeln in diesem dynamischen Element. Dieses schließt ein „Noch nicht" ein, das jedoch innerhalb des göttlichen Lebens immer durch ein „Bereits" im Gleichgewicht gehalten wird. Das „Noch nicht" ist kein absolutes „Noch nicht". Es kann auch als das negative Element im Grund des Seins bezeichnet werden, das in seiner Negativität im göttlichen Lebensprozeß überwunden wird. Diese Negativität ist die Basis des negativen Elements in der Kreatur. Während es in Gott überwunden ist, ist es im Geschöpf nicht überwunden, sondern als mögliche Zerspaltung wirksam.

Diese Aussagen enthalten die Ablehnung einer nicht-symbolischen, ontologischen Lehre von Gott als dem Werdenden. Wenn wir sagen, daß Sein als Leben aktualisiert wird, dann ist das Element der Selbsttranszendenz Gottes sichtlich und betont darin enthalten, aber als symbolisches Element und in Gleichgewicht mit Form. Sein umfaßt Werden und Ruhe, Werden als Ausdruck der Dynamik und Ruhe als Ausdruck der Form. Wenn wir sagen, daß Gott das Sein-Selbst ist, so enthält das sowohl Ruhe als auch Werden, sowohl statische als auch dynamische Elemente. Jedoch würde es das Gleichgewicht zwischen Dynamik und Form aufheben, wenn man von einem „werdenden" Gott spräche. Dadurch würde Gott einer Entwicklung unterworfen, die Fatum-Charakter hat. Gott wäre einer Zukunft mit Zufallscharakter preisgegeben. In beiden Fällen ist die Göttlichkeit Gottes verloren. Der grundlegende Irrtum dieser Lehren ist ihr metaphysisch-konstruktiver Charakter. Sie wenden die ontologischen Elemente in nicht-symbolischer Weise auf Gott an und führen zu religiös anstößigen und theologisch unhaltbaren Konsequenzen.

Wird das Element der Form in der Dynamik-Form-Polarität symbolisch für das göttliche Leben verwandt, so drückt es die Aktualisierung seiner Potentialitäten aus. Das göttliche Leben verbindet unabdingbar Möglichkeit mit Erfüllung. Keine der beiden Seiten bedroht die andere, noch besteht die Drohung der Spaltung. Man könnte sagen, daß Gott nicht aufhören kann, Gott zu sein. Sein über sich selbst Hinausgehen vermindert oder zerstört seine Göttlichkeit nicht. Sie ist verbunden mit dem ewigen Ruhen Gottes in sich selbst.

Die göttliche „Form" muß analog zu dem, was auf der menschlichen Ebene Intentionalität genannt wurde, gedacht werden. Intentionalität steht in polarer Spannung mit Vitalität. Der Polarität von Intentionalität und Vitalität entspricht in der klassischen Theologie die Polarität von Intellekt und Wille in Gott. Thomas von Aquino mußte den Willen in Gott dem Intellekt unterordnen, als er den aristotelischen *actus purus* als grundlegenden Wesenszug Gottes übernahm. Im Gegensatz dazu beginnt die Linie des theologischen Denkens, die den Pol der Dynamik in Gott zu erhalten versucht, mit Duns Scotus, der den Willen in Gott über den Intellekt stellte. Natürlich drücken sowohl Willen als auch Intellekt — auf Gott angewandt — mehr aus als die geistigen Akte des Wollens und Verstehens, wie sie sich in der menschlichen Erfahrung zeigen. Sie sind Symbole sowohl für die göttliche Dynamik als auch für die göttliche Form. Daher ist es nicht eine Frage metaphysischer Psychologie, ob Thomas oder Duns Scotus im Recht ist. Es ist eine Frage, in welcher Weise psychologische Begriffe als Symbole für das göttliche Leben angewandt werden müssen. In bezug auf diese Frage ist schon seit mehr als einem Jahrhundert die Entscheidung zugunsten des dynamischen Elements getroffen worden. Lebensphilosophie, Existentialphilosophie und Entwicklungsphilosophie stimmen hierin überein. Der Protestantismus hat gewichtige Gründe zu dieser Entscheidung beigesteuert, aber die Theologie muß darauf achten, daß die neuentstandene Betonung des Dynamik-Charakters das Gleichgewicht mit der früheren (vorherrschend katholischen) Betonung des Form-Charakters des göttlichen Lebens nicht verliert.

Betrachten wir nun die Polarität von Freiheit und Schicksal, so finden wir, daß in der Bibel kaum ein Wort gesagt wird, das nicht direkt oder indirekt auf Gottes Freiheit hindeutet. In Freiheit schafft Gott, in Freiheit verkehrt Gott mit Welt und Mensch, in Freiheit rettet Gott und bringt Gott zur Erfüllung. Seine Freiheit ist Freiheit von allem, was vor ihm oder neben ihm sein könnte. Das Chaos kann ihn nicht hindern, das Wort zu sprechen, das aus der Finsternis Licht macht. Die bösen Taten der Menschen können ihn nicht hindern, seine Pläne durchzuführen. Die guten Taten der Menschen können

## Gott als der Lebendige

ihn nicht zwingen, sie zu belohnen. Die Struktur des Seins kann ihn nicht hindern, sich zu offenbaren usw. Die klassische Theologie hat in abstrakteren Begriffen von der Aseität Gottes gesprochen, von seinem „*a se*", Aus-Sich-Selbst-Hergeleitetsein. Es gibt keinen Grund, der vor ihm war und Bedingung seiner Freiheit sein könnte. Weder das Chaos noch das Nichtsein hat die Macht, ihn zu begrenzen oder ihm Widerstand zu leisten. Aber Aseität bedeutet auch, daß in Gott nichts gegeben ist, was nicht zugleich durch seine Freiheit bejaht würde. Betrachtet man das nicht-symbolisch, so führt es zu einer Frage, die nicht beantwortet werden kann, zu der Frage, ob die Struktur der Freiheit, weil sie Gottes Freiheit konstituiert, nicht selbst etwas Gegebenes ist, angesichts dessen Gott keine Freiheit hat. Die Antwort kann nur sein, daß Freiheit wie die anderen ontologischen Begriffe symbolisch und als existentielle Korrelation zwischen Mensch und Gott verstanden werden muß. So betrachtet, bedeutet Freiheit, daß das, was den Menschen unbedingt angeht, keineswegs abhängig ist vom Menschen oder irgendeinem endlichen Wesen oder irgendeinem endlichen Bezug. Nur das Unbedingte kann Ausdruck dessen sein, was uns unbedingt angeht. Ein bedingter Gott ist kein Gott.

Kann der Begriff Schicksal symbolisch auf das göttliche Leben angewandt werden? Die Götter des Polytheismus haben ein Schicksal — oder genauer: ein Fatum —, denn sie sind nicht unbedingt. Aber kann man sagen, daß der, welcher unbedingt und absolut ist, Schicksal in derselben Weise hat, in der er Freiheit hat? Ist es möglich, dem Sein-Selbst Schicksal zuzuschreiben? Es ist möglich, wenn man voraussetzt, daß der Nebensinn einer schicksalbestimmenden Macht über Gott vermieden wird, und hinzufügt, daß Gott sein eigenes Schicksal ist und in ihm Freiheit und Schicksal eins sind. Es kann eingewendet werden, daß diese Wahrheit angemessener ausgedrückt wird, wenn man Schicksal durch Notwendigkeit ersetzt, natürlich nicht im Sinne mechanischer Notwendigkeit, sondern struktureller Notwendigkeit, oder wenn man von Gott als seinem eigenen Gesetz spricht. Solche Worte haben ihre Bedeutung als Erklärungen, aber es fehlen ihnen zwei begriffliche Elemente, die im Worte „Schicksal" vorhanden sind. Es fehlt ihnen das Mysterium dessen, was jeder Struktur und jedem Gesetz vorangeht, das Mysterium des Seins-Selbst. Und es fehlt ihnen die Beziehung zur Geschichte, die im Begriff Schicksal enthalten ist. Wenn wir sagen: „Gott ist sein eigenes Schicksal", deuten wir sowohl auf das unendliche Mysterium des Seins hin als auch auf die Partizipation Gottes am Werden und an der Geschichte.

c) *Gott als Geist und die trinitarischen Prinzipien.* — Geist ist Einheit der ontologischen Elemente und als solche das *telos* des Lebens[1]. Sein verwirklicht sich als Leben und erfüllt sich als Geist. Das Wort *telos* drückt die Beziehung von Leben und Geist genauer aus als die Worte: „Zweck" oder „Ziel". Es drückt die innere Richtung des Lebens zum Geist hin aus, den Drang des Lebens, Geist zu werden, sich selbst als Geist zu vollenden. Das Wort *telos* bezeichnet ein inneres, essentielles, notwendiges Ziel, das, wodurch ein Wesen seine eigene Natur vollendet. Gott als der Lebendige ist Gott in sich selbst vollendet und darum Geist. Gott ist Geist. Das ist das umfassendste, direkteste und uneingeschränkteste Symbol für das göttliche Leben. Es hat nicht nötig, gegen ein anderes Symbol ins Gleichgewicht gebracht zu werden, denn es schließt alle ontologischen Elemente bereits ein.

Geist ist die lebendige Einheit der ontologischen Elemente. Alle Polaritäten sind im Leben des Geistes wirksam. Geist ist Einheit von Seinsmächtigkeit und Seinssinn. Seinsmächtigkeit enthält zentrierte Person, selbsttranszendierende Vitalität und Freiheit der Selbstbestimmung. Seinssinn enthält allgemeines Teilhaben, die Formen und Strukturen der Wirklichkeit und das begrenzende und lenkende Schicksal. Das Leben in seiner Erfüllung als Geist umfaßt Leidenschaft wie Wahrheit, Begierde wie Hingabe, Wille zur Macht wie Gerechtigkeit. Wird eine dieser Seiten von ihrem Korrelat verschlungen, so bleibt entweder ein abstraktes Gesetz oder eine chaotische Bewegung übrig. Geist steht nicht im Gegensatz zum Körper. Leben als Geist transzendiert die Zweiteilung in Körper und Geist, wie auch die Dreiteilung in Körper, Seele und Geist. Geist ist weder ein „Teil" des Menschen, noch eine besondere Funktion. Er ist die allumfassende Funktion, an der alle Elemente der Person teilnehmen. Als Menschen kennen wir geistiges Leben nur im Menschen, denn nur in ihm finden wir eine vollendete Seinsstruktur.

Der Satz, daß Gott Geist ist, bedeutet, daß Leben als Geist das alles umfassende Symbol für das göttliche Leben ist. Es enthält alle ontologischen Elemente. Gott ist dem einen Teil des Seins oder einer besonderen Funktion des Seins nicht näher als einer anderen. Als Geist ist er der schöpferischen Finsternis des Unbewußten ebenso nahe wie der kritischen Helle der erkennenden Vernunft. Geist ist die Macht, durch die der Sinn lebt, und er ist der Sinn, der der Macht Richtung gibt. Gott als Geist ist die letzte Einheit von Macht und Sinn. Im Gegensatz zu Nietzsche, der die beiden Aussagen, daß Gott Geist ist

---

[1] Vgl. Teil IV (Band III): „Das Leben und der Geist".

## Gott als der Lebendige

und daß Gott tot ist, gleichsetzte, müssen wir sagen, daß Gott der Lebendige ist, weil er Geist ist.

Jede Diskussion über das christliche Trinitätsdogma muß mit der christologischen Aussage, daß Jesus der Christus ist, beginnen. Die christliche Trinitätslehre ist eine Konsequenz des christologischen Dogmas. Die Situation ist eine andere, wenn wir in erster Linie nicht die Frage nach den christlichen Lehren stellen, sondern nach den Voraussetzungen dieser Lehren im Gottesgedanken. Dann müssen wir über die trinitarischen Prinzipien sprechen und würden dabei besser mit dem Geist beginnen als mit dem *logos*. Gott ist Geist, und jede trinitarische Aussage muß von diesem grundlegenden Satz abgeleitet werden.

Gottes Leben ist Leben als Geist. Die trinitarischen Prinzipien sind Elemente innerhalb des göttlichen Lebensprozesses. Die menschliche Anschauung des Göttlichen hat immer zwischen dem Abgrund des Göttlichen (dem Macht-Element) und der Fülle seines Inhalts (dem Sinn-Element), zwischen der göttlichen Tiefe und dem göttlichen *logos* unterschieden. Das erste Prinzip ist die Basis der Gottheit, das, was Gott zu Gott macht. Es ist die Basis seiner Majestät, die unnahbare Intensität seines Seins, der unerschöpfliche Grund des Seins, aus dem alles entspringt. Es ist die Seinsmächtigkeit, die dem Nichtsein unbegrenzten Widerstand leistet, und allem, was ist, Macht verleiht zu sein. Während der vergangenen Jahrhunderte haben theologischer und philosophischer Rationalismus den Gottesgedanken dieses ersten Prinzips beraubt und Gott dadurch seiner Göttlichkeit entkleidet. Er ist ein hypostasiertes moralisches Ideal geworden oder ein anderer Name für Einheit des Universums. Die Macht Gottes, die ihn zu Gott macht, ist verschwunden.

Der klassische Begriff des *logos* ist für das zweite Prinzip, das des Sinnes und der Struktur, am angemessensten. Es verbindet die sinnvolle Struktur mit Kreativität. Lange vor der christlichen Zeitrechnung, bei Heraklit, erhielt *logos* die Bedeutung eines metaphysischen Prinzips. Nach Parmenides können Sein und *logos* des Seins nicht getrennt werden. Der *logos* enthüllt den göttlichen Grund, seine Unendlichkeit und seine Dunkelheit, er macht seine Fülle unterscheidbar, begrenzt, endlich. Der *logos* ist der Spiegel der göttlichen Tiefe genannt worden, das Prinzip von Gottes Selbstobjektivierung. Im *logos* spricht Gott sein „Wort", sowohl in sich selbst als auch über sich selbst hinaus. Ohne das zweite Prinzip wäre das erste Prinzip Chaos und ein brennendes Feuer, nicht aber der schöpferische Grund. Ohne das zweite Prinzip wäre Gott dämonisch, absolut verborgen, das „nackte Absolute" (Luther).

Als Aktualisierung der beiden anderen Prinzipien ist der göttliche

*Gott und Welt*

Geist das dritte Prinzip. Sowohl Macht als auch Sinn sind in ihm enthalten und vereinigt. Er macht beide schöpferisch. Das dritte Prinzip ist in einer Hinsicht das Ganze (Gott *ist* Geist) und in anderer Hinsicht ein besonderes Prinzip (Gott *hat* den Geist, wie er den *logos* hat). Es ist der Geist, in dem Gott „aus sich selbst heraus" geht. Der Geist kommt aus dem göttlichen Grund. Er verleiht Aktualität dem, was im göttlichen Grunde potentiell ist und im göttlichen *logos* aussprechbar wird. Durch den Geist wird die göttliche Fülle aus dem göttlichen Grund herausgesetzt und wieder mit dem göttlichen Grund vereinigt. Das Endliche erscheint als Endliches im Prozeß des göttlichen Lebens, aber es wird mit dem Unendlichen im gleichen Prozeß wieder vereinigt. Das göttliche Leben ist unendliches Mysterium, aber nicht unendliche Leere. Es ist der Grund allen Überflusses und fließt selbst über.

Eine Betrachtung der Trinitäts-Prinzipien ist nicht schon christliche Trinitätslehre. Es ist Vorbereitung dafür, mehr nicht. Das Trinitätsdogma selbst kann nur erörtert werden, wenn zuvor das christologische Dogma entwickelt worden ist. Aber die Prinzipien der Trinität werden sichtbar, wo immer man sinnvoll von Gott als dem Lebendigen spricht.

Das göttliche Leben ist unendlich, aber so, daß das Endliche als Bejahtes und Verneintes zu ihm gehört. Darum ist es ungenau, Gott mit dem Unendlichen zu identifizieren. Das kann auf einigen Stufen der Untersuchung geschehen. Wenn der Mensch und seine Welt als endlich beschrieben werden, ist Gott im Gegensatz dazu unendlich. Aber die Untersuchung muß nach beiden Richtungen über diese Stufe hinausgehen. Der Mensch wird seiner Endlichkeit gewahr, weil er die Fähigkeit hat, sie zu transzendieren und von außen auf sie hinzublicken. Ohne dieses Gewahrwerden könnte er sich nicht sterblich nennen. Andererseits wäre das, was unendlich ist, nicht unendlich, wenn es durch das Endliche begrenzt wäre. Gott ist unendlich, weil er das Endliche (und damit das Element des Nichtseins, das zur Endlichkeit gehört) in sich mit seiner Unendlichkeit vereinigt. Eine der Funktionen des Symbols „göttliches Leben" ist es, auf diesen Sachverhalt hinzuweisen.

### 3. *Gott als der Schaffende*

*Einleitung: Schöpfung und Endlichkeit.* — Das göttliche Leben ist schöpferisch und verwirklicht sich selbst in unerschöpflicher Fülle. Göttliches Leben und göttliches Schaffen sind nicht zweierlei. Gott ist schöpferisch, weil er Gott ist. Deshalb ist die Frage sinnlos, ob Schöpfung ein notwendiger oder ein zufälliger Akt Gottes ist. Für Gott ist nichts not-

## Gott als der Schaffende

wendig in dem Sinne, daß er von einer über ihm stehenden Notwendigkeit abhängig wäre. In seiner Aseität liegt, daß er alles, was er ist, durch sich selbst ist. Er „schafft sich selbst" in Ewigkeit. Dieser paradoxe Satz beschreibt die Freiheit Gottes. Ebensowenig ist Schöpfung zufällig. Sie ist kein Ereignis im Leben Gottes, denn sie ist mit seinem Leben identisch. Schöpfung ist nicht nur Gottes Freiheit, sondern auch sein Schicksal. Aber sie ist kein Fatum: sie ist weder Notwendigkeit noch ein zufälliges Ereignis, das ihn bestimmt.

Die Lehre von der Schöpfung ist nicht die Geschichte eines Ereignisses, das irgendwann einmal stattgefunden hat. Sie ist vielmehr die grundlegende Aussage über die Beziehung zwischen Gott und der Welt. Sie ist das Korrelat zur Analyse der Endlichkeit des Menschen. Sie beantwortet die Frage, die in der Endlichkeit des Menschen und in der Endlichkeit überhaupt enthalten ist. Gibt man diese Antwort, so zeigt sich, daß der Sinn von Endlichkeit Geschöpflichkeit ist. Die Lehre von der Schöpfung ist die Antwort auf die Frage, die im Wesen des Geschöpfes als Geschöpf liegt. Diese Frage wird ständig gestellt, und ihre Antwort ist in der essentiellen Natur des Menschen gegeben. Frage und Antwort liegen jenseits von Potentialität und Aktualität wie alles im Prozeß göttlichen Lebens. Die Frage ist aktuell gestellt in der existentiellen Situation des Menschen, aber nicht in ihr beantwortet. Es gehört zum Charakter der Existenz, daß der Mensch die Frage nach seiner Endlichkeit stellt, ohne daß er eine Antwort erhält. Daraus folgt, daß, selbst wenn es so etwas wie natürliche Theologie gäbe, sie nicht zur Wahrheit über das göttliche Schaffen und über des Menschen Geschöpflichkeit vordringen könnte. Die Lehre von der Schöpfung beschreibt kein einmaliges Ereignis. Sie deutet auf die Situation der Geschöpflichkeit und ihr Korrelat, das göttliche Schaffen.

Da das göttliche Leben seinem Wesen nach schöpferisch ist, müssen wir alle drei Modi der Zeit gebrauchen, um dies zu symbolisieren. Gott *hat* die Welt geschaffen, er *ist* schöpferisch im gegenwärtigen Moment, und er *wird* in schöpferischem Sinne sein Telos erfüllen. Darum müssen wir von ursprünglichem Schaffen, erhaltendem Schaffen und lenkendem Schaffen sprechen. Damit ist gesagt, daß nicht nur die Erhaltung der Welt, sondern auch die Vorsehung in die Lehre von der göttlichen Schöpfung hineingehört.

a) *Gottes ursprüngliches Schaffen.* — 1. Schöpfung und Nichtsein. Die klassische christliche Lehre von der Schöpfung gebraucht den Ausdruck: „*creatio ex nihilo*". Die erste Aufgabe der Theologie ist eine Interpretation dieser Worte. Ihr Sinn ist offenbar eine kritische Verneinung. Für Gott ist nichts „vorgegeben", das ihn in seiner Schöpfermacht beeinflußt oder das seinem schöpferischen Telos Widerstand leistet. In der Lehre von der *creatio ex nihilo* wehrt sich das Christentum gegen jede Art von Dualismus. Das, was den Menschen unbedingt angeht, kann nur das sein, wovon er unbedingt abhängig ist. Zwei Unbedingtheiten heben sich gegenseitig auf. Dieser negative Sinn der *creatio ex nihilo* ist klar und entscheidend für jede christliche Erfahrung und Aussage. Er ist das Unterscheidungsmerkmal zwischen Heidentum — selbst in seiner feinsten Form — und Christentum — selbst in seiner primitivsten Form.

Jedoch entsteht die Frage, ob der Begriff „*ex nihilo*" nicht mehr meint als die Abwehr des Dualismus. Das Wort „*ex*" scheint sich auf den Ursprung des Geschaffenen zu beziehen. Das „Nichts" ist das, woher es kommt. Nun kann „nichts" zweierlei bedeuten. Es kann das absolute Nichtsein bedeuten *(ouk on)*, oder es kann das relative Nichtsein bedeuten *(me on)*. Wenn das *ex nihilo* letzteres bedeutete, so würde damit eine Erneuerung der griechischen Lehre von Materie und Form gegeben sein, gegen die es gerichtet ist. Wenn das *ex nihilo* die absolute Negation des Seienden bedeutete, dann könnte es nicht der Ursprung des Geschaffenen sein. Trotzdem sagt der Begriff *ex nihilo* etwas fundamental Wichtiges über das Geschaffene aus, nämlich, daß es das, was man „das Erbteil des Nichtseins" nennen könnte, auf sich nehmen muß. Geschöpflichkeit schließt Nichtsein ein, aber Geschöpflichkeit ist mehr als Nichtsein. Es trägt die Macht des Seins in sich, und die Macht des Seins ist seine Teilnahme am Sein-Selbst, am schöpferischen Grund des Seins. Geschöpf sein schließt beides in sich: das Erbteil des Nichtseins (die Angst) und das Erbteil des Seins (den Mut). Es enthält aber kein fremdes Erbe, das in einer halb-göttlichen Macht seinen Ursprung hätte, die im Widerstreit mit dem Sein-Selbst wäre.

Die Lehre von der Schöpfung aus dem Nichts drückt zwei fundamentale Wahrheiten aus. Die erste besagt, daß der tragische Charakter der Existenz nicht im schöpferischen Grund des Seins wurzelt, er gehört also nicht zur essentiellen Natur der Dinge. Endlichkeit als solche ist nicht tragisch; deshalb wird das Tragische nicht dadurch überwunden, daß man das Endliche soweit als möglich vermeidet, d. h. durch ontologische Askese. Das Tragische wird allein durch die Gegenwart des Seins-Selbst innerhalb des endlichen Seins überwunden[1]. Die zweite in dieser Lehre enthaltene Wahrheit besagt, daß es ein Element des Nichtseins in der Geschöpflichkeit gibt; von da aus verstehen wir die natür-

---

[1] Christliche Askese ist mehr funktional als ontologisch, sie dient der Selbstdisziplin und der Selbsthingabe, erstrebt aber nicht die Flucht aus der Endlichkeit.

## Gott als der Schaffende

liche Notwendigkeit des Todes und die Möglichkeit — wenn auch nicht Notwendigkeit — des Tragischen.

Zwei zentrale theologische Lehren sind in der Lehre von der Schöpfung begründet: nämlich die Lehre von der Inkarnation und die Lehre von der Eschatologie. Gott kann innerhalb der Endlichkeit nur dann erscheinen, wenn das Endliche als solches nicht im Widerstreit mit ihm ist. Und die Geschichte kann im Eschaton nur dann ihre Erfüllung finden, wenn die Erlösung nicht Erhebung über die Endlichkeit voraussetzt. Die Formel *creatio ex nihilo* ist kein Titel einer Geschichte. Es ist die klassische Formel, in der die Beziehung zwischen Gott und der Welt ausgesagt wird.

2. SCHÖPFUNG, ESSENZ UND EXISTENZ. — Im nicänischen Glaubensbekenntnis wird Gott der Schöpfer alles Sichtbaren und Unsichtbaren genannt. Wie der eben erörterte Satz hat auch diese Aussage zu allererst eine Schutzfunktion. Er ist gegen die platonische Lehre gerichtet, die besagt, daß der Schöpfer-Gott von den ewigen Wesenheiten oder Ideen abhängig ist, von den Mächten des Seins, die ein Ding zu dem machen, was es ist. Diese ewigen Mächte des Seins werden oft in einer Weise verehrt, die allein Gott zukommt. Sie gleichen den Engeln der Tradition des mittleren Ostens, die oft entthronte Götter sind und Gegenstand eines Kults wurden. Das geschah sogar im Christentum, wie das Neue Testament zeigt. Der Neuplatonismus und mit ihm manche christliche Theologen lehrten, daß die Wesenheiten Ideen im Geiste Gottes sind: sie sind die Vorbilder, nach denen Gott schafft. Sie sind aber selbst von Gottes innerer Schöpfermacht abhängig; sie sind nicht unabhängig von ihm und stehen nicht in irgendeiner Nische des Himmels als Modell für sein schöpferisches Tun. Die Wesensmächte des Seins gehören zum göttlichen Leben, in dem sie wurzeln, von Gott geschaffen, der alles, was er ist, „durch sich selbst" ist.

Im göttlichen Leben gibt es keinen Unterschied zwischen Potentialität und Aktualität. Dadurch ist eines der schwierigsten Probleme, das mit der Ontologie der Wesenheiten im Zusammenhang steht, gelöst, nämlich die Frage, wie die Wesenheiten auf das allgemeine einerseits und auf das einzelne andererseits bezogen sind. Je individueller der Begriff der Wesenheiten gefaßt wird, um so mehr stellen sie ein Duplikat der Wirklichkeit dar. Das wird in der Lehre der späteren Platoniker radikal durchgeführt, insofern es bei ihnen eine Idee jedes einzelnen Dinges im göttlichen Geiste gibt. Damit verlieren die Ideen die Funktion, die sie in der ursprünglichen Konzeption hatten, nämlich das ewig Wahre im Strom der Wirklichkeit zu beschreiben. Es ist verständlich, daß der Nominalismus diese Verdoppelung der Welt aufhob und das Sein nur den individuellen Dingen zubilligte; aber der Nominalismus kann die Macht der Universalien nicht bestreiten, die in jedem einzelnen Exemplar wiedererscheinen und seine Art wie sein Werden bestimmen. Und selbst im einzelnen, besonders im einzelnen Menschen, gibt es ein inneres Telos, das die verschiedenen Momente seines Lebensprozesses transzendiert.

Der schöpferische Prozeß des göttlichen Lebens geht der Unterscheidung in Essenz und Existenz voraus. In der schöpferischen Schau Gottes ist das Individuelle als Ganzes gegenwärtig, sowohl in seinem wesensmäßigen Sein und inneren Telos als auch zugleich in der unendlichen Fülle aller einzelnen Momente seines Lebensprozesses. Das ist symbolisch gesagt, da es für uns unmöglich ist, einen Begriff oder auch nur eine Vorstellung von dem zu haben, was zum göttlichen Leben gehört. Das Geheimnis des Seins jenseits von Essenz und Existenz ist verborgen im Geheimnis der Schöpfermacht göttlichen Lebens.

Aber das Sein des Menschen ist nicht nur verborgen im schöpferischen Grund göttlichen Lebens, es ist sich und anderem Leben offenbar innerhalb des Ganzen der Wirklichkeit. Der Mensch existiert, und seine Existenz ist von seiner Essenz unterschieden. Der Mensch und die übrige Wirklichkeit sind nicht nur „innerhalb" des Prozesses göttlichen Lebens, sondern auch „außerhalb". Der Mensch ist gegründet in ihm, aber er ist nicht festgehalten in seinem Grund. Er hat den Grund verlassen, um „auf sich selbst" zu stehen, um zu verwirklichen, was er wesensmäßig ist, um *endliche Freiheit* zu sein. Das ist der Punkt, an dem die Lehre von der Schöpfung und die Lehre vom Fall zusammentreffen. Es ist der schwierigste und im höchsten Grade dialektische Punkt in der Lehre von der Schöpfung. Und es ist, wie jede existentielle Analyse der menschlichen Situation zeigt, der geheimnisvollste Punkt innerhalb der menschlichen Erfahrung. Vollkommen entfaltete Geschöpflichkeit ist gefallene Geschöpflichkeit. Das Geschöpf hat seine Freiheit verwirklicht, insofern es außerhalb des schöpferischen Grundes göttlichen Lebens lebt. Das ist der Unterschied zwischen dem Sein innerhalb und außerhalb des göttlichen Lebens. „Innerhalb" und „außerhalb" sind räumliche Symbole, aber was sie aussagen, ist nicht räumlich. Sie beziehen sich mehr auf etwas Qualitatives als auf etwas Quantitatives. Außerhalb des göttlichen Lebens sein bedeutet: in aktualisierter Freiheit zu stehen, in einer Existenz, die nicht mehr mit der Essenz eins ist. Von der einen Seite her betrachtet ist das die Vollendung der Schöpfung. Von der anderen Seite her betrachtet ist es der Anfang des Falls. Freiheit und Schicksal sind Korrelate. Der Punkt, in dem Schöp-

## Gott als der Schaffende

fung und Fall zusammentreffen, ist ebenso Schicksal wie Freiheit. Die Tatsache, daß dieses Zusammentreffen eine allgemeinmenschliche Situation ist, beweist, daß es keine Sache persönlicher Zufälligkeit sein kann, weder bei „Adam" noch bei irgend jemand sonst. Die Tatsache, daß die Existenz von der Einheit mit der Essenz geschieden wird, ist keine essentielle Notwendigkeit, ist vielmehr die Verwirklichung ontologischer Freiheit, verbunden mit ontologischem Schicksal.

Jeder Theologe, der den Mut hat, der zweifachen Wahrheit ins Gesicht zu sehen, daß nichts Zufälliges Gott begegnen kann und daß der Zustand der Existenz der des Gefallenseins ist, muß der Folgerung zustimmen, daß die Vollendung der Schöpfung und der Anfang des Falls ein und dasselbe sind. Die Theologen, die nicht bereit sind, die biblische Schöpfungsgeschichte und die Geschichte vom Sündenfall als Berichte von zwei wirklichen Ereignissen zu interpretieren, müßten die Konsequenz ziehen und das Geheimnis dorthin verlegen, wo es hingehört — in die Einheit von Freiheit und Schicksal im Grunde des Seins. Die supralapsarischen Kalvinisten, die behaupteten, daß Adam durch göttlichen Beschluß gefallen ist, hatten den Mut, diese Situation zu bejahen. Aber sie hatten nicht die Einsicht, ihre Erkenntnis so zu formulieren, daß der scheinbar dämonische Charakter dieses Beschlusses vermieden wurde.

Um nun die Untersuchung zusammenzufassen: Geschöpf sein heißt beides: wurzeln im schöpferischen Grund des göttlichen Lebens und sich selbst verwirklichen in Freiheit. Die Schöpfung findet ihre Erfüllung in der geschöpflichen Selbstverwirklichung, die zugleich Freiheit und Schicksal ist. Aber diese Erfüllung geschieht durch Trennung vom schöpferischen Grund, durch einen Bruch zwischen Essenz und Existenz. Kreatürliche Freiheit ist der Punkt, an dem Schöpfung und Sündenfall zusammenfallen.

Das ist der Hintergrund dessen, was wir „menschliches Schöpfertum" nennen. Wenn Schöpfertum bedeutet, etwas Neues in das Sein zu bringen, dann ist der Mensch schöpferisch in jeder Hinsicht — in bezug auf sich selbst und seine Welt, in bezug auf das Sein und in bezug auf den Sinn. Wenn jedoch Schöpfertum bedeutet, das zum Sein zu bringen, was vorher kein Sein hatte, dann unterscheiden sich göttliches und menschliches Schöpfertum aufs schärfste. Der Mensch schafft neue Synthesen aus dem vorgegebenen Stoff. Diese Schöpfung ist in Wirklichkeit Umwandlung. Gott schafft den Stoff, aus dem die neuen Synthesen gebildet werden können. Gott schafft den Menschen, er gibt dem Menschen die Kraft, sich selbst und seine Welt umzuwandeln. Der Mensch kann nur das umwandeln, was ihm gegeben wurde. Gottes Schöpfertum

## Gott und Welt

ist ursprünglich und essentiell. Und darüber hinaus ist in jedem Akt menschlichen Schöpfertums das Element der Scheidung vom schöpferischen Grund wirksam. Menschliches Schöpfertum ist zweideutig.

### 3. Schöpfung und Kategorien.

— Der Vorrang der Zeit als einer Kategorie der Endlichkeit kommt in der Tatsache zum Ausdruck, daß die Frage nach der Schöpfung und den Kategorien gewöhnlich als Frage nach der Beziehung zwischen der Schöpfung und der Zeit erörtert wird. Wenn die Schöpfung als ein vergangenes Ereignis dargestellt wird, ist es verständlich, wenn man fragt, was vor sich ging, ehe dieses Ereignis stattfand. Diese Frage ist jedoch absurd; sie ist aus philosophischen wie aus religiösen Gründen abgelehnt worden, sowohl mit Beweisen als auch mit „heiligem Zorn" (Luther). Aber die Absurdität liegt nicht in der Frage als solcher, sie liegt in ihrer Voraussetzung: die Schöpfung sei ein Ereignis in der Vergangenheit. Diese Voraussetzung unterwirft die Schöpfung der Zeit, und die Zeit enthält notwendig ein „Vorher" und ein „Nachher". Die traditionelle theologische Fassung lautet daher seit Augustin, daß die Zeit zugleich *mit* der Welt geschaffen wurde, deren grundlegende kategoriale Form sie ist. Manche Theologen jedoch haben den Verdacht, daß diese Formulierung eine ewige Schöpfung in sich schließt, daß Schöpfung ewig ist wie Gott, wenn auch die einzelnen Schöpfungen zeitlich sind. Sie bejahen Schöpfung *in* der Zeit, während sie verneinen, daß es eine Zeit vor der Schöpfung gibt. Für diese Auffassung ist in der Gegenwart Karl Barth ein Beispiel. Sie scheint jedoch von der Augustins nur in Worten, nicht aber der Sache nach abzuweichen.

Die Antwort auf die Frage nach Schöpfung und Zeit muß vom schöpferischen Charakter des göttlichen Lebens hergeleitet werden. Wenn das Endliche in den Prozeß des göttlichen Lebens hineingenommen wird, sind die Formen der Endlichkeit (die Kategorien) ebenfalls in ihm gegenwärtig. Das göttliche Leben schließt Zeitlichkeit ein, ist ihr aber nicht unterworfen. Die göttliche Ewigkeit enthält die Zeit und geht zugleich über sie hinaus. Die Zeit des göttlichen Lebens wird nicht durch das negative Element der kreatürlichen Zeit bestimmt, sondern durch den Modus der Gegenwart, nicht durch das „nicht mehr" und durch das „noch nicht" unserer Zeit. Unsere Zeit, die Zeit, die durch das Nichtsein bestimmt ist, ist die Zeit der Existenz. Sie setzt die Scheidung der Existenz von der Essenz und die existentielle Getrenntheit der einzelnen Zeitmomente, die essentiell im göttlichen Leben geeint sind, voraus.

Die Zeit hat also in bezug auf die Schöpfung einen doppelten Charakter. Sie gehört zum schöpferischen Prozeß des göttlichen Lebens ebenso wie zu dem Punkt der Schöpfung, der mit dem Fall zusammentrifft. Die Zeit hat Anteil am Schicksal alles Geschaffenen: nämlich gegründet zu sein im göttlichen Grunde, jenseits von Essenz und Existenz, und getrennt zu sein vom göttlichen Grunde durch die Freiheit und das Schicksal der Kreatürlichkeit. Wenn man also von der Zeit vor der Schöpfung spricht, so kann damit nur die göttliche Zeit gemeint sein, die kein „Vorher" ist in irgendeinem Sinn zeitlicher Existenz. Und wenn man von der Schöpfung *in* der Zeit spricht, so kann das nur bedeuten: die Umwandlung der zum göttlichen Leben gehörigen Zeit in die zur kreatürlichen Existenz gehörige Zeit. Es ist richtiger, von der Schöpfung *mit* der Zeit zu sprechen; denn die Zeit ist die Form der Endlichkeit im schöpferischen Grund des göttlichen Lebens ebenso wie in der kreatürlichen Existenz.

Analoge Feststellungen können in bezug auf die anderen Kategorien gemacht werden. Sie alle sind im schöpferischen Grund des göttlichen Lebens gegenwärtig, jedoch auf eine Weise, die nur symbolisch dargestellt werden kann. Und sie alle sind zugleich in der Art gegenwärtig, wie wir sie in unserer Existenz aktualisierter Freiheit erfahren, in der Erfüllung und der Selbst-Entfremdung des kreatürlichen Seins.

4. DAS GESCHÖPF. — Wenn wir daran festhalten, daß die Erfüllung der Schöpfung die Verwirklichung endlicher Freiheit ist, behaupten wir damit, daß der Mensch das Telos der Schöpfung sei. Von keinem anderen bekannten Wesen kann man sagen, daß in ihm endliche Freiheit verwirklicht sei. In anderen Wesen gibt es Vorformen der Freiheit, wie etwa Gestalt und Spontaneität, aber es fehlt ihnen die Macht, die Kette von Reiz und Reaktionen in Überlegung und Entscheidung zu durchbrechen. Kein anderes Wesen hat ein vollständiges Selbst und eine vollständige Welt. Kein anderes Wesen ist der Endlichkeit auf Grund des Bewußtseins potentieller Unendlichkeit gewahr. Wenn ein anderes Wesen zu finden wäre, das trotz biologischer Andersartigkeit diese Eigenschaften hätte, so wäre es menschlich. Und wenn es unter den Menschen ein Wesen gleicher biologischer Art gäbe, aber ohne die erwähnten Eigenschaften, könnte es nicht „Mensch" genannt werden. Aber beide Fälle sind reine Phantasie, da biologische Struktur und ontologischer Charakter nicht zu trennen sind.

Der Mensch als Geschöpf ist das „Ebenbild Gottes" genannt worden. Dieser biblische Ausdruck ist so verschieden interpretiert worden wie die ganze christliche Lehre vom Menschen. Die Erörterung darüber wurde durch die Tatsache erschwert, daß der biblische Bericht zwei Begriffe für diese Vorstellung gebraucht, die als *„imago"* und *„simili-*

*tudo"* übersetzt worden sind. Diese wurden in ihrer Bedeutung unterschieden (Irenäus). Von *„imago"* nahm man an, daß es auf die natürliche Beschaffenheit des Menschen hinweise, von *„similitudo"*, daß damit die besondere göttliche Gabe gemeint sei, das *donum superadditum*, das Adam die Macht gab, mit Gott verbunden zu sein. Der Protestantismus, der den ontologischen Dualismus zwischen Natur und Übernatur verneinte, lehnte das *donum superadditum* ab und damit auch die Unterscheidung zwischen *imago* und *similitudo*. Der Mensch in seiner reinen Natur ist nicht nur das Ebenbild Gottes, er hat auch die Kraft zur Gemeinschaft mit Gott und deshalb zum rechten Verhalten gegen andere Geschöpfe und gegen sich selbst *(iustitia originalis)*. Mit dem Fall ging diese Kraft verloren. Der Mensch ist geschieden von Gott, und er hat keine Freiheit zurückzukehren. Für die römisch-katholische Lehre ist die Kraft der Gemeinschaft mit Gott nur geschwächt und eine gewisse Freiheit zur Rückkehr zu Gott geblieben. Der Unterschied zwischen Protestantismus und Katholizismus ist hier abhängig von einer ganzen Reihe von Entscheidungen, fundamental vom Verständnis der Gnade. Wenn Gnade eine übernatürliche Substanz ist, dann ist die katholische Position folgerichtig. Wenn sie aber Vergebung ist, die im Zentrum der Persönlichkeit empfangen wird, ist die protestantische Position notwendig. Die Kritik am ontologischen Supranaturalismus in den vorhergehenden Kapiteln enthält die Abweisung der katholischen Lehre.

Aber trotz vieler Diskussionen bleiben zwei Probleme auf protestantischem Boden: Was bedeutet „Ebenbild Gottes"? Und was heißt „Der Mensch ist von Natur gut"? Eine adäquate Behandlung des ersten Problems macht es erforderlich, eine Verwechslung zwischen Ebenbild Gottes und Beziehung zu Gott auszuschalten. Sicherlich kann der Mensch nur darum Gemeinschaft mit Gott haben, weil er „zu seinem Bilde" geschaffen wurde, aber das bedeutet nicht, daß „Ebenbild" durch Gemeinschaft mit Gott definiert werden kann. Der Mensch ist das Ebenbild Gottes in dem, worin er sich von allen anderen Geschöpfen unterscheidet, nämlich in seiner vernünftigen Struktur. Natürlich ist der Begriff „vernünftig" vielen Mißdeutungen unterworfen. „Vernünftig" kann definiert werden als technische Vernunft im Sinne von Beweis und Kalkulation. Dann ist die aristotelische Definition des Menschen als *„animal rationale"* ebenso falsch wie die Gleichsetzung des „Ebenbildes Gottes" im Menschen mit seiner vernünftigen Natur. Aber Vernunft ist die Struktur der Freiheit und schließt potentielle Unendlichkeit in sich. Der Mensch ist das „Ebenbild Gottes", weil in ihm die ontologischen Elemente vollkommen und auf kreatürlicher Basis geeint sind,

## Gott als der Schaffende

ebenso wie sie in Gott als dem schöpferischen Grund vollkommen und geeint sind. Der Mensch ist das „Ebenbild Gottes", weil sein *logos* analog ist dem göttlichen *logos*, so daß der göttliche *logos* als Mensch erscheinen kann, ohne daß die Menschlichkeit des Menschen zerstört wird. Die zweite häufig erörterte und verschieden beantwortete Frage innerhalb der protestantischen Theologie ist die Frage nach dem kreatürlichen Gutsein des Menschen. Die Theologen der alten Kirche billigten Adam als dem Vertreter der essentiellen Natur des Menschen alle Vollkommenheiten zu, die sonst für Christus oder den Menschen in seiner eschatologischen Erfüllung vorbehalten waren. Solch eine Darstellung machte den Fall gänzlich unverständlich. Deshalb nimmt die gegenwärtige Theologie bei Adam richtigerweise eine Art träumender Unschuld an, einen Zustand der Kindheit vor Kampf und Entscheidung. Diese Interpretation des „Urstandes" des Menschen läßt den Fall verständlich und sein Eintreten existentiell unvermeidlich erscheinen. Sie enthält weit mehr symbolische Wahrheit als das »Lob Adams« vor dem Fall. Das kreatürliche Gutsein des Menschen besteht darin, daß er die Möglichkeit hat, sich selbst zu aktualisieren und dadurch selbständig zu werden, auch gegenüber Gott. Deshalb ist es unangemessen, nach Adams wirklichem Zustand vor dem Fall zu fragen, z. B. ob er sterblich oder unsterblich war, ob er in Gemeinschaft mit Gott war oder nicht, ob er im Stande der Gerechtigkeit war oder nicht. Das Wort „war" setzt Verwirklichung in der Zeit voraus. Aber das ist genau das, was man von dem Zustand der reinen Potentialität nicht aussagen kann. Dies gilt selbst dann, wenn wir ein psychologisches Symbol wählen und vom Stand der träumenden Unschuld sprechen oder wenn wir ein theologisches Symbol gebrauchen und von einem Zustand der Geborgenheit im Grunde des göttlichen Lebens reden. Man kann von einem „war" nur sprechen, nachdem Adam zur Selbst-Verwirklichung durch Freiheit und Schicksal geschritten ist.

Der Mensch ist das Geschöpf, in dem die ontologischen Elemente vollzählig vorhanden sind. Sie sind unvollkommen vorhanden in allen anderen Geschöpfen, die man aus diesem Grunde „untermenschlich" nennt. Untermenschlich bedeutet nicht: weniger vollkommen als der Mensch. Im Gegenteil, der Mensch als das wesensmäßig bedrohte Geschöpf kann sich mit der natürlichen Vollkommenheit der untermenschlichen Geschöpfe nicht messen. Das Untermenschliche weist auf eine andere ontologische Ebene, nicht auf einen anderen Grad von Vollkommenheit hin. Weiter muß die Frage gestellt werden, ob es übermenschliche Wesen im ontologischen Sinne gibt. Sowohl die religiöse Phantasie als auch die philosophische Konstruktion (Neuplatonismus,

Leibniz) hat eine bejahende Antwort hierauf gegeben. In diesen Versuchen stellte man sich das Universum als bevölkert mit Geistern, Engeln und höheren Monaden vor. Ob solche Wesen, falls sie existieren, „übermenschlich" genannt werden sollten, hängt von der Auffassung des einzelnen über den letzten Sinn von Freiheit und Geschichte ab. Wenn die Engel, nach Paulus, Einblick in das Geheimnis der Erlösung haben möchten, dann sind sie sicher keine höheren Wesen als die, die dies Geheimnis in ihrer eigenen Erlösung erfahren. Die richtigste Lösung dieser Frage hat Thomas von Aquino gegeben, wenn er sagt, daß die Engel die Polarität von Individualisation und Partizipation transzendieren. In unserer Terminologie könnten wir sagen, daß die Engel konkret-poetische Symbole der Ideen oder Seinsmächte sind. Sie sind nichts Seiendes, aber sie partizipieren an allem, was ist. Manifestationen dieser Mächte im menschlichen Bewußtsein (Epiphanien) schaffen den Mythos und mit ihm Religionen und Kulturen. In der christlichen Ära sind diese Seinsmächte dem Christus untergeordnet. Sie müssen ihm dienen, obwohl sie oft gegen ihn aufbegehren[1].

Eine letzte Frage muß noch gestellt werden, nämlich: Wie partizipiert der Mensch an der untermenschlichen Kreatur und umgekehrt? Die klassische Antwort sagt, daß der Mensch der Mikrokosmos ist, weil in ihm alle Ebenen der Wirklichkeit gegenwärtig sind. In den Mythen vom „Ur-Menschen", dem „Menschen von oben" (vgl. besonders die persische Tradition und 1. Kor. 15) und in ähnlichen philosophischen Vorstellungen (vgl. Paracelsus, Böhme, Schelling) wird die gegenseitige Partizipation von Mensch und Natur symbolisch ausgedrückt. Der Mythos vom Fluch über die Natur und ihrer möglichen Teilnahme an der Erlösung zielt in derselben Richtung. All dies ist in einer Kultur, die durch Nominalismus und Individualismus bestimmt ist, schwer zu verstehen. Aber es gehört zu einem Erbe, das der abendländische Geist zurückzugewinnen im Begriff ist. Das Problem ist äußerst dringlich, wenn die christliche Theologie sich mit dem Sündenfall und dem Heil der Welt befaßt. Bezieht sich „Welt" allein auf die Menschheit? Und, wenn ja, kann die Menschheit von anderem Seienden geschieden werden? Wo ist die Grenze in der allgemeinen biologischen Entwicklung? Wo ist die Grenze in der Entwicklung des einzelnen Menschen? Ist es möglich, die Natur, zu der er durch seinen Körper gehört, von der Gesamtnatur abzusondern? Gehört der Bereich des Unbewußten in der

---

[1] Ihre Wiederentdeckung von psychologischer Seite her als Archetypen des kollektiven Unbewußten und die neue Interpretation des Dämonischen in der Theologie und der Literatur haben zum Verständnis dieser Mächte des Seins beigetragen, die keine Wesen, sondern Strukturen sind.

## Gott als der Schaffende

Persönlichkeit des Menschen zur Natur oder zum Menschen? Läßt das kollektive Unbewußte zu, daß das Individuum von den anderen Individuen und vom Ganzen der lebendigen Substanz isoliert wird? Diese Fragen zeigen, daß das Element der Partizipation in der Polarität von Individualisation und Partizipation viel ernsthafter erörtert werden muß im Hinblick auf die gegenseitige Partizipation von Natur und Mensch. Hier sollte die Theologie vom modernen Naturalismus lernen, der in dieser Hinsicht uns den Weg zu einer halbvergessenen theologischen Wahrheit weisen kann. Was im Mikrokosmos geschieht, geschieht durch die gegenseitige Partizipation auch im Makrokosmos, denn das Sein-Selbst ist nur eines.

b) *Gottes erhaltendes Schaffen.* — Der Mensch aktualisiert seine endliche Freiheit in Einheit mit dem Ganzen der Wirklichkeit. Diese Aktualisierung gibt ihm die Möglichkeit, auf sich selbst zu stehen, und die Möglichkeit, der Rückkehr in den Grund des Seins Widerstand zu leisten. Aber zugleich bleibt die aktualisierte Freiheit beständig abhängig von ihrem schöpferischen Grund. Nur in der Macht des Seins-Selbst ist das Geschöpf fähig, dem Nichtsein zu widerstehen. Kreatürliche Existenz enthält einen zweifachen Widerstand: den Widerstand gegen das Nichtsein ebenso wie den Widerstand gegen den Grund des Seins, in dem es wurzelt und von dem es abhängig ist. Traditionsgemäß wird die Beziehung Gottes zum Geschöpf in seiner aktualisierten Freiheit die Erhaltung der Welt genannt. Das Symbol der „Erhaltung" setzt eine gewisse Unabhängigkeit dessen, was erhalten wird, voraus und ebenso die Notwendigkeit des Schutzes gegen Bedrohung. Die Lehre von der Erhaltung der Welt ist die Tür, durch die sich deistische Begriffe leicht in das theologische System einschleichen. Die Welt wird darin als selbständige Gestalt aufgefaßt, die sich nach ihren eigenen Gesetzen bewegt. Danach hat Gott die Welt „am Anfang" geschaffen und ihr die Naturgesetze gegeben. Aber nach diesem Anfang greift er entweder überhaupt nicht mehr ein (konsequenter Deismus) oder nur gelegentlich durch Wunder und Offenbarung (theistischer Deismus), oder er handelt in unaufhörlicher gegenseitiger Beziehung (konsequenter Theismus). In diesen drei Fällen wäre es nicht richtig, von erhaltender Schöpfung zu reden.

Seit der Zeit Augustins hat es eine andere Interpretation von der Erhaltung der Welt gegeben. Erhaltung ist dauerndes Schaffen, in dem Gott von Ewigkeit her Dinge und Zeit miteinander schafft. Dies ist das einzig angemessene Verständnis der Erhaltung. Es wurde von den Reformatoren übernommen, von Luther machtvoll zum Ausdruck gebracht und von Calvin radikal herausgearbeitet, der eine Warnung gegen die deistische Gefahr, die er vorausahnte, hinzufügte. Dieser Linie des Denkens muß man folgen und sie zu einer Verteidigungslinie gegen die heutige halb deistische, halb theistische Form machen, bei der Gott als ein Wesen neben der Welt aufgefaßt wird. Gott ist wesensmäßig schöpferisch, und darum ist er schöpferisch in jedem Augenblick zeitlicher Existenz und verleiht Seinsmächtigkeit allem, was aus dem schöpferischen Grund göttlichen Lebens hervorgeht. Jedoch gibt es einen entscheidenden Unterschied zwischen ursprünglicher und erhaltender Schöpfung. Die letztere bezieht sich auf die vorhandenen Strukturen der Wirklichkeit, auf das, was innerhalb des Wechsels dauert, auf das Regelmäßige und Berechenbare in den Dingen. Ohne dieses statische Element wäre das endliche Sein nicht imstande, sich mit sich selbst oder einen Gegenstand mit einem anderen zu identifizieren. Ohne dieses statische Element wäre weder Erwartung noch Handeln für die Zukunft, noch ein Standort möglich, und deshalb wäre das Sein überhaupt unmöglich. Der Glaube an Gottes erhaltende Schöpfermacht ist der Glaube an die ununterbrochene Dauer der Wirklichkeitsstruktur als der Basis für Sein und Handeln.

Die Hauptströmung der modernen Weltanschauung schloß eine Erkenntnis von Gottes erhaltender Schöpfermacht völlig aus. Die Natur wurde als ein System meßbarer und berechenbarer Gesetze, die in sich selbst ruhen, ohne Anfang und Ende, aufgefaßt. Die „wohlgegründete Erde" war ein sicherer Ort innerhalb eines gesicherten Universums. Obwohl niemand geleugnet hätte, daß jedes einzelne Seiende vom Nichtsein bedroht war, schien das Universum als Ganzes jenseits solcher Bedrohung. Demzufolge konnte man sagen: *„deus sive natura"*, eine Formel, die besagt, daß der Name „Gott" nicht mehr enthält, als was schon im Namen „Natur" liegt. Man kann solche Vorstellungen „pantheistisch" nennen; aber, wenn man das tut, muß man sich klarmachen, daß sie sich nicht wesentlich unterscheiden von einem Deismus, der Gott an den Rand der Wirklichkeit drängt und der Welt dieselbe Selbständigkeit zuweist, die sie im naturalistischen Pantheismus hat. Das Symbol von Gottes erhaltendem Schaffen ist in beiden Fällen verschwunden. Heute geht die Hauptlinie der modernen Weltanschauung in umgekehrter Richtung. Die Grundlagen des in sich ruhenden Universums sind erschüttert. Die Fragen nach seinem Anfang und seinem Ende sind für das theoretische Denken bedeutungsvoll geworden und weisen auf das Element des Nichtseins im Universum als Ganzem. Zugleich wurde die Überzeugung, in einer letztlich sicheren Welt zu leben, durch die Katastrophen des 20. Jahrhunderts und ihren

Ausdruck in Existenzphilosophie und Literatur zerstört. Das Symbol von Gottes erhaltendem Schaffen erhielt neue Kraft und Bedeutung.

Die Frage, ob die Beziehung zwischen Gott und der Welt als Immanenz oder Transzendenz verstanden werden sollte, wird gewöhnlich mit einem „sowohl — als auch" beantwortet. Solch eine Antwort löst das Problem in keiner Weise, obwohl sie richtig ist. Immanenz und Transzendenz sind Raumsymbole. Gott ist „in" oder „über" der Welt oder beides. Die Frage bleibt: Was bedeutet das in nicht-räumlichen Begriffen? Sicher ist Gott weder in einem anderen noch in demselben Raum wie die Welt. Er ist der schöpferische Grund der Raumstruktur der Welt, aber er ist nicht an diese Struktur gebunden, weder im positiven noch im negativen Sinne. Das Raum-Symbol zielt auf eine qualitative Beziehung: Gott ist der Welt immanent als ihr dauernder schöpferischer Grund, und er ist der Welt transzendent durch Freiheit. Beides, die unendliche göttliche Freiheit und die endliche menschliche Freiheit machen die Welt transzendent für Gott und Gott transzendent für die Welt. Dem religiösen Interesse an der göttlichen Transzendenz wird nicht Genüge getan, wenn man — mit Recht — die unendliche Überlegenheit des Unendlichen über das Endliche verteidigt. Diese Transzendenz widerspricht der *„coincidentia oppositorum"*, dem Zusammengehören des Gegensätzlichen, nicht, sondern bestätigt es vielmehr. Das Unendliche ist in jedem Endlichen gegenwärtig, sowohl im Stein als auch im Genius. Die Transzendenz, die von der religiösen Erfahrung gefordert wird, ist der Bezug von Freiheit zu Freiheit, der in jeder persönlichen Begegnung aktuell ist. Gewiß, das Heilige ist das „Ganz Andere". Aber die Andersheit wird nicht wirklich als Andersheit erfaßt, wenn sie im ästhetisch-erkennenden Bereiche bleibt und nicht als Andersheit des göttlichen „Du" erfahren wird, dessen Freiheit mit meiner Freiheit in Widerspruch geraten kann. Der Sinn der Raumsymbole für die göttliche Transzendenz ist die Möglichkeit des Widerspruchs und der Versöhnung zwischen unendlicher und endlicher Freiheit.

c) *Gottes lenkendes Schaffen.* — 1. SCHÖPFUNG UND ZWECK. — Der „Zweck der Schöpfung" ist ein so vieldeutiger Begriff, daß er vermieden werden sollte. Die Schöpfung hat keinen Zweck außer sich selbst. Vom Standpunkt des Geschöpfes ist der Zweck der Schöpfung das Geschöpf und die Verwirklichung seiner Möglichkeiten. Vom Standpunkt des Schöpfers aus ist der Zweck der Schöpfung die Ausübung seiner Schöpfermacht, die keinen Zweck hat außer sich selbst, da das göttliche Leben seinem Wesen nach schöpferisch ist. Wenn „die

Ehre Gottes" als Zweck der Schöpfung bezeichnet wird, wie es in der kalvinistischen Theologie geschieht, so muß man vor allem den höchst symbolischen Charakter einer solchen Aussage verstehen. Kein kalvinistischer Theologe wird zugeben, daß Gott irgend etwas fehlt, was er sich von dem Geschöpf, das er geschaffen hat, geben lassen muß. Solch eine Vorstellung wird als heidnisch abgewiesen. Als Schöpfer der Welt ist Gott selber die einzige Ursache der Herrlichkeit, die er durch seine Schöpfung schaffen möchte. Aber wenn er die einzige Ursache seiner Herrlichkeit ist, bedarf er der Welt nicht, daß sie ihm Ehre gebe. Er besitzt sie in Ewigkeit in sich selbst. In der lutherischen Theologie ist es Gottes Absicht, eine Liebesgemeinschaft mit seinen Geschöpfen zu haben. Gott schafft die Welt, weil die göttliche Liebe einen Gegenstand der Liebe will. Hierin ist wieder die stillschweigende Voraussetzung enthalten, daß Gott etwas nötig hätte, was er ohne die Schöpfung nicht hätte. Gegenseitige Liebe ist voneinander abhängige Liebe. Jedoch gibt es nach der Lehre Luthers nichts, was die erschaffene Welt Gott geben könnte. Er ist es allein, der gibt.

Der Begriff „Zweck der Schöpfung" sollte durch „Telos der Schöpfung" ersetzt werden, nämlich aktuelle Erfüllung dessen, was in Gott jenseits von Potentialität und Aktualität ist. Das lenkende Schaffen Gottes treibt jede Kreatur in der Richtung auf solche Erfüllung in der Form des „dennoch". Dieses lenkende Schaffen Gottes muß zur ursprünglichen und erhaltenden Schöpfung hinzukommen. Es ist *die* Seite des göttlichen Schaffens, die auf die Zukunft bezogen ist. Der traditionelle Begriff für lenkendes Schaffen ist „Vorsehung".

2. SCHICKSAL UND VORSEHUNG. — Vorsehung ist ein paradoxer Begriff. Glaube an die Vorsehung ist Glaube „dennoch", trotz der Dunkelheit des Schicksals und der Sinnlosigkeit der Existenz. Der Begriff *pronoia* (Vorsehung) erscheint bei Plato im Zusammenhang einer Philosophie, die die Dunkelheit übermenschlichen und übergöttlichen Fatums mit Hilfe des Begriffes des Guten als letzter Macht des Seins und Erkennens überwunden hat. Der Glaube an die Vorsehung in der Geschichte ist der Triumph der prophetischen Interpretation der Geschichte — einer Interpretation, die der historischen Existenz Sinn verleiht trotz niemals endender Erfahrungen der Sinnlosigkeit. In der spätantiken Welt besiegte das Fatum die Vorsehung und errichtete die Herrschaft der Angst unter den Massen; aber das Christentum betonte den Sieg des Christus über die Mächte von Fatum und Angst gerade dann, als sie ihn am Kreuz scheinbar überwältigt hatten. Hier wurde der Glaube an die Vorsehung endgültig begründet.

## Gott als der Schaffende

Innerhalb des christlichen Zeitalters hat jedoch eine Entwicklung stattgefunden, durch die es zu einer Umwandlung der Vorsehung in ein rationales Prinzip auf Kosten ihres paradoxen Charakters kam. Obwohl der Mensch die Gründe für das Wirken der Vorsehung Gottes nicht kennt, betonte man, daß es Gründe gibt, die Gott weiß, und daß der Mensch fähig ist, an diesem Wissen wenigstens fragmentarisch teilzunehmen. In der modernen Philosophie ging die Entwicklung noch über diesen Punkt hinaus. Die Philosophie versuchte, sich selber auf den Thron Gottes zu setzen und die Gründe für Gottes providentielles Handeln genau zu bestimmen. Das geschah in drei Formen: der teleologischen, der harmonistischen und der dialektischen Form.

Der teleologische Weg ist ein Versuch, den Beweis dafür zu erbringen, daß alle Dinge so geplant und geordnet sind, daß sie dem Zweck von Gottes Tun dienen, und dieser Zweck ist das Glück des Menschen. Eine sorgfältige Analyse alles Teleologischen in Natur und Mensch erbringt unzählige Beweise für das Wirken der göttlichen Vorsehung. Da jedoch das Glück des Menschen letztes Kriterium ist, hat jedes Naturereignis, das das Gegenteil menschlichen Glücks offenbart, eine katastrophale Wirkung auf diesen teleologischen Optimismus.

Der zweite Weg, die Vorsehung in rationalen Begriffen zu erfassen, ist der harmonistische. Die meisten Philosophen der Aufklärung wandten direkt oder indirekt diese Methode an. In ihrem Denken bedeutet jedoch Harmonie nicht, daß alles „Süße und Licht" sei. Es bedeutet vielmehr, daß ein Gesetz der Harmonie „hinter dem Rücken" der Menschen und ihrer egoistischen Absichten am Werke ist. Die Marktgesetze, wie sie die klassische Nationalökonomie entwickelt hat, sind das Musterbeispiel dieser Art säkularisierter Vorsehung. Aber das Prinzip ist in allen Bereichen des Lebens wirksam geworden. Der Liberalismus, die Lehre von der individuellen Freiheit, ist ein rationales System der Vorsehung. Das Gesetz der Harmonie ordnet die unzähligen sich widerstreitenden Interessen, Absichten und Tätigkeiten aller einzelnen ohne Dazutun des Menschen. Selbst der Protestantismus benutzt das Prinzip der Harmonie, wenn er die Bibel allen Christen zugänglich macht und den kirchlichen Autoritäten das Recht, Mittler zu sein, abspricht. Hinter der protestantischen Lehre, daß die Bibel sich selbst auslegt *(scriptura sui ipsius interpres)*, liegt ein früh-liberaler Glaube an die Harmonie, der selbst eine rationalisierte Form des Glaubens an die Vorsehung ist. Der Fortschritts-Optimismus des 19. Jahrhunderts ist eine direkte Folgeerscheinung der allgemeinen Annahme des Prinzips der Harmonie.

Die dritte Form des rationalen Vorsehungsbegriffs, die historische

Dialektik, ist tiefer und pessimistischer als die beiden anderen. Sie weiß um die Tiefe des Negativen in Sein und Existenz. Das gilt sowohl von ihrer idealistischen wie von ihrer realistischen Form. Hegel führt Nichtsein und Widerspruch in den Prozeß der göttlichen Selbstverwirklichung ein. Marx sieht in der Entmenschlichung und Selbstentfremdung der historischen Existenz die Widerlegung des liberalen Glaubens an eine automatische Harmonie. Das Schicksal erscheint jetzt erneut als der dunkle Hintergrund einer rationalisierten Vorsehung und als deren dauernde Bedrohung. Indessen führt die Dialektik zur Synthese, sowohl logisch als auch tatsächlich. Die Vorsehung siegt noch, sowohl bei Hegel als auch bei Marx. Bei Hegel siegt sie in seiner eigenen Zeit, bei Marx wird sie in einer noch unbestimmten Zukunft siegen. Bei keinem von beiden gewährt die Vorsehung jedoch Trost für den einzelnen. Marx kennt keine Erfüllung des individuellen Schicksals, außer in der Kollektiv-Erfüllung, während Hegel die Geschichte gar nicht als Ort individuellen Glückes betrachtet, weder in der Vergangenheit noch in der Gegenwart oder Zukunft.

Die Katastrophen des 20. Jahrhunderts haben sogar diesen begrenzten Glauben an eine „rationale Vorsehung" erschüttert. Das Schicksal überschattet die christliche Welt, wie es die antike Welt vor 2000 Jahren überschattet hat. Der Einzelmensch fragt leidenschaftlich, wie ihm die Möglichkeit erhalten bleiben könnte, an eine persönliche Erfüllung zu glauben, trotz aller Negativität seiner historischen Existenz. Und die Frage nach der historischen Existenz ist wieder ein Kampf mit der Dunkelheit des Schicksals geworden, derselbe Kampf, in dem ursprünglich das Christentum den Sieg errang.

3. DER SINN VON VORSEHUNG. — Vorsehung bedeutet ein Voraus-Sehen *(providere),* das ein Voraus-Ordnen ist („nach etwas sehen"). Diese Doppelbedeutung enthält ein zwiespältiges Empfinden gegenüber der Vorsehung, und dem entsprechen auch die verschiedenen Interpretationen des Begriffs. Betont man das Element der Voraus-Sicht, dann wird Gott zum allwissenden Zuschauer, der weiß, was geschehen wird, der aber die Freiheit seiner Geschöpfe nicht stört. Wird das Element des Voraus-Ordnens betont, dann wird Gott zu einem Planer, der alles, was geschehen wird, ordnete, „ehe der Welt Grund gelegt war"; alle natürlichen und historischen Prozesse sind dann nichts anderes als die Ausführung dieses überzeitlichen göttlichen Plans. Bei der ersten Auffassung bauen die Geschöpfe ihre Welt selber, und Gott bleibt Zuschauer; bei der zweiten sind die Geschöpfe Räder in einem universalen Mechanismus, und Gott ist es allein, der handelt. Beide

## Gott als der Schaffende

Auffassungen von Vorsehung müssen abgelehnt werden. Die Vorsehung ist ein beständiges Handeln Gottes. Er ist niemals Zuschauer, immer lenkt er alles und jedes zu seiner Erfüllung hin. Aber er tut es durch die Freiheit des Menschen und durch die Spontaneität der lebenden Wesen. Die Vorsehung wirkt durch die polaren Elemente des Seins. Sie wirkt unter den Bedingungen individueller, sozialer und universaler Existenz, durch Endlichkeit, Nichtsein und Angst, durch die gegenseitigen Konflikte alles Endlichen, durch seinen Widerstand gegen das göttliche Tun und durch die zerstörerischen Folgen solchen Widerstandes. Alle existentiellen Bedingungen sind in Gottes lenkendem Schaffen enthalten. Sie werden weder vermehrt oder vermindert in ihrer Kraft, noch werden sie aufgehoben. Vorsehung ist keine Einmischung; sie ist Schöpfung. Sie bedient sich aller Möglichkeiten, sowohl der Freiheit als auch des Schicksals und leitet alles schöpferisch auf seine Vollendung hin. Vorsehung ist eine Qualität jeder Konstellation von Bedingungen, eine Qualität, die in Richtung der Erfüllung „treibt" oder „lockt". Vorsehung ist das göttlich Bedingende, das in jeder Gruppe endlicher Bedingungen und in der Totalität endlicher Bedingungen gegenwärtig ist. Sie ist kein zusätzlicher Faktor, kein wunderhaftes physisches oder geistiges Eingreifen im Sinne des Supranaturalismus. Sie ist die Qualität der inneren Ausrichtung in jeder Situation. Der Mensch, der an die Vorsehung glaubt, glaubt nicht, daß ein besonderes göttliches Handeln die Gegebenheiten der Endlichkeit und Entfremdung ändern wird. Er glaubt und versichert mit dem Mut des Glaubens, daß keine Situation die Erfüllung seines letzten Schicksals vereiteln, daß „nichts ihn scheiden mag von der Liebe Gottes, die in Christo Jesu ist, unserm Herrn" (Röm. 8, 39).

Was für den einzelnen gilt, gilt auch für die Geschichte. Der Glaube an die Vorsehung in der Geschichte bedeutet die Gewißheit, daß die Geschichte in jedem ihrer Augenblicke, in Zeiten des Fortschritts und Zeiten der Katastrophen, an der letzten Erfüllung kreatürlicher Existenz mitwirkt, obwohl sich diese Erfüllung nicht in einer etwaigen Zukunft in Raum und Zeit ereignen wird.

Gottes lenkendes Schaffen ist die Antwort auf die Frage nach dem Sinn des Gebets, besonders des Bitt- und Fürbittgebets. Keines dieser Gebete kann bedeuten, daß man von Gott erwartet, er solle bereit sein, in existentielle Gegebenheiten einzugreifen. Beide bedeuten, daß man Gott bittet, die gegebene Situation in Richtung ihrer Erfüllung zu lenken. Die Gebete sind ein Element in dieser Situation, ein sehr machtvoller Faktor, wenn es echte Gebete sind. Als ein Element der Gesamtsituation des Menschen gehört das Gebet zu den Bedingungen, die Gottes lenkendes Schaffen benutzt, aber die Art, wie er es benutzt, kann die völlige Verwerfung des Gebetswunsches sein. Der verborgene Gehalt jedes Gebets ist die Hingabe an Gott, und dieser Gehalt ist immer entscheidend. Jedes ernste Gebet hat Macht, nicht wegen der Intensität, mit der eine Bitte darin geäußert wird, sondern wegen des Glaubens, den ein Mensch an Gottes lenkendes Schaffen hat — ein Glaube, der die existentielle Situation verwandelt.

4. Vorsehung im Einzelleben und in der Geschichte. — Die Vorsehung bezieht sich ebenso auf den einzelnen wie auf die Geschichte. Die besondere Vorsehung *(providentia specialis)* gibt dem einzelnen die Gewißheit, daß unter allen Umständen, in jeder Art von Gegebenheiten, der göttliche „Faktor" wirksam und daß daher der Weg zu einer letzten Erfüllung für ihn offen ist. In der spätantiken Welt war die persönliche Vorsehung praktisch der Sinn von Vorsehung überhaupt. In einer Zeit, in der für den einzelnen die Geschichte nichts anderes bedeutete als Zufall und Schicksal *(tyche* und *heimarmene),* eine Macht über ihm, die er nicht ändern und zu der er nichts beitragen konnte, war der Glaube an eine individuelle Vorsehung eine Befreiung, und dieser befreiende Glaube wurde in den meisten Philosophenschulen gepflegt. Das Einzige, was ein Mensch tun konnte, war, seine Situation hinzunehmen und sie durch diese Hinnahme in stoischem Mut, in skeptischer Resignation oder in mystischer Erhebung zu transzendieren. Im Christentum ist die Vorsehung ein Element der Ich-Du-Beziehung zwischen Gott und Mensch, sie enthält die Innigkeit des Glaubens an liebevollen Schutz und persönliche Führung. Sie gibt dem einzelnen das Gefühl transzendenter Geborgenheit inmitten der Ungesichertheit in Natur und Geschichte. Sie ist Vertrauen zum göttlich Bedingenden in jeder Konstellation endlicher Bedingungen. Das ist die Größe des Vorsehungsglaubens, aber auch seine Gefahr. Vertrauen zu der göttlichen Führung kann zu der Überzeugung werden, daß Gott die Bedingungen einer Situation ändern muß, um das göttlich Bedingende wirksam werden zu lassen. Und wenn das nicht geschieht, brechen Vertrauen und Glaube zusammen. Aber es ist das Paradox des Glaubens an die Vorsehung, daß gerade dann, wenn die Bedingungen einer Situation den Glaubenden vernichten, das göttlich Bedingende ihm eine Gewißheit schenkt, die die Vernichtung transzendiert.

Das Christentum hat mehr getan als den Sinn der speziellen Vorsehung zu verwandeln. In der Nachfolge des Judentums hat es den Glauben an die geschichtliche Vorsehung hinzugefügt. Das war für die antike Welt unmöglich, aber für den jüdischen Prophetismus war

## Gott als der Schaffende

es eine Realität, und für das Christentum ist es eine Notwendigkeit, denn Gott errichtet sein Reich durch die Geschichte. Das Erlebnis der großen Weltreiche mit ihrer schicksalhaften Macht erschütterte das jüdische und christliche Vertrauen zu Gottes geschichtlicher Vorsehung nicht. Die Reiche sind nur Stufen im welthistorischen Prozeß, dessen Erfüllung die Herrschaft Gottes durch Israel oder durch den Christus ist. Dieser Glaube ist nicht weniger paradox als der Glaube des einzelnen Menschen an Gottes lenkendes Schaffen in seinem Leben. Und überall da, wo der paradoxe Charakter der geschichtlichen Vorsehung vergessen wird, wo geschichtliche Vorsehung mit besonderen Ereignissen oder besonderen Erwartungen verknüpft wird, seien es religiöse oder weltliche, folgt die Enttäuschung ebenso unausweichlich wie im Leben des einzelnen. Die falsche Auffassung von der geschichtlichen Vorsehung, die die Erfüllung der Geschichte innerhalb der Geschichte selbst erwartet, ist utopisch. Das, was die Geschichte erfüllt, transzendiert sie ebenso wie das, was das Leben des einzelnen erfüllt, dessen Leben transzendiert. Der Glaube an die Vorsehung ist paradox. Er ist ein „Dennoch". Wird das nicht verstanden, bricht der Glaube an die Vorsehung zusammen und reißt den Glauben an Gott und an den Sinn des Lebens und der Geschichte mit sich. Zynismus ist die Folge falschen und daher enttäuschten Vertrauens auf die individuelle oder geschichtliche Vorsehung.

5. DIE THEODIZEE. — Der paradoxe Charakter des Glaubens an die Vorsehung ist die Antwort auf die Frage nach der Theodizee. Der Glaube an Gottes lenkendes Schaffen wird immer von neuem in Frage gestellt durch die menschliche Erfahrung einer Welt, in der sehr viele Menschen durch die Gegebenheiten der menschlichen Situation von einer auch nur vorläufigen und teilweisen Erfüllung ausgeschlossen zu sein scheinen. Früher Tod, verheerende soziale Lage, Schwachsinn und Geisteskrankheit, die unverminderten Schrecken der geschichtlichen Existenz — all dies scheint den Glauben an das Fatum weit mehr zu bestätigen als den Glauben an die Vorsehung. Wie kann ein allmächtiger Gott gerechtfertigt werden *(theo-dike)* im Hinblick auf Wirklichkeiten, in denen auch nicht der geringste Sinn entdeckt werden kann?

Bei der Theodizee geht es zunächst um das physische Übel, um Leiden und Tod usw., dann um das moralisch Böse, um Sünde, Selbstzerstörung usw. Die Antwort ist: Das physische Übel ist die natürliche Folge kreatürlicher Endlichkeit. Das moralische Übel ist die tragische Folge kreatürlicher Freiheit. Schöpfung ist die Schöpfung endlicher Freiheit; sie ist Schöpfung des Lebens mit seiner Größe und mit seiner

## Gott und Welt

Gefahr. Gott lebt, und sein Leben ist schöpferisch. Wenn Gott in sich schöpferisch ist, kann er nichts schaffen, was das Gegenteil von ihm ist, er kann nicht den Tod schaffen. Er kann nicht Objekte schaffen, die nichts als bloße Objekte sind. Er muß das schaffen, was Subjektivität und Objektivität verbindet – das Leben, das, was Freiheit besitzt und damit den Gefahren der Freiheit ausgesetzt ist. Die Schöpfung endlicher Freiheit ist das Wagnis, das das göttliche Schaffen auf sich nimmt. Dies ist der erste Schritt auf dem Wege zu einer Antwort auf die Frage nach der Theodizee.

Jedoch ist damit die Frage nicht beantwortet, warum einige Wesen von jeglicher Art Erfüllung scheinbar ausgeschlossen sind, sogar vom freien Widerstand gegen ihre Erfüllung. Hierbei muß zuerst gefragt werden, von wem und unter welchen Bedingungen diese Zentralfrage der Theodizee gestellt werden kann. Alle theologischen Aussagen sind existentiell; sie schließen die Existenz des Menschen ein, der die Aussage macht oder die Frage stellt. Die kreatürliche Existenz, von der die Theologie redet, ist *meine* kreatürliche Existenz, und nur auf dieser Basis ist die Erörterung der Kreatürlichkeit überhaupt sinnvoll. Diese existentielle Korrelation wird aufgegeben, wenn die Frage nach der Theodizee im Hinblick auf andere Personen als den Fragenden gestellt wird. Die Situation ist hier dieselbe, wie sie schon bei der Frage nach der Prädestination entstand, wenn nämlich die Prädestination auf andere Personen angewandt wird als den Fragenden selbst. Ein Mensch kann mit dem paradoxen Vertrauen des Glaubens sagen: „Nichts kann *mich* scheiden von der Liebe Gottes" (Röm. 8), aber er kann nicht mit Vollmacht sagen, ob andere Personen von der Liebe Gottes oder von der letzten Erfüllung geschieden sind oder nicht. Kein Mensch kann außerhalb der Glaubenskorrelation ein allgemeines oder persönliches Urteil darüber abgeben.

Wenn wir die Frage nach der Erfüllung anderer Personen beantworten wollen und mit ihr die Frage nach der Theodizee und der Prädestination, so müssen wir den Punkt suchen, an dem das Schicksal anderer zu unserem eigenen Schicksal wird. Und dieser Punkt ist nicht schwer zu finden. Es ist die Partizipation ihres Seins an unserem Sein. Das Prinzip der Partizipation bedeutet, daß es bei jeder persönlichen Erfüllung zugleich um universale Erfüllung geht. Die eine kann von der anderen nicht getrennt werden. Das Schicksal des einzelnen kann nicht vom Schicksal des Ganzen, an dem es teilhat, getrennt werden. Man könnte von einer stellvertretenden Erfüllung oder Nicht-Erfüllung sprechen; aber darüber hinaus muß man auf die schöpferische Einheit von Individualisation und Partizipation in der Tiefe des gött-

*Gott in Beziehung*

lichen Lebens hinweisen. Die Frage nach der Theodizee findet ihre endgültige Antwort im Mysterium des schöpferischen Grundes. Die Scheidung der Menschheit in erfüllte und nichterfüllte einzelne oder in Objekte der Prädestination entweder zum Heil oder zur Verdammnis ist existentiell und daher theologisch unmöglich. Solch eine Scheidung widerspricht der letzten Einheit von Individualisation und Partizipation im schöpferischen Grund des göttlichen Lebens.

Das Prinzip der Partizipation führt uns einen Schritt weiter. Von Gott selbst wird gesagt, daß er an den negativen Zügen kreatürlicher Existenz partizipiert. Diese Auffassung wird sowohl vom mystischen als auch vom christologischen Denken unterstützt. Trotzdem muß sie mit Vorbehalten geäußert werden. Der ursprüngliche Patripassianismus (die Lehre, daß Gott-Vater in Christus gelitten hat) wurde mit Recht von der alten Kirche abgelehnt. Gott als das Sein-Selbst transzendiert das Nichtsein absolut. Andererseits umschließt Gott als schöpferisches Leben auch das Endliche und mit ihm das Nichtsein, wenn auch das Nichtsein in Ewigkeit überwunden und das Endliche in Ewigkeit mit der Unendlichkeit des göttlichen Lebens wiedervereinigt ist. Deshalb ist es sinnvoll, von einer Partizipation des göttlichen Lebens an der Negativität des kreatürlichen Lebens zu reden. Dies ist die letzte Antwort auf die Frage nach der Theodizee. Die Gewißheit von Gottes lenkendem Schaffen beruht auf der Gewißheit, daß Gott der Grund des Seins und des Sinnes ist. Das Vertrauen jedes Geschöpfes, sein Mut zum Sein, wurzelt im Glauben an Gott als seinen schöpferischen Grund.

### 4. *Gott in Beziehung*

a) *Die göttliche Heiligkeit und das Geschaffene.* — „Beziehung" ist eine grundlegende ontologische Kategorie. Sie gilt sowohl für die Korrelation der ontologischen Elemente als auch für die Wechselbeziehung alles Endlichen. Es erhebt sich die spezifisch theologische Frage: Kann Gott in Beziehung sein? Und wenn ja, in welchem Sinn? Gott als das Sein-Selbst ist der Grund jeder Beziehung. Im göttlichen Leben sind alle Beziehungen begründet, aber der Unterscheidung von Potentialität und Aktualität nicht unterworfen. Aber sie sind nicht Beziehungen Gottes zu etwas außer ihm. Sie sind die inneren Beziehungen des göttlichen Lebens. Diese inneren Beziehungen sind natürlich nicht bedingt durch die Aktualisierung der endlichen Freiheit. Die Frage ist aber, ob es auch äußere Beziehungen zwischen Gott und dem Geschaffenen gibt. Die Lehre von der Schöpfung behauptet, daß Gott in jedem Augenblick der schöpferische Grund von allem ist. In diesem Sinne gibt es keine geschöpfliche Selbständigkeit, von der eine äußere Beziehung zwischen Gott und dem Geschöpf abgeleitet werden könnte. Wenn man sagt: „Gott ist in Beziehung", so ist das genau so eine symbolische Aussage wie die, daß Gott ein lebendiger Gott ist. Und jede besondere Beziehung hat teil an diesem symbolischen Charakter. Jede Beziehung, in der Gott Objekt für ein Subjekt wird, im Erkennen und im Handeln, muß gleichzeitig bejaht und verneint werden. Sie muß bejaht werden, weil der Mensch ein zentriertes Selbst ist, das auf Objekte gerichtet ist. Sie muß verneint werden, weil Gott niemals Objekt für menschliches Erkennen oder Handeln werden kann. Darum redet die mystische Theologie innerhalb und außerhalb des Christentums davon, daß Gott sich durch den Menschen selbst erkennt und selbst liebt. Das bedeutet, daß Gott, auch wenn er Objekt wird, trotzdem Subjekt bleibt.

Die Unnahbarkeit Gottes und die Unmöglichkeit, im eigentlichen Sinn eine Beziehung zu ihm zu haben, ist in dem Wort Heiligkeit ausgedrückt. Gott ist essentiell heilig, und jede Beziehung zu ihm bringt zum Bewußtsein, daß es paradox ist, zum Heiligen eine Beziehung zu haben. Gott kann nicht Objekt des Erkennens oder Partner des Handelns werden. Wenn wir von der Ich-Du-Beziehung zwischen Gott und Mensch reden müssen, so umfaßt das Du das Ich und folglich die ganze Beziehung. Wäre es anders, so wäre die Ich-Du-Beziehung zu Gott eine eigentliche und keine symbolische Beziehung und das Ich könnte sich aus der Beziehung zum göttlichen Du zurückziehen. Aber es gibt keinen Ort, an den der Mensch sich vor dem göttlichen Du zurückziehen kann, denn es schließt das Ich ein und ist dem Ich näher als das Ich sich selbst. Letztlich ist es eine Beleidigung der göttlichen Heiligkeit, von Gott so zu reden, wie wir es von Objekten tun, deren Existenz oder Nicht-Existenz zur Diskussion steht. Es ist eine Beleidigung der göttlichen Heiligkeit, Gott als Partner gemeinsamen Handelns anzusehen oder als höhere Macht, die man durch Riten und Gebete beeinflußt. Die Heiligkeit Gottes macht es unmöglich, ihn in den Ich-Welt-Zusammenhang und die Subjekt-Objekt-Korrelation hereinzuziehen. Er ist selbst Grund und Sinn dieser Korrelation, nicht ein Element innerhalb derselben. Die Heiligkeit Gottes verlangt, daß wir in der Beziehung zu ihm die Totalität endlicher Beziehungen hinter uns lassen und eine Beziehung eingehen, die im eigentlichen Sinne des Wortes überhaupt keine Beziehung ist. Wir können alle unsere Beziehungen in die Sphäre des Heiligen hineintragen. Wir können jedes Endliche (einschließlich seiner inneren und äußeren Beziehungen) in die Sphäre des Heiligen erheben. Aber um das zu tun, müssen wir zuvor alle endlichen Beziehungen

## Gott in Beziehung

transzendieren. Die Theologie, die ihrem Wesen nach immer in Gefahr ist, Gott in die Erkenntnisbeziehung der Subjekt-Objekt-Struktur des Seienden hereinzuziehen, sollte über sich selbst zu Gericht sitzen und unnachgiebig auf die Heiligkeit Gottes und sein unerreichbares Wesen hinweisen.

Symbole für die überschwengliche Heiligkeit Gottes sind „Majestät" und „Ehre". Sie treten am meisten hervor im exklusiven Monotheismus des Alten Testaments und des Calvinismus. Für Calvin und seine Anhänger ist die Ehre Gottes der Zweck von Schöpfung und Fall, von Verdammung und Erlösung. Die Majestät Gottes schließt die Freiheit des Geschöpfes aus und verdunkelt die göttliche Liebe. Das war und ist ein Korrektiv des sentimentalen Bildes von einem Gott, der der Erfüllung menschlicher Wünsche dient. Zugleich aber war und ist es Gegenstand berechtigter Kritik. Eine Bejahung der Ehre Gottes auf Kosten der göttlichen Liebe ehrt ihn nicht wirklich. Und eine tyrannische Majestät ist nicht echte Majestät. Majestät und Ehre dürfen nicht von den anderen Eigenschaften des göttlichen Lebens getrennt werden. Gottes Heiligkeit ist keine Eigenschaft an und für sich. Sie ist die Qualität, die alle anderen Qualitäten zu göttlichen erhebt. Seine Macht ist heilige Macht; seine Liebe ist heilige Liebe. Die Menschen sind niemals bloß Mittel zum Zweck der göttlichen Ehre. Sie sind auch ihr Ziel. Weil die Menschen im göttlichen Leben ihre Wurzel haben und in dasselbe zurückkehren sollen, partizipieren sie an seiner Ehre. Im Lobpreis der göttlichen Majestät ist der Lobpreis des Schicksals alles Geschaffenen enthalten. Aus diesem Grunde spielt der Lobpreis Gottes eine so entscheidende Rolle in allen Liturgien, Kirchenliedern und Gebeten. Sicher preist der Mensch nicht sich selbst, wenn er Gottes Majestät preist. Aber er preist die Ehre, an der er durch seinen Lobpreis teilhat.

b) *Die Macht Gottes und das Geschaffene.* — 1. DER SINN DES BEGRIFFS ALLMACHT. Gott ist die Seinsmächtigkeit, die dem Nichtsein Widerstand leistet und es überwindet. In Beziehung zum Geschaffenen wird die göttliche Macht durch das Symbol der Allmacht ausgedrückt. Der allmächtige Gott ist das erste Thema des christlichen Glaubensbekenntnisses. Die Allmacht Gottes trennt den exklusiven Monotheismus von aller Religion, in der Gott weniger als Sein-Selbst oder Seinsmächtigkeit ist. Nur der allmächtige Gott kann das sein, was den Menschen unbedingt angeht. Ein sehr mächtiger Gott könnte zwar den Anspruch erheben, das zu sein, was uns unbedingt angeht. Aber er ist es nicht, und sein Anspruch wird zunichte; denn er kann dem Nichtsein nicht Widerstand leisten und daher nicht den letzten Mut schenken, der die Angst besiegt. Das Bekenntnis im Credo zu „Gott, dem allmächtigen

Vater" ist Ausdruck des christlichen Bewußtseins, daß die Angst des Nichtseins im göttlichen Leben für ewig überwunden ist. Das Symbol der Allmacht gibt die erste und grundlegende Antwort auf die in der Endlichkeit enthaltene Frage. Darum beginnen die meisten liturgischen und freien Gebete mit der Anrufung „Allmächtiger Gott". Das ist der religiöse Sinn von Allmacht. Wie aber kann Allmacht theologisch ausgedrückt werden? Im gewöhnlichen Sprachgebrauch ist Allmacht die Eigenschaft eines höchsten Wesens, das imstande ist zu tun, was es will. Diese Vorstellung muß sowohl religiös als auch theologisch zurückgewiesen werden. Sie macht Gott zu einem Wesen neben anderen, einem Wesen, das sich selbst fragt, welche unter zahllosen Möglichkeiten es verwirklichen soll. Sie unterwirft Gott der Spaltung zwischen Potentialität und Aktualität — einer Spaltung, die das Endliche charakterisiert. Sie führt zu absurden Fragen nach der Macht Gottes und verwendet dabei Begriffe, die logisch sich widersprechende Möglichkeiten enthalten. Im Gegensatz zu solcher Karikatur von Gottes Allmacht haben Luther, Calvin und andere Allmacht so ausgelegt, als bedeute sie die göttliche Macht, durch die Gott in jedem Augenblick in allem und durch alles schöpferisch wird. Der allmächtige Gott ist der allwirkende Gott. In solcher Deutung liegt jedoch eine Schwierigkeit. Sie führt zur Gleichsetzung der göttlichen Macht mit aktuellen Geschehnissen in Raum und Zeit und unterdrückt damit das transzendente Element in Gottes Allmacht. Sinnentsprechend sollte man göttliche Allmacht definieren als Seinsmächtigkeit, die dem Nichtsein in all seinen Formen Widerstand leistet und die im schöpferischen Prozeß allenthalben offenbar wird.

Glaube an den allmächtigen Gott ist die Antwort auf die Frage nach dem Mut, der stark genug ist, die Angst der Endlichkeit zu besiegen. Letzter Mut gründet sich auf Teilhaben an letzter Seinsmächtigkeit. Wo die Anrufung „Allmächtiger Gott" ernst genommen wird, da ist ein Sieg über die Drohung des Nicht-Seins erlebt und ein Ja zur Existenz ausgesprochen. Weder Endlichkeit noch Angst verschwindet, aber sie werden in die Unendlichkeit und den Mut hineingenommen. Nur so kann das Symbol der Allmacht verstanden werden. Wird Allmacht zur Eigenschaft eines höchsten Wesens gemacht, das imstande ist, zu tun, was es will, so wird sie magisch und absurd.

Allmacht in Beziehung zur *Zeit* ist Ewigkeit. Allmacht in Beziehung zum *Raum* ist Allgegenwart. Allmacht in Beziehung auf die *Subjekt-Objekt-Struktur* ist Allwissenheit. Diese Symbole müssen nunmehr gedeutet werden. *Kausalität* und *Substanz* sind schon im Zusammenhang mit der Lehre von Gott als dem schöpferischen Grund des Seins besprochen worden. In dieser Lehre enthält und transzendiert der Begriff „schöpferisch" den der Kausalität und der Begriff „Grund" den der Substanz. Ihre Interpretation wurde vor die der drei anderen Symbole gestellt, weil das göttliche Schaffen logisch der Beziehung Gottes zum Geschaffenen vorausgeht.

2. DER SINN DES BEGRIFFS EWIGKEIT. Ewigkeit ist ein echt religiöses Wort. Es nimmt die Stelle einer Wortbildung wie Allzeitlichkeit, die in Analogie zu Allgegenwart und Allwissenheit gebildet wäre, ein. Der Grund für diese Besonderheit ist wohl der, daß Zeit in einem vorzüglichen Sinn die Kategorie der Endlichkeit ist. Nur das ist göttlich, was den Mut gibt, die Angst der Zeitlichkeit auf sich zu nehmen. In der Anrufung „Ewiger Gott" wird das Teilhaben an dem erlebt, durch den das Ausgeliefertsein an die Zeit überwunden ist.

Der Gedanke der Ewigkeit muß gegen zwei falsche Deutungen geschützt werden. Ewigkeit ist weder Zeitlosigkeit noch Endlosigkeit der Zeit. Der Sinn von *olamim* im Hebräischen und von *aiones* im Griechischen ist nicht Zeitlosigkeit, sondern die Kraft, alle Zeitmomente zu umgreifen. Weil die Zeit im Grunde des göttlichen Lebens geschaffen wurde, steht Gott in essentieller Beziehung zu ihr. Insofern alles Göttliche die Spaltung zwischen Potentialität und Aktualität transzendiert, muß dies auch von der Zeit als einem Element göttlichen Lebens gesagt werden. In Gott sind die Momente der Zeit nicht von einander getrennt. Die Gegenwart wird nicht von Vergangenheit und Zukunft verschlungen. Doch schließt das Ewige das Zeitliche in sich ein. Ewigkeit ist die transzendente Einheit der getrennten Momente existentieller Zeit. Ewigkeit kann nicht verstanden werden als Gleichzeitigkeit alles Wirklichen. Gleichzeitigkeit würde die verschiedenen Modi der Zeit aufheben. Aber Zeit ohne Modi ist Zeitlosigkeit. Es wäre dann kein Unterschied zwischen Ewigkeit und der zeitlosen Gültigkeit eines mathematischen Satzes. Wenn wir Gott einen lebendigen Gott nennen, behaupten wir, daß er Zeitlichkeit und damit eine Beziehung zu den Modi der Zeit in sich begreift. Selbst Plato konnte die Zeitlichkeit aus der Ewigkeit nicht ausschließen. Er nennt Zeit das sich bewegende Bild der Ewigkeit. Er hätte das nicht sagen können, wenn er Ewigkeit als Zeitlosigkeit aufgefaßt hätte. Ewigkeit schließt bei Plato Zeit ein, wenn es auch nur die Zeit der in sich zurückkehrenden Kreisbewegung ist. Hegel wurde aus logischen Gründen von Trendelenburg und aus religiösen Gründen von Kierkegaard kritisiert, weil er die Bewegung in das Gebiet der logischen Formen eingeführt hat. Aber bei Hegel sind die logischen Formen, deren Bewegung er beschreibt, Seinsmächtigkeiten. Sie sind nicht aktuelle Mächte, aber sie sind das, was in Natur und Geschichte aktualisiert wird. Hegel weist hin auf eine zeitliche Bewegtheit des Absoluten, von dem die Zeit, wie wir sie kennen, zugleich Abbild und Entstellung ist. Dennoch war Kierkegaards Kritik berechtigt, weil Hegel nicht daran dachte, daß die Situation des Menschen mit ihrer entstellten Zeitlichkeit seinen Versuch einer endgültigen und vollständigen Geschichtsinterpretation zunichte macht. Aber sein Gedanke einer dialektischen Bewegung innerhalb des Absoluten stimmt mit dem echten Sinn von Ewigkeit überein. Ewigkeit ist nicht Zeitlosigkeit.

Und Ewigkeit ist nicht Endlosigkeit der Zeit. Endlose Zeit, von Hegel korrekt als „schlechte Unendlichkeit" bezeichnet, ist die endlose, ständige Wiederholung der Zeitlichkeit. Die zerteilten Augenblicke der Zeit durch die Forderung ihrer endlosen Wiederholung zu unendlicher Bedeutung zu erheben, ist Götzendienst in seiner sublimsten Form. Ewigkeit in diesem Sinne wäre für jedes endliche Wesen identisch mit Verdammung, was immer auch der Inhalt einer niemals endenden Zeit wäre (vgl. die Sage vom Ewigen Juden). Für Gott würde das die Unterwerfung unter eine Macht über ihm bedeuten, nämlich unter die Struktur der zerteilten Zeitlichkeit. Es würde ihn seiner Ewigkeit berauben und ihn zu einem immer lebenden Wesen untergöttlichen Charakters machen. Ewigkeit ist nicht Endlosigkeit der Zeit.

Auf Grund dieser Betrachtungen und der Behauptung, daß Ewigkeit Zeitlichkeit einschließt, muß nun die Frage gestellt werden: Welche Beziehung besteht zwischen Ewigkeit und den Modi der Zeit? Eine Antwort darauf verlangt die Anwendung der einzigen Analogie zu Ewigkeit, die in der menschlichen Erfahrung vorhanden ist, nämlich der Einheit von erinnerter Vergangenheit und vorweggenommener Zukunft in der Erfahrung der Gegenwart. Durch solch eine Analogie nähert man sich symbolisch dem Sinn von Ewigkeit. Dem Überwiegen der Gegenwart in der zeitlichen Erfahrung entsprechend muß Ewigkeit zunächst als ewige Gegenwart symbolisiert werden *(nunc aeternum)*. Dieses *nunc aeternum* ist aber nicht Gleichzeitigkeit oder die Ablehnung der selbständigen Bedeutung von Vergangenheit und Zukunft. Die ewige Gegenwart bewegt sich von der Vergangenheit zur Zukunft, hört dabei aber nie auf, Gegenwart zu sein. Die Zukunft ist nur dann echte Zukunft, wenn sie offen bleibt, wenn Neues sich ereignen und wenn man sie erwarten kann. Aus diesem Grunde fühlte Bergson sich veranlaßt, auf dem absoluten Offensein der Zukunft zu bestehen, und ging darin so weit, daß er Gott vom Unvorhergesehenen, das geschehen könnte, abhängig machte. Aber durch seine Lehre vom

*Gott in Beziehung*

absoluten Offensein der Zukunft entwertete Bergson die Gegenwart, indem er ihr die Möglichkeit der Erwartung nahm. Ein Gott, der nicht in der Lage ist, jede mögliche Zukunft vorwegzunehmen, ist vom absoluten Zufall abhängig und kann nicht Grund letzten Mutes sein. Dieser Gott wäre selbst der Angst vor dem Unbekannten unterworfen. Er wäre nicht das Sein-Selbst. Daher ist nur ein relatives, nicht ein absolutes Offensein für die Zukunft ein Charakteristikum der Ewigkeit. Das Neue liegt jenseits von Potentialität und Aktualität im göttlichen Leben. Es wird als Neues in Zeit und Geschichte aktualisiert. Ohne das Element der Offenheit wäre Geschichte nicht schöpferisch. Sie würde aufhören, Geschichte zu sein. Andererseits wäre ohne das, was das Offensein begrenzt, die Geschichte ohne Richtung und Ziel. Auch dadurch würde sie aufhören, Geschichte zu sein.

Gottes Ewigkeit ist auch nicht abhängig von der Vollendung der Vergangenheit. Für Gott ist die Vergangenheit nicht abgeschlossen, weil er durch sie die Zukunft schafft, und im Erschaffen der Zukunft schafft er die Vergangenheit neu. Wäre Vergangenheit nur die Gesamtsumme dessen, was geschehen ist, so wäre eine solche Behauptung sinnlos. Aber die Vergangenheit schließt ihre eigenen Potentialitäten ein. Die Potentialitäten, die in der Zukunft Aktualitäten werden sollen, entscheiden nicht nur die Zukunft, sondern auch die Vergangenheit. Die Vergangenheit wird durch alles Neue, was geschieht, etwas anderes. Ihr Gesicht verändert sich. Auf diese Tatsache gründet sich der Wert einer geschichtlichen Deutung der Vergangenheit. Die in der Vergangenheit enthaltenen Potentialitäten werden jedoch nicht offenbar, ehe sie die Zukunft bestimmt haben. Sie können sie bestimmen durch eine neue Deutung dessen, was historisch erinnert ist. Oder sie können sie bestimmen durch Entwicklungen, die diese oder jene verborgene Potentialität wirksam machen. Von der Ewigkeit her gesehen sind sowohl Vergangenheit wie Zukunft offen. Die schaffende Kraft, die in die Zukunft führt, formt auch die Vergangenheit um. Wenn Ewigkeit in Einheit mit Gottes Kreativität verstanden wird, so schließt das Ewige Vergangenheit und Zukunft ein, ohne ihnen ihren besonderen Charakter als Modi der Zeit zu nehmen.

Der Glaube an den ewigen Gott ist Grundlage für den Mut, der die Negativitäten des Zeitprozesses überwindet. Sowohl die Angst vor der Vergangenheit als auch die Angst vor der Zukunft verlieren ihre Macht. Die Angst vor der Vergangenheit wird besiegt durch die Freiheit, die Gott gegenüber der Vergangenheit und ihren Möglichkeiten besitzt. Die Angst vor der Zukunft wird besiegt dadurch, daß das Neue von der Einheit des göttlichen Lebens abhängig ist. Die zerteilten Augenblicke der Zeit sind im Ewigen eins. Hierin und nicht in der Lehre von der Unsterblichkeit der Seele ist die Gewißheit vom Teilhaben des Menschen am ewigen Leben verankert. Die Hoffnung auf ein ewiges Leben ist nicht auf eine Substanz-Qualität der Seele des Menschen begründet, sondern auf sein Teilhaben an der Ewigkeit des göttlichen Lebens.

3. DER SINN DES BEGRIFFS ALLGEGENWART. Gottes Beziehung zum Raum muß ebenso wie seine Beziehung zur Zeit in Qualitätsbegriffen gedeutet werden. Gott ist weder endlos im Raum ausgedehnt noch durch einen bestimmten Raum begrenzt, auch ist er nicht raumlos. Eine Theologie, die zu pantheistischen Formulierungen neigt, zieht die erste Möglichkeit vor, während eine Theologie mit deistischen Tendenzen die zweite Möglichkeit wählt. Allgegenwart kann nicht als Ausdehnung der göttlichen Substanz durch alle Räume gedeutet werden; denn man unterwirft damit Gott einer zerteilten Räumlichkeit und stellt ihn sozusagen neben sich selbst, wobei man das persönliche Zentrum des göttlichen Lebens opfert. Das muß ebenso abgelehnt werden wie der Versuch, ihn der endlosen Wiederholung zerteilter Zeitlichkeit zu unterwerfen. Man kann Allgegenwart auch deuten als die Lehre, daß Gott persönlich an einem genau umschriebenen Ort (im Himmel) anwesend ist und doch zugleich an jedem Ort (auf der Erde und in der Unterwelt) wirkend gegenwärtig ist. Beides aber widerspricht dem Gottesgedanken. Die Raumsymbole „oben" und „unten" dürfen keinesfalls wörtlich genommen werden. Wenn Luther sagt, „die rechte Hand Gottes" sei nicht an einem umschriebenen Ort *(locus circumscriptus)*, sondern überall, da Gottes Macht und Kreativität an jedem Ort wirksam sei, zerstört er damit die herkömmliche Deutung von Gottes Allgegenwart und lehrt mit Nikolaus Cusanus, daß Gott in allem ist, sowohl im Zentrum als auch an der Peripherie. Seitdem die moderne Astronomie eine Schau des Universums durchgesetzt hat, die für die Dreiteilung des Raumes in Himmel, Erde und Unterwelt keine Möglichkeit gibt, muß die Theologie den symbolischen Charakter dieser Raumvorstellungen nachdrücklich betonen, obwohl Bibel und Kultus diese Vorstellung wörtlich nehmen. Fast jedes christliche Dogma ist von diesen Symbolen her gestaltet worden. Sie bedürfen einer Neuformulierung aus der Erkenntnis des einheitlichen Weltraumes. „Gott ist im Himmel" bedeutet, daß sein Leben von der Existenz des Geschaffenen qualitativ verschieden ist, aber es bedeutet nicht, daß er an einem besonderen Ort lebt oder von einem besonderen Ort herabsteigt.

Schließlich aber ist Allgegenwart nicht Raumlosigkeit. Wir müssen für das göttliche Leben das Gebundensein an einen Punkt ebenso ab-

## Gott in Beziehung

lehnen wie die Gleichzeitigkeit und Zeitlosigkeit. Gott schafft im Grunde seines Lebens die Ausdehnung, in der alles Räumliche seine Wurzeln hat. Aber Gott ist dieser Ausdehnung nicht unterworfen. Er transzendiert sie und partizipiert an ihr. Gottes Allgegenwart ist sein schöpferisches Teilhaben an der räumlichen Existenz des von ihm Geschaffenen. Man hat gemeint, daß Gott auf Grund seines Geistseins eine Beziehung zur Zeit, aber nicht zum Raum hat. Es wird geltend gemacht, daß Ausdehnung körperliche Existenz kennzeichnet, die von Gott nicht behauptet werden kann, auch im symbolischen Sinne nicht. Solch ein Argument hat jedoch seine Grundlage in einer falschen Ontologie. Natürlich kann man nicht sagen, daß Gott körperlich ist. Aber wenn gesagt wird, daß er Geist ist, sind darin die ontologischen Elemente der Vitalität und Persönlichkeit enthalten und mit ihnen die Partizipation körperlicher Existenz am göttlichen Leben. Sowohl Vitalität wie Persönlichkeit haben eine körperliche Grundlage. Darum ist es berechtigt, daß die christliche Kunst den leiblich auferstandenen Christus in die Trinität einschließt. Darum zieht das Christentum das Symbol der Auferstehung anderen Symbolen des ewigen Lebens vor. Darum haben einige christliche Mystiker und Philosophen nachdrücklich behauptet, daß „Leiblichkeit das Ende der Wege Gottes ist" (Oetinger). Das ist eine notwendige Konsequenz der christlichen Schöpfungslehre mit ihrer Ablehnung der griechischen Lehre von der Materie als widergeistigem Prinzip. Nur auf dieser Grundlage kann die ewige Gegenwart Gottes behauptet werden, denn Gegenwart verbindet Zeit und Raum[1].

Gottes Allgegenwart überwindet die Angst, keinen Raum für das eigene Selbst zu haben. Sie gibt den Mut, die Unsicherheiten und Ängste der räumlichen Existenz auf sich zu nehmen. In der Gewißheit des allgegenwärtigen Gottes sind wir immer zu Hause und doch nicht zu Hause, sind wir verwurzelt und entwurzelt zugleich, ruhen und wandern wir, haben wir einen Ort und doch keinen Ort, sind wir an einem Ort bekannt und doch an keinem Ort bekannt.

Und in der Gewißheit des allgegenwärtigen Gottes sind wir immer im Heiligtum. Sind wir auch am diesseitigsten Ort der Welt, so sind wir doch an einem heiligen Ort, und der heiligste Ort bleibt diesseitig, wenn wir ihn mit unserem eigentlichen Ort im Grunde des göttlichen Lebens vergleichen. Wann immer Allgegenwart erlebt wird, läßt sie den Unterschied zwischen Heiligem und Profanem verschwinden. Die Gegenwart Gottes im Sakrament ist eine Konsequenz seiner Allgegen-

---
[1] Das lateinische Wort praesentia wie das deutsche Wort Gegenwart enthalten eine Raumvorstellung von „etwas, das vor einem steht".

wart. Sie ist eine tatsächliche Bekundung seiner Allgegenwart in Abhängigkeit von der Offenbarungsgeschichte und den dadurch geschaffenen konkreten Symbolen. Seine Gegenwart im Sakrament ist nicht die Erscheinung von irgend jemandem, der für gewöhnlich abwesend ist und gelegentlich kommt. Wenn man die göttliche Gegenwart immer erfahren könnte, würde es keinen Unterschied zwischen heiligen und weltlichen Orten geben. Im göttlichen Leben existiert dieser Unterschied nicht.

4. Der Sinn des Begriffs Allwissenheit. Das Symbol der Allwissenheit bringt den Geistcharakter der göttlichen Allmacht und Allgegenwart zum Ausdruck. Es bezieht sich auf die Subjekt-Objekt-Struktur der Wirklichkeit und weist hin auf das Teilhaben Gottes an dieser Struktur und auf sein Transzendieren dieser Struktur.

Die Theologie muß zunächst versuchen, die Absurdität in der Deutung von Allwissenheit zu beseitigen. Allwissenheit ist nicht eine Fähigkeit eines höchsten Wesens, das angeblich alle vergangenen, gegenwärtigen und zukünftigen Objekte kennt und darüber hinaus alles weiß, was hätte geschehen können, wenn das, was geschehen ist, nicht geschehen wäre. Die Absurdität einer solchen Vorstellung ist begründet in der Unmöglichkeit, Gott in das Subjekt-Objekt-Schema einzuordnen, obgleich diese Struktur im göttlichen Leben ihre Wurzeln hat. Spricht man daher vom göttlichen Wissen und vom unbedingten Charakter des göttlichen Wissens, so spricht man symbolisch und deutet an, daß Gott nicht in einer naturhaften Art gegenwärtig ist, sondern in geistiger Weise. Nichts befindet sich außerhalb der geistigen Einheit des göttlichen Lebens. Nichts ist fremd, dunkel, verborgen, isoliert oder unzugänglich. Nichts fällt aus der Logosstruktur des Seins heraus. Das dynamische Element kann die Einheit der Form nicht zerbrechen. Der göttliche Abgrund kann die rationale Qualität des göttlichen Lebens nicht verschlingen.

Diese Gewißheit hat Folgen für die persönliche und kulturelle Existenz des Menschen. Im persönlichen Leben bedeutet sie, daß es im menschlichen Wesen keine absolute Dunkelheit gibt. Es ist nichts absolut Verborgenes darin. Das Verborgene, das Dunkle, das Unbewußte ist in Gottes geistigem Leben gegenwärtig. Ein Entrinnen gibt es nicht. Andererseits aber wird die Angst vor dem Dunklen und dem Verborgenen durch den Glauben an die göttliche Allwissenheit überwunden. Sie schließt ein letztes Gespaltensein aus. Sie schließt zwar nicht die Vielheit der Mächte und Formen aus, wohl aber eine Spaltung des Seins, das die Dinge fremd und beziehungslos zueinander macht. Daher ist die

## Gott in Beziehung

göttliche Allwissenheit eine logische (wenn auch nicht immer bewußte) Begründung des Glaubens daran, daß das Wirkliche für menschliches Erkennen offen ist. Wir erkennen, weil wir an der göttlichen Erkenntnis partizipieren. Die Wahrheit ist nicht so absolut entfernt, daß wir sie mit unserem endlichen Verstand nicht erreichen könnten, da ja das göttliche Leben, aus dessen Wurzeln wir kommen, alle Wahrheit in sich enthält. Im Symbol göttlicher Allwissenheit erfahren wir den fragmentarischen Charakter jedes endlichen Wissens, aber wir verneinen nicht unser Teilhaben an der Wahrheit selbst. Wir erfahren auch die Gebrochenheit jedes endlichen Sinnes, aber nicht als Grund letzter Sinnlosigkeit. Der Zweifel an Wahrheit und Sinn, der das Schicksal alles Endlichen ist, ist in dem Glauben an die göttliche Allwissenheit aufgehoben.

c) *Die Liebe Gottes und das Geschaffene.* — 1. DIE BEDEUTUNG DER GÖTTLICHEN LIEBE. — Liebe ist ein ontologischer Begriff. Ihr Gefühlselement geht aus ihrer ontologischen Natur hervor. Es ist falsch, Liebe von ihrer Gefühlsseite her zu definieren. Das führt notwendig zu sentimentalen Fehldeutungen des Sinnes der Liebe und stellt ihre symbolische Anwendung auf das göttliche Leben in Frage. Aber Gott ist die Liebe. Und da Gott das Sein-Selbst ist, muß man sagen, daß das Sein-Selbst Liebe ist. Das ist jedoch nur zu verstehen, weil die Aktualität des Seins Leben ist. Der Prozeß des göttlichen Lebens hat den Charakter der Liebe. Entsprechend der ontologischen Polarität von Individualisation und Partizipation vereinigt jeder Lebensprozeß eine Tendenz zur Trennung mit einer Tendenz zur Wiedervereinigung. Das ontologische Wesen der Liebe ist die ununterbrochene Einheit dieser beiden Tendenzen. Die Liebe hat emotionalen Charakter, insofern sie als Lebenserfüllung ins Bewußtsein tritt. Wiedervereinigung setzt Trennung voraus. Wo keine Individualisation vorhanden ist, fehlt die Liebe, und Liebe kann vollkommen realisiert werden nur, wo völlige Individualisation vorliegt — im Menschen. Aber das Individuum sehnt sich danach, zu der Einheit zurückzukehren, zu der es gehört, an der es durch sein ontologisches Wesen partizipiert. Diese Sehnsucht nach Wiedervereinigung ist ein Element in jeder Liebe, und ihre Verwirklichung, auch wenn sie immer fragmentarisch bleibt, wird als Seligkeit erfahren.

Wenn wir sagen, Gott *ist* Liebe, wenden wir die Erfahrung von Trennung und Wiedervereinigung auf das göttliche Leben an. Wie im Falle von Leben und Geist spricht man symbolisch von Gott als Liebe. Gott ist Liebe, aber jenseits von Potentialität und Aktualität. Das bedeutet, daß sie für das endliche Verstehen Mysterium ist. Das Neue

Testament verwendet für die göttliche Liebe das Wort *agape*. Es gebraucht aber dasselbe Wort auch für die Liebe des Menschen zum Menschen und zu Gott. In den verschiedenen Beziehungen der Liebe muß es etwas Gemeinsames geben, wenn dasselbe Wort auf sie angewandt werden kann. Um das zu entdecken, vergleichen wir kurz die übrigen Qualitäten der Liebe mit der *agape*-Qualität der Liebe. Liebe als Libido ist die Bewegung des Bedürftigen zu dem hin, was das Bedürfnis erfüllt. Liebe als *philia* ist die Bewegung von Gleichem zur Vereinigung mit Gleichem. Liebe als *eros* ist die Bewegung dessen, was geringer in Sein und Sinn ist, zu dem, was höher ist. In allen drei Qualitäten lebt ein Element des Begehrens. Das steht nicht in Widerspruch zur erschaffenen Güte des Seins, denn Trennung und Sehnsucht nach Wiedervereinigung von Wesen und Wesen liegt in der geschaffenen Natur der Dinge. Es gibt aber eine Qualität der Liebe, die die bisher genannten Qualitäten transzendiert, nämlich das Begehren nach der letzten Erfüllung. Alle Liebe außer der *agape* ist abhängig von zufälligen Eigenschaften. Sie ist abhängig von Abneigung und Anziehung, von Leidenschaft und Sympathie. Die *agape* ist von all dem unabhängig. Sie bejaht den andern bedingungslos, das heißt, sie sieht ab von seinen edleren oder niedrigeren, angenehmen oder unangenehmen Eigenschaften. Die *agape* vereint den Liebenden und den Geliebten um des Bildes willen, das Gott von beiden in ihrer Vollendung hat. Daher ist die *agape* allumfassend. Niemand, zu dem eine konkrete Beziehung real möglich ist („der Nächste"), ist davon ausgeschlossen. Auch wird niemand bevorzugt. Die *agape* nimmt den andern trotz seines Widerstandes an. Sie leidet und vergibt. Sie sucht die persönliche Vollendung des andern.

Aus dem, was über Gottes schöpferische Vorsehung gesagt wurde, geht klar hervor, warum in dem Satz, daß Gott die Liebe ist, die *agape*-Qualität der Liebe gemeint ist. Gott wirkt hin auf die Vollendung alles Geschaffenen und darauf, alles Getrennte und Zerrissene in der Einheit des Lebens zu vereinigen. Da die *agape* für gewöhnlich (wenngleich nicht immer und nicht notwendig) mit den anderen Qualitäten der Liebe verbunden ist, ist es natürlich, daß die religiöse Sprache diese Qualitäten zur Symbolisierung der göttlichen Liebe verwendet hat. Wo immer die Sprache der Frömmigkeit von Gottes Sehnsucht nach seinem Geschöpf redet und wo immer die Mystik sagt, daß Gott den Menschen nötig hat, wird das Libido-Element in den Begriff der göttlichen Liebe aufgenommen, doch in poetisch-religiöser Symbolik, denn Gott bedarf keines Dinges. Wenn die biblische Sprache sagt, daß die Jünger die Freunde Gottes oder des Christus sind, wird das *philia-*

## Gott in Beziehung

Element in die Vorstellung von Gottes Liebe aufgenommen, obgleich im eigentlichen Sinn Gott und Mensch nicht auf gleicher Stufe stehen. Wird Gott in der religiösen und theologischen Sprache als die Kraft bezeichnet, die zum *eschaton*, d. h. zur letzten Erfüllung drängt, zu dem Moment, in dem Gott „alles in allem" ist, so nimmt das die *eros*-Qualität der Liebe auf, nämlich das Streben nach dem summum bonum. Aber sie kann nur mit dem *eros* verglichen, nicht mit ihm gleichgesetzt werden, da Gott in seinem ewigen Sein Erfüllung und Nichterfüllung transzendiert. Die drei Qualitäten der Liebe tragen zur Symbolisierung der göttlichen Liebe bei, aber das grundlegende Symbol ist *agape*.

Die *agape* zwischen Menschen und die *agape* Gottes zum Menschen entsprechen einander, weil die eine der Grund der anderen ist. Dagegen ist es schwierig, von einer *agape* des Menschen zu Gott zu reden. Der Mensch liebt Gott nicht in dem Sinne, daß er Gottes Erfüllung will. Er liebt ihn nicht in der Form des „Dennoch", der Vergebung, wie in der *agape* den Menschen gegenüber. Wenn das Neue Testament trotzdem das Wort *agape* für die Liebe zu Gott benutzt, so ist damit Liebe im allgemeinen Sinne gemeint und die freiwillige Vereinigung des menschlichen mit dem göttlichen Willen betont. Das lateinische Wort *dilectio* deutet auf das Moment der Wahl im Akt der Liebe hin und damit auf den Entscheidungscharakter der Liebe zu Gott. Doch ist auch dieses Wort unzulänglich, denn die Liebe, die der Mensch zu Gott hat, hat *eros*-Qualität. Sie enthält die Erhebung vom Niedrigeren zum Höheren, von geringeren Gütern zum höchsten Gut. Wenn man auch von einem unüberbrückbaren Konflikt zwischen *eros* und *agape* spricht, so wird das die Theologen nicht davon abhalten, Gott als das höchste Gut für den Menschen zu bezeichnen und zu sagen, daß sich der Mensch nach Erfüllung seines Seins in Gott sehnt. Wenn *eros* und *agape* reine Gegensätze sind, dann ist Liebe zu Gott unmöglich.

Es ist gesagt worden, daß die Liebe des Menschen zu Gott die Liebe ist, mit der Gott sich selbst liebt. Das bringt die Wahrheit zum Ausdruck, daß Gott selbst das Subjekt ist, wo er als Objekt erscheint, und deutet direkt auf eine göttliche Selbstliebe hin und in Analogie dazu indirekt auf eine von Gott geforderte Selbstliebe des Menschen. Wo immer das Verhältnis der Personen der Trinität als Liebe beschrieben wird *(amans, amatus, amor*-Augustin), geht es um die Feststellung, daß Gott sich selbst liebt. Die trinitarischen Unterscheidungen (Trennung und Wiedervereinigung) machen es möglich, von einer Liebe zu sprechen, mit der Gott sich selbst liebt. Solche Liebe ist unmöglich ohne Trennung von sich selbst. Es sind aber nicht nur die trinitarischen Symbole, die von einer Trennung und Wiedervereinigung in Gott reden.

Es ist auch die Unendlichkeit der endlichen Formen, die im Prozeß des göttlichen Lebens gesondert und wiedervereinigt sind. Göttliches Leben ist die Liebe, mit der Gott sich selbst liebt. Er liebt sich, indem er sich von sich trennt und wiedervereinigt. In der Schöpfung endlicher Freiheit, das heißt in der Freiheit des Menschen, erreicht die Trennung ihren Höhepunkt. Sie kann zum Widerspruch werden und ist zum Widerspruch geworden. Es ist der Triumph der göttlichen Liebe, das wieder mit sich zu vereinigen, was von ihm entfremdet und in Widerspruch mit ihm geraten ist: die Kreatur.

Das macht es auch möglich, den Begriff *agape* auf die Liebe anzuwenden, mit der der Mensch sich selbst liebt, nämlich sich selbst als Ebenbild des göttlichen Lebens. Der Mensch liebt sich selbst in allen Qualitäten der Liebe. Er bejaht sich in *libido, philia* und *eros*. Keine dieser Formen der Selbstliebe an und für sich ist zu verwerfen. Sie werden nur verwerflich, wenn sie nicht unter dem Kriterium der *agape* stehen. Ohne dieses Kriterium wird die wahre Selbstliebe zur Selbstsucht. Und Selbstsucht ist immer mit Selbstverachtung und mit Haß gegen sich selbst verbunden. Die Unterscheidung zwischen diesen beiden sich widersprechenden Formen der Selbstliebe ist fundamental für die Ethik. Die eine ist das Abbild der Liebe, mit der Gott sich selbst liebt, die andere widerspricht dieser Liebe. Die Liebe, mit der Gott sich selbst liebt, umfaßt alles Geschaffene. So schließt auch die wahre Liebe des Menschen zu sich selbst alles ein, womit er existentiell verbunden ist.

2. Die Liebe Gottes und die Gerechtigkeit Gottes. — Gerechtigkeit ist die Seite der Liebe, die dem Subjekt und dem Objekt in der Liebesbeziehung ihr Recht gibt. Liebe zerstört weder die Freiheit des Geliebten noch die Struktur seiner Persönlichkeit oder seine soziale Existenz. Liebe als die Wiedervereinigung des Getrennten entstellt oder zerstört nicht, was sie wiedervereinigen will. Es gibt eine Liebe, die chaotische Selbstverschwendung ist oder chaotisches Sichaufdrängen. Man findet sie in gewissen Formen der romantischen Liebe. Erich Fromm spricht in diesem Zusammenhang von „symbiotischer" Liebe. Nietzsche hat recht, wenn er betont, daß eine Liebesbeziehung nur dann schöpferisch ist, wenn ein selbständiges Selbst in eine Liebesbeziehung mit einem anderen unabhängigen Selbst tritt. Göttliche Liebe schließt Gerechtigkeit ein, die die Freiheit und den einmaligen Charakter des Geliebten anerkennt und bewahrt. Sie läßt dem Menschen Gerechtigkeit widerfahren und leitet ihn zugleich zur Vollkommenheit hin. Sie zwingt ihn nicht in die Vollendung, aber sie verläßt ihn auch nicht. Sie zieht ihn an und ruft ihn in die Wiedervereinigung.

## Gott in Beziehung

Gerechtigkeit aber bejaht nicht nur, sie leistet auch Widerstand und verurteilt. Daraus hat man einen wesenhaften Konflikt zwischen Liebe und Gerechtigkeit in Gott abgeleitet. Jüdisch-christliche Gespräche haben oft unter dieser Annahme gelitten. Sie ist auch verantwortlich für zahlreiche Angriffe auf den Liebesgedanken des Christentums im Namen politischer Forderungen. Das gleiche gilt andererseits für Angriffe des christlichen Pazifismus auf den politischen Gebrauch der Macht.

In welcher Beziehung steht die göttliche Liebe zur Macht Gottes? Besteht ein Konflikt zwischen der göttlichen Liebe und dem, was göttlicher Zorn genannt wird? Diese Fragen können nur beantwortet werden, wenn man, wie wir es versucht haben, Liebe ontologisch deutet und sich über den symbolischen Charakter aller Aussagen über Gott klar ist. Doch werden in der systematischen Theologie spezielle Antworten verlangt, und wenn sie sich schon nicht in die aktuellen Probleme der Sozialethik einlassen kann, so muß sie doch zeigen, daß alle Aussagen theologischer Ethik bewußt oder unbewußt auf Aussagen über Gott beruhen.

Es ist nicht die göttliche Macht als solche, von der man behauptet, daß sie in Konflikt mit der göttlichen Liebe steht. Die göttliche Macht ist die Macht des Seins-Selbst, und das Sein-Selbst ist aktuell im göttlichen Leben, dessen Wesen Liebe ist. Ein Konflikt zwischen Macht und Liebe kann nur unter den Bedingungen der Existenz gedacht werden. In der Existenz sind Gerechtigkeit und Liebe bedroht, und darum steht Existenz unter dem „göttlichen Zorn", aber das göttliche Urteil ist nicht ein besonderer Akt, der neben der göttlichen Liebe stände. Es ist die Macht der Liebe selbst, die das zerstört, was gegen die Liebe steht. „Verdammung" ist nicht Verneinung der Liebe, sondern Verneinung dessen, was die Liebe verneint. Sie ist ein Akt der Liebe, ohne den das Nichtsein über das Sein triumphieren würde. Sie überläßt das, was der Liebe Widerstand leistet, sich selbst und damit unentrinnbarer Selbstzerstörung. Der ontologische Charakter der Liebe löst das Problem der Beziehung zwischen Liebe und Gerechtigkeit. Verurteilung ist ein Akt der Liebe, die das, was der Liebe Widerstand leistet, der Selbstzerstörung überantwortet.

Das wiederum gibt der Theologie die Möglichkeit, das Symbol des Zornes Gottes zu gebrauchen. Lange Zeit hatte man das Gefühl, daß man mit solch einem Symbol Gott menschliche Affekte zuschriebe, wie es die heidnische Mythologie tut, wenn sie den Zorn der Götter beschreibt. Wenn der Begriff des Zornes Gottes unsymbolisch genommen wird, ist solche Kritik gerechtfertigt. Symbolisch genommen ist der

*Gott und Welt*

Begriff notwendig. Der „Zorn Gottes" ist weder ein Affekt, der mit seiner Liebe stritte, noch die Ursache von Handlungen, die aus der Vorsehung herausfallen. Er ist das Gefühlssymbol für das Tun der Liebe, die verwirft und der Selbstzerstörung überläßt, was sich ihr widersetzt. Die Erfahrung des „Zornes Gottes" ist ein Bewußtwerden der selbstzerstörerischen Natur des Bösen, nämlich bei solcher Haltung und in solchen Akten, in denen das endliche Geschöpf sich vom Seinsgrund trennt und sich Gottes auf Wiedervereinigung zielender Liebe widersetzt. Solch eine Erfahrung ist Wirklichkeit, und das Symbol des Zornes Gottes ist nicht zu vermeiden.

Das Gericht, bei dem es um „Verdammung" und „Zorn Gottes" geht, hat eine eschatologische Bedeutung. Es erhebt sich die Frage, ob die Liebe Gottes eine Grenze hat. Die biblischen Worte über das jüngste Gericht und die Symbole der ewigen Verdammnis oder des ewigen Todes weisen auf eine solche Grenze hin, doch muß man zwischen Ewigkeit und endloser Dauer unterscheiden. Ewigkeit als Eigenschaft des göttlichen Lebens kann nicht Attribut eines Wesens werden, das durch Verdammung vom göttlichen Leben getrennt ist. Wo die göttliche Liebe aufhört, hört das Sein auf. „Verdammung" kann nur bedeuten, daß das Geschaffene dem Nichtsein überlassen wird, das es selbst erwählt hat. Das Symbol ewiger Tod sagt noch mehr aus: es muß als Selbst-Ausschluß vom ewigen Leben, folglich vom Sein gedeutet werden. Spricht man jedoch von einem endlosen Zustand der Verdammnis, so macht man das, was seinem Wesen nach nicht zeitlich ist, zeitlich. Der Begriff endlose Verdammnis ist ein Widerspruch in sich. Ein Individuum mit Selbstbewußtsein ist seinem Wesen nach zeitlich. Selbstbewußtsein als Möglichkeit, Glück wie Leiden zu erfahren, schließt Zeitlichkeit ein. In der Einheit des göttlichen Lebens ist Zeitlichkeit mit Ewigkeit vereint. Wird Zeitlichkeit von der Ewigkeit völlig getrennt, so ist sie reines Nichtsein und kann nicht die Form für Erfahrungen werden, auch nicht die des Leidens und der Verzweiflung.

Es stimmt zweifellos, daß endliche Freiheit nicht zur Einheit mit Gott gezwungen werden kann, denn diese Einheit ist eine Einheit der Liebe. Endliches Sein kann sich von Gott getrennt halten, es kann der Wiedervereinigung mit Gott unbegrenzten Widerstand leisten. Ein Wesen, das endliche Freiheit ist, kann zu Selbstzerstörung und äußerster Verzweiflung getrieben werden. Aber sogar das ist das Werk göttlicher Liebe, wie die Inschrift, die Dante über den Eingang zur Hölle geschrieben sah, andeutet (Canto III). Die Hölle hat Sein nur, insofern sie teilhat an der Einheit der göttlichen Liebe. Sie ist nicht die Grenze der göttlichen Liebe. Die einzige vorläufige Grenze der göttlichen Liebe ist der Widerstand der endlichen Kreatur. Der höchste Ausdruck für die Einheit von Liebe und Gerechtigkeit in Gott ist das Symbol der Rechtfertigung. Es weist hin auf die unbedingte Gültigkeit der Forderungen der Gerechtigkeit, zugleich aber auf einen göttlichen Akt, in dem Liebe die selbstzerstörerischen Folgen der Verletzung der Gerechtigkeit überwindet. Die ontologische Einheit von Liebe und Gerechtigkeit erscheint in der letztgültigen Offenbarung als Rechtfertigung des Sünders. Die göttliche Liebe in Beziehung zum ungerechten Geschöpf ist Gnade.

3. DIE LIEBE GOTTES ALS GNADE UND PRÄDESTINATION. — Der Begriff Gnade *(gratia, charis)* bestimmt alle Beziehungen zwischen Gott und dem Menschen in der Weise, daß sie aus der göttlichen Freiheit stammen und unabhängig von den Taten oder Wünschen der Kreatur sind. Es gibt zwei Grundformen der Gnade. Die eine besteht in Gottes dreifacher Schöpfermacht, die andere in seinem rettenden Handeln. Die erste Form der Gnade ist einfach und direkt. Sie verschafft allem Seienden Partizipation am Sein und verleiht jedem Wesen diese einzigartige Partizipation. Die zweite ist paradox. Sie gibt Erfüllung dem, was von der Quelle der Erfüllung getrennt ist, und nimmt an, was unannehmbar ist. Man kann noch eine dritte Form der Gnade unterscheiden, die zwischen den beiden anderen vermittelt, weil sie Elemente beider in sich vereinigt. Das ist Gottes Vorsehungsgnade, die sowohl kreative als auch rettende Gnade ist. Denn das Ziel für Gottes ordnendes und vorausschauendes Schaffen ist die Vollendung der Kreatur, trotz ihres Widerstandes. Der klassische Begriff für diese Form der Gnade ist zuvorkommende Gnade *(gratia praeveniens)*. Durch die Entwicklung in Natur und Geschichte bereitet sie die Annahme der rettenden Gnade vor.

Aber nicht jeder ist bereit, sie anzunehmen. Hier entsteht das Problem der Beziehung von göttlicher Liebe zum ewigen Schicksal des Menschen, das in der Frage der Prädestination zum Ausdruck kommt. Eine volle Diskussion des Prädestinationsgedankens ist an dieser Stelle unmöglich, aber da er Konsequenzen für die Lehre von der göttlichen Liebe hat, ist eine kurze Darstellung notwendig. Es ist vor allem notwendig, die Lehre von der „doppelten Prädestination" abzulehnen, da sie sowohl der göttlichen Liebe als auch der göttlichen Macht widerspricht. Ontologisch ist „ewige Verdammnis" ein Widerspruch in sich. Er verewigt eine Spaltung im Sein-Selbst, durch die das Dämonische, für das diese Spaltung charakteristisch ist, erreichen würde, mit Gott gleich ewig zu sein. Damit bräche das Nichtsein in das Reich des Seins und der Liebe ein. Doppelte Prädestination ist kein echtes religiöses Symbol, sondern nur eine logische Folgerung, die sich aus dem religiösen Gedanken der Prädestination ergibt. Sie ist aber wie alle logischen Folgerungen, die nicht aus den Wurzeln existentieller Partizipation kommen, für die Theologie falsch. Es gibt keine existentielle Partizipation an der „ewigen Verdammnis" anderer, wohl aber eine existentielle Erfahrung von der Drohung, sich selbst vom ewigen Leben auszuschließen. Daraus leitet sich das Symbol der Verdammnis her. Prädestination als religiöses Korrelat zur „Rechtfertigung allein durch den Glauben" muß wie die Vorsehung im Licht der ontologischen Polarität von Freiheit und Schicksal betrachtet werden. Prädestination ist Vorsehung in Hinsicht auf unser ewiges Schicksal. Sie hat nichts mit Determination im Sinne deterministischer Metaphysik zu tun, über deren unzulänglichen und veralteten Charakter bereits gesprochen wurde. Die Vorstellung der Prädestination steht auch nicht in Beziehung zum Indeterminismus, vielmehr ermöglicht sie eine symbolische Deutung der Beziehung Gottes zur Kreatur. Dafür wäre allerdings ein Denken in zwei Ebenen erforderlich: und zwar wären ontologische Elemente und eigentliche Kategorien auf der geschöpflichen Ebene anzuwenden, und Kategorien, die zugleich bejaht und verneint werden, für Gottes Beziehungen zum Geschaffenen. Das Wort Prädestination – wenn es wörtlich genommen wird – schließt Kausalität und Determination ein, und mit Gott in Verbindung gebracht, macht es ihn zur physischen oder psychologischen determinierenden Ursache. Darum muß das Wort symbolisch gebraucht werden zur Verdeutlichung der existentiellen Erfahrung, daß in der Beziehung zu Gott sein Handeln immer an erster Stelle steht und daß allein das Hinschauen auf Gottes Handeln die Gewißheit eigener Erfüllung schenkt. So gesehen ist Prädestination vollendete Bejahung der Liebe Gottes und nicht ihre Verneinung.

Die Liebe Gottes ist die endgültige Antwort auf alle Fragen der menschlichen Existenz, auch auf die Fragen, die sich aus der Endlichkeit, der drohenden Spaltung und der Entfremdung ergeben. Diese Antwort kann jedoch nur durch die Manifestation der Liebe Gottes unter den Bedingungen der Existenz gegeben werden. Es ist die Antwort der Christologie, die in der Lehre von der Liebe Gottes systematisch begründet ist. Dennoch könnte über diese Grundlage nicht gesprochen werden, wenn der Mensch die christologische Antwort nicht erhalten hätte. Was aber in der Existenz an erster Stelle steht, kann in der Systematik an letzter Stelle stehen und umgekehrt. Diese Wahrheit gilt auch für die Lehre von der Trinität. Ihre logische Grundlage

*Gott in Beziehung*

in der Struktur des Lebens ist bereits besprochen, ihre existentielle Grundlage in der Erscheinung Jesu als des Christus aber ist bisher nicht erörtert worden. Nur eine solche Erörterung würde eine umfassende Lehre von der Trinität ermöglichen.

d) *Gott als der Herr und Vater.* — Die Symbole Leben, Geist, Macht, Liebe, Gnade usw., im Andachtsleben auf Gott angewandt, sind Elemente der beiden Hauptsymbole für die Ich-Du-Beziehung zu Gott, nämlich zu Gott als dem Herrn und zu Gott als dem Vater. Die anderen Symbole für diesen Ich-Du-Charakter werden durch diese beiden repräsentiert. Symbole wie König, Richter oder der Höchste gehören zum Symbolbereich Gottes als des Herrn, Symbole wie Schöpfer, Helfer, Heiland gehören zum Symbolbereich Gottes als des Vaters. Es besteht kein Widerspruch zwischen diesen beiden Symbolen oder Symbolbereichen. In der Anrede an Gott „mein Herr" ist zugleich das Vater-Element enthalten. In der Anrede an Gott „Vater im Himmel" ist zugleich das Herr-Element enthalten. Beide Elemente sind untrennbar. Schon der Versuch einer stärkeren Betonung des einen gegenüber dem anderen zerstört den Sinn beider. Der Herr, der nicht Vater ist, ist dämonisch, der Vater, der nicht Herr ist, ist sentimental. Die Theologie ist beiden Irrtümern verfallen.

Gott als der Herr und die sich darauf beziehenden Symbole drücken die heilige Macht Gottes aus. „Herr" ist vor allem Symbol für die unerreichbare Majestät Gottes, für den unendlichen Abstand zwischen ihm und dem Geschöpf, für seine Herrlichkeit. „Herr" ist aber auch ein den *logos* des Seins und die Struktur der Realität repräsentierendes Symbol. Diese Struktur erscheint in der existentiellen Entfremdung des Menschen als göttliches Gesetz und als Ausdruck göttlichen Willens. Schließlich ist „Herr" das Symbol für Gottes Herrschaft über die gesamte Wirklichkeit und entspricht dem inneren Telos der Schöpfung, der letzten Vollendung des Geschaffenen. In dieser dreifachen Beziehung also wird Gott „Herr" genannt. Einige Theologen gebrauchen das Symbol Herr so, daß sie damit alle jene Symbole ausschließen, welche die einende Liebe Gottes zum Ausdruck bringen. Aber der Gott, der nur „Herr" ist, wird leicht zum despotischen Herrscher, der seinen Untertanen Gesetze auferlegt und heteronomen Gehorsam sowie blindes Befolgen seiner Gebote verlangt. Dann hätte der Gehorsam gegen Gott das Übergewicht gewonnen über die Liebe zu Gott. Der Mensch wäre durch Gericht und Drohungen zerbrochen, noch bevor er angenommen ist, weil die Autonomie seines Verstandes und sein Wille zerbrochen wären. Der Herr, der nur „Herr" ist, würde das erschaffene Wesen seiner

*Gott und Welt*

Geschöpfe vernichten, um sie zu retten. Das wäre eine autoritäre Verzerrung des Symbols Gottes als des Herrn. Aber diese Verzerrung ist fast unvermeidlich, solange Gott nicht auch als der „Vater" verstanden wird. Während der Vorstellung vom „Herrn" die Beziehung des Menschen zu Gott als heiliger Macht zugrunde liegt, kommt in der Vorstellung vom „Vater" die Beziehung des Menschen zu Gott als heiliger Liebe zum Ausdruck. Das Symbol Herr drückt den Abstand aus, das Symbol Vater die Einheit. „Vater" ist Symbol für Gott als schöpferischen Grund des Seins, des menschlichen Seins. Gott als Vater ist der Ursprung, von dem der Mensch dauernd abhängt, weil er für ewig im göttlichen Grunde wurzelt. „Vater" ist ferner Symbol für Gott, der den Menschen durch sein erhaltendes Schaffen bewahrt und durch sein lenkendes Schaffen zur Vollendung führt. Schließlich ist „Vater" Symbol für Gott, der den Menschen durch Gnade gerecht macht und ihn annimmt, obwohl er unannehmbar ist. In mancher Theologie und vielfach auch im landläufigen Denken wird beim Symbol Vater oft vergessen, daß dieser Vater Gott der Herr ist. Übersieht man diese Seite in Gott, so ist er ein freundlicher Vater, der den Menschen ihre Bitten erfüllt und allen vergibt, die Vergebung wünschen. Damit stünde Gott in einer familiären Beziehung zu den Menschen. Sünde wäre ein privater Akt, mit dem man jemanden verletzt, der gern bereit ist, zu vergeben, weil er selbst Vergebung braucht, wie z. B. jeder menschliche Vater. Gott steht aber nicht in privater Beziehung zum Menschen, weder in familiärer noch in pädagogischer. Er vertritt die universale Ordnung des Seins und kann nicht als freundlicher Vater handeln, der sentimentale Liebe zu seinen Kindern hat. Gerechtigkeit und Gericht sind wesentliche Bestandteile seiner Vergebung. Die Behauptung, die Auffassung des Paulus vom Kreuz Christi und seine Lehre von der Versöhnung stünden in Widerspruch zur schlichten Bitte um Vergebung im Gebet des Herrn, ist aus einem sentimentalen Verständnis der Liebe Gottes hervorgegangen. Diese Behauptung ist falsch. Das Bewußtsein der Schuld kann nicht durch die einfache Zusicherung der Vergebung überwunden werden. Der Mensch kann an eine Vergebung nur glauben, wenn zugleich der Gerechtigkeit Genüge getan und ein Ja zur Schuld gesprochen wird. Gott muß Herr und Richter bleiben trotz der einenden Kraft seiner Liebe. Die Symbole Herr und Vater ergänzen einander. Das gilt sowohl theologisch wie psychologisch. Wäre er nur der „Herr", so könnte er den Menschen nicht unbedingt angehen. Wäre er nur der „Vater", könnte er den Menschen ebenfalls nicht unbedingt angehen. Der Herr, der nur „Herr" ist, ruft einen berechtigten, ja revo-

## Gott in Beziehung

lutionären Widerstand hervor, der nur durch Drohungen gebrochen werden kann. Durch Brechen des Widerstandes und Unterdrückung aber wird eine Demut erzeugt, die der Würde und Freiheit des Menschen nicht entspricht. Andererseits erweckt der Vater, der nur „Vater" ist, eine Verehrung, die leicht in den Wunsch nach Selbständigkeit umschlägt, eine Dankbarkeit, die leicht Gleichgültigkeit wird, eine sentimentale Liebe, die sich leicht in Verachtung verkehrt, und ein naives Vertrauen, das sich leicht in Enttäuschung verwandelt. Die Kritik der Psychologie und Soziologie an den personalistischen Symbolen für die Beziehung des Menschen zu Gott muß von den Theologen ernst genommen werden. Es muß anerkannt werden, daß die beiden zentralen Symbole Herr und Vater Steine des Anstoßes für manche Menschen sind, weil Theologen und Prediger unwillig waren, auf die oft schockierenden Einsichten in die psychologischen Konsequenzen des traditionellen Gebrauchs dieser Symbole zu achten. Immer wieder muß betont werden, daß diese Symbole und alle anderen symbolischen Beschreibungen des göttlichen Lebens und unserer Beziehung zu ihm zwei Seiten haben. Einmal sind sie bestimmt durch die transzendente Realität, die sie zum Ausdruck bringen, zum anderen durch die Situation derjenigen, für die sie auf diese Realität hinweisen. Die Theologie muß beide Seiten betrachten und die Symbole so deuten, daß eine schöpferische Korrelation zwischen ihnen hergestellt werden kann.

„Herr" und „Vater" sind zentrale Symbole für die Ich-Du-Beziehung zu Gott. Doch ist die Ich-Du-Beziehung zu Gott nicht die einzige, denn Gott ist das Sein-Selbst. Anrufungen wie „Allmächtiger Gott" lassen die unwiderstehliche Macht von Gottes Schöpfermacht spüren. Anrufungen wie „Ewiger Gott" zeigen den unveränderlichen Grund alles Lebens. Daneben werden in der Meditation Symbole gebraucht, die die Ich-Du-Beziehung weniger zutage treten lassen, obgleich sie immer darin enthalten ist. Die Kontemplation über das Mysterium des göttlichen Grundes, das Betrachten der Unendlichkeit des göttlichen Lebens, das Anschauen des Wunders göttlicher Kreativität, die Anbetung des unerschöpflichen Sinns göttlicher Selbstoffenbarung sind ein berechtigter Ausdruck für das Verhältnis des Menschen zu Gott, obwohl diese Erfahrungen keine ausgesprochene Ich-Du-Beziehung enthalten. Ein Gebet, das sich anfangs an Gott den Herrn und Vater richtet, wird oft zu einer Kontemplation über das Mysterium des göttlichen Grundes. Umgekehrt kann eine Meditation über das Mysterium Gottes mit einem Gebet zu Gott als dem Herrn und Vater schließen.

Noch einmal wollen wir es sehr deutlich sagen: Die Möglichkeit des

Gebrauchs der Symbole „Herr" und „Vater" ohne Auflehnung, Unterwürfigkeit oder ideologische Täuschung ist uns geschenkt durch die Offenbarung dieses Herrn und Vaters als Sohn und Bruder unter den Bedingungen der Existenz. Die letzte Frage der Lehre von Gott ist daher die Frage nach einer Lehre von der Existenz und vom Christus.

# PERSONEN- UND SACHREGISTER

Aberglaube 90, 141
Absolute, das 257, 269, 270, 271, 272, 273, 277, 280, 281, 316
Absolutismus 105—108, 178—181, 198
— dogmatischer 180
— kirchlicher 106
— kognitiver 179
— konservativer 107
— moralischer 179, 180
— orthodoxer 106
— revolutionärer 106
— utopischer 179, 180
Abstrakte, das 24
Abgrund 96, 186, 187, 188, 205, 266
— des Göttlichen 289
actus purus 211, 212, 284, 286
Adam 227, 240, 295, 298
— und Eva 206
Äon, neuer 62, 63
Ästhetizismus 109, 113
Agape 31, 177, 322—324
Aktualisierung 294
Aktualität 237, 280, 284, 293, 304, 311, 314, 315, 317, 321
Akzidentien 230, 231, 243, 276
Alexander von Hales 51, 184
Alexandrinische Schule 13, 182
Allgegenwart 284, 318—320, 314
Allmacht 313—315
Allwissenheit 314, 320—321
Analogia entis 157, 278
Analogie 157, 211
Angst 79, 224—230, 243, 244, 304, 307, 317
— des Nichtseins 232, 314
— der Schuld 235
— essentielle 235
— ontologische 224, 235
animal rationale 298
Anliegen, höchstes 252
— letztes 235
— religiöses 247, 259, 260

Anliegen, unbedingtes 254, 257
— vorläufiges 254
Anselm von Canterbury 242
Anthropomorphismus 264
Antinomie 223
Apokryphen 63
Apollo 154
Apologeten, frühchristliche 13
Apologetik 12—13, 40, 42, 257
Apostel, die 150
Apriori 196, 198
— mystisches 16, 17
Apriorismus 198
Archetypen 206, 300
argumentum ex ignorantia 12
Arianismus 25
Aristoteles 13, 27, 69, 88, 104, 187, 195, 206, 270
Arius 221
Aseität 229, 274, 287, 291
Askese 71, 135, 292
Athanasius 104
Atheismus 36, 275, 283
Auferstehung 319,
Aufklärung 52, 98, 305
Augustinus 63, 77, 104, 220, 241, 296, 301, 323
Ausdruck s. Sprache
Auserwähltes Volk 170
Autonomie 101—105, 175—178
— wissenschaftliche 42

Barth, Karl 11, 12, 46, 63, 148, 296
Bedingte, das 264
bedingt. Das, was uns b. angeht 20
Begriffe, letzte 194
— ontologische 200
Behaviorismus s. u. Methode
Berdjajew, Nikolai 221, 270, 285
Bergson, Henri 77, 120, 121, 198, 211, 213, 270, 316, 317

333

## Personen- und Sachregister

Besessenheit 138, 141
— dämonische 138, 155
Betroffensein, letztes 33, 35
— religiöses 19
— unbedingtes 18—20, 134
— vorläufiges 20
Bewußtsein, Struktur des 138, 140
Bezeichnung s. Sprache
Beziehung s. Gott in Beziehung
Bibel 11, 14, 29, 44, 45, 46, 59, 62, 63, 64, 79, 188, 280, 281, 286, 305, 318
Bibelkritik 46
biblische Fächer 38, 39,
Biblizismus 9, 29, 47
— orthodoxer 45, 57, 65
Bindung, gläubige 152
Böse, das 270
Böhme, Jakob 77, 168, 211, 221, 270, 284, 300
Bonaventura 51, 104
bonum ipsum 241, 242
Boodin, John E. 55
Botschaft 9—12, 12—15, 17, 19, 38, 43—45, 48, 50, 57, 60, 62, 64, 65, 69, 71, 76, 78, 79, 81, 90, 174, 184, 188
Brahma 250, 266
Brahman 158, 250, 266
— -Atman 266
Brightman, Edgar 16, 55, 285
Brunner, Emil 70, 74, 257
Buddhismus 256
Bund 170, 264

Calvin, Johannes 77, 78, 253, 257, 302, 314
Calvinismus 59, 74, 313
causa prima 275
Chalcedonensisches Glaubensbekenntnis 70
Christentum 17, 29, 71, 78, 98, 159, 161, 171, 187, 220, 221, 235, 238, 257, 262, 266, 292, 293, 306
— Geschichte des 255
— und Theologie 22—25
— amerikanisches 53
Christus 36, 81, 171, 174, 227, 239, 300, 309

Christus, auferstandene 319
Christologisches Paradox s. Paradox
cogitatio 200
coincidentia oppositorum 99, 303
creatio ex nihilo 220, 291, 292, 293
Cyrus 146

Dämonische, das 46, 113, 138, 167, 261, 263, 300, 327
dämonisch 139, 141, 142, 160, 167, 176, 179, 252, 253, 258, 263, 264, 329
Dante 326
Darwin, Charles 156
Dasein 77, 199
David 146
Deduktive Methode s. Methode
Deismus 272, 301, 302
Demiurg 238
Demut 331
Descartes, René 87, 202, 239
Dessoir, Max 55
Determiniertheit 275
Determinismus 215, 234, 328
Deus sive natura 269, 271, 302
Deuterojesaja 146, 169, 257
Deutsche Christen 11, 12
Dewey, John 54, 195
Dialektik 69
— historische 221, 306
— theologische 70
— des Lebens 72
Diastase 14
Dichtkunst 77
dilectio 323
Ding 118, 120, 200, 204, 205, 215, 217, 301
— als Offenbarungsträger 142, 143
Dionysius Areopagita 270
Distanz 116, 182, 183
— kognitive 114—121
Dodd, C. H. 46
Dogma 41, 42, 158
— christliches 318
— trinitarisches 266, 289
Dogmatik 41, 42
— katholische 47
Dogmatismus 44, 116, 117, 119
Dogmengeschichte 48

## Personen- und Sachregister

Donum super additum 298
Dualismus 115, 292
— erkenntnistheoretischer 92
— metaphysischer 269
— religiöser 141, 261
— ontologischer 298
Duns Scotus 52, 183, 198, 211, 286
Dynamik 195, 196, 210—214, 222, 232—235, 281, 284, 285, 286

Ebenbild Gottes 93, 297, 298, 299
Eckhart, Meister 168
Eine, das 263, 268
Einsamkeit 233
Einsicht 116
Einzelwissenschaften 30, 31
— Beziehung der, zur Theologie und Philosophie 26, 27
Einung 116, 120, 183
— mystische 120
Ekstase 135—141, 151, 153, 154, 163, 172, 186
— der Offenbarung 188
— der Vernunft 66
— göttliche 138
Elan vital 212
Elemente, ontologische 206—218, 222, 232—235, 281, 282, 288, 299, 319
Emotion 113, 119, 183, s. a. Gefühl
Emotionalismus 108—113, 182—184
Empirismus 53, 88, 183, 203, 209
Endliche, das 74, 99, 167, 222—225, 241, 254, 278, 290, 293, 296, 303, 311, 314
Endliche Freiheit s. Freiheit
Endlichkeit 61, 65, 74, 75, 77, 79, 80, 81, 82, 91, 100, 159, 196, 197, 200, 207, 218—245, 222—235, 238—245, 247, 248, 269, 273, 275, 278, 296, 297, 307, 315, 328
Endlosigkeit der Zeit 316
Engel 22, 266, 293, 300
Entfremdung 81, 91, 109, 115, 151, 160, 197, 227, 307, 328, 329
Enthusiasmus 136
Entmenschlichung 120, 205, 306
Entscheidung 181, 216, 217
episteme 182

Erasmus von Rotterdam 104
Erfahrung 15, 16, 26, 27, 78, 92, 100, 112, 116, 125, 132, 155, 197, 251
— als Medium der Quellen 51—58, 60, 65
— durch Partizipation 56
— des Unbedingten 251
— ekstatische 136, 139
— existentielle 52
— mystische 56
— naturwissenschaftliche 55
— offene 57
— ontologische 53
— religiöse 54, 259
— sittliche 100
— Vermittlerfunktion der 58
Erfüllung 169, 307, 310
ergreifen und umgestalten 91—95
Ergriffensein 71
— religiöses 74
Erhaltung der Welt 301
Erkennen, das 199, 321
— beherrschendes 108, 109, 117 bis 121, 124—127, 133, 182, 209
— einendes 105, 118, 120, 121, 124, 126, 127, 133
Erkenntnis 114, 116—121, 123, 156 bis 158, 183, 184, 187, 208
— analoge, Gottes 157
— Struktur der 114—117
— existentielle 66
— Offenbarungs- s. Offenbarung
Erkenntnisakt 182
Erkenntnisbezug 115—121
Erkenntniseinung 114, 116
Erkenntnisfunktion 182
Erkenntnisprozeß 114
Erkenntnistheorie 27, 28, 87, 114
Erlanger Schule 53
Erleuchtung 153
Erlösung 25, 71, 81, 91, 172—175, 184, 186, 313
Erlösungsgeschichte 172
eros 322—324
Erwägung 216, 217
Erwartung 317
Erweckungsbewegung 52, 104
Eschatologie 293
Eschaton 293

esse ipsum 241, 267, 271
Essenz 184, 196, 236, 237, 239, 274, 294—297
— universale 274
essentiell 74, 80, 81, 91, 93, 98, 99, 101, 102, 103, 114—116, 145, 175, 184, 195, 232, 235, 236 bis 238, 258, 273, 289, 292, 296
Ethik 27, 39, 41, 42, 97, 324
Evangelium 62, 63
— synoptische 162
— viertes 93, 112, 161, 162
Evidenz, unmittelbare 123
Ewiges Jetzt s. Jetzt
Ewiges Leben s. Leben
Ewigkeit 169, 315—318, 314
— göttliche 296
Exegese 38
Existentiell 19, 31, 46, 51, 66, 67, 76, 80, 91, 95, 101, 109, 114, 130, 151, 173, 175, 184, 189, 195, 197, 236 bis 238, 250, 258, 267, 273, 274, 281, 287, 310, 329
Existentialismus 76, 107, 111, 120, 121, 183, 205, 221, 222
Existenz 10, 22, 59, 61, 71, 72, 76 bis 79, 81, 82, 91, 97—99, 100, 101, 103, 114, 117, 118, 142, 143, 165, 173—176, 182, 184, 188, 196, 199, 214, 230, 237—240, 270, 274, 291, 294—297, 304, 306, 307, 309, 320, 325, 328
— christliche 70
— geschichtliche 75
— theologische 18
Existenzanalyse 77—80
Existenzphilosophie s. Philosophie
Expressionismus 111

Fall 81, 294—297, 298, 313
Fatum 273, 285, 287, 304, 309
Fichte, J. G. 202
Ficino, Marsilio 104
Floris, Joachim von 56
Form 113, 183, 195, 196, 210—214, 232—235, 281, 284, 285, 292
Formalismus 108—113, 182—184
— ästhetischer 111

Formalismus, juristischer 110
— kognitiver 111
— konventioneller 110
Fortschritt 255, 304
Frage nach Gott s. Gott
Frank, F. H. R. 53
Franziskaner 50, 52
Freiheit 195, 197, 200, 214—218, 222, 232—235, 244, 281, 282, 286, 288, 295, 297, 299, 301, 317, 324, 328, 331
— absolute 235
— endliche 223, 294, 297, 301, 310, 311, 324, 326
Freud, Sigmund 157, 211
Fromm, Erich 324
Fundamentalismus 9—11, 104

Galilei 104, 156
Ganzheit 124
Gebet 153, 249, 260, 307, 308, 331
Gefühl 23, 52, 113, 138, 182, 183
Gegenstand der Religion 19
— der Theologie 19
Gegenwart 226, 227, 229, 316
— ewige 316
Geheimnis s. Mysterium
Geist 95, 96, 113, 163, 186, 188, 225, 266, 289
— Struktur des 91—96, 99, 125, 137, 151, 208
— entfremdeter 120
— göttlicher 58, 63, 68, 82, 153, 172, 174
— heiliger 152
— menschlicher 80, 223
— moderner 14, 15
Geistesgeschichte s. Geschichte
Geisteswissenschaften s. Wissenschaft
Gemeinschaft 208
Gerechtigkeit 97, 138, 252, 264, 330
Gericht 11, 174, 326, 330
Geschaffene, das, Geschöpf 230, 285, 292—306, 311—331, 326—330
Geschichte 29, 38, 68, 79, 82, 142, 145 bis 147, 155, 165, 197, 198, 217, 256, 287, 293, 304, 306—308, 316, 317
— Israels 170, 171

## Personen- und Sachregister

Geschichte der Vorbereitung 164
— der christlichen Theologie 48, 49, 58, 214
— Heils- 173
— Universal- 256
Geschichtsschreibung 157
Geschöpflichkeit 221, 222, 291, 292, 294
Gesellschaft, industrielle 205
Gesetz 217, 218
— göttliches 169, 329
Gestalt 297
Glaube 17, 18, 31, 66, 67, 90, 141, 282, 308—310, 314—317, 321
— christlicher 31, 38, 44, 69, 78
Gläubige, der 146, 147, 153, 173
Glückseligkeit 241
Gnade 11, 178, 298, 327, 329
Gnosis 116, 170, 182
Goethe 118
Gott 13, 21, 23, 29, 54, 68, 79, 81, 132, 133, 135, 136, 153, 154, 158, 162, 166, 185—189, 193—245, 247—254, 262, 266, 269—271, 273—331
— in Beziehung 279, 311—331
— Frage nach 193—245
— als Geist 288, 319
— der Gerechtigkeit 170
— als Herr 329—331
— als Idee 247—273
— Israels 264
— Lehre von 77, 82, 221, 251
— als Liebe 330
— als Macht des Seins 221
— und Mensch 44, 75
— als Sein 273—287
— als Schöpfer 293
— als Vater 162, 279, 329—331
— und Welt 157
— der böse 262
— ewiger 317
— gnädiger 61
— lebendiger 212, 221, 265, 280 bis 290, 312
— persönlicher 259, 283, 284
— werdender 285
Gottes Ehre 77, 304, 313, 329, 330
— Existenz 90, 239, 240, 243, 275
— Freiheit 286, 287, 291, 303, 327

Gottes Gegenwart 93
— Geist 80, 136
— Gerechtigkeit 324—327
— Gnade 75
— Handeln 70, 307, 328
— Herrschaft 329
— Immanenz 275
— Kreativität 317
— Liebe 321—331
— Macht 313—321, 325, 329—331
— Namen 279
— Reden 151
— Schicksal 291
— Transzendenz 275
— Wille 329
— Zorn 75, 253, 325—327
— ewige Gegenwart 319
— erhaltendes Schaffen 301—303
— lenkendes Schaffen 303—311
— ursprüngliches Schaffen 291—301
Gotteserkenntnis 147
Gottesidee 239—242, 248, 250, 255 bis 259, 262, 263, 267, 272
Gottmensch 22, 59
Gottesbeweise 80
— ontologische 238—242
— kosmologische 243—245
Götter 248, 249, 250, 258, 260, 262, 263, 287
Göttliche, das 251, 261, 263, 279
Götze 247
Gradualismus s. Metaphysik
gratia praeveniens 327
Grenzsituation 52, 137
Griechen, die 36
Grund 97
— und Abgrund 98, 100, 133, 137, 144, 241, 251, 263
— schöpferischer 239, 299, 303, 311, 312
— unendlicher 99
— unerschöpflicher 99
Grundbegriffe, ontologische 258
Grundstruktur, ontologische 202, 204, 222
Gute, das 115, 116, 238, 250, 252, 262, 304
Güte, geschaffene 238, 299, 322
Gunkel, H. 76

Harmonie, Prinzip der 305, 306
Harnack, Adolf v. 25, 187
Hartmann, Eduard v. 211
Hartmann, Nicolai 27
Hartshorne, Charles 285
Headlam, A. G. 46
Hedonismus 108
Hegel, G. W. F. 16, 27, 69, 72, 88, 100, 104, 120, 195, 221, 270, 272, 306, 315, 316
Hegelianismus 13, 279
Heidegger, Martin 77, 195, 198, 199, 220, 221, 225
Heidentum 37, 220, 292
Heil 173
Heilen, das 174, 183, 279
Heiland 173
Heilige, das 54, 58, 251—254, 257, 258, 261, 264, 266, 303, 312, 319
— der 146, 147, 252
Heiligkeit 251, 279, 311—313
Heiligtum 319
Heiliger Geist s. Geist
Heraklit 168, 289
Heteronomie 101—105, 175—178
Hinduismus 158, 250
Hiob 228
Historische Dialektik s. Dialektik
Historismus 12
Hitler, Adolf 12
Hobbes, Thomas 202
Höchste, das 19
höchstes Wesen s. Wesen
Hocking, W. E. 16, 54
Hofmann, J. C. C. v. 53
Hölle 326
Homer 260
Homiletik 38
Horkheimer, Max 88
Humanismus 12—13, 104, 158
Hume, David 87, 107
Husserl, Edmund 129, 130

Ich, absolutes 205
Ich-Selbst 201, 202
Ich-Du-Beziehung 381
— zwischen Gott und Mensch 259, 312, 329

Idealismus 16, 26, 92, 115, 151, 205, 209, 271, 272
— deduzierender 205
— subjektiver 202
Ideen 300
Identität 92, 115, 268
— von Sein und Nichtsein 69
— Verlust der 231
Ideologie 93, 183
Immanenz 303
Imperialismus der Götter 250
Independentismus 52
Indeterminismus 215, 234, 328
Individualisation 195, 196, 206 bis 210, 232—235, 281, 283, 301, 310, 311, 321
Individualismus 300
Individualität 124, 222, 233
Inkarnation 293
Inquisition 104
Inspiration, Inspirierung 45, 138, 139, 153
Instrumentalismus 112
Integration 113
Intellekt und Wille in Gott 286
Intellektualismus 109, 113
Intelligenz, theologische 240
Intentionalismus 212
Intentionalität 223, 233, 284, 286
Intuition 124, 125
Irenaeus 298
Irrationalismus 113
Irrtum 61, 115, 117
Islam 169
Israel, Volk 309

Jahwe 264
James, William 16, 54
Jaspers, Karl 31
Jesaja 130, 133, 172, 253
Jesus 141, 289
— von Nazareth 158, 161, 163, 180, 266, 267
— als der Christus 24, 25, 37, 48, 50, 57, 58, 61—63, 78, 131, 150, 152, 159—165, 169, 171—173, 176, 178—180, 184, 187, 188, 235
— als Religionsgründer 180
— synoptischer 59, 159

Johannes der Evangelist 62, 63, 70
— der Täufer 169
Judentum 308
Jugendbewegung 113
Jung, C. G. 157, 211
justitia originalis 298

Kairos 163
Kanon 63
Kant, Immanuel 87, 99, 100, 108, 126, 144, 167, 196, 223, 229, 242, 283
Kantianismus 13, 270
Kategorien 125, 126, 194, 196, 225 bis 232, 241, 281
kategorischer Imperativ 99, 100, 107, 126, 242
Katholische Briefe 63
Katholizismus 40, 177
Kausalität 100, 196, 226, 229, 230, 275, 276, 328
Kausalnexus 230
Kerygma 11, 12—15
Kierkegaard, Sören 19, 70, 144, 183, 195, 315, 316
Kirche 9, 32, 41, 43, 45, 48, 59, 60, 62—65, 146, 153, 163, 171, 176, 177, 188
— alte 12, 17, 257
— anglikanische 59
— griechisch-orthodoxe 59
— latente 159
— manifeste 159
— protestantische 63, 64
— römisch-katholische 47, 59, 63, 64
Kirchengeschichte 38, 46—48, 58, 59, 61, 64, 152, 160
Kollektivismus 207
Kommunismus, russischer 106
Konflikt zwischen Theologie und Philosophie 34—36
— zwischen Autonomie und Heteronomie
— zwischen Absolutismus und Relativismus
— Formalismus und Emotionalismus
Konkrete, das 254, 255, 257, 265, 272

Konkretheit 17, 24, 25, 158, 217, 247, 249, 250, 258, 259, 263, 265
— absolute 131
Konservativismus 95, 105
Konstantin 42
Kontingente, das 269
Kontingenz 215, 230
Konventionalismus 110, 113
Koordinator, göttlicher 242
Korrelation, Methode der 14, 15, 40, 44, 73—80
Kosmologie 104
kosmologischer Gottesbeweis s. Gottesbeweise
Kosmos 72, 201
Kreativität 214, 289
Kreatur, neue 160, 324, 327
Kreatürlichkeit 297, s. auch Geschöpflichkeit
Kreuz 160, 162, 163, 179, 304, 330
Kriterien, formale 19—22, 60
Kriterium der Erfahrung 65
— der Erkenntnis 126
— der Norm 58, 62
— der Offenbarung 158
Kritik, historische 11
— prophetische 253
— rationale 168
Kritizismus 107, 108, 115, 119, 178
Kuhn, Helmut 221
Kultur 45, 164, 171, 176, 177, 210, 300
Kultur, autonome 102
— profane 156
— theonome 242
Kulturschöpfung 233
Kunst 95
— romantische 111
Kulturgeschichte 38, 39, 49, 64, 165, 254, 255
— theologische 49, 50
Kultus 97, 112, 176, 182, 258, 318

Leben 81, 82, 91, 96, 98, 99, 107, 109, 186, 187, 280, 305, 321
— èwiges 221, 318, 326, 328
— göttliches 69, 186—188, 211, 281 bis 283, 286
Lebensprozeß 124
Lebensphilosophie s. Philosophie

Legalismus 109, 113
— theologischer 234
Leibniz, G. W. v. 27, 72, 206, 207, 270, 275, 300
Liberalismus 117, 305
Libido 176, 183, 322
Liebe 97, 176, 180, 181, 321—331
— Gesetz der 180
— göttliche 180, 304, 313, 321—331
Literatur 77
Logik, formale 27, 69
— formalisierte 108
— semantische 28
logos 70, 88, 91, 92, 96, 122, 144, 147, 163, 176, 182, 186—188, 203, 204, 206, 221, 266, 289, 290, 299, 329
— Universalität des 24, 25
— partikulare Erscheinung des 34
— universaler 35, 37
— universal-göttlicher 34
Logoschristologie 187
Logoslehre, stoisch-philonische 25
Lullus Raimundus 72
Luther, Martin 11, 12, 59, 62, 63, 70, 74, 104, 174, 211, 253, 284, 289, 296, 301, 314, 318

Magie 249
Makrokosmos 301
Mana 258
Manichäismus 261
Maria, Jungfrau 154
Marx, Karl 93, 106, 306
Materie 92, 211, 220, 292, 319
— meontische 220
Mathesis universalis 72
me on 203, 211, 220, 269, 292
Meditation 117, 135, 153
Medium der Offenbarung 160, 163, 167
— der Erfahrung 65
— der Schöpfung 65
— Selbstopfer des 175, 180
Melanchthon 12
Mensch 147, 199—202, 206, 207, 208, 214—216, 225, 278, 300, 301, 303, 308, 312
— und Gott 74

Menschen, Lehre vom 77, 198
— Natur des 197
Messias 160, 162, 263, 266, 267
metaphorisch 96, 97
Metaphysik 28, 87
— gradualistische 270
Methode 44
— behavioristische 199
— empirische 44
— naturalistische oder humanistische 79
— phänomenologische 129—131
— supranaturalistische 79
Methoden-Imperialismus 73
Methodismus 52
Mikrokosmos 208, 301
Mitte der Geschichte 171
Mittelalter 177, 178
Mittel-Ziel-Beziehung 89, 90, 118
Modernismus, katholischer 279
Monade 300
Monismus 92
— idealistischer 270, 271
— naturalistischer 270, 271
Monophysitismus 188
Monotheismus 259, 261—267
— exklusiver 263, 265, 271, 313
— mystischer 263, 265, 266, 270
— monarchischer 262, 270, 273
— prophetischer 23
— trinitarischer 262, 265, 272
Moralischer Gottesbeweis s. Gottesbeweise
Moses 146, 169, 172
Muenzer, Thomas 52
Mut 79, 227—232, 243, 244, 307, 314, 317
— des Glaubens 307
— zum Sein 244
— ontologischer 227
Mysterienkulte 132, 169, 265
Mysterium 131—133, 136, 140, 153, 161, 280
Mysterium tremendum siehe tremendum
Mysterium fascinosum siehe tremendum
Mystik 167, 169, 207, 271, 322
— katholische 100
— protestantische 211

Mystiker 151
— protestantische 234
Mythologie 104, 111
Mythos 23, 97, 98, 111, 112, 114, 176, 182, 300
— gebrochener 259

Nächster 322
Nationalismus, religiöser 11, 12, 170
— der Juden 170
Nationalsozialismus 113, 170
Natur 29, 124, 142, 147, 166, 217, 269, 298, 300, 301, 316
Naturalismus 12—13, 16, 183, 205, 251
— monistischer 269
— pluralistischer 269
— reduzierender 205
Naturgesetze 139, 218, 301
Naturprozesse, Durchbrechung der 141
Naturwissenschaften 72, 142
Natürliche Theologie siehe Theologie
Neuer Äon siehe Äon
Neue, das 226, 269, 317
Neue Kreatur 61
Neue Sein, das 33, 45, 48, 50, 61, 63, 66, 68, 91, 151, 153, 162—164, 174, 176—178, 180, 184
Neukantianismus 27, 87, 108
Neuorthodoxie 11, 12, 57, 167
Neuplatonismus 104, 206, 293, 299
Nichts, das 79, 194, 219, 221, 224, 292
Nichtsein 79, 133, 134, 137, 194, 211, 218—222, 224, 226, 231—233, 236, 243, 244, 273—275, 287, 289, 306, 307, 311, 313, 325, 326
— Mysterium des 219, 220
Nicänisches Glaubensbekenntnis 293
Nikolaus Cusanus 99, 100, 104, 168, 207, 318
Nietzsche, Friedrich 36, 72, 211, 270, 288, 324
Nominalismus 104, 198, 209, 268, 273, 294, 300
Norm 125, 126
— der systematischen Theologie 57 bis 65
Notwendigkeit 214, 215
Numinose, das 251—253

Objekt 114—121, 202—205, 312
— erkennendes 74
— logisches 202, 205
— ontologisches 54, 202—205
Objektivierung 118
Objektivität 204, 205, 310
Ockham, William 183, 237, 238
Oetinger, F. C. 319
Offenbarung 58, 68, 74, 75, 78, 82, 83, 87, 88, 90, 98, 107, 108, 111, 112—114, 117, 121, 127, 129 bis 189, 193, 205, 214, 241, 267, 272, 278, 279, 281, 301
— und Ekstase 135—139
— Frage nach der 101—113
— Medien der 142—145, 159
— Merkmale der 129—142
— und Mysterium 131—135, 185 bis 187
— durch Natur und Geschichte 147
— Ursprung der 185—189
— und Wunder 139—142
— abhängige 151—154, 171
— aktuelle 158—161
— dämonische 138
— innere 151
— letztgültige 158—172, 175—189, 255, 257
— natürliche 80, 144, 145, 165, 166
— normgebende 131, 157, 159, 160, 163, 164, 178, 179
— originale 151—154, 159, 167
— universale 168—171, 257
Offenbarungserkenntnis 154—158
Offenbarungsgeschichte 151, 160, 164 bis 172, 188, 320
Offenbarungskonstellation 143—147, 151, 152, 173, 189
Offenbarungskorrelation 142—154, 171, 172, 188, 189, 282
Offenbarungssituation 155, 159, 168, 172, 173, 185, 278
Offenbarungsträger 152
Offenbarungswahrheit 156, 173
Okkultismus 22
Ontologie 27—29, 77, 87, 193, 195 bis 199, 205, 209, 212
— dynamische 70
— statische 70

Origines 104, 266
Orthodoxie 9—12, 14, 47, 52, 65, 104
Otto, Rudolf 55, 251
ouk on 220, 292
ousia 122, 237

Pantheismus 258, 271, 274, 302
— naturalistischer 275, 276
Paracelsus 77, 300
Paradox 70, 71, 132, 159, 160, 179, 180, 181, 308
— des Kreuzes 169
— christologisches 170
Parmenides 88, 91, 133, 204, 219, 289
Parousia 284
Parsismus 262
Partikulare, das 24
Partizipation 55, 115, 119, 120, 124, 126, 183, 195, 196, 206—210, 232 bis 235, 249, 265, 281, 283, 284, 301, 310, 311, 319, 321, 327, 328
— Gottes 287
— des erkennenden Subjektes 51
— mystische 250
Pascal, Blaise 94, 183
Patripassianismus 311
Paulus, Apostel 11, 25, 59, 61—63, 70, 115, 116, 145, 160, 172, 257, 300, 330
Pazifismus 179, 324
Periode der Aufnahme 165, 166, 171
— der Vorbereitung 165, 171
Person 182, 206, 208, 247, 283
— als Offenbarungsträger 142—147
Persönlichkeit 57, 318
Petrus, Apostel 131, 146, 152, 172
Phänomenologie 55
philia 322
Philosoph 17, 31—37, 78
Philosophen, asiatische 116
— Religions- 17
Philosophie 13, 77, 123, 125, 186, 193, 196, 272
— der Aufklärung 13
— Geschichte der 35, 107, 115
— und Theologie 25—37
— antike 92

Philosophie, christliche 36, 37
— griechische 23, 103, 187, 211, 252, 270
— idealistische 91
— kritische 107, 108
— moderne 92, 305
— romantische 111
— Evolutions- 270, 286
— Existenz- 61, 183, 224, 286, 303
— Identitäts- 205
— Kultur- 39
— Lebens- 77, 107, 120, 121, 212, 233, 269, 272, 286
— romantische Natur- 72, 120, 270
— Prozeß- 197, 198, 212, 213, 269
— Religions- 39, 40, 91, 242, 251, 271
Physik 155, 157
— klassische 72
— Makro- 218
Pietismus 52
Plato 28, 88, 91, 104, 114, 115, 168, 195, 206, 237, 238, 241, 270, 273, 284, 304, 315
Platonismus 13, 108, 220, 293
Pleroma 284
Plotin 88, 168, 270
Pluralismus, absoluter 201, 296
— kosmischer 25
Polarität 195, 202, 205, 232, 235
Polytheismus 25, 92, 258—262, 263 bis 265
— universalistischer 269
— absolutistischer 269
Positivismus 53, 107, 115, 123, 209, 272
— logischer 27, 28, 67, 88, 268
— philosophischer 107
Potentialität 284, 286, 293, 299, 304, 311, 314, 315, 317, 321
— des Seins 211, 286
potestas absoluta 198
Pragmatismus 53, 55, 57, 92, 125, 126, 178, 269, 272
Praedestination 59, 74, 310, 327
— doppelte 327, 328
Predigt 188
Priester 146, 167
Prinzipien 194
— sittliche 218

Probabilismus 87
Profane, das 253, 254, 257, 258, 319
Projektionstheorie der Religion 248
Propheten 150, 171, 252, 264, 278
— falsche 170
— jüdische 146, 308
Prophetismus 169
prophetisches Prinzip 264
Protestantismus 47, 59, 60, 143, 146, 159, 177, 178, 187, 286, 298, 305
— moderner 63
— orthodoxer 40
protestantisches Prinzip 48, 264
Prozeßphilosophie siehe Philosophie
Psychologie 142, 155—157, 331
— des Unbewußten 61
Psychotherapie 77, 224
Puritaner 253

Quellen der System. Theologie 44 bis 51, 56—58, 60, 63—66

Rationalisierung 183
Rationalismus 98, 108, 125, 126, 151
— irrationaler 113, 139, 140
— philosophischer 234, 289
— theologischer 289
Rationalität 212
— logische 69—71
— methodische 71—73
— semantische 67, 68
Rationaler Charakter der systematischen Theologie 65—73
Raum 100, 196, 223, 226—229, 314, 318
Raumlosigkeit 318
Reale, das wirklich 100
Realität siehe Wirklichkeit
Realismus 92, 209, 272
— dialektischer 272
— empirischer 26
— mystischer 209, 210
— objektiver 202
— ontologischer 206
Recht, positives 106
— Natur- 106
Rechtfertigung 70, 71, 327, 328
— durch den Glauben 59, 62, 63
Reformation 61, 104, 106, 160, 169

Reformatoren 47, 57, 58, 62, 63, 104, 153, 184, 252, 264, 301
Reich Gottes 59, 67, 76, 79, 82, 174, 175, 177, 186
Relativismus 105—108, 178—181, 198, 241
— ästhetischer 106,
— metaphysischer 271
— positivistischer 105, 106, 179
— pragmatischer 107
— zynischer 105, 107, 179
Religion 17, 45, 164, 171, 186, 278, 300
— asiatische 116
— nichtchristliche 257
— prophetische 203
Religionsgeschichte 38, 39, 64, 80, 134, 154, 164, 165, 252, 254 bis 258, 272, 278
— prophetische 203
— theologische 49, 50
Renaissance 104
Repristinationstheologie s. Theologie
res cogitans, res extensa 239
Revolution 105, 106
Revolutionäre Bewegungen 252
Ritschl, Albrecht 144, 165, 167, 187, 249
Römisch-katholische Lehre 296
Römerbrief 11
Romantik 13, 120, 121, 177, 178, 258
— Spät- 212

Säkularismus 242
Sakrament 319, 320
Sakramentalismus 168, 170
— Pan- 258
Sanday, William 46
Sartre, Jean Paul 195, 221, 235
Satan 253
Schaffen Gottes siehe Gott
Schauen Gottes siehe Gott
Scheler, Max 55, 130, 211
Schelling, F. W. J. v. 16, 77, 104, 195, 221, 270, 284, 300
Schicksal 195, 214—218, 223, 232 bis 236, 244, 281, 282, 286—288, 294, 295, 297, 299, 306, 308, 310, 328

Schicksal und Vorsehung 304—305
— ewiges 327, 328
Schleiermacher, F. E. D. 16, 23, 39, 42, 52, 53, 57, 106, 182, 251
Schock des Nichtseins 133, 140, 144, 218
— metaphysischer 193
— ontologischer 137
Schönheit 97
Scholastik 16, 67, 239, 270
Schopenhauer, Arthur 77, 211, 270, 284
Schöpfertum, menschliches 295
— göttliches 295
s. auch Gott als Schöpfer
Schöpfung 81, 238, 296, 302, 309, 313
— Lehre von der 311
— Essenz und Existenz 293—296
— und Kategorien 296—297
— und Nichtsein 291—293
— und Zweck 303—304
— ewige 296
Schöpfungslehre 270, 291, 319
Schuld siehe Sünde
Schwärmer 56, 58, 136
Seele s. Unsterblichkeit der
Seiende, das 55, 193, 194—196, 199, 203, 206, 207, 210—213, 218, 228, 236, 237, 239, 243, 267, 268, 273 bis 278, 280, 292
— höchste 28
— Grundstruktur des 200
— Subjekt-Objekt-Struktur des 195, 313
Sein 82, 87, 92, 99, 137, 193—245, 268, 280, 281, 294, 306, 321 325
— und Nichtsein 21, 22, 29, 79, 97, 134, 263, 267, 268, 275, 276, 290, 292
— aktuelles 280
— endliches 223, 228, 273—276
— essentielles 236—238, 271
— existentielles 236—238, 271
— höchstes 270
— potentielles 280
— wahres 122
Sein - Selbst 29, 51, 55, 79, 95, 96, 102, 193—195, 220—224, 239, 242, 244, 250, 267—281, 285, 287, 292, 301, 311, 313, 317, 321, 325, 327, 331
Seins, Grund des 77, 103, 114, 134, 136, 141—143, 147, 156, 160, 162, 164, 167, 175, 184, 186, 187, 203, 227—232, 239, 273, 276, 292, 301
— Mysterium des (Seinsgeheimnis) 137, 140—146, 153—155, 158, 174, 182, 219, 287
— Macht des 29, 79, 97, 134, 263, 267, 268, 275, 276, 290, 292
— Sinn des 156, 160, 267, 288, 290
— Struktur des 28, 29, 31, 32, 96, 140, 194, 199, 200, 203, 236, 267, 277, 281, 320
Seinsmächte 293, 300
Seinsmächtigkeit 118, 122, 210, 222, 229, 231, 237, 270—274, 288, 289
Sekten 48, 104, 169
— reformatorische 57
Selbst 77, 92, 93, 102, 195, 199—208, 213, 217, 223, 225, 226, 233, 241, 258, 281, 282, 297, 312, 324
Selbstbewahrung 213, 284
Selbstbewußtsein 200—202
Selbstbezogenheit 118, 200, 202, 206, 233
Selbstentfremdung 61, 80, 81, 297, 306
Selbstsucht 324
Selbst-Transzendenz 213, 214, 222 bis 224, 285
Selbst-Weltbeziehung 118, 195, 202 bis 204
Selbstzentriertheit 200
Selbstzerstörung 236, 237, 309, 325, 326
Seligkeit 321
Semantik 28, 67, 147
Sexuelle Symbole s. Symbole
Shiwa 266
Sinn 243, 288, 289, 304
— des Daseins 76
Sinns, Grund des 136, 311
Sinnlosigkeit 61, 221, 235, 304, 321
— Angst der 244
Situation 8—12, 13—15, 43, 48, 61, 107, 108, 134, 180, 181, 235, 307 bis 309, 316

Situation, existentielle 33, 34, 65, 67, 102, 291, 308
— gegenwärtige 65
— menschliche 76, 79
— soziale 256
Skeptizismus 87, 104, 107, 115
Sohn Gottes 160, 163
Sokrates 108, 115, 116
Sozialismus, religiöser 112
Soziologie 77, 331
Spannung 233, 234, 272
— in der Gottesidee 269
— dynamische 233
— ontologische 232, 236
Spinoza, Baruch 16, 72, 88, 168, 195, 275
Spiritualisten 151
Spontaneität 124, 217, 218, 276, 297, 300
Sprache 14, 202
— Ausdrucks- und Bezeichnungsfunktion der 148—150
— alltägliche 132
— geoffenbarte 68
— religiöse 279
Sprung, unendlicher 275
Sünde 174, 220, 221, 254, 309, 330
Sündenfall s. Fall
Stigma 221
— der Endlichkeit 133, 140, 144
— des Nichtseins 140
Stil einer Kulturschöpfung 50
Stoa 88, 210, 262
Subjekt 114—118, 202—205, 312
— erkennendes 74
— ontologisches 54
Subjekt-Objekt-Beziehung 132, 205, 312
Subjekt-Objekt-Struktur 200, 203, 204, 314, s. auch Seiendes
Subjektivität 57, 204, 205, 233, 310
Substantia ultima 276
Substanz 96, 100, 196, 226, 230 bis 232, 251, 275, 276
— absolute 271
— göttliche 318
— notwendige 243
supralapsarische Kalvinisten 295
Supranaturalismus 139, 141, 165, 298, 307

Symbol 28, 79, 276, 277, 279, 281 bis 284, 318—320, 331
Symbole, christliche 78
— poetische 154
— religiöse 74, 157, 278
— sexuelle 143
— trinitarische 323
System, deduktives 72
— theologisches 9, 18, 80—83

Taufbekenntnis 58, 62
Teleologie, das Teleologische 305
teleologischer Gottesbeweis s. Gottesbeweis
Telos 118
— der Schöpfung 297, 304, 329
— inneres 294
— schöpferisches 292
Tertullian 179
Testament, Altes 59, 62, 63, 138, 139, 160, 162, 169, 170, 171, 266, 280, 281, 284, 313
— Neues 38, 59, 62, 63, 70, 155, 160, 162, 169—171, 293, 322, 323
Theismus 282, 301
— humanistischer 260
— philosophischer 270
— rationalistischer 276
Theodizee 309—311
theologia irregenitorum 18
Theologe, der 31—37, 78, 256, 277
— moderne 214
— neu-orthodoxe 65
— orthodoxe 18, 40
— pietistische 18
— protestantische 182
— Erfahrungs- 51
Theologie 10, 19—22, 38, 197, 198, 272, 278, 281
— und Christentum 22—25
— Gegenstand der 19
— der Kultur 50
— und Philosophie 25—37, 267
— des Wortes 187
— apologetische 12—15, 23, 136
— arianische 25
— christliche 11, 22, 57, 159, 211, 237, 300
— empirische 53

Theologie, existentielle 41, 48
— griechisch-orthodoxe 48
— historische 38, 42, 43
— humanistische 165
— kalvinistische 304
— kerygmatische 11, 12—15
— klassische 287
— liberale 10, 61, 63, 80
— lutherische 304
— mystische 312
— moderne 67, 270
— natürliche 39, 40, 80, 144, 145, 157, 240, 291
— negative 221
— neu-orthodoxe 41, 52, 66, 144, 165, 183
— neu-reformatorische 11
— nicht-orthodoxe 13
— offizielle 48
— phänomenologische 54, 55
— praktische 42, 43
— protestantische 48, 64, 147, 299
— römisch-katholische 47
— systematische 38—43, 46, 47, 64, 71, 73, 194
— unbedingte 65
— Bibel- 46—48
— Erfahrungs- 53, 54, 57
— Offenbarungs- 39, 40
— Repristinations- 12
Theonomie 103—105, 175—178, 184
Theorie und Praxis 112, 113
Thomas von Aquino 13, 37, 52, 88, 184, 239, 274, 286, 300
Thomismus 211
Tiefenpsychologie 116, 156, 224, 233
Tiefensoziologie 233
Tod 61, 221, 223, 227, 293, 309
— ewiger 326
Totalitarismus 110
Tradition 47, 48, 59, 87, 105, 106
Traditionalismus 44, 105, 108, 110, 152
Tragische, das 292, 293
Transzendentalien 196
Transzendenz 303
tremendum et fascinosum 251, 253, 260, 261
Trendelenburg, Adolf 315
Trennung 319, 323

Trient, Konzil von 59
Trinität 319, 323
Trinitätsdogma 69
Trinitätslehre 265
Tugend 241
Typologie 254—258

Übel, physisches 309
— moralisches 309
Übermensch 214
Übernatur 298
Überreizung, religiöse 136
Umgebung 93, 201, 213
Umwandlung 57, 58
Unbedingte, das 19—22, 53, 99, 100, 149, 158, 176, 254, 255, 258, 260, 263, 265, 287
Unbedingtheit 247, 249, 250, 258, 259—265
unbedingt. Das, was uns u. angeht 16, 18, 19—22, 29, 32—34, 39, 43, 46, 48, 49, 56, 62, 66, 78, 97, 134, 136, 139, 142, 145, 153, 155 bis 157, 174, 247—251, 254, 256, 257, 259, 262, 267, 282, 287, 292, 313, 330
Unbewußte, das 288, 320
— das kollektive 279, 301
Unendliche, das 74, 99, 100, 167, 196, 222—225, 254, 262, 278, 290, 303
Unendlichkeit 74, 75, 222—225, 236, 240, 275, 278, 297, 314
Unfehlbarkeit des Papstes 64
Universale, das 19
Universalbegriffe 247
Universalien 208, 294
Universalität 263, 264
— absolute 131
— der Erlösung 207
Universum 201, 202, 208, 302
Unschuld, träumende 299
Unsicherheit 228
Unsterblichkeit 221
— der Seele 231, 318
Unterbewußte, das 249
Unwandelbare, das 231
Ursache, Erste 243, 244, 276

Urstand 299
Urteil, falsches und wahres 122, 123
— göttliches 325
Utopie 107
Vedanta-Hinduismus 23, 256

Verantwortung 216, 217
Verbalinspiration 188
Verdammnis, ewige 327, 328
Verdammung 174, 313, 316, 325, 326
Vergangenheit 316, 317
Vergebung 330
— der Sünden 61, 147
Verifizierung, Verifikation 121—127, 155
veritas ipsa 241
Vernunft 32, 67, 82, 137, 138, 141, 142, 145, 168, 177, 179, 184, 193, 210, 214, 218, 288
— Dynamik der 95
— Endlichkeit der 99—101
— Erfüllung der 178
— Formalisierung der 112
— Konflikt der 98, 101—113, 114, 119, 127, 175—184
— Polarität der 93, 101, 114, 118
— Struktur der 100, 135, 139, 202
— Tiefe der 96—98, 99, 100, 102, 103, 134, 142, 168, 176, 178, 179, 182
— Transparenz der 98
— Verzerrung der 95
— Zweideutigkeit der 99—101
— aktuelle 95, 99—113
— autonome 102
— endliche 82
— ekstatische 135
— erlöste 184
— essentielle 97, 110—112, 170
— existentielle 178
— objektive 91—96, 102, 125, 203
— ontologische 87—91, 93, 94, 99, 100, 102, 107, 114
— praktische 99
— reine 35
— subjektive 91—95, 96, 102, 125, 203, 212
— technische 87—91, 94, 100, 117, 121

Vernunft, theonome 184
— vergöttlichte 100
Vernunftfunktionen 89—91, 97, 108 bis 111, 114, 137, 138, 154, 157, 177, 183, 241
Vernunftgesetz 102
Vernunftprozeß 96
Vernunftschöpfungen 94, 96, 111, 168
Versöhnung 329
Verstehen, das 119
Verzerrung 236
— existentielle 235
— formalistische 110
Verzweiflung 61, 174
— existentielle 235
Vishnu 158, 266
Vitalität 212, 223, 233, 286, 288, 319
Voluntarismus 198
Vorbereitung s. Periode der V.
Vorsehung 79, 291, 304—309
Vorsehungsgnade 327
Vorsokratiker 104

Wagnis 181
Wahre, das 250
— ewig 293
Wahrheit 77, 93, 97, 105, 107, 113, 121, 123, 127, 174, 183, 215, 242, 321
— der christlichen Botschaft 9
— ewige 9, 11, 59
— philosophische 78
— theologische 78
Wahrheit-Selbst 51
Welt 92, 93, 102, 195, 199—202, 203, 213, 220, 223, 225, 226, 233, 240, 241, 258, 275, 281, 297, 300, 306
— gefallene 237
Weltbewußtsein 202
Werden, das 213, 219, 287
Werke, gute 71
Wert 90, 113, 237
Wertproblem 27
Wesen, höchstes 185, 229, 242, 243, 273, 314, 320
Wesenheiten 293
Wesensontologie s. Ontologie
Whitehead, A. N. 16, 54, 240
Wiedervereinigung 61, 321, 323

Wiedervereinigung mit der eigenen
  Vergangenheit 116
Wiemann, Henry 16, 54, 55
Wille 215, 216, 234
Wille zur Macht 183
Willensfreiheit s. Freiheit
Wirkliche, das 97, 321
— das wahrhaft 122, 144
Wirklichkeit 30—32, 36, 53, 54, 69,
  71, 74, 76, 88, 91, 92—94, 96,
  99, 100, 102, 115, 122, 129, 134,
  142, 169, 184, 208, 225, 237, 241,
  268, 271, 272, 277, 279, 293, 294,
  301, 329
— und Philosophie 26—29
— Struktur der 92—96, 125, 140,
  141, 147, 151, 251, 288, 302, 320
— alte 61, 150
— neue 62, 112, 146, 150
— religiöse 54
Wissenschaft 13, 30, 97, 98, 142
— empirisch-induktive 15—16
— metaphysisch-deduktive 15, 16
Wissenschaftslehre 28
Wort 188, 279
— als Medium der Offenbarung 147
  bis 151
— inneres 147—151

Wort Gottes 45, 147—151, 187—189
Wunder 135, 138, 151, 153, 154, 163,
  172, 186 301
Wundt, Wilhelm 27

Xenophanes 168

Zarathustra 169, 261
Zeichen 28, 139, 277, 279
zeichengebendes Ereignis 139—142,
  147
Zeit 100, 196, 223, 226—228, 296,
  301, 314, 315, 317
Zeitlichkeit 316
Zeitlosigkeit 315, 316
Zerreißung, existentielle 254
Zeus 262, 273
Zirkel, theologischer 13, 15—22, 23,
  31, 35, 39, 158, 278
Zorn Gottes s. Gott
Zufall 308
Zweideutigkeit der Vernunft
  s. Vernunft
— des Lebens 162
Zweifel 18
Zwingli, Huldreich 104
Zynismus 107, 108, 309

# INHALTSVERZEICHNIS

EINLEITUNG

A  Der Standpunkt
  1. Botschaft und Situation . . . . . . . . . . . . . . . 9
  2. Die apologetische Theologie und das Kerygma . . . . . 12

B  Das Wesen der systematischen Theologie
  1. Der theologische Zirkel . . . . . . . . . . . . . . . 15
  2. Zwei formale Kriterien jeder Theologie . . . . . . . . 19
  3. Theologie und Christentum . . . . . . . . . . . . . 22
  4. Theologie und Philosophie: Eine Frage . . . . . . . . 25
  5. Theologie und Philosophie: Eine Antwort . . . . . . . 30

C  Der Aufbau der Theologie . . . . . . . . . . . . . . . 38

D  Methode und Aufbau der systematischen Theologie
  1. Die Quellen der systematischen Theologie . . . . . . . 44
  2. Erfahrung und systematische Theologie . . . . . . . . 51
  3. Die Norm der systematischen Theologie . . . . . . . . 58
  4. Der rationale Charakter der systematischen Theologie . . . . 65
  5. Die Methode der Korrelation . . . . . . . . . . . . 73
  6. Das theologische System . . . . . . . . . . . . . . 80

ERSTER TEIL: VERNUNFT UND OFFENBARUNG

I.  Die Vernunft und die Frage nach der Offenbarung

A  Die Struktur der Vernunft
  1. Die zwei Begriffe von Vernunft . . . . . . . . . . . 87
  2. Subjektive und objektive Vernunft . . . . . . . . . . 91
  3. Die Tiefe der Vernunft . . . . . . . . . . . . . . . 96

B  Die Vernunft in der Existenz
  1. Die Endlichkeit und die Zweideutigkeit der aktuellen Vernunft . 99
  2. Der Konflikt innerhalb der aktuellen Vernunft und die Frage nach
     der Offenbarung . . . . . . . . . . . . . . . . . 101
     a) Autonomie gegen Heteronomie . . . . . . . . . . 101
     b) Relativismus gegen Absolutismus . . . . . . . . . 105
     c) Formalismus gegen Emotionalismus . . . . . . . . 108

C  Die kognitive Funktion der Vernunft und die Frage nach der
   Offenbarung
  1. Die ontologische Struktur der Erkenntnis . . . . . . . 114
  2. Erkenntnisbeziehungen . . . . . . . . . . . . . . . 117
  3. Verifizierung . . . . . . . . . . . . . . . . . . . 121

*Inhaltsverzeichnis*

## II. Die Wirklichkeit der Offenbarung

### A Der Begriff der Offenbarung

1. Die Merkmale der Offenbarung . . . . . . . . . . . . 129
   a) Methodische Vorbemerkungen . . . . . . . . . . . 129
   b) Offenbarung und Mysterium . . . . . . . . . . . . 131
   c) Offenbarung und Ekstase . . . . . . . . . . . . . 135
   d) Offenbarung und Wunder . . . . . . . . . . . . . 139
2. Die Medien der Offenbarung . . . . . . . . . . . . . 142
3. Die Dynamik der Offenbarung: Originale und abhängige Offenbarung . . . . . . . . . . . . . . . . . . . . . . 151
4. Die Offenbarungserkenntnis . . . . . . . . . . . . . 154

### B Aktuelle Offenbarung

1. Aktuelle und letztgültige Offenbarung . . . . . . . . . 158
2. Die letztgültige Offenbarung in Jesus als dem Christus . . . 161
3. Die Offenbarungsgeschichte . . . . . . . . . . . . . 164
4. Offenbarung und Erlösung . . . . . . . . . . . . . . 172

### C Die Vernunft in der letztgültigen Offenbarung

1. Die letztgültige Offenbarung überwindet den Konflikt zwischen Autonomie und Heteronomie . . . . . . . . . . . . . 175
2. Die letztgültige Offenbarung überwindet den Konflikt zwischen Absolutismus und Relativismus . . . . . . . . . . . . 178
3. Die letztgültige Offenbarung überwindet den Konflikt zwischen Formalismus und Emotionalismus . . . . . . . . . . . 182

### D Der Ursprung der Offenbarung

1. Gott und das Mysterium der Offenbarung . . . . . . . . 185
2. Die letztgültige Offenbarung und das Wort Gottes . . . . . 187

## ZWEITER TEIL: SEIN UND GOTT

### I. Das Sein und die Frage nach Gott
Einleitung: Die Seinsfrage . . . . . . . . . . . . . . . 193

### A Die ontologische Grundstruktur Selbst und Welt

1. Mensch, Selbst und Welt . . . . . . . . . . . . . . 199
2. Das logische und das ontologische Objekt . . . . . . . . 202

### B Die ontologischen Elemente

1. Individualisation und Partizipation . . . . . . . . . . 206
2. Dynamik und Form . . . . . . . . . . . . . . . . 210
3. Freiheit und Schicksal . . . . . . . . . . . . . . . 214

*Inhaltsverzeichnis*

C *Sein und Endlichkeit*

1. Sein und Nichtsein . . . . . . . . . . . . . . . . . 218
2. Das Endliche und das Unendliche . . . . . . . . . . 222
3. Endlichkeit und die Kategorien . . . . . . . . . . . 225
4. Endlichkeit und die ontologischen Elemente . . . . . . . . 232
5. Essentielles und existentielles Sein . . . . . . . . . . . 236

D *Menschliche Endlichkeit und die Frage nach Gott*

1. Die Möglichkeit der Frage nach Gott und der sogenannte ontologische Gottesbeweis . . . . . . . . . . . . . . . 238
2. Die Notwendigkeit der Frage nach Gott und die sogenannten kosmologischen Gottesbeweise . . . . . . . . . . . 243

II. Die Wirklichkeit Gottes

A *Gott als Idee*

1. Eine phänomenologische Beschreibung . . . . . . . . . . 247
   a) Gott und „was uns unbedingt angeht" . . . . . . . . . 247
   b) Gott und die Idee des Heiligen . . . . . . . . . . 251
2. Typologische Betrachtungen . . . . . . . . . . . . . 254
   a) Typologie und Religionsgeschichte . . . . . . . . . . 254
   b) Typen des Polytheismus . . . . . . . . . . . . . 258
   c) Typen des Monotheismus . . . . . . . . . . . . 262
   d) Philosophische Umformungen . . . . . . . . . . . 267

B *Gott und Welt*

1. Gott als Sein . . . . . . . . . . . . . . . . . . . 273
   a) Gott als Sein und das endliche Sein . . . . . . . . . 273
   b) Gott als Sein und das Wissen von Gott . . . . . . . . 277
2. Gott als der Lebendige . . . . . . . . . . . . . . . 280
   a) Gott als Sein und Gott als Leben . . . . . . . . . . 280
   b) Das göttliche Leben und die ontologischen Elemente . . . . 282
   c) Gott als Geist und die trinitarischen Prinzipien . . . . . 288
3. Gott als der Schaffende . . . . . . . . . . . . . . 290
   Einleitung: Schöpfung und Endlichkeit . . . . . . . . . 290
   a) Gottes ursprüngliches Schaffen . . . . . . . . . . . 291
   b) Gottes erhaltendes Schaffen . . . . . . . . . . . . 301
   c) Gottes lenkendes Schaffen . . . . . . . . . . . . 303
      1. Schöpfung und Zweck . . . . . . . . . . . . . 303
      2. Schicksal und Vorsehung . . . . . . . . . . . . 304
      3. Der Sinn von Vorsehung . . . . . . . . . . . . 306
      4. Vorsehung im Einzelleben und in der Geschichte . . . . 308
      5. Die Theodizee . . . . . . . . . . . . . . . 309
4. Gott in Beziehung . . . . . . . . . . . . . . . . 311
   a) Die göttliche Heiligkeit und das Geschaffene . . . . . . 311
   b) Die Macht Gottes und das Geschaffene . . . . . . . . 313

*Inhaltsverzeichnis*

    1. Der Sinn des Begriffs Allmacht . . . . . . . . . . 313
    2. Der Sinn des Begriffs Ewigkeit . . . . . . . . . . 315
    3. Der Sinn des Begriffs Allgegenwart . . . . . . . . 318
    4. Der Sinn des Begriffs Allwissenheit . . . . . . . . 320
  c) Die Liebe Gottes und das Geschaffene . . . . . . . . . 321
    1. Die Bedeutung der göttlichen Liebe . . . . . . . . 321
    2. Die Liebe Gottes und die Gerechtigkeit Gottes . . . . 324
    3. Die Liebe Gottes als Gnade und Prädestination . . . 327
  d) Gott als der Herr und Vater . . . . . . . . . . . . . 329

**Personen- und Sachregister** . . . . . . . . . . . . . . . 333